HANDBUCH DER FUNDAMENTAL-THEOLOGIE

1

HANDBUCH DER FUNDAMENTAL-THEOLOGIE

HERAUSGEGEBEN VON
WALTER KERN, HERMANN JOSEF POTTMEYER,
MAX SECKLER

1

TRAKTAT RELIGION

MIT BEITRÄGEN VON

PETER ANTES, JOHANN FIGL, ALOIS HALDER,
WALTER KERN, GÜNTER LANCZKOWSKI,
JOSEPH MÖLLER, RICHARD SCHAEFFLER,
MAX SECKLER, JÖRG SPLETT,
AUGUSTINUS KARL WUCHERER-HULDENFELD

HANDBUCH DER FUNDAMENTAL-THEOLOGIE

1

TRAKTAT RELIGION

HERDER

FREIBURG · BASEL · WIEN

Herstellung: Freiburger Graphische Betriebe 1985
ISBN 3-451-20101-1

EINFÜHRUNG

Die Veränderungen im Welt- und Selbstverständnis der Menschen haben eine Krise des christlichen Glaubens ausgelöst. Die Aufgabe, den Glauben in unserer Zeit zu bezeugen und zu verantworten, hat deshalb zu Umbrüchen und Neuansätzen in Kirche und Theologie geführt. Das Zweite Vatikanische Konzil, teils Wirkung und teils Ursache dieser Neuansätze, hat für Glaube, Kirche und Theologie eine neue Situation geschaffen. Das verbreitete Interesse, auf das die Fundamentaltheologie in der letzten Zeit gestoßen ist, erscheint von daher wohlbegründet.

Im Rahmen einer zeitgemäßen Selbsterfassung und Erneuerung von Christentum und Kirche stellt sich die Aufgabe der vertieften Grundlagenbesinnung und Grundlagenforschung auf vielen Gebieten mit besonderer Dringlichkeit. Hand in Hand damit hat das Bewußtsein einer sich verschärfenden Legitimationskrise des christlichen Glaubens den Sinn für die christliche Begründungsproblematik, ihre Defizite und Desiderate, neu geschärft.

Das alles hat seit einigen Jahren zu einem allgemeinen und intensiven Aufschwung der Fundamentaltheologie geführt. War die Schulapologetik der Vergangenheit eher ein mehr oder weniger abgewirtschaftetes Spezialunternehmen am Rande oder im Vorfeld der Theologie geworden, so ist sie jetzt unter der Bezeichnung ‚Fundamentaltheologie' immer mehr in die Mitte des theologischen Interesses gerückt, nicht nur als abgrenzbares Einzelfach mit wachsendem Zuspruch, sondern gleichzeitig auch in Form eines fächerübergreifenden Anliegens, das die verschiedensten theologischen Disziplinen aufgenommen haben. Dadurch hat dieses Fach bis zu einem gewissen Grad einen neuartigen interdisziplinären Status erhalten.

Der Aufschwung der Fundamentaltheologie ist von Krisensymptomen begleitet. Das liegt zum Teil daran, daß sie im Trend der Mode zu einem beliebten und belebten Experimentierfeld geworden ist, auf dem Experten und Amateure ihre mehr oder weniger einschlägigen Strategien entwickeln und ihre Therapien anbieten. Der gute Klang des Namens ‚Fundamentaltheologie' verleitet allzuoft zu seiner mißbräuchlichen Verwendung. Die Identitätskrise der Fundamentaltheologie, die von dem strukturell bedingten Ungenügen der extrinsezistischen Schulapologetik herrührt, wird dadurch noch verstärkt. Eine seriöse theologische Grundlagenforschung im Rahmen der wissenschaftlichen Glaubensverantwortung, wie sie allein der Fundamentaltheologie letztlich ihre

Identität geben kann, wird durch die Breitenwirkung ihres Anliegens somit eher behindert als gefördert. Das ist aber nur die eine Seite der Krisensymptomatik. Tiefer gehend, wenngleich weniger auffällig, sind die Unsicherheiten, die durch den Paradigmenwechsel in der theologischen Glaubensbegründung und, damit zusammenhängend, durch die Krise der Legitimitätsgrundlagen heraufgeführt wurden.

Das vorliegende Werk wurde aus der Überzeugung heraus geschaffen, daß dafür eine Notwendigkeit besteht. Zwar gibt es seriöse Lehrbücher der Fundamentaltheologie neueren Datums, aber es gab bislang kein Handbuch der Fundamentaltheologie der Art, wie es hier vorgelegt wird. Dazu bedurfte es bei aller Wahrung der Kontinuität des Mutes zu einem gewissen Neuanfang, der sich in verschiedenen Bereichen und Zielsetzungen auswirkt. Er betrifft vor allem das Konzept der Fundamentaltheologie im ganzen, ihren Begriff und Umfang als theologische Disziplin, ihre Strukturierung, ihre Methoden der Stoffbehandlung, ihre inhaltlichen Positionen und nicht zuletzt die konstruktiv zu berücksichtigende Interdependenz von Teamarbeit und Einheitskonzept.

Das Werk gliedert sich in fünf Teile. Die vier Traktate Religion, Offenbarung, Kirche, Theologische Erkenntnislehre sind der *inhaltlichen Durchführung der fundamentaltheologischen Aufgabe* gewidmet; der fünfte Teil befaßt sich in ausgewählten Schwerpunkten mit Fragen der *fundamentaltheologischen Selbstreflexion.*

Die *Gliederung des Gesamtwerkes* ist Auswirkung und formale Umsetzung des Konzeptes von Fundamentaltheologie, zu dem die Herausgeber sich zusammengefunden haben.

Mit der Zweiteilung in die beiden Komplexe einer inhaltlich durchgeführten Fundamentaltheologie einerseits und einer davon abgehobenen fundamentaltheologischen Selbstreflexion anderseits treten die Herausgeber einer Auffassung entgegen, wonach die Fundamentaltheologie nur Wissenschaftstheorie der Theologie oder nur formale Methodenreflexion der Glaubensbegründung wäre. Zwar gehört diese Arbeit notwendig auch zur Fundamentaltheologie und ist ein wichtiger Teil derselben, aber die eigentliche Aufgabe besteht doch darin, die wissenschaftliche Glaubensverantwortung selbst voranzutreiben, indem der Fundamentaltheologe sich den Problemen, die mit der Botschaft und dem Wahrheitsanspruch des Christentums gegeben sind, auch inhaltlich stellt.

Die vier inhaltsorientierten Traktate, die diese Aufgabe wahrzunehmen suchen, bilden zugleich ein Dispositionsgefüge, durch das der ganze Stoff der Fundamentaltheologie in vier große Themenkreise gegliedert und zugleich in vier Traktaten einer geordneten Behandlung zugänglich gemacht wird. Jeder der Traktate hat die ihm gemäße eigene thematische Selbständigkeit und Abgerundetheit; zugleich aber sind sie die Ausfaltung einer fundamentalen Option und stehen in einem Verhältnis der logischen Abfolge zueinander. Es geht um das doppelte Anliegen, die thematisch relevanten *Felder* der Fundamentaltheologie abzustecken und sie kraft immanenter Sachlogik als Stationen eines argumentativen *Weges* einzusetzen.

Diesem Ziel einer *Neustrukturierung der Fundamentaltheologie* unter Rückgriff auf den klassichen Traktatgedanken, der sich auch in anderen Disziplinen wieder bewährt, wußten sich die Herausgeber in besonderer Weise verpflichtet. Die Gliederung des Stoffes und die Strukturierung der Fundamentaltheologie lief in der letzten Zeit Gefahr, nur noch eine Funktion individueller apologetischer Argumentationslogik oder bestenfalls eines persönlichen apologetischen Systemgedankens zu sein. Die Identitätskrise der Fundamentaltheologie hängt mit dieser Engführung und dem daraus folgenden Verlust einer objektiven Fachstruktur zusammen, denn der *unmittelbar apologetisch abgezweckte Einzeldiskurs* kann – selbst wenn er sich als *Apologie* des Christentums im ganzen verstehen wollte – als solcher keineswegs jene *Fundierung* von Glaube und Theologie leisten, welche die Aufgabe der *Fundamentaltheologie* ist. Die Bezeichnung ‚Fundamentaltheologie' wird zwar wohl die apologetische Aufgabe umgreifen; sie reicht aber über diese Zielsetzung beträchtlich hinaus und sollte sich deshalb grundsätzlich vor allem diesem weiter gespannten und fundamentaleren Anliegen verpflichtet wissen.

Demgemäß war es ein Anliegen der Herausgeber, eine formale Architektur des Faches zu entwerfen, die nicht schon die Funktion eines individuellen apologetischen Entwurfes ist, sondern einen solchen erst ermöglichen will, indem das Gelände vermessen und der einschlägige Stoff geordnet wird. Neben der Traktatgliederung schlägt sich das vor allem in den Kapitelthemen, aber auch noch in den weiteren thematischen Ausdifferenzierungen, die von den Herausgebern gemeinsam erarbeitet wurden und den Autoren vorgegeben waren, nieder. Auf diese Weise wurde zugleich versucht, den für eine heutige Fundamentaltheologie relevanten Fragestellungen einen Ort in einem strukturierten Ganzen zu geben.

Dieser Struktur- und Dispositionsgedanke steht in engem Zusammenhang mit der *formalen Charakteristik* dieser Fundamentaltheologie. Sie versucht, die *Einheit* des Werkes mit der *Offenheit* der einzelnen Argumentationsgänge und der *Dynamik* des Forschungsprozesses zu verbinden. Sollte bei einer Zahl von rund 40 Mitarbeitern das Werk nicht nur eine Sammlung disparater Beiträge sein, deren Einheit allein der Buchbinder bewerkstelligt, und mußte anderseits der fachlichen Kompetenz und Freiheit der Kollegen der nötige Raum gewährt werden, so stellte eben diese Verbindung von Einheit und Offenheit eine ebenso dringliche wie schwierige Aufgabe dar, die ein hohes Maß an Verständigungsbereitschaft und Verhandlungsaufwand erforderte. Hier ist der Ort, den Kollegen zu danken, die sich der Mühsal nicht verweigert haben.

Dem Versuch, die Einheit des Werkes mit der Offenheit der thematischen Einzelbereiche und der Möglichkeit zur Entfaltung je eigener fachlicher Kompetenz von Mitarbeitern verschiedener Provenienz zu verbinden, liegt eine in dieser Art wohl *neue Idee von Fundamentaltheologie* zugrunde. Sie geht davon aus, daß der kompetenten Behandlung einer ausgegrenzten Sachfrage durch den jeweiligen Experten auch im Rahmen eines übergreifenden strukturierten Ganzen eine durch nichts zu ersetzende wissenschaftliche Wahrheitsgewähr zukommt. Die Wahrheitsleistung des Werkes liegt dann nicht im geschlossenen apologetischen Systementwurf des Individuums, sondern in der Summe des sektoral eingebrachten Sachverstandes im Dienst an einer gemeinsamen Aufgabe. Deshalb galt es, Abschied zu nehmen vom verfänglichen Ideal der geschlossenen Systemlogik. Geschlossene Systeme, auch und gerade solche der Glaubensverantwortung eines Individuums, haben oft die fatale Eigenschaft, gänzlich wahr oder falsch, ansprechend oder abstoßend, akzeptabel oder nicht akzeptabel zu sein. Hier dagegen sollte eine Fundamentaltheologie zum Zuge kommen, die weit genug ist, um unbesorgt dem im Team sich realisierenden Vernunftlogos der Theologie Spielraum zu gewähren, und optimistisch genug, um daraus ein Werk der Einheit zu erhoffen. Dieser Optimismus hat in der konkreten Arbeitspraxis da und dort Federn lassen müssen, aber für eine Fundamentaltheologie, die darauf vertraut, daß die Verantwortung des Glaubens in der freien Entfaltung des theologischen Sachverstandes zu erfolgen hat, ist er wohl unerläßlich.

Die Entscheidung, das Handbuch in Teamarbeit zu erstellen, entsprang damit nicht nur und nicht primär den praktischen Erwägungen der Entlastung oder der Arbeitsteilung, wie sie der Umfang eines derartigen Werkes schon von sich aus nahelegen könnte. Die oben skizzierte Leitidee einer offenen Fundamentaltheologie war es auch, die dazu führte, daß nicht nur Fach-Fundamentaltheologen zur Mitarbeit eingeladen wurden, sondern ein weitgestreutes *interdisziplinäres* und auch *interkonfessionelles* Team.

So ist das Handbuch das Ergebnis eines intensiven wissenschaftlichen Gesprächs: Zuerst hatten sich die Herausgeber untereinander über das Gesamtkonzept wie über die Inhaltsumschreibung der einzelnen Kapitel zu verständigen. Darauf erfolgte in mehreren Gängen wechselseitigen Austausches mit den Autoren der Kapitel eine Abstimmung, die die Eigenverantwortung der Autoren für ihren Beitrag zu wahren und zugleich die Einordnung der Kapitel in den fundamentaltheologischen Argumentationsgang zu sichern hatte. Da neben den Vertretern der systematischen Theologie katholischer und evangelischer Konfession auch Vertreter anderer theologischer Disziplinen sowie der Philosophie und der Religionswissenschaft an dem Gespräch beteiligt waren, traten bei aller vorhandenen Kooperationsbereitschaft nicht selten objektive Schwierigkeiten auf, die sich aus der unterschiedlichen fachlichen und persönlichen Perspektive ergaben. In dem Umstand, daß die Abstimmung nicht immer vollständig gelang, zeigt sich die Offenheit und Dynamik des eingeschlagenen Weges interdisziplinärer Zusammenarbeit. Was die Herausgeber im einzelnen einbrachten, wird nicht eigens vermerkt.

Das vorliegende Werk ist ein Handbuch *katholischer* Fundamentaltheologie im Sinne der Offenheit und Verpflichtung der Una Sancta Catholica. Die Kollegen evangelischer Konfession, denen wir für ihre Mitarbeit besonders danken, wurden nicht nur wegen ihrer Fachkompetenz eingeladen, sondern weil sie zu ihren Themen die besonderen Einsichten ihrer Tradition in die katholische Theologie einbringen.

Das Handbuch will ein *Arbeitsbuch* sein, dessen Beiträge über den jeweiligen Problem- und Forschungsstand unterrichten und heute mögliche Problemlösungen aufzeigen. Die einzelnen Traktate und Kapitel können auch einzeln für sich gelesen werden.

Nach den Autoren haben die Herausgeber auch ihren Mitarbeitern, besonders Herrn Dipl.theol. Clemens Steiling, sowie dem Verlag Herder und der Deutschen Forschungsgemeinschaft, die das Unternehmen gefördert hat, zu danken.

Wir wünschen und hoffen, daß dieses Handbuch Studenten und Dozenten der Theologie wie auch allen an der wissenschaftlichen Verantwortung des christlichen Glaubens Interessierten eine Hilfe sein wird.

Die Herausgeber

INHALT

3. KAPITEL

Auf dem Weg zu einem philosophischen Begriff der Religion

Richard Schaeffler

4. KAPITEL

Die Gottesfrage in der europäischen Geistesgeschichte

Joseph Möller

5. KAPITEL

Der Atheismus

Augustinus Karl Wucherer-Huldenfeld/Johann Figl

6. KAPITEL

Die Kritik der Religion

Richard Schaeffler

7. KAPITEL

Über die Möglichkeit, Gott heute zu denken

Jörg Splett

8. KAPITEL

Religion als Grundakt des menschlichen Daseins

Alois Halder

9. KAPITEL

Der theologische Begriff der Religion

Max Seckler

10. KAPITEL
Anthropologische Strukturen im Blick auf Offenbarung
Walter Kern

ZUM TRAKTAT RELIGION

Der *Traktat Religion* hat die Aufgabe der Hinführung und Grundlegung. Bei der umfassenden Glaubensverantwortung, die der Fundamentaltheologie in ihrem Gesamtvollzug obliegt, besteht das erste Stück ihrer Arbeit darin, im Rahmen der religiösen Frage Stand zu gewinnen.

Gegenstand der Erörterung sind daher nicht nur die Religionen als Systeme, der Blick richtet sich vor allem auch auf den ‚religiösen Akt' des Menschen, auf seine Transzendenzerfahrung und auf das Woraufhin seiner Transzendenz. Damit stellt sich mit der Religionsfrage auch die Gottesfrage. Das sind die zwei Gegenstandsbereiche, die in diesem Traktat zur Verhandlung stehen.

Dem *Traktat Religion* ist zu leisten aufgegeben, was man die *demonstratio religiosa* genannt hat. *Systematisch* betrachtet (im Dreistufenbau ‚demonstratio religiosa – christiana – catholica'), ist der Traktat Religion der erste Teil der Fundamentaltheologie. Indem er den Phänomenbereich der Religionen einer kritischen Beobachtung unterzieht und die anthropologischen Konstanten des ‚religiösen Aktes' untersucht, zielt er auf eine Kriteriologie der Voraussetzungen, in die hinein der Anspruch der Offenbarung ergeht. Von daher ergibt sich sachlich und hermeneutisch seine grundlegende Stellung an der Spitze des fundamentaltheologischen Diskurses.

Die Stellung des *Traktats Religion* hier im „Handbuch der Fundamentaltheologie" bestimmt sich aus diesen sachlichen und hermeneutischen Gründen, nicht jedoch aus der Erwartung, als könne man aus einem allgemeinen Begriff der Religion den Bogen über die religiò christiana zur religio catholica spannen, auch nicht aus dem Bedürfnis, der Welle der neuen religiösen Bewegungen auf diese Weise Tribut zu zollen. Gerade im Zeichen des neuen Interesses an Religion bedarf es von seiten seriöser Glaubensverantwortung nicht einfach fraglos-freudiger Zustimmung, sondern strikt sachorientierter kritischer Maßstäbe gegenüber dem Wuchs und Wildwuchs des Religiösen.

Geschichtlich gesehen zeigt die Entwicklung der Fundamentaltheologie, besonders was die Reflexion auf Gott und Religion angeht, kein eindeutiges Bild. Einerseits sind Reflexionen von der Art, wie Augustinus sie in „De vera religione" angestellt hat, eindeutig *fundamentaltheologischer* Art. Anderseits verlief die Entwicklung der Apologetik in der Neuzeit umgekehrt zu dem, was eigentlich der logische Aufbau der Traktate nahelegt. Und zwar war es so, daß die Spaltung der westlichen Christenheit im 16. Jahrhundert zuerst den Streit über die wahre Kirche auslöste; hier hat die *demonstratio catholica* ihren geschichtlichen Sitz im Leben. Die für eine allgemeine Vernunftreligion plädierende Aufklärung zwang dann dazu, den Offenbarungscharakter des Christentums zu verteidigen; hier ist der Ort der *demonstratio christiana.* Und schließlich drängten in den letzten 200 Jahren radikale Formen der Religionskritik und des Atheismus das Bewußtsein sozusagen bis an den Rand des Ja oder Nein zu Gott und Religion; hier ist die *demonstratio religiosa* angesiedelt.

Allerdings lassen sich die je weiteren Kreise, die die Problematik Kirche – Christentum – Religion gezogen hat, nicht säuberlich auf dieses Nacheinander von Epochen und Bewegungen aufteilen und so gegeneinander abgrenzen, als ob nicht auch die beiden anderen Themenbereiche jeweils eine Rolle gespielt hätten. So tauchte die Religionsthematik schon mit den Anfängen der neuzeitlichen Christentumsapologetik bei Jean Luis Vivès (1492–1540) und Philippe Du Plessis-Mornay (1549–1623) als Frage nach dem „gewissen" Heilsweg des Menschen zu Gott auf. Schon Hugo Grotius („De veritate religionis christianae", 1627) untersuchte Ursprung und Wahrheitsanspruch der geschichtlich begegnenden Religionen, und bereits zuvor hatte Pierre Charron („Les trois veritez contre tous Athees, Idolatres, Juifs, Mahumetans, Heretiques, et Schismatiques", 1596) der ‚demonstratio religiosa' die erste Stelle in dem später klassisch werdenden dreiteiligen Schema der ‚demonstrationes' zugewiesen.

Die Zielsetzung war bei diesen Autoren und auch noch ein gutes weiteres Jahrhundert – sieht man von dem erst später zur vollen Wirkung kommenden Gedanken Jacques Abbadies („Traité de la verité de la Religion Chretiénne", 1684–1689) ab, die „vera religio" als „religio revelata" zu erweisen – überwiegend apologetisch. Es galt, dem Christentum eine größere Wahrheit zuzusprechen als den übrigen Religionen. Eine fundamentale, das theologische Argumentationssystem im ganzen positiv begründende und nochmals seine Begründungslogik im speziellen tragende Funktion wuchs dem Traktat in einem äußerst vielschichtigen, keineswegs einlinigen und im Detail übrigens noch wenig erforschten Prozeß erst dann zu, als radikale Formen der Religions- und Offenbarungskritik dazu zwangen. Einen ersten Höhepunkt in der Entwicklung des Traktats in diese fundamentaltheologische Richtung, besonders auch was die Einbeziehung der nichtchristlichen Religionen in der ganzen Breite der bis dahin angewachsenen realen Kenntnisse von der bewohnten Welt betrifft, stellte die „Vertheidigung der natürlichen, christlichen und katholischen Religion" (1787–1789) von Beda Mayr dar.

Ein anderes Schicksal hatte die Thematik des Traktats Religion dort, wo die Theologie sich in enger Bindung an die scholastische Schultradition entwikkelte. Hier werden die Thesen über die natürliche Gotteserkenntnis und über die religiöse Naturanlage des Menschen als ‚theologia naturalis' der *Philosophie* überlassen; diese sogenannte romanische Form der Fundamentaltheologie setzt ausdrücklich erst ein mit Überlegungen über Möglichkeit und Notwendigkeit der christlichen Offenbarung. Sie hat in vielen gängigen Lehrbüchern ihren Niederschlag gefunden.

Die sogenannte deutsche Form dagegen behielt die Dreiteilung – über die hinaus allerdings mit der zunehmend fundamentaltheologischen Zielrichtung der Traktate sich als eigenständige Aufgabe die ,Theologische Prinzipienlehre' oder ,Theologische Erkenntnislehre' herausschälte – bei und hat, wenn auch in vielfältigen Varianten, die demonstratio religiosa als Teilaufgabe der Fundamental*theologie* erkannt. In dieser Tradition vollzieht auch hier, aus den bereits genannten Gründen, der *Traktat Religion* das erste Stück der fundamentaltheologischen Argumentation.

Die christliche Offenbarung ist für den Traktat Religion nämlich durchaus von Bedeutung. Sie ist zwar keine formelle Begründungsinstanz und kann nicht für Argumentationen ex auctoritate Verwendung finden, wohl aber übernimmt sie Erschließungsfunktionen. Die Tatsache, daß Vertreter anderer Disziplinen hier – entsprechend dem in der Einführung ins Gesamtwerk dargestellten Konzept von Fundamentaltheologie – ausführlich zu Wort kommen, ändert nichts daran.

Abschließend ein Überblick über die Weg-Stationen dieses ersten Traktats: *Kap. 1* breitet eine Vielfalt religiöser Phänomene der Menschheitsgeschichte aus. *Kap. 2* orientiert über Entstehung und Wandel der Theorien, die den Phänomenbefund zu erfassen suchen, und führt hin auf die Frage nach dem Begriff der Religion. *Kap. 3* erörtert dessen Problematik unter religionsphilosophischem Aspekt: Einander ergänzende Methoden zielen auf eine Sinnlogik der religiösen Akte. *Kap. 4* befragt die Epochen der Philosophiegeschichte auf ihren wechselvollen Ertrag für die Erkenntnis Gottes. *Kap. 5* diskutiert die Positionen des modernen Atheismus auf ihre positiven Anstöße hin und berichtet auch über kirchliche Stellungnahmen zum Atheismus. *Kap. 6* analysiert die Religionskritik, insbesondere von Feuerbach, Marx und Freud, unter dem Kriterium ihrer humanen Potenzen. *Kap. 7* geht in kritischer Argumentation, die bei Grunderfahrungen des Menschen ansetzt, der Möglichkeit nach, „Gott heute zu denken". *Kap. 8* befaßt sich mit dem religiösen Grundgeschehen der Selbsttranszendenz des Menschen, und in *Kap. 9* schließlich wird der fundamentaltheologische Begriff der Religion formuliert. *Kap. 10* untersucht die anthropologischen Strukturen im Blick auf Offenbarung und öffnet damit den Blick auf den zweiten Traktat.

1. KAPITEL

DAS PHÄNOMEN RELIGION IN DER MENSCHHEITSGESCHICHTE

Günter Lanczkowski

§ 1. Verbreitung und Vielfalt der Religionen

Zwei wesentliche Einsichten zum Phänomen Religion in der Menschheitsgeschichte lassen sich unschwer an religionsgeographischen Kartenbildern gewinnen. Sowohl die Religionskarte der Gegenwart als auch die Karten früherer Epochen lassen übereinstimmend ebenso die weltweite Verbreitung des Phänomens Religion wie die Vielfalt der einzelnen Religionen erkennen. Dieser religiöse Pluralismus, der auf der Tatsache beruht, daß es im Laufe der Geschichte weder missionarischen Intentionen noch machtpolitischen Verbreitungstendenzen gelungen ist, eine bestimmte Religion zum alleinigen Bekenntnis der Menschheit zu erheben, begründet die bis heute gültigen Feststellungen: „Religion ist wirklich nur in Religionen“[1], und: „Es gibt keine Religion, sondern Religionen“[2].

Doch damit ist der Aussagewert von Religionskarten nicht erschöpft. Vergleicht man vielmehr den kartographischen Befund verschiedener Epochen, so wird die Dynamik eines religionsgeschichtlichen Wandels deutlich, der sich in der Entstehung und im Aufstieg von Religionen ebenso äußert wie in der Verschiebung ihrer Verbreitungsgebiete und nicht selten auch in ihrem Untergang, auf den kein religiöses Vakuum folgt, sondern Ablösung durch eine andere, erfolgreich vordringende Religion.

Generell ergibt sich aus diesen Beobachtungen, daß wir weder ein religionsloses Zeitalter noch einen – von Menschen bewohnten – religionsfreien Raum kennen, daß vielmehr „Wissen und Fühlen der Abhängigkeit von außerweltlichen persönlichen Mächten, zu denen man in ein beiderseitiges Verhältnis tritt“[3], immer und überall nachweisbar ist. Versucht man, dieses beiderseitige Verhältnis hinsichtlich seiner menschlichen Komponente zu charakterisieren, so kann man von einer anthropologischen Konstante des Religiösen sprechen.

Mit dem Begriff des *religiösen Pluralismus* ist eine Fülle unterschiedlicher Vorstellungs- und Erscheinungsformen der Religionen angesprochen. Die exklusive Verehrung nur eines einzigen Gottes, das monotheistische Bekenntnis

---

[1] *Frick* 62. [2] *Andrae* 169.
[3] *W. Schmidt,* Ursprung und Werden der Religion. Münster 1930, 4.

also, steht dem Polytheismus, dem Glauben an eine Vielzahl von Gottheiten, gegenüber. Die Bezugnahmen auf eine Welt des Mythos, auf eine prophetische Offenbarung oder auf das mystische Erlebnis besitzen in unterschiedlicher Weise prägende Kraft. Manche Religionen besitzen in einer heiligen Schrift eine normative Offenbarungsurkunde; andere beruhen auf mündlicher Tradition. Das Verhältnis zur Welt schwankt zwischen den Polen tätiger Welt- und Lebensbejahung und pessimistischer Verneinung und Weltüberwindung. Die Ethik kann altruistisch bestimmt sein oder in egoistischer Weise nur ein Freiwerden des einzelnen von dieser Welt erstreben. Der Hochschätzung einer peinlichen Erfüllung kultischer Verpflichtungen steht die Forderung verinnerlichter Religiosität entgegen. Der Heilsweg des Menschen kann durch Werkgerechtigkeit bestimmt werden, aber auch durch die gläubige Hingabe an eine erlösende Gottheit oder durch die erkennende Einsicht des Gnostikers.

Mit diesen Hinweisen, die jeweils bestimmte Charakteristika traditioneller Religionen betreffen, ist jedoch die Vielfalt religionsgeschichtlicher Erscheinungen keineswegs erschöpft. Sie wird vielmehr wesentlich erhöht durch das mit *religionsinternem Pluralismus* bezeichnete Phänomen[4]. Gemeint sind hiermit vielfältige Richtungen und Schichten innerhalb ein und derselben Religion.

Sie treten am augenfälligsten in Schismen, Konfessionen, Sekten und Schulrichtungen zutage. Doch brauchen mehrere Heilswege nicht zu einer offiziellen Spaltung zu führen. Sie können auch einen der jeweiligen Religion immanenten Pluralismus bedingen. So ließ der Hinduismus, wenn auch mit einer im Laufe seiner Geschichte wechselnden Wertschätzung, drei Heilswege nebeneinander bestehen: den Weg der Werke *(karma-mārga)*, den Weg der Erkenntnis *(jñāna-mārga)* und den Weg der Gottesliebe *(bhakti-mārga)*.

Gelegentlich ist der religionsinterne Pluralismus in der Lehre von einer doppelten Wahrheit systematisiert worden. So unterschied der im Übergang vom 8. zum 9. nachchristlichen Jahrhundert wirkende indische Religionsphilosoph Shankara zwischen einem niederen Wissen *(aparā vidyā)* und einem höheren, vollkommenen Wissen *(paravidyā)*, das allein zur Erkenntnis der absoluten Wahrheit fähig sei[5]. Eine vergleichbare Unterscheidung zwischen philosophischer Einsicht und gläubiger Hingabe findet sich bei Averroës (Ibn Ruschd).

Religionsinterner Pluralismus kann sich noch in anderen Erscheinungen äußern. In den homerischen Epen treten uns Weltverständnis und Religion des mykenischen Adels entgegen. Aber das war damals nicht die einzige Glaubensform der Griechen. Neben ihr stand eine bäuerliche Frömmigkeit. „Der arische Adel schuf seine Götter und Götterfeste über einer religiösen Welt ganz anderer Art, ohne jedoch den altväterlichen Kultus, der so innig mit dem Boden und der Frucht zusammenhing, jemals verdrängen zu wollen."[6]

---

[4] *Lanczkowski* 1971, 50–55.

[5] *O. Strauss*, Indische Philosophie. München 1925, 248.

[6] *V. Grønbech*, Götter und Menschen. Griechische Geistesgeschichte II. Reinbek bei Hamburg 1967, 194.

Man kann von Religionsschichten sprechen und die untere Sphäre mit Friedrich Pfister[7] „Religion der Tiefe" nennen. Sie ist innerhalb einer jeden Religion vorhanden, wenn sie sich auch unterschiedlich stark vom gültigen Dogma abhebt. Eine Spannung zwischen dem Glauben der Wissenden und dem des Volkes, die an die Grenzen der Spaltung führte, wies die ägyptische Spätzeit auf. Einem vergeistigten Gottesgedanken stand die Hinwendung des Volkes zur Verehrung ganzer Gattungen heiliger Tiere gegenüber. Die erlahmenden Kräfte der Endzeit ermangelten jener geistigen Zucht, die die Durchsetzung der höheren Glaubensform erforderte. Es siegte die Zoolatrie, und sie wurde der ägyptischen Religion zum Schicksal[8].

Auch im konfuzianischen China trat ein derartiger Gegensatz sehr deutlich in Erscheinung: „Die Ausübung des Staatskultes war Sache der Regierung, des Kaisers und seiner Beamten. Das niedere Volk hatte an der Verehrung der Staatsgötter keinen direkten Anteil. Die auf der Tradition der klassischen Schriften beruhenden Anschauungen bildeten eine literarische Religion, die Sonderbesitz der Gebildeten, der konfuzianischen Gelehrten *(ju-shih),* war und dem Volk nur in den Vorschriften der äußeren Zeremonien *(li)* mitgeteilt wurde, in denen es eine Richtschnur für sein Verhalten bei allen Vorgängen des Lebens erhielt."[9]

Berufsreligiöse Sonderformen zählen oft zum internen Pluralismus. Die weitreisenden Großkaufleute des alten Mexiko, die, dank königlicher Protektion, in der Endphase aztekischer Eigenstaatlichkeit Macht und Einfluß erlangt hatten, verbanden auf ihren karawanenähnlichen Zügen merkantile mit diplomatischen Aufgaben. Der Gott, den nur sie verehrten, war ein typisches Numen der Reise: Yacatecutli, der „Herr an der Spitze". Im Dienste dieses Gottes standen besondere Rituale, die die aztekischen Kaufleute vor ihrer Abreise und nach der Rückkehr vollzogen[10].

Die *religio castrensis,* die Religion der römischen Heerlager und Soldaten, ist wohl die bekannteste berufsreligiöse Sonderform, die seit dem ersten nachchristlichen Jahrhundert durch die Verehrung des Gottes Mithras gekennzeichnet war. Sie ist zugleich typisch für *kultische Geschlechtsdifferenzierungen.* Denn vom Kult des Mithras waren Frauen ausgeschlossen.

Doch bezog sich das Phänomen der kultischen Exklusivität nicht überall allein auf Männer. In der Hauptsache, wenn nicht ausschließlich, waren es Frauen, die als Mänaden oder Bacchantinnen im Dienste des Gottes Dionysos standen[11]. Vom Kult ausgeschlossen blieben die Männer auch bei den Thesmophorien, einem nur von Frauen gefeierten griechischen Herbstfest zu Ehren der

---

[7] Die Religion der Griechen und Römer. Leipzig 1930, 19.

[8] H. Bonnet, Zum Verständnis des Synkretismus, in: Zs. f. ägypt. Sprache u. Altertumskunde 75 (1939) 51f.

[9] *F. E. A. Krause,* Ju – Tao – Fo. Die religiösen und philosophischen Systeme Ostasiens. München 1924, 207.

[10] *G. Lanczkowski,* Die religiöse Stellung der aztekischen Großkaufleute, in: Saec. 13 (1962) 346–362.

[11] *J. Leipoldt,* Die Frau in der antiken Welt und im Urchristentum. Leipzig ²1955, 54.

„gesetzgebenden" *(thesmophóros)* Göttin Demeter als der Lehrerin des Ackerbaus und der Begründerin von Ehe und bürgerlicher Ordnung. Und in Rom war es Männern verboten, an den jährlich in einer Dezembernacht vollzogenen Riten der Bona Dea teilzunehmen, einer Segens- und Heilgöttin, die auf dem Aventin einen Tempel besaß[12].

§ 2. Religionsgeschichtlicher Wandel

Unbeschadet ihrer jeweiligen individuellen Sondergestalt sind alle Religionen als geschichtliche Größen bestimmten Wandlungen unterworfen, die im historischen Prozeß ihres Aufkommens, ihrer Ausbreitung und ihres eventuellen Unterganges auftreten. Keine Religion, deren Ursprünge wir historisch erreichen können, entstand aus dem Nichts, und ihr Auftreten erfolgte niemals in einem religiösen Vakuum. Aber sie trat ihrer religiösen Vor- und Umwelt mit der Verkündigung neuer Werte entgegen. Diese bilden das Prinzip der Auslese des Überkommenen, und sie bestimmen dessen Abwehr, Übernahme oder Modifikation.

Jeder Religion, die als Neustiftung oder auf dem Wege einer missionarischen Ausbreitung in einen Kreis traditioneller Religionen eintritt, ist die Aufgabe einer *Begründung des eigenen Existenzanspruchs* gegenüber den anderen Religionen gestellt. Dabei kann sie die fremden Religionen als Entartung und Verderbnis einer ursprünglich reinen Offenbarung auffassen. Dies tat Mani[13], der Stifter des Manichäismus, in seiner Verteidigungsrede vor dem Sassanidenkönig Bahram I.:

> „Diese ganze Welt war in die Irre gegangen und auf Abwege geraten; sie war freventlich von der Weisheit Gottes, des Herrn des Alls, abgefallen. Ich aber habe von ihm empfangen und den Weg der Wahrheit inmitten des Alls offenbart, auf daß die Seelen dieser Vielen gerettet würden und der Strafe entgingen. Denn das Zeugnis für alles, was ich bringe, liegt zutage; alles, was ich verkünde, bestand bereits in den früheren Generationen. Aber das ist die Gewohnheit, daß der Weg der Wahrheit bisweilen sich zeigt und bisweilen sich wieder verbirgt."

Eine im Prinzip gleiche Haltung vertrat Mohammed mit seiner Fiktion einer ursprünglich reinen, jedoch von Juden und Christen verfälschten Abrahamsreligion, von der es im Koran[14] heißt:

> „Abraham war weder Jude noch Christ; vielmehr war er ein Monotheist, ein Muslim und keiner derer, die Gott Gefährten geben."

Eine zweite Haltung, die Neustiftungen gegenüber vorgefundenen Religionen einnehmen, besteht in deren relativer Anerkennung. Hierbei handelt es sich um die Vorstellung von einer sukzessive fortschreitenden, bislang noch unvoll-

---

[12] Ebd. 21.
[13] *H. J. Polotsky*, Manichäische Homilien. Stuttgart 1934, 47.
[14] Sure 3, 60.

kommenen und erst mit der eigenen Stiftung abgeschlossenen Offenbarung. Dieser Gedanke kam treffend zum Ausdruck in den Worten eines Würdenträgers des 1926 gestifteten südvietnamesischen Caodaismus[15]:

„Die Lehre des Mose ist die Knospe, die Lehre Christi ist die Blüte, der Caodaismus ist die Frucht. Die Blüte zerstört nicht die Knospe, die Frucht nicht die Blüte, sondern jedes folgende Stadium der Entwicklung der Pflanze ist die Vervollkommnung des früheren Zustandes."

Wenn im Wandel geschichtlicher Situationen die gleiche Religion zu verschiedenen Zeiten unterschiedliche Anliegen aktualisiert, so entsteht das *Problem der Kontinuität,* es erhebt sich die Frage, ob Entfremdungstendenzen gegenüber den Ursprüngen und der eigentlichen Intention der betreffenden Religion auftreten oder sich eine historische Entfaltung des in ihr liegenden Prinzips vollzieht. Letzteres geschieht, wenn eine im Wandel der Zeiten unterschiedliche Betonung gewisser Einzelzüge einer Religion zurückgeführt werden kann auf die *Fülle des Ursprungs,* auf den in der Stiftung liegenden Reichtum religiösen Gutes.

Ist dies nicht der Fall, so sprechen wir von Entartung, und diese kann ebenso wie die Ablösung durch eine erfolgreich vordringende Religion – und oft im historischen Zusammentreffen mit dieser – zum *Untergang* einer Religion führen. Dieser Untergang ist niemals frei von tragischen Aspekten.

Von den letzten Anhängern des altägyptischen Glaubens sind uns klagende Stimmen über den Untergang ihrer Religion überliefert[16]:

„Eine Zeit wird kommen, wo es scheinen wird, als hätten die Ägypter vergebens fromm und eifrig der Gottheit gedient ... Denn die Gottheit wird von der Erde zu dem Himmel zurückkehren, und Ägypten wird verlassen dastehen, und das Land, das der Sitz der Religion war, wird die Götter nicht mehr beherbergen ... O Ägypten, Ägypten, von deinem Glauben werden nur Fabeln übrig bleiben, die den späteren Geschlechtern unglaublich dünken, und nur Worte werden übrig bleiben auf den Steinen, die von deinen frommen Taten erzählen."

Es lassen sich ähnliche Zeugnisse aufweisen aus den Kreisen der letzten Bekenner des römischen Heidentums[17], der germanischen[18] und der aztekischen[19] Religion. Was ihnen Aktualität verleiht, ist die Frage, ob auch in heutiger Zeit ein Religionsuntergang zu erwarten sei. Es sind zwei Religionen, an die aus sehr verschiedenen Gründen diese Frage zu richten ist. Beim Lamaismus erscheint es wegen seiner sehr engen Bindungen an den tibetischen Staat problematisch, ob er den Verlust der tibetischen Eigenstaatlichkeit überleben wird[20].

---

[15] La constitution religieuse du Caodaisme. Paris 1953, 13.
[16] *A. Erman,* Die Religion der Ägypter. Berlin – Leipzig 1934, 440.
[17] *J. Wytzes,* Der letzte Kampf des Heidentums in Rom. Leiden 1977.
[18] *F. R. Schröder,* Die Germanen. Tübingen 1929, 74.
[19] *H. Wißmann,* Sind doch die Götter auch gestorben. Das Religionsgespräch der Franziskaner mit den Azteken von 1524. Gütersloh 1981.
[20] *H. Bechert,* Der Lamaismus – eine Weltreligion im Untergang?, in: *R. Italiaander* (Hg.), Die Gefährdung der Religionen. Kassel 1966, 276–286.

Der Zoroastrismus leidet unter zunehmendem Priestermangel, der sich katastrophal entwickeln könnte, und außerdem unter der Konversion gerade jüngerer Mitglieder seiner Gemeinden zu reformhinduistischen Bewegungen[21].

§ 3. Die Religion im Leben des Individuums und der Gemeinschaft

Soweit der historische Blick zurückreicht, haben *Übergangsriten* den Eintritt der Menschen in einen neuen Lebensabschnitt begleitet. Es sind dies die rituellen Handlungen, die nach der Geburt, bei der Erlangung der Geschlechtsreife, bei der Hochzeit, bei Tod und Bestattung vollzogen werden.

Die *Geburts*riten sind mit der Namensgebung des Kindes verbunden, gelegentlich auch mit seiner Beschneidung oder mit einem Taufakt. Für die Mutter sind meist Reinigungen vorgeschrieben, für den Vater Enthaltungen von Rauchen und Waffengebrauch oder die mit *couvade,* „Männerkindbett", bezeichnete Nachahmung der Wöchnerin. Der Abschluß dieser Riten wird häufig mit einem Fest begangen.

Aus dem aztekischen Mexiko, dessen Eltern- und Kindesliebe bemerkenswert stark ausgeprägt war, sind uns Reden überliefert, die die Geburtsriten begleiteten[22]. Das Kind wurde von den Verwandten mit uneingeschränkter Freude und religiöser Ehrfurcht begrüßt:

> „Was ich heute sagen kann, ist dies, daß unser Herr Quetzalcoatl, der der Schöpfer ist, einen Edelstein, eine Quetzalfeder in diesen Staub, in diese arme Hütte gelegt hat."

An das neugeborene Kind selbst richtete man die Worte:

> „Du bist in dem obersten Himmel gestaltet worden, wo die beiden höchsten Götter wohnen, über den neun Himmeln. Es haben dich wie eine Goldperle gegossen, dich wie einen Edelstein gearbeitet dein Vater und deine Mutter: der große Herr Ometecutli und die große Herrin Omeciuatl und mit ihnen unser Herr Quetzalcoatl."

Mit *rites de passage* im engeren Sinne werden *Initiationsriten* bezeichnet, die bei Naturvölkern vornehmlich mit dem Abschluß der Pubertät verbunden sind und meist der männlichen, weitaus seltener der weiblichen Jugend auferlegt werden. Sie symbolisieren Tod und Auferstehung und gelten der Loslösung von der Kindheit und dem Eintritt in die Gemeinschaft der Erwachsenen. Der Vollzug von Übergangsriten ist aber auch charakteristisch für die Aufnahme in Geheimbünde und in totemistische Gruppen, die in Schicksalsgemeinschaft mit einem Totem, einem meist tierischen Schutzgeist, stehen.

Mit den Übergangsriten sind fast immer erhebliche psychische und physische Belastungen der Initianden verbunden. Sie erfordern im allgemeinen Absonderung von der Stammesgemeinschaft und einen zeitweiligen Aufenthalt in

---

[21] *M. Boyce,* Der spätere Zoroastrismus, in: *Asmussen-Laessøe,* Handbuch der Religionsgeschichte 2. Göttingen 1972, 370f.

[22] *G. Lanczkowski,* Aztekische Sprache und Überlieferung. Berlin 1970, 77.

unwirtlichen, möglichst unheimlichen Gegenden; ferner gehören dazu Fastenübungen, Enthaltung vom Schlaf und Mutproben. Religiöse, kultische und sexuelle Unterweisungen sowie die Überprüfung des erworbenen Wissens gehören ebenfalls zu dieser Vorbereitungszeit. Die eigentliche Initiationsfeier kann mit Beschneidungen, Tätowierungen sowie dem Ausreißen oder Verstümmeln von Zähnen verbunden sein. Gelegentlich wird dem Initianden, der ein neues Leben beginnen soll, auch ein neuer Name verliehen[23].

Ein Übergangsritus ist auch die *Hochzeit,* die in Gesellschaften mit lebendiger religiöser Tradition stets kultischen Charakter trägt und in deren Mittelpunkt die Trauung durch den Priester steht[24]. Die griechische Religion verehrte in Hyménaios einen besonderen Gott der Eheschließung. Bereits in Rom war der Ritus des Ringwechsels üblich sowie das Hochzeitsmahl der *confarreatio,* des gemeinsamen Essens von Opferkuchen. Trennungsriten, die der Eheschließung vorausgehen, haben sich teilweise bis heute erhalten; zu ihnen zählt das Verstecken der Braut, ihr Weinen beim Verlassen des Elternhauses und das Aufhalten des Brautzuges. Neben dem Ringwechsel sind das gemeinsame Umgehen von Herd und Stall und die Darreichung von Brot und Salz die häufigsten Aufnahmeriten. Der Sinn von abergläubischen Bräuchen, die sich bis heute erhalten haben, ist nicht eindeutig zu entscheiden. Der Bräutigam wirft auf dem Rückweg von der Trauung mit Münzen meist geringen Wertes das Unglück hinweg, oder er handelt in Erinnerung an die Sitte des Freikaufs der Braut. Beim Zerschlagen von Tonwaren und Glas am Polterabend kann es sich um einen die Braut betreffenden Trennungsritus oder um magische Dämonenabwehr handeln.

Neben Geburt, Initiation und Hochzeit erfordert der *Tod* Übergangsriten[25]. Diese Funeralriten sind zumindest teilweise religiös bedingt, wenn auch ihre Intentionen nicht immer eindeutig erkennbar sind. Grundsätzlich lassen sich jedoch zwei einander widersprechende Einstellungen aufweisen, die einmal in pietätvoller Weise dem Wohl des Verstorbenen gelten, anderseits aber durch die Angst vor seiner Rückkehr als Wiedergänger und Spukgestalt motiviert sind und daher apotropäische Riten im Gefolge haben.

Auch zur Erdbestattung gibt es gegensätzliche Einstellungen. Die Hausbestattung steht dem Verstorbenen positv gegenüber und soll seine Verbindung mit den Lebenden aufrechterhalten. Eine Fürsorge für den Toten stellt auch seine Bestattung in der Heimat dar. Literarisch hat sie ihren berühmtesten Aus-

---

[23] *A. van Gennep,* Les rites de passage. Paris 1909; *A. E. Jensen,* Beschneidung und Reifezeremonien bei den Naturvölkern. Stuttgart 1933.

[24] *J. G. Frazer,* Totemism and Exogamy. London 1910; *E. Westermarck,* History of Human Marriage. 3 Bde. London (1891) [5]1921; *H. Bächtold,* Die Gebräuche bei Verlobung und Hochzeit. Basel 1914.

[25] *E. Bendann,* Death Customs. London 1930; *H. Kees,* Totenglauben und Jenseitsvorstellungen der alten Ägypter. Berlin [2]1956; *W. F. Otto,* Die Manen oder von den Urformen des Totenglaubens Darmstadt (1923). [4]1981; *E. Rohde,* Psyche. Seelencult und Unsterblichkeitsglaube der Griechen Darmstadt ([2]1898). 1980; *H. Wißmann,* Bestattung I. Religionsgeschichtlich, in: TRE 5, 730–734.

druck in der „Geschichte des Sinuhe" gefunden. Der Ägypter Sinuhe, ein Höfling aus der Anfangszeit des Mittleren Reiches, flieht aus unklaren politischen Gründen ins syrisch-palästinensische Gebiet und bleibt dort, bis ihn im Alter ein Erlaß König Sesostris' I. zur Rückkehr nach Ägypten auffordert. Das Motiv, das der König hierfür nennt, ist eindeutig das Begräbnis in der Heimat. Der Weiterexistenz des Toten im Grabe dienen Grabbeigaben und Grabmalereien sowie die vornehmlich, jedoch nicht ausschließlich im alten Ägypten übliche Mumifizierung des Grabherrn.

Unterschiedlich deuten lassen sich die vorgeschichtlichen Hockergräber, in denen der Leichnam mit angezogenen Beinen und gebeugtem Rücken auf der Seite liegt. Dies kann eine Schlafstellung oder auch die Lage des Embryos im Mutterleib nachahmen und läßt damit auf den Glauben entweder an ein späteres Erwachen oder eine Wiedergeburt schließen.

Bestimmte Begräbnisformen dienen dem Schutz vor einer Rückkehr des Verstorbenen. Dies ist generell der Fall, wenn die Bestattung in möglichst großer Entfernung von den Wohngebieten der Lebenden erfolgt. Auch die Fesselung der Füße und das Beschweren des Leichnams mit Steinen soll eine Wiederkehr verhindern. Das gleiche Motiv dürfte der grausamen tibetischen Leichenzerstückelung zugrunde liegen, die der Lamaismus allerdings gern als ein Opfer für Geier, Wölfe und Fische deutet[26].

Die Feuerbestattung hatte bei Griechen und Indern den Sinn einer Trennung der irdischen von einer weiterlebenden Existenzform. Die Luftbestattung pflegt der Parsismus, um die Erde und das Feuer vor Verunreinigung zu bewahren. Der Wasser- und Bootsbestattung liegen wahrscheinlich unterschiedliche, in ihren jeweiligen Verbreitungsgebieten gesondert zu untersuchende Vorstellungen zugrunde.

Während diese Übergangsriten, auch wenn sie meist gemeinschaftlich begangen werden, doch die entscheidenden Abschnitte im Leben des Individuums betreffen, sind *Feste und Feiertage,* an denen entweder ein Naturgeschehen oder ein Ereignis der Heilsgeschichte kultisch begangen wird, bedeutsam für die Gesamtheit einer menschlichen Gruppe[27]. Anlaß für *Naturfeste* sind in bäuerlichen Kulturen die zyklisch wiederkehrenden Abschnitte der Aussaat und Ernte, in Jägerkulturen Einleitung und Abschluß der Jagd. Unter nomadischen Viehzüchtern ist es üblich, die jährliche Erstgeburt des Lammes feierlich zu begehen. Völkerschaften, deren Lebensgrundlage auf der Fischerei beruht, feiern das erste Erscheinen der neuen Fischschwärme.

Das weitaus bedeutendste Naturfest ist seit alters das *Neujahrsfest,* das häufig

---

[26] *H. Hoffmann,* Die Religionen Tibets. Freiburg – München 1956, 11.

[27] *Å. V. Ström,* Religion och gemenskap. Stockholm 1946; *A. Kirchgässner,* Die mächtigen Zeichen. Ursprünge, Formen und Gesetze des Kultes. Freiburg 1959; *H. Th. Obbink,* De godsdienst in zijn verschijningsvormen Groningen (1923). ^{2}1947; *E. Underhill,* Worship. London (1936) ^{2}1943; *R. Will,* Le culte. 3 Bde. Paris 1925–1935.

mit der Wintersonnenwende zusammenfällt. Es wird seit frühen Zeiten weltweit als ein Fest begangen, dessen rituelle Handlungen dem Zweck dienen, die Krise zwischen dem Ende des alten und dem Anfang des neuen Jahres zu überwinden und einen Neubeginn zu sichern, der als Erneuerung der Welt und als Neuschöpfung des Lebens verstanden wurde. Deshalb fand häufig der Vollzug eines Kultdramas statt, das eine symbolische Wiederholung der Kosmogonie darstellte[28].

Zu den Naturfesten treten die *heilsgeschichtlichen Feste,* die in jährlicher Wiederholung der Feier von Heilstaten der Gottheit oder bedeutsamer Ereignisse im Leben eines Stifters dienen.

Für die Religion im Leben der Gemeinschaft, wie sie sich vornehmlich in der kultischen Feier äußert, ist ein *konservativer Charakter* typisch. Er betrifft sowohl die festgefügten Formen des kultischen Vollzugs als auch heilige Stätten und heilige Zeiten, an die er gebunden ist und die gewissermaßen eine „neutrale Heiligkeit" besitzen, insofern sie oft einen Religionswechsel überdauern. Als bezeichnend hierfür ist sowohl hinsichtlich seiner räumlichen als auch seiner zeitlichen Konstanz das Frühlingsfest der Insel Malta herausgestellt worden[29]. Dieses Fest stand zuerst im Dienste des Vegetationsgottes Adonis. Als die Johanniter nach ihrer Vertreibung aus Rhodos 1526 nach Malta übersiedelten, ließen sie das Fest weiterhin bestehen, unterstellten es aber dem Schutze Johannes' des Täufers. Später ging das Fest auf den hl. Gregorius über.

Die zeitliche Ordnung der Feste ist Aufgabe des *Kalenders.* Seine ursprünglich rein religiöse Funktion erweist sich auch darin, daß seine Erstellung eine priesterliche Aufgabe war. Außerdem wurden bereits im alten Babylonien die Wochentage bestimmten Gottheiten zugeordnet und nach diesen benannt[30]. Aus den Etymologien einer Mehrzahl von Namen unserer Wochentage ist ersichtlich, daß sich theophore Bezeichnungen bis heute erhalten haben, wenn auch ihre Rückführung auf heidnische Elemente bedeutungslos geworden ist. So ist der Sonntag schon in der Urgemeinde, wie Offb 1,10 bezeugt, als Tag des Herrn so stark mit der christlichen Heilsordnung verbunden, daß die Rückführung seines Namens auf den Sol, den Gott der Sonne, belanglos geworden ist. Das gleiche gilt für die Etymologie der übrigen Wochentagsnamen.

Schließlich ist der Beginn der kalendarischen Zeitrechnung oft religiös bestimmt, so wenn das Judentum die Jahre seit Erschaffung der Welt zählt, das Christentum seit Christi Geburt, der Buddhismus seit dem – allerdings nicht einheitlich angesetzten – Eingang des Buddha ins Nirvāna und der Islam seit der Hedschra, dem Auszug Mohammeds und seiner Getreuen aus Mekka im Jahre 622 n. Chr.

---

[28] *V. Grønbech,* Essay on Ritual Drama. London 1931.
[29] *R. Wünsch,* Das Frühlingsfest der Insel Malta. Leipzig 1902.
[30] *N. Söderblom,* Einführung in die Religionsgeschichte. Leipzig ^{2}1928, 30.

§ 4. Religion als gestaltende Macht des menschlichen Lebensraumes

Der Welt-Bezug der Religion kommt in grundlegender und umfassender Weise im Glauben an eine *Schöpfung* der Welt zum Ausdruck. Trotz der im einzelnen sehr unterschiedlichen Schöpfungsberichte bekennen alle Religionen, die einen Schöpfungsglauben besitzen, daß diese Welt nicht im Laufe phantastischer Zeiträume in einem evolutionistischen Prozeß entstand, sondern in einem kosmogonischen Akt, der dem Willen einer höheren, dieser Welt schlechthin übergeordneten Macht entsprang.

Für die *Ordnung* des menschlichen Lebensraumes besitzen heilige Stätten eine vorrangige Bedeutung. Sie bestimmen oft die Gebetsrichtung, verhelfen damit zur Orientierung und vermitteln Geborgenheit in der Weite des Raumes. In besonderer Weise gilt dies für amphiktyonische Heiligtümer, mit denen sich eine religionsgeographische Mittelpunktsvorstellung verbinden kann. So lokalisierten die Griechen in Delphi den *omphalòs tēs gēs;* und Jerusalem, das schon im AT (Ez 5, 5) als Mittelpunkt der Welt angesprochen wird, genoß diese Einschätzung bis weit über das Mittelalter hinaus[31].

Auch die Gestaltung des Raumes unterliegt sehr oft religiösen Bedingungen. In den Sakralbauten der Kultlandschaft kommt dies in augenfälliger Weise zum Ausdruck. Es gilt aber generell für die *Siedlungsgeographie,* für die Heiligung des Hauses und seiner Teile, vornehmlich der Tür, des Herdes und der Vorratskammer[32], sowie für die geomantische Ausrichtung einzelner Bauwerke und ganzer Städte[33].

Für die *Wirtschaftsgeographie* sind Messen und Märkte bezeichnend, die im Zusammenhang mit religiösen Festen veranstaltet werden. Im Bereich der Landwirtschaft haben christliche Fastengebote die Anlage von Fischteichen bewirkt, und die Förderung des Weinbaus war mitbedingt durch seine Bedeutung für die Feier der Messe. Umgekehrt zerstörte das Weinverbot des Islams den Weinbau Kleinasiens. Teekulturen sind wesentlich vom Buddhismus gefördert worden, der im Tee ein für Meditationen günstiges, jedoch nicht berauschendes Getränk sah[34]

Auf dem Gebiet der *Verkehrsgeographie* haben Wallfahrten und Pilgerreisen Bedeutendes zur Erschließung von Verkehrswegen beigetragen. Frühe Missionsreisen, die in vordem unbekannte Gebiete führten, gewannen den Charakter von Entdeckungsreisen. Für das Altertum kommen die Straßen und Seerouten des Weihrauchhandels hinzu sowie die Verkehrswege, auf denen die Zedern des Libanon für Sakralbauten anderer Länder, Israels und Ägyptens, herangeschafft wurden[35].

---

[31] *W. H. Roscher,* Omphalos. Leipzig 1913.

[32] *C. Hentze,* Das Haus als Wohnort der Seele. Stuttgart 1961.

[33] *W. Müller,* Die heilige Stadt. Roma quadrata, himmlisches Jerusalem und die Mythe vom Weltnabel. Stuttgart 1961.

[34] *P. Fickeler,* Grundfragen der Religionsgeographie, in: Erdkunde 1 (1947) 121–144.

[35] *G. Lanczkowski,* Die heilige Reise. Auf den Wegen von Göttern und Menschen. Freiburg 1982.

Für *Landnahme und Kolonisation* kann beispielhaft die religiöse Motivierung des Zuges der Israeliten ins Gelobte Land, der Reise der Pilgrim Fathers und der langen Wanderung der Mormonen nach Utah genannt werden.

§ 5. Religionen als Geschichtsmächte

„Jede Kultur hat insofern eine religiöse Basis: sie muß dauernd aus der Quelle letzter Wertüberzeugungen schöpfen können, oder sie verfällt.“[36] Dieser Satz Eduard Sprangers kennzeichnet die Geschichtsmächtigkeit der Religionen in umfassender Weise. Da es die Aufgabe einer Universalgeschichte wäre, diese Feststellung im einzelnen zu verifizieren, müssen hier einige Hinweise genügen.

Die Religion erweist sich sowohl als bewahrende wie auch als verwandelnde Macht *kultureller Erscheinungen.* Sie begründet, modifiziert und sanktioniert rechtliche Ordnungen. Sie verbreitet und erhält den Gebrauch von Religionssprachen, die als kulturelle Hochsprachen verwendet werden, wie das Lateinische des abendländischen Mittelalters, das Sanskrit der indischen Kultur, das Pāli in den Verbreitungsgebieten des südlichen Buddhismus und das Arabische in allen Bereichen des Islams.

Noch augenfälliger tritt die geistige Prägung von Kulturen durch Religionen auf dem Gebiet der *Kunst* in Erscheinung. Architektur und Ikonographie christlicher Kathedralen zeugen hierfür ebenso wie die zu kunstvollen ornamentalen Formen führende Schriftentwicklung des Arabischen, die einerseits auf der Hochschätzung der heiligen Schrift des Islams, des Koran, anderseits auf dem islamischen Bilderverbot beruht.

Vielseitig sind die Beziehungen zwischen Religion und *Staat.* Das bekannteste Beispiel für die staatsbildende Kraft einer Religion ist der Islam. Aus der *Umma,* der religiös-politischen Gemeinde der Anhänger des Propheten Mohammed, entwickelte sich erstaunlich rasch das weiträumige Kalifenreich.

Für die staatserhaltende Macht einer Religion ist der Konfuzianismus typisch, der während der Han-Dynastie (206 v. Chr. – 220 n. Chr.) zur politisch prägenden Kraft Chinas wurde und diese Stellung, die dem chinesischen Reich seine staatliche Struktur und seinen Bestand sicherte, durch Jahrtausende behielt.

Aber auch der Verlust staatlicher Eigenständigkeit kann religiös bedingt sein. Hierfür ist das etruskische Beispiel signifikant. Der Geschichtspessimismus ihrer Lehre, der *Etrusca disciplina,* die für den Abschluß des zehnten Saeculums „das Ende des etruskischen Namens“ voraussah, bewirkte, daß die Etrusker ihre politische Entmachtung durch Rom hinnahmen und im zweiten Punischen Krieg die Gelegenheit zum Aufstand im Bunde mit Karthago nicht

[36] *E. Spranger,* Die Kulturzyklentheorie und das Problem des Kulturverfalls, in: Sitzungsberichte d. preuß. Akademie d. Wissenschaften. Philos.-histor. Klasse. 1926, LVI.

wahrnahmen, als Hannibal durch die etruskischen Kernlande zog und 217 v. Chr. die Römer am Trasimenischen See schlug.

Die religiöse *Einschätzung des Staates* weist erhebliche Varianten auf. Indifferent oder ablehnend stehen dem Staat weltverneinende Richtungen wie der Urbuddhismus gegenüber sowie eschatologische Bewegungen, die den baldigen Anbruch der Endzeit erwarten. In die Stellung der Staatsfeindlichkeit wird eine Religion auch dann verwiesen, wenn der Staat auf einer für sie unannehmbaren Sakralisierung beruht. Dies war für die frühe Christenheit der Fall, die sich weigerte, für das Wohl des Kaisers zu opfern, seinem Bilde Anbetung zu erweisen und bei seinem Genius oder seiner Fortuna zu schwören. Deshalb wurden die Christen nicht nur der Staatsfeindlichkeit, sondern auch der Gottlosigkeit angeklagt.

Wenn die staatliche und die religiöse Gemeinschaft auf derselben sakralen Legitimation beruhen, können unterschiedliche historische Erscheinungsformen auftreten:

Das ist einmal eine weitgehende *Identifikation* der religiösen mit der politischen Gemeinde. So verstand sich der griechische Stadtstaat, die Polis, nicht allein als kommunaler Verband, sondern auch als religiöse Einheit. Ihr *Nomos,* die Ordnung des Gemeinwesens, umfaßte die staatliche Ordnung und die kultischen Bräuche. Die Gerichtsverfahren wegen Gottlosigkeit, die Asebie-Prozesse, von denen der des Sokrates der bekannteste ist, zeigen, daß die Polis der Verehrung ihrer Götter Schutz gewährte und deren Leugner rechtlich verfolgte. – Als religiös-politische Einheit versteht sich bis heute die Welt des Islams, wenn auch dieses von ihr aufrechterhaltene Ideal in der Gegenwart durchaus nicht mehr besteht. – Charakteristisch im Hinblick auf eine Vereinigung der religiösen mit der politischen Organisation war auch die Entwicklung in Tibet. In einer Zeit bürgerkriegsähnlicher Zustände waren im 14. und 15. nachchristlichen Jahrhundert die großen buddhistischen Klöster des Landes zu Zentren politischer Macht geworden. Damit wurde eine Entwicklung eingeleitet, die im völligen Widerspruch zu den ursprünglichen Intentionen des Buddhismus stand, indem sie ihm in Tibet die Rolle des staatstragenden Elementes zuwies.

Die gemeinsame sakrale Legitimation des Staates und der religiösen Gemeinschaft kann aber auch zu einer spannungsreichen *Rivalität* um die Vorherrschaft führen, wie sie kennzeichnend war für die mittelalterliche Auseinandersetzung zwischen dem Reich und der Kirche, zwischen Imperium und Sacerdotium.

Schließlich besteht die Möglichkeit der *Absorption* der Kirche durch den Staat. Sie wurde in Rußland verwirklicht, als Peter der Große die Patriarchenwürde abschaffte und den allerheiligsten Synod einsetzte, in dem ein Oberprokurator den Zaren vertrat.

Wie zum Staat, so steht die Religion auch zur *Gesellschaft* in enger Beziehung. Sie entfaltet ihre gesellschaftsbildende Kraft, indem sie die Unterscheidung zwischen Priestertum und Laien bewirkt. In besonders hohem Grade waren dem Buddhismus und dem Manichäismus gesellschaftsformende Wirkungen eigen. Da beiden Religionen die monastische Existenz als ausschließlicher Heilsweg eingestiftet war, führte dies zu einer tiefgreifenden sozialen Aufgliederung in Mönche und Laien, die im Manichäismus als Electi und Auditores unterschieden wurden.

Dort, wo totemistische Vorstellungen herrschen, bildet die Totemgruppe oft eine besondere Klasse innerhalb ihres Clans[37].

Die geschichtsprägende Macht von Religionen wird besonders deutlich in *Perioden verstärkter religiöser Aktivität.* Die Zeit zwischen 800 und 250 v. Chr. – eine Zeit des Auftretens großer Religiöser, des Konfuzius und des Lao-tse, Buddhas, Zarathustras, der israelitischen Propheten und der griechischen Religionsphilosophen – ist von der Religionswissenschaft als eine derartige Epoche herausgestellt worden[38]. Karl Jaspers hat diese Beobachtung aufgegriffen und jene Periode als „Achsenzeit" der Weltgeschichte bezeichnet[39]. Der Ausdruck ist problematisch, einmal weil, wie aus den voranstehenden Ausführungen über Kalender und Zeitrechnung hervorgeht, die einzelnen Religionen die „Achse" der Geschichte sehr unterschiedlich ansetzen, zum anderen weil es sich hierbei nicht um die einzige Periode verstärkter religiöser Aktivität und geistiger Umwälzungen handelte. Nathan Söderblom[40] stellte fest:

> „Als ein zweites Beispiel möchten wir das Jahrhundert des hl. Franz von Assisi, des großen Thomas, der gotischen Kathedralen, Dantes, Meister Eckharts und der deutschen Mystik anführen, während es gleichzeitig das goldene Zeitalter der sūfischen mystischen Poesie war. In Indien trat etwas früher Rāmānuja auf, der Verkünder der Gottesliebe und Glaubensgerechtigkeit. In Japan lebten damals Shinran, der unermüdliche Prediger von der gesegneten Macht des heiligen Gelübdes und der Barmherzigkeit des Amida-Gottes, und die mächtigste religiöse Persönlichkeit des japanischen Volkes, der strenge Erwecker und Mahner Nichiren."

§ 6. Das Geschichtsbild der Religionen

Der vor- und außergeschichtliche Mensch kennt allein die Rhythmen des naturhaften Lebens, die sich für ihn seit je und für immer in stets gleichbleibender Weise vollziehen[41]. Typisch für ein derart völlig *ahistorisches Weltbild* ist die Eskimo-Religion. Sie kennt weder einen Anfang noch ein Ende dieser Erde, und das Leben auf ihr vollzieht sich in stets gleichbleibender Weise[42].

Eine *im Ideal statische Geschichtsschau* liegt vor, wenn ein mythisches Geschehen in seinem normativen und unwandelbaren Charakter fortgesetzt werden soll. Eine *rupture de niveau* zwischen mythischer und menschlicher Sphäre fehlt

---

[37] *J. Wach*, Religionssoziologie. Tübingen 1951, 248.
[38] *Söderblom* 223.
[39] *K. Jaspers*, Vom Ursprung und Ziel der Geschichte. München 1949, 19.
[40] *Söderblom* 223.
[41] *Ratschow* 65.
[42] *G. Lanczkowski*, Eskimo-Religion, in: TRE 10, 365.

dieser Sichtweise. Sehr charakteristisch bringt dies der Turiner Königspapyrus zum Ausdruck, nach dem der ägyptische Herrscher als eine Erscheinungsform des Falkengottes Horus die Reihe der am Anfang der ägyptischen Geschichte als Herrscher stehenden Götter unmittelbar fortsetzt[43].

Die Sicht einer kreisförmigen Entwicklung einerseits und diejenige eines geradlinigen Fortschritts anderseits finden sich am häufigsten[44]. Für einen *zyklischen* Wandel, der sich in stets gleicher Wiederholung vollzieht, ist das indische Geschichtsdenken typisch. Eine Geschichtsschau, die den *irreversiblen* Ablauf irdischen Geschehens zwischen Schöpfung und Weltende beinhaltet, ist charakteristisch für die großen Offenbarungsreligionen. Es ist bis heute historisch umstritten, ob Zarathustra als erster das Telos dieses Geschichtsablaufs als Gericht und paradiesische „Wunderbarmachung" *(frashōkereti)* verkündete[45].

Periodisierungen des Geschichtsablaufs finden sich sowohl innerhalb kreisförmiger als auch linear-teleologischer Geschichtsbilder. Dabei liegt häufig ein Viererschema vor, das eine sukzessive zunehmende Verschlechterung irdischer, vornehmlich moralischer Zustände beinhaltet. Es ist der Gedanke vom *mundus senescens,* der sich am menschlichen Altern und am entsprechenden Naturgeschehen orientiert[46]. Dieses Viererschema findet sich in Indien, außerdem bei Ovid[47] und auch bei Hesiod, der jedoch noch eine gegenwärtige fünfte Periode moralischer Verkommenheit anschließt[48].

Die *Etrusca disciplina* rechnete mit einem determinierten Abstieg, der sich periodisch innerhalb von zehn Saecula vollziehen sollte. Die Dauer eines Saeculums sollte der höchsten Lebenserwartung eines Menschen entsprechen. Da damit aber keine bestimmte, auf Dauer gültige Zahl gegeben war, würden die Götter durch Zeichen das Ende eines Saeculums bekanntmachen. Als solche Zeichen sind das Erscheinen eines Kometen, eine große Seuche sowie die Wahrnehmung eines scharfen, klagenden Trompetentons überliefert[49].

Der Periodisierung mit absteigender Tendenz (Verfallstheorien) stehen Schemata eines Geschichtsverlaufs positiv aufsteigender Art (Fortschritts- und Vollendungstheorien) gegenüber. Beim Propheten Daniel mündet die Schau der vier Weltreiche in die Sicht eines Königreiches, das Gott vom Himmel her aufrichten wird (Dan 2,44). Augustin, Isidor von Sevilla und Beda Venerabilis vertraten das Schema der Weltenwoche mit sechs Welttagen, die den sechs Schöpfungstagen entsprechen, auf die der Sabbat Gottes folgt, die Ewigkeit als siebtes Zeitalter.

Nachhaltigere Wirkung war der Geschichtstheologie des kalabriensischen

---

[43] *G. Lanczkowski,* Altägyptischer Prophetismus. Wiesbaden 1960, 31.

[44] *H. Leisegang,* Denkformen. Berlin ^{2}1951, 355–442.

[45] Vgl. *F. König,* Zarathustras Jenseitsvorstellungen und das Alte Testament. Freiburg 1964.

[46] *B. Olsson,* Mundus senescens, in: Lychnos 1954/55, 66–79; *R. Schmidt,* Aetates mundi. Die Weltalter als Gliederungsprinzip der Geschichte, in: ZKG 67 (1955/56) 288–317.

[47] *Ovid,* Metamorphosen I 89–150.

[48] *Hesiod* 109–201.

[49] *G. Lanczkowski,* Etruskische Religion, in: TRE 10, 520f.

Abtes Joachim von Fiore beschieden, deren Dreierschema mit der Abfolge eines Zeitalters des Vaters, des Sohnes und des Heiligen Geistes rechnet. Dieses Schema nämlich hat, auch losgelöst von seinen spezifisch religiösen Inhalten, die Geistesgeschichte nachhaltig beeinflußt[50].

LITERATUR

Albrektson, B., History and the Gods. Lund 1967.
Andrae, T., Die letzten Dinge. Leipzig 1940.
Bleeker, C. J., Christ in Modern Athens. Leiden 1965.
Brandon, S. G. F., History, Time and Deity. Manchester 1965.
Brunner, A., Die Religion. Eine philosophische Untersuchung auf geschichtlicher Grundlage. Freiburg 1956.
Chantepie de la Saussaye, P. D., Die vergleichende Religionsforschung und der religiöse Glaube. Freiburg 1898.
Eliade, M., Geschichte der religiösen Ideen. 3 Bde. Freiburg 1978 ff.
Frick, H., Vergleichende Religionswissenschaft. Berlin 1928.
Heiler, F., Erscheinungsformen und Wesen der Religion. Stuttgart 1961 (Lit.).
Hessen, J., Die Werte des Heiligen. Regensburg ²1951.
Holm, S., Religionsphilosophie. Stuttgart 1960.
Lanczkowski, G., Begegnung und Wandel der Religionen. Düsseldorf 1971.
–, Einführung in die Religionsphänomenologie. Darmstadt 1978.
–, Einführung in die Religionsgeschichte. Darmstadt 1983.
Leeuw, G. van der, Phänomenologie der Religion. Tübingen ³1970.
Meinhold, P., Der menschliche Geist vor dem Phänomen der Religion, in: Saec. 31 (1980) 262–274.
Otto, R., Naturalistische und religiöse Weltansicht. Tübingen 1904.
–, Das Heilige. München 1917 u. ö.
Ratschow, C. H., Magie und Religion. Gütersloh 1955.
Scholz, H., Religionsphilosophie. Berlin ²1974.
Söderblom, N., Der lebendige Gott im Zeugnis der Religionsgeschichte. Hg. v. F. Heiler. München (1942) ²1966.
Tillich, P., Religionsphilosophie. Stuttgart ²1962.
Toynbee, A., An Historian's Approach to Religion. London 1956.
Trillhaas, W., Religionsphilosophie. Berlin 1972.
Widengren, G., Religionsphänomenologie. Berlin 1969.

---

[50] *Th. Siegfried*, Die Idee des dritten Reiches, in: Theolog. Blätter 2 (1923) 105–111.

2. KAPITEL

RELIGION IN DEN THEORIEN DER RELIGIONSWISSENSCHAFT

Peter Antes

Die Auseinandersetzung mit der Religion ist ein Merkmal des neuzeitlichen Denkens in Europa. Sie vollzog sich langsam, aber stetig und beeinflußte maßgeblich die Entwicklung der Wissenschaft im modernen Sinne. Nicht nur die Naturwissenschaft, auch die Geisteswissenschaften (beginnend mit der Philosophie) lehnten die Rolle einer „ancilla theologiae" ab und wollten als eigenständige Wissenschaften anerkannt werden. Dieses Säkularisierungsbemühen erstreckte sich auch auf die Religion: Die Religionswissenschaft entstand, und sie versuchte sich durch einen andersartigen Zugang zur christlichen Überlieferung als eigene wissenschaftliche Disziplin zu legitimieren, indem sie religiöse Überlieferungen außerhalb der jüdisch-christlichen Tradition einbezog[1].

Die Konsequenz war ein lang anhaltendes Ringen um Abgrenzung gegenüber einer Theologie, die sich der christlichen Tradition und ihren Dogmen verpflichtet weiß, wie auch um Abgrenzung gegenüber gewissen „profanen" Forschungsrichtungen, die z.T. den gleichen Forschungsgegenstand haben, ihn aber unter spezifischen Fragestellungen angehen wie die Philologie orientalischer Sprachen, die Ethnologie, die Kulturanthropologie, die Religionssoziologie oder die Religionspsychologie. Viel Mühe und nicht selten Polemik wurde während der letzten 150 Jahre darangesetzt, diese Abgrenzung einsichtig zu machen. Dabei wurde gelegentlich der einen oder anderen Fachrichtung der Charakter der Wissenschaftlichkeit und damit die Existenzberechtigung an der Universität abgesprochen.

§ 1. Vorgeschichtlicher Ursprung der Religion?

Die ältesten Zeugnisse menschlicher Kultur sind Werkzeugfunde, Begräbnisstätten und künstlerische Darstellungen (z.B. Höhlenmalereien) aus der Steinzeit (bis 8000 v.Chr.). Die ersten schriftlichen Dokumente dagegen sind höchstens 6000 Jahre alt. Deshalb kann die Deutung der ältesten Funde nicht durch erläuternde Texte von damals abgestützt werden, sondern beruht in hohem Maße auf Hypothesen.

[1] Vgl. die religionsgeschichtliche Schule in der Bibelwissenschaft!

Nur wenige Forscher (z. B. Laming-Emperaire und Leroi-Gourhan) haben versucht, das Material aus sich selbst heraus zu deuten, indem sie etwa die Höhlenbilder aus dem Neolithikum aufgrund einer detaillierten Bestandsaufnahme zum alleinigen Gegenstand ihrer Interpretation machten. Dieses Verfahren ist nicht ohne Probleme, da man leicht in die Gefahr gerät, Einzelphänomene unterschiedlichen Stilperioden oder Stilrichtungen zuzuordnen, für die repräsentative Belege fehlen. Die Mehrheit der Vorgeschichtsforscher aber ging von theoretischen Prämissen aus, die die Interpretation nachhaltig prägten.

Drei Modelle[2] kehren dabei immer wieder:

1. Die Malereien werden ausschließlich als *spielerisch-darstellender Ausdruck* der damaligen Menschen aufgefaßt, wobei man entweder eine *l'art-pour-l'art-Erklärung* versucht oder sich an das *psychologische Entwicklungsmodell* hält, wonach die Entwicklungsstufen, die das Kind bis zum Erwachsensein durchläuft, mit denen der Menschheit in ihrem historischen Werdegang gleichzusetzen sind. So sind dann die ersten Malereien der Menschheit (ungeachtet ihres hohen maltechnischen Niveaus) denen des Kleinkindes vergleichbar, ohne tiefere mythisch-religiöse Bedeutung.

2. Die Vorstellungsweise der Menschen in der Urzeit wird aus ethnologischen *Parallelen zu Menschen neuerer Zeiten* ermittelt, wobei unterstellt wird, daß ähnliches Werkzeug in beiden Gesellschaften auf ähnliche Denk- und Vorstellungsweisen der Menschen schließen läßt. Demnach sind die sogenannten primitiven Völker als eine Art Überbleibsel längst ausgestorbener Kulturen zu verstehen. Ihre religiösen Praktiken geben folglich unmittelbar Aufschluß über die entsprechenden Verfahrensweisen unserer Vorfahren vor einigen zehntausend Jahren. Ähnlich wie im Leben primitiver Stämme alles von Religion, Mythos und Magie bestimmt wird[3], gilt dies auch von den Menschen der Frühgeschichte. Systemzauber und Jagdmagie, Fruchtbarkeitsritus und kosmische Ganzheitsschau werden als Deutungsmodelle zur Beschreibung der ursprünglichen Intention der frühen Darstellungen benutzt. Vom l'art-poûr-l'art-Standpunkt sind derartige Deutungen weit entfernt.

3. Als Ausgangsbasis dient schließlich die *anthropologische Grundkonstante* des „homo religiosus". Dabei bedient man sich im konkreten Falle durchaus auch der Argumente des zweiten Modells. Exemplarisch hat diese Position Eliade (I 17) formuliert: „Wenn der Altsteinzeitmensch als ‚vollwertiger Mensch' gelten kann, so folgt daraus, daß er auch eine Anzahl von Glaubensvorstellungen besaß und bestimmte Riten praktizierte. Denn die Erfahrung des Heiligen ist ein Element der Bewußtseinsstruktur. Wenn also die Frage nach ‚Religiosität' oder ‚Nicht-Religiosität' der vorgeschichtlichen Menschen gestellt wird, so ist es Aufgabe der Verfechter der ‚Nicht-Religiosität', Beweise zur Stützung ihrer Hypothese vorzulegen." Die Annahme der „Nicht-Religiosität" ist zweifellos eine Hypothese, doch die der „Religiosität" ist es nicht minder.

Mit Blick auf die Funde kann man nur dieses Fazit ziehen: „L'art pour l'art, Systemzauber und Jagdmagie, Fruchtbarkeitsritus und kosmische Ganzheitsschau – allen diesen Deutungsversuchen kann ein gewisser Wahrheitsgehalt, zumindest eine gewisse Wahrscheinlichkeit, zugebilligt werden. Doch alle diese

---

[2] Derartige Erklärungsversuche scheinen durch bei *Brockway*; *Chalus* 21–190; *Eliade* I 15–61.341 ff; *Lascaux* 15–24; *Wallace* 224–244.

[3] *Greschat* hat an einem Einzelbeispiel gezeigt, daß das Leben und Denken der „Primitiven" keineswegs einer gewissen Logik entbehren, daß also die Forscher durch ungerechtfertigte Pauschalurteile oft Vorurteile erzeugen.

Deutungsversuche gehen von einer unbewiesenen Voraussetzung aus: der Einheitlichkeit der jungpaläolithischen Kunst. Der über 20000 Jahre währende Zeitraum des Jungpaläolithikums (etwa 30000–8500 v. Chr.), der heute für die Herausbildung und Entwicklung dieser Kunst vorausgesetzt wird, kann mit keiner in unserer kurzen Geschichte erprobten Kunstthese erfaßt oder gar in kunsthistorische Kategorien eingeordnet werden."[4] Gleiches gilt sicher auch für die Religion.

Weshalb diskutieren die Theoretiker im Bereich der Religion eine derart unentschiedene und anhand des bislang entdeckten Materials wohl auch unentscheidbare Frage immer wieder? Weil alle Theorien über die Entwicklung der Religion im Laufe der Menschheitsgeschichte in dieser frühesten Zeit ansetzen!

§ 2. Theorien über die Entwicklung religiöser Vorstellungen

Entwicklungstheorien[5] werden seit dem ausgehenden 18. Jahrhundert aufgestellt. Nach W. Schmidt (S. 13–15) liegen diesen Theorien bestimmte Denkweisen zugrunde, die typisch sind für die jeweilige Zeit.

Im Vordergrund steht die Vorstellung einer linearen Entwicklung der Menschheit vom Einfachen zum Komplexen und vom Niedrigen zum Höheren. Dieses philosophische Denkmodell erfährt um die Mitte des 19. Jahrhunderts zusätzlich eine Akzentuierung durch den Evolutionismus Darwins[6]. Für die Religion folgert man daraus, daß am Anfang mit überhaupt keinen religiösen Äußerungen oder, wenn doch, nur mit höchst verschwommenen, rudimentären zu rechnen sei. Aufgrund dieses Ansatzes kommt vor allem der Mythologie große Bedeutung zu, da sie als die ursprüngliche Form von Sinnerklärung angesehen wurde.

1. Die ersten Theorien im 18. Jahrhundert

Von fundamentaler Wichtigkeit für alle späteren Theorien war das Werk von *Charles de Brosses:* Du culte des dieux fétiches ou parallèle de l'ancienne religion de l'Egypte avec la religion actuelle de la Nigritie (1760). Danach bestimmen zwei Grundformen das werdende religiöse Denken: die Angst, die – zur Abwehr böser Geister – Ausdruck im Fetischismus findet, und die Bewunderung, die eine bestimmte Art von Verehrung höherer Wesen (Astrolatrie, Sabeismus) bewirkt. So wird von vornherein eine psychologische Erklärung zur Basis einer nun am Material zu überprüfenden Theorie gemacht.

Noch stärker psychologisierend geht *N. S. Bergier* in „L'origine des dieux du paganisme" (1767) vor. Sowohl der Fetischismus als auch die Astrolatrie seien

---

[4] *Lascaux* 25.
[5] Vgl. *Dupré* 42ff; *Evans-Pritchard*; *W. Schmidt*; *van Baal*; *Waardenburg* 1973/74. Die folgenden Aussagen halten sich oft bis in die Formulierung an *W. Schmidt.*
[6] Vgl. *Sharpe* 47ff.

aus jener kindlichen Mentalität hervorgegangen, die alle Dinge mit Genien oder Geistern erfülle. Als psychologische Quelle der Religion nennt er nicht nur Furcht und Bewunderung, in der Religion wirke sich vielmehr die ganze Stufenleiter der Affekte aus, wozu noch die Bedürfnisse der Kausalerklärung und der praktischen Nützlichkeit kommen.

2. *Die naturmythologische Schule*

Im Unterschied zu de Brosses und Bergier versuchte im 19. Jahrhundert die „naturmythologische Schule", deren berühmtester Vertreter *F. Max Müller* (1823–1900) ist, einen objektiven Zugang zur Entstehung des Gottes-/Götterglaubens zu finden, indem sie durch Worterklärungen der göttlichen Eigennamen die ursprüngliche Intention dieser Gestalten entdecken wollte. Dies war methodisch möglich geworden, weil die materiell-inhaltlichen Vorbedingungen mit der Erforschung der indogermanischen Sprachen gegeben waren[7].

Das Ergebnis der Arbeiten der naturmythologischen Schule war die allen Forschern gemeinsame Überzeugung, daß die mythologischen und damit auch die religiösen Gestalten Personifikationen der Naturobjekte, besonders der großen Gestirne, seien, aber auch der meteorologischen Naturvorgänge wie Sturm, Regen und Gewitter. M. Müller war der Ansicht, daß alle Mythologie Sonnenmythologie sei; Ch. Ploix lehrte, daß der Himmel in seinen verschiedenen Formen den Hauptgegenstand der Mythologie bilde; A. Kuhn hielt sich an Regen, Gewitter, Blitz und Donner als Themen der Mythologie.

Der philologische Ansatz bewirkte ein Doppeltes: Zum einen verschaffte er der Religionswissenschaft ein hohes Ansehen unter den anderen wissenschaftlichen Disziplinen, weil philologische Kleinarbeit stets als höchst solide und der Überprüfung unmittelbar zugänglich angesehen wird; zum andern begrenzte er den Rahmen des möglichen Materials auf einschneidende Weise, weil allein die wissenschaftlich akzeptierte Verwandtschaft von Sprachen deren religiöses Schrifttum der vergleichenden Forschung zugänglich machte.

Dieser Ansatz mußte aufgegeben werden, als Material aus ganz anderen Weltgegenden und Sprachen in die Theoriebildung einzubeziehen war. Man wandte sich wieder dem Fetischismus als erster religiöser Äußerung der Menschheit zu.

3. *Fetischismus-Theorien*

Vom Fetischismus als frühester Religionsform des Menschen sprach im 19. Jahrhundert zunächst *Auguste Comte*. Im „Cours de philosophie positive" (6 Bände, Paris 1830–1842) teilte er die geistesgeschichtliche Entwicklung der Menschheit in drei Phasen ein: eine theologische oder fiktive, eine metaphysi-

[7] Daß die These vom Indogermanischen auf problematischen Annahmen beruht, hat *Drobin* gezeigt.

sche oder abstrakte und eine positive oder wissenschaftliche. Danach werde die Welt in der ersten Phase durch die Handlungen persönlicher Wesen erklärt, in der zweiten werde sie auf abstrakte Kräfte zurückgeführt, in der dritten stelle man nur die Aufeinanderfolge und Beziehungen der Ereignisse fest. Die Frage nach dem Absoluten kann deshalb in der dritten Phase getrost beiseite gelassen werden, statt dessen wendet man sich ausschließlich dem Positiven, d. h. dem Wirklichen und Nützlichen, zu. Von den drei erwähnten Phasen interessiert in diesem Zusammenhang allein die erste, die Comte wieder in drei Etappen einteilt, die in der historischen Entwicklung aufeinander folgen sollen: der Fetischismus als Glaube an die in der Natur vorfindlichen großen Erscheinungen, also ein Naturkult mit Verehrung „großer Fetische“ wie der Sonne, des Mondes und der Erde; dann im Zuge einer Personifizierung und Vergeistigung dieser Dinge der Glaube an viele Götter mit unterschiedlichen Zuständigkeitsbereichen, d. h. der Polytheismus; schließlich dessen Überhöhung und Vereinfachung auf höchster Ebene im Eingottglauben (Monotheismus).

Comtes Entwicklungsmodell ist bis heute wegen seiner Schlichtheit faszinierend; sein Nachteil ist, daß es durch das Tatsachenmaterial nicht bestätigt wird. Deshalb hat *John Lubbock* in „The Origin of Civilisation and the primitive condition of Man“ (1870) die Anzahl der Entwicklungsstufen erweitert: Atheismus oder Religionslosigkeit, Fetischismus, Totemismus oder Naturdienst, Schamanismus, Anthropomorphismus oder Idolatrie, Gott als Weltschöpfer und Verbindung der Religion mit der Sittlichkeit. Dieser wesentlich verfeinerte Raster blieb jedoch ohne nachhaltigen Einfluß auf die spätere Forschung.

4. Die animistische Vorstellung

Edward Burnett Tylor geht davon aus, daß die Menschheit im Bereich der Religion wie der einzelne Mensch im Laufe seines Erwachsenwerdens fortgeschritten ist vom kindlichen Stadium des Anfangs bis zur Gegenwart, weshalb die primitiven Kulturen von heute eine Art Überreste früherer Stufen der Menschheitsgeschichte sind. Diese Kulturen machen nach Tylor die Annahme wahrscheinlich, daß zuerst der Glaube an die Seele (Animismus) entstanden sei. Die Furcht vor Geistern und Gespenstern, vor allem aber die Verehrung der Ahnen, deren Seelen nach der Trennung vom irdischen Leib weiterleben, führten zur Entwicklung des Seelenbegriffes, zu der das Entweichen des Atems im Augenblick des Todes wie die Erfahrung des Traumes als Erlebnis der Seele im schlafenden Körper beitrugen.

Tylor geht vom beseelten Menschen aus und nimmt an, daß bald auch andere Wesen, Pflanzen und Tiere, als beseelt gedacht wurden. Aus der Verehrung der Vorfahren, die keinen irdischen Körper mehr haben, habe sich dann im Ansatz die Idee eines reinen Geistes gebildet, so daß es bis zum Glauben an Götter nur noch ein kleiner Schritt war; und der hierarchisch vorgestellte Polytheismus habe schließlich zum alleinigen Herrschaftsanspruch des einen Gottes (Monotheismus) geführt.

Tylors Ansatz wurde in der Folgezeit immer wieder diskutiert. Die zahlreichen Gegner warfen Tylor vor, mit der animistischen Theorie insgesamt zu spät bei der Entwicklung des religiösen Denkens eingesetzt zu haben. Sie suchten deshalb nach Vorstadien zum Animismus, nach einer Art *Präanimismus.* Dabei zeigten sich zwei grundverschiedene Ansätze: Einige Forscher glaubten, daß Religion in der präanimistischen Phase allein aus der Magie (z. B. J. G. Frazer) oder von einer universalen Kraft her, die mit dem polynesischen Wort *Mana* bezeichnet wird (z. B. R. R. Marett), begriffen werden müsse. Andere dagegen – besonders Andrew Lang, ursprünglich Anhänger Tylors – kamen zu der Überzeugung, daß am Anfang eine mehr oder weniger monotheistische Religion stand.

5. *Die These vom Urmonotheismus*

Damit war in der bisherigen Geschichte der Theorienbildung eine radikale Wendung eingetreten. Während bislang alle Theorien von aufsteigender Entwicklung ausgegangen waren, kommt es nun zu einem Abstiegsmodell. Der ursprüngliche Monotheismus sei in der Folgezeit abgeschwächt worden und in jene bunte Vielfalt von Religionsformen übergegangen, die von der Religionsgeschichte bezeugt wird. Abirrung (Degeneration, Depravation) sei der konkrete Inhalt der Entwicklung des religiösen Denkens.

Die These vom Urmonotheismus war der Leitgedanke für *Wilhelm Schmidt* (1868–1945) und seine Schule. Doch sein methodisches Vorgehen sollte im Unterschied zu dem aller voraufgehenden Schulen weniger theoriekonform und eklektisch, sondern möglichst empirisch-objektiv sein. Eine riesige Sammelarbeit begann, die zu dem 12bändigen Werk „Der Ursprung der Gottesidee" führte, das bis heute ein unentbehrliches Nachschlagewerk für die religiösen Vorstellungen der sogenannten primitiven Völker ist. Jede einzelne Kultur wurde detailliert beschrieben. In der Zeitschrift „Anthropos" konnten seit 1906 die Missionare ethnologisch relevante Tatbestände aus ihren jeweiligen Missionsgebieten der wissenschaftlichen Öffentlichkeit zugänglich machen. Das reichhaltige Material gestattete es schließlich Schmidt, durch Vergleich der beschriebenen Kulturen bestimmte Einteilungen in „Kulturkreise" mit unterschiedlichem Entwicklungsstand vorzunehmen, wobei er dann doch der Versuchung nicht ganz widerstand, die objektiven Tatbestände im Sinne des ursprünglichen Leitgedankens zu interpretieren.

Damit war Schmidts Arbeit ihrerseits in das Kreuzfeuer der Kritik geraten. Schärfster Kritiker war *Raffaele Pettazzoni*[8], der die These vom Urmonotheismus, hinter der theologisch so etwas wie eine Uroffenbarung an die ersten Menschen steht, ablehnte und für eine revolutionäre Wende des Polytheismus zum Monotheismus eintrat – nicht infolge evolutiven Denkens, sondern aufgrund historischer Fakten. Der Monotheismus ist für Pettazzoni nicht ohne

[8] Dazu bes. *Pettazzoni* 161 f.

voraufgehenden Polytheismus und in gewisser Weise nur als dessen Kritik zu denken.

6. *Kritik und gegenwärtiger Forschungsstand*

Pettazzoni lehnt ebenso die aufsteigenden Entwicklungsmodelle wie Versuche degenerativer Erklärung ab. In allen bisher beschriebenen Theorien war der Gedanke einer Entwicklung religiöser Ideen unbestrittene Voraussetzung. Für Pettazzoni ist jedoch allein der historisch nachweisbare Befund an Fakten ausschlaggebend. Ihre Sprache gilt es zu verstehen. Sie läßt sich – das hat die Forschung in der Zwischenzeit erwiesen – nicht durch das Modell eines einheitlichen Prozesses erfassen.

Das inzwischen unüberschaubar gewordene Tatsachenmaterial, das vor allem durch die Ethnologie und Kulturanthropologie zutage gefördert wurde, widerlegt jedenfalls sämtliche bisher bekannten Theorien über die Entstehung und Entwicklung der Religion. Das erweist Nutzen und Notwendigkeit einer möglichst detaillierten Faktenkenntnis.

Deshalb gibt es innerhalb der historisch bzw. empirisch arbeitenden Religionswissenschaft, der Ethnologie und der Kulturanthropologie gegenwärtig kaum einschlägige Theorieansätze. Von Bellah stammt die bekannteste, vielfach diskutierte Theorie, die im deutschen Sprachraum besonders stark in der Systemtheorie von Döbert fortwirkt: „daß sich im Gesamtgang der Entwicklung des religiösen Bewußtseins ein *Reflexionsprozeß manifestiert, innerhalb dessen die Menschheit sich in zunehmendem Maße über ihr eigenes Wesen Klarheit verschafft und sich von dem naturwüchsigen Zwang herrschender Normensysteme emanzipiert.* Dieser Prozeß wird ermöglicht durch Innovationen im ökonomischen Sektor und vorangetrieben in Auseinandersetzung mit den politischen Institutionen – soweit systeminterne Faktoren für die Veränderung von Weltbildern verantwortlich sind.“[9]

§ 3. Psychologische Deutungen von Religion

1. Die frühen Theorien zur Entstehung und Entwicklung von Religion gingen davon aus, daß die *Furcht vor Naturgewalten* maßgeblich zu religiösen Welterklärungen und Verhaltensweisen beigetragen hat. Dadurch bleibt das Verhältnis des Menschen zu übermenschlichen/außerweltlichen Kräften nicht auf den kognitiven Bereich begrenzt, sondern bekommt von vornherein eine psychisch-emotionale Dimension. In diesem Sinne begreift *James H. Leuba*[10] die religiöse Erfahrung als Teil des bewußt vollzogenen Lebens, dessen nähere Entstehungsbedingungen und Folgen wissenschaftlich zu erforschen sind. Dafür dient ihm

---

[9] *Döbert* 140.
[10] Vgl. *Leuba* 269.

dieses Frageraster: Impulse, Motive und Ziele; die Mittel, diese zu erreichen, wie Zeremonien und Gebete; aufgrund des Verhältnisses von Ursache und Wirkung gesicherte Ergebnisse. Anhand dieses Rasters kann ein bestimmtes individuelles Verhalten als systemimmanent sinnvoll entschlüsselt werden; gewisse Körperbewegungen z. B. erklären sich als Gebetshaltungen, die (einen bestimmten) Gott gnädig stimmen und so einen befürchteten Schaden abwenden sollen. Die anfängliche Furcht wird im Laufe dieses Rituals einem Gefühl der Zufriedenheit weichen, die sukzessiv eintretenden Gemütszustände sind vom Beobachter überprüfbar, ihre jeweiligen Ursachen liegen im religiösen Bezugssystem des Beobachteten.

Bestimmte anthropologische Voraussetzungen (wie die Furcht der ersten Menschen vor den Naturgewalten) sind demnach der Grund für das religionspsychologische Deutungsmuster, und es versteht sich von selbst, daß ein anderer Ansatz auch zu einer anderen Deutung führt. Als Beispiele dafür können die beiden wohl bis heute wirksamsten Modelle von Freud und Jung gelten.

2. Der Beitrag von *Sigmund Freud* zur Religionspsychologie wird vor allem in „Totem und Tabu. Einige Übereinstimmungen im Seelenleben der Wilden und der Neurotiker" (1913) greifbar[11]. Religion wird aus psychischen Daten abgeleitet: als Sublimierungsmechanismus für *frühkindliche Sexualbedürfnisse.* Der Konflikt der ödipalen Phase, der in gleichzeitigen Liebes- und Haßgefühlen gegenüber dem Vater als Konkurrenten in der Werbung um die Mutter besteht, werde in der weiteren Entwicklung des Kindes vom konkreten Vater abgelöst und auf das Verhältnis zu Gott übertragen: Gott übernimmt die Funktion der Entscheidungsinstanz für Gut und Böse, seine Gebote und Verbote werden verinnerlicht und eine dauernde Vater-Kind-Beziehung zwischen Gott und dem Menschen etabliert. Dadurch werde der Reifungsprozeß des Menschen verhindert, er werde durch die Religion im infantilen Stadium festgehalten.

Freud deutet darüber hinaus den mythischen Vatermord als Ursache des Kultopfers: Der Vater/Gott wird getötet und von den Söhnen verzehrt mit dem Ziel, selbst die Kraft und die Rolle des Vaters zu übernehmen. Diese Hoffnungen bleiben allerdings unerfüllt, und die Enttäuschung hierüber schlägt in Schuldgefühle um. Das Tier, das den Vater symbolisiert, wird deshalb tabuisiert und als Totem verehrt.

Freuds Theorie basiert auf der Annahme, daß alle Menschen in sämtlichen Kulturen eine Sexualphase während der frühen Kindheit erleben, die mit Hilfe des Ödipus-Komplexes beschrieben werden kann. Gegen diese allgemeine Behauptung gibt es jedoch von ethnologischer Seite aufgrund von Feldstudien erhebliche Einwände (so schon 1924 von B. Malinowski). Auch mit Blick auf die europäische Gesellschaft von heute werden Zweifel geäußert. Nach Deleuze-Guattari[12] werden durch das Ödipus-Modell falsche Prioritäten gesetzt, weil Freud damit die entscheidende Konfliktsituation des Klassenkampfes über-

[11] Siehe auch Kap. 6: S. 127 f; ein anderer religionskritischer Ansatz *Freuds*: S. 60 f.
[12] Vgl. *Deleuze-Guattari* 423 ff.

gehe. Ein anderer Kritikpunkt ist die mit dem Vatermord (nebst „Patrophagie") gegebene einseitige Betonung des männlichen Geschlechtes, während die weibliche Psyche nahezu unberücksichtigt bleibe[13].

3. *Carl Gustav Jung* lehnt die ausschließliche Herleitung der Religiosität aus der Sexualität des Menschen ab. Er vertritt ein ganzheitliches Deutungsmodell, das von der Vorstellung einer Kollektivsprache ausgeht.

> „Auf einer frühern und tiefern Stufe seelischer Entwicklung, wo es noch möglich ist, einen Unterschied zwischen semitischer, hamitischer und mongolischer Mentalität aufzufinden, haben alle Menschenrassen eine gemeinsame Kollektivpsyche. Aber mit dem Einsetzen von Rassendifferenzierung entstehen auch wesentliche Unterschiede in der Kollektivpsyche."[14]

Der gemeinsame Fundus der Kollektivpsyche besteht in den *Archetypen*, d.h. Ursymbolen, die „eine angeborene Disposition zu parallelen Vorstellungsbildern, ... universelle identische Strukturen der Psyche"[15] darstellen. Der Psychologe kann daher Texte aus einem fremden Kulturkreis treffsicher deuten, wenn es ihm gelingt, jene gemeinsamen Strukturen offenzulegen. Das demonstrierte Jung eindrucksvoll in Geleitwort und Kommentar zum „Tibetanischen Totenbuch"[16].

4. Der Zusammenhang von religiösem Denken und moralischer Urteilsbildung ist neuerdings in Anlehnung an Theorieansätze von Piaget und Fowler besonders durch *Lawrence Kohlberg* thematisiert worden, der – mit Clark Power – eine Sieben-Stufen-Lehre vorschlägt, die zur Beurteilung der sittlichen Reife von Einzelpersonen dienen soll. Menschliches Verhalten wird anhand eines bestimmten theoretischen Konstruktes im Sinne eines jeweils verschiedenen Reifegrades gedeutet und bewertet. Vorgeschlagene Erziehungsmaßnahmen oder Therapien entsprechen dem zugrundegelegten Modell.

Die starke Bindung dieses und anderer Deutungsversuche an Modell-Prämissen erklärt ihren Reiz und damit die Bildung der jeweiligen Schule. Sie läßt aber die empirischen Tatsachen oft nicht ausreichend zur Geltung kommen, da selbst die Erhebung dieser Fakten häufig nur in Funktion zum Erklärungsmodell geschieht. Deshalb sei noch auf Fragestellungen hingewiesen, die ohne vorgefaßte Deutungsmuster auskommen.

5. Das religiöse Empfinden. Der prägende Einfluß der Religion kann sich für den Einzelnen dadurch zeigen, daß er bestimmte Wahrnehmungen durch die im Augenblick vollzogene Identifikation – etwa mit einer Situation der Bibel – in ein Referenzsystem einordnet und dadurch als sinnvoll erfährt. Der schwedi-

---

[13] Vgl. *van Baal* 153.

[14] Zitiert nach *van Baal* 155.

[15] Ebenso 154.

[16] Deutsch hg. v. *W. X. Evans-Wentz.* Olten 1971.

sche Religionspsychologe *Hjalmar Sundén* beschreibt den Vorgang, in dem eine biblische „Rolle" übernommen wird[17]. Dabei handelt es sich wohl um eine wechselseitige Beziehung, weil einerseits die Wahrnehmung durch eine solche Identifikation in einen Deutungszusammenhang gestellt, andererseits die Wahrnehmungssensibilität selbst durch das betreffende Bezugssystem angeregt und entwickelt wird. Das kann erklären, weshalb Menschen, die religiöse Deutungskategorien nie erlernt haben, gewöhnlich auch keine religiösen Erfahrungen machen.

Der Prozeß der religiösen Erziehung stellt sich als ein langsames Entfalten entsprechender Deutungszusammenhänge dar, die in die Lebenserfahrung eingehen. Dabei treten für das jeweilige Bezugssystem typische Probleme auf, die zu lösen sind mit systemimmanenten Hilfen, die einem Außenstehenden nicht ohne weiteres einsichtig und nachvollziehbar erscheinen.

Wie stark Entwicklungsprozesse die gesamte psychische Verfassung des Menschen prägen können, zeigt die autobiographische Schrift „Gottesvergiftung" von *Tilman Moser.* Wie ein langsam wirkendes Gift habe der Gottesglaube im Kind das Sichregen von Intimität verhindert, weil es sich bei allem von dem nie schlafenden Auge Gottes, einer Art Polizist-im-Himmel, beobachtet fühlte. Die ersehnte wahre Zweisamkeit konnte nicht zustande kommen, weil stets Gott mit dabei war. Zugleich wird deutlich, daß der Psychoanalytiker, der Mosers eigene Ausbildung zum Therapeuten betreute, die religiöse Problematik nicht als Mosers seelisches Grundproblem erkannte – vermutlich weil er selber von ihr zu weit entfernt war. Aus dem Buchabschnitt „Die Macht deiner Lieder" geht hervor, daß die in Anlehnung an die „Confessiones" des Augustinus in Gebetsform verfaßte Schrift nicht nur eine rein subjektive, singuläre Erfahrung wiedergibt, sondern auch gewisse allgemeine Probleme pietistischer Erziehung spiegelt, wie sie Martin Scharfe beschrieben hat.

6. Es wurden psychologische Faktoren angesprochen, die mit religiösem Verhalten im allgemeinen zusammenhängen[18]. Hierzu gehören, da die meisten Untersuchungen dieses Typs die „normalen" Gläubigen im Auge haben und – anders als William James – die prophetisch oder religiös besonders Begabten außer acht lassen, ein bestimmtes geschlechtsspezifisches Rollenverhalten, die Bildung von Vorurteilen (wie das Kastensystem in Indien, ‚christlich' motivierter Antisemitismus), bestimmte Neigungen zu (anti)autoritären Erziehungsstilen usw. Das bekannteste Beispiel aus dem politischen Bereich ist das Wahlverhalten in Relation zur Religionszugehörigkeit.

Bei derartigen Analysen besteht leicht die Gefahr, daß die Frage nach der tatsächlichen Kausalität angesichts einer signifikanten Entsprechung zwischen zwei untersuchten Komponenten in Vergessenheit gerät und einfach schon aufgrund der statistischen Schwerpunktbildung eine inhaltliche Abhängigkeit behauptet wird. Das trifft zumindest für einige Fälle bei Schmidtchen („Protestanten und Katholiken") zu, obwohl das Buch insgesamt anschaulich deutlich

[17] *Sundén* 39ff.
[18] Vgl. *Scobie* 109–125.

macht, wie sehr persönliches Verhalten auch im nicht eigentlich religiösen Bereich von Vorgaben und Einflüssen der jeweiligen Religion bestimmt wird.

Damit haben wir den individual-psychologischen Bereich überschritten und das typische Verhalten von Anhängern einer bestimmten Religion/Konfession angesprochen, d. h. wir sind im Ansatz von der Religionspsychologie zur Religionssoziologie übergegangen.

§ 4. Soziologische Religionstheorien

Das umfangreiche Gebiet religionssoziologischer Forschung und Theoriebildung wird vornehmlich von den Denkansätzen dreier Autoren beeinflußt, die jeweils einen anderen Orientierungsrahmen setzen: Durkheim, Marx und Weber.

1. *Émile Durkheim* (1858–1917) wollte den animistischen Theorien entgegentreten, für die Religion als Produkt des vorwissenschaftlichen Denkens auf falschen Prämissen beruht und individualpsychologisch zu erklären ist[19]. Nach Durkheim ist Religion vielmehr ein Strukturelement der Gesellschaft; er betont ihre soziale Funktion, insbesondere ihre Integrationsfunktion. Sie bezieht sich nicht auf Phantome, sondern ist „ein Ding von Wirklichkeitsgehalt". Wie Religion ein soziales, ist die Gesellschaft ihrerseits ein religiöses Phänomen; religiöse Überzeugungen sind Ausdruck des sozialen Lebens, sie können deshalb nicht falsch sein. Gesellschaft und Kultur bilden zusammen mit dem Kult eine Einheit, deren Elemente sich gegenseitig bedingen[20]; die religiösen Zeremonien sind Selbstverherrlichung des Kollektivs.

Durkheim belegte seine Auffassung an australischen Eingeborenen; er stieß damit vor allem unter Sozialanthropologen und Ethnologen (Völkerkundlern) auf großes Interesse. Für die Soziologie im allgemeinen war diese Betrachtungsweise nicht in gleicher Weise attraktiv, da sie für die Beschreibung komplexer Gesellschaften, bei denen Religion, Kultur und Gesellschaft nicht derart identisch sind, nur wenig geeignet schien.

Innerhalb der ethnologischen Forschung ist Durkheim heute nicht unumstritten. Vor allem *Lucien Lévi-Bruhl* und *Claude Lévi-Strauss* haben aus unterschiedlichen Gründen Durkheims Position in Frage gestellt. Sie blieben dabei insofern auf seiner Linie, als sie, wie es für die französische Religionssoziologie seit Durkheim typisch ist, weiterhin Religionssoziologie und Ethnologie eng verknüpfen.

2. Die Religionskritik von *Karl Marx* (1818–1883) ist bis heute maßgeblich im Marxismus-Leninismus. Danach werden spezifisch religiöse, insbesondere doktrinäre Formen als Reflex der sozio-ökonomischen Infrastruktur, näherhin der Klassengesellschaft gedeutet.

---

[19] Vgl. *Kehrer* 22 ff; *Robertson* 29 ff. [20] *Durkheim* 597 f.

Marx übernahm Ludwig Feuerbachs Interpretation der Religion als Produkt menschlicher Selbstprojektion, aber nicht der einzelne Mensch, sondern die „*Sozietät*“ produziert nach ihm die Religion. „Die Religion wird als trügerisches Beruhigungsmittel der von der Gesellschaft am meisten Benachteiligten begriffen; sie ist aber ein echter ‚fait social‘, da sie ihre Existenz nicht den Machenschaften der Herrschenden verdankt, sondern auf der Herrschaftsstruktur selbst beruht.“[21]

Die Frage liegt nahe, ob es in Einzelfällen nicht auch umgekehrt sein kann, daß nämlich religiöse Vorstellungen ihrerseits ganz bestimmte sozio-ökonomische Verhältnisse verursachen.

3. Dieser Frage ging *Max Weber* (1854–1920) nach: Seine „berühmteste, in vielfacher Beziehung jedoch nicht seine überzeugendste oder fundierteste Arbeit war *Die protestantische Ethik und der Geist des Kapitalismus,* in der er zu zeigen versuchte, daß der aufkommende Protestantismus, insbesondere in seiner calvinistischen Form der Prädestinationslehre, in einem geeigneten wirtschaftlichen und technologischen Rahmen das System von Werten und Überzeugungen verstärkte und bis zu einem gewissen Grad förderte, die Weber zufolge für die kapitalistischen Orientierungen des 19. Jahrhunderts charakteristisch waren – Sparsamkeit und asketische Hingabe an die Arbeit zur größeren Ehre Gottes.“[22]

Webers These ist bis heute nicht widerlegt worden. Sie hat an der allgemeinen Gültigkeit der marxistischen Position aufgrund empirischen Materials Zweifel angemeldet[23]. Auch Webers andere Schriften zur Religionssoziologie werden durch umfangreiches Material aus dem Bereich der großen Religionen gestützt. Das in ihnen entwickelte begriffliche Instrumentarium hat in hohem Maße die wissenschaftliche Beschreibung gesellschaftlicher Phänomene gefördert.

Mag neuere empirische Forschung manche Beweisstücke Webers in einem anderen Lichte erscheinen lassen: So bleibt doch Webers Verdienst, daß er die Allgemeingültigkeit einer einseitigen Entstehungskausalität Gesellschaft–Religion aufgebrochen hat.

4. Die drei bisher vorgestellten Autoren gehen von einer Wechselbeziehung zwischen Religion und Gesellschaft aus: Dabei läßt Durkheim praktisch keine Differenzierung zwischen Gesellschaft, Kultur und Religion zu. Marx leitet die religiösen Theorien aus der gesellschaftlichen Wirklichkeit her. Weber weist am konkreten Beispiel die Schaffung gesellschaftlicher Wirklichkeit aufgrund religiöser Vorgaben nach.

Eine Art Synthese dieser drei Ansätze haben unter Zuhilfenahme Freudscher Überlegungen *Peter L. Berger* und *Thomas Luckmann* vorgelegt. Ihr wissenssoziologischer Ansatz beruht auf der Überzeugung von der umfassenden gegenseitigen Abhängigkeit von Ideen, Institutionen und individuellem Bewußtsein,

---

[21] *Kehrer* 18. [22] *Robertson* 29. [23] Vgl. dazu *Seyfarth-Sprondel* 30 ff.

so daß „die gesellschaftliche Konstruktion der Wirklichkeit" (ihr Buchtitel!) als dieses Interaktionsverhältnis analysiert werden kann. Diese Theorie ist in der Religionssoziologie der siebziger Jahre wohl am stärksten diskutiert worden; sie hatte mehr Einfluß als andere Richtungen wie der Funktionalismus (Yinger) oder die Systemtheorie (Luhmann).

J. Milton Yinger[24] geht davon aus, daß Religion für die Gesellschaft wie für den Einzelnen die Funktion hat, die Unzulänglichkeit des Lebens, das Scheitern in der Welt und den Tod in einen größeren Deutungszusammenhang des Guten zu stellen und dadurch in ihrer negativen Wirkung zu relativieren. Infolgedessen kann das menschliche Verhalten innerhalb der Gesellschaft als ein von derartigen Konzeptionen und den damit verbundenen Vorschriften in hohem Maße beeinflußtes (nicht: determiniertes!) untersucht werden. *Niklas Luhmann* greift diese Vorstellung von der Religion als einer spezifischen Funktion innerhalb der Gesellschaft auf und bettet sie ein in eine umfassende Theorie sozialer Systeme.

Von ganz anderer Art ist die Theorie von *René Girard.* Für ihn unterscheiden sich Tier und Mensch rein biologisch dadurch, daß Tiere ihre Artgenossen im allgemeinen nicht töten, bei den Menschen jedoch eine derartige Gewaltsperre nicht besteht. Dieser Mangel wird durch den kollektiven kultischen Mechanismus vom Sündenbock/Sühneopfer ausgeglichen, wodurch das Rachegefühl und damit die Gewalt in den abgesonderten Bereich des Heiligen verlegt und dort durch ein entsprechendes Ritual zum Nutzen aller geläutert und aufgehoben wird[25].

5. Religion und Säkularisierung. Innerhalb der neueren religionssoziologischen Forschung ist noch die kirchensoziologische Richtung zu erwähnen, bei der besonders das anscheinende Schwinden von Religion als prägender Kraft für die Gesellschaft im Vordergrund steht, jener Komplex also, der unter dem Stichwort der Säkularisierung diskutiert wird.

Das Bedeutungsfeld des Begriffes „Säkularisierung" hat sich im Laufe der neueren Geschichte gewandelt; es ist auch in der Gegenwart keineswegs eindeutig[26]. Als allgemeine Bedeutungsrichtung läßt sich der Prozeß der Entchristlichung und Entkirchlichung ausmachen, der für die europäischen Industrienationen des 19. Jahrhunderts charakteristisch ist, sich im 20. Jahrhundert fortsetzte und gewöhnlich als (notwendige?) Begleiterscheinung von Industrialisierung und Verstädterung gilt, wodurch Religion immer mehr zur Privatangelegenheit des Einzelnen wurde.

„Diese Version der Säkularisierungsthese, die auf einen als epochal und eigengesetzlich verstandenen Wandel in der Gesellschaftsstruktur abhebt und ihn als Erklärungs-

---

[24] Vgl. *Yinger* 15ff.

[25] Vgl. *Girard* 303, ähnlich 192.148; ferner *R. Girard,* Des choses cachées depuis la fondation du monde. Paris 1979; dt.: Das Ende der Gewalt. Freiburg 1983; und zur theol. Anwendung: *R. Schwager,* Brauchen wir einen Sündenbock? München 1978.

[26] Vgl. *Matthes* 74–88; *Hach* 165ff.

grund für die ebenfalls als epochal und zwangsläufig verstandene Säkularisierung im Sinne fortschreitender Entchristlichung und Entkirchlichung ansieht, weist als ein umfassendes Interpretament der Zeitgeschichte ein hohes Maß an Plausibilität auf und ist auch und gerade in Kirche und Theologie selbst weithin zur Grundlage der Auseinandersetzung mit der modernen Welt und zur Richtschnur für die Entwicklung neuer kirchlicher Arbeitsformen erhoben worden."[27]

Plausibilität hat stets etwas Verführerisches an sich. Hinzu kommt, daß man die Industrialisierung im modernen Sinne zunächst nur dort beobachten konnte, wo auch Entkirchlichung festzustellen war. Einen notwendigen inneren Zusammenhang zwischen beidem wird man heute kaum mehr als gesicherte Theorie ausgeben. Religionssoziologische Untersuchungen in den USA haben daran Zweifel geäußert. Diese werden sich verdichten, wenn Untersuchungen über die Auswirkungen der Industrialisierung auf Religion und Gesellschaft etwa in Japan oder Taiwan vorliegen, also aus kulturgeschichtlich unterschiedlich geprägten Bereichen. Vorerst scheint es sich zu empfehlen, auf derartige Theorien zu verzichten und statt dessen nur

„von einem *religionssoziologischen Denken* zu sprechen und es als Variation auf das Thema Religion, Christentum und Gesellschaft zu begreifen, wie es sich in einer spezifischen Epoche der Christentumsgeschichte herausgebildet und in den folgenden Epochen fortentwickelt hat. Alle Versuche, das religionssoziologische Denken in eine Disziplin der Soziologie in einem strengen Verständnis zu überführen, sind, wenn man diese Versuche auf ihre impliziten oder expliziten Voraussetzungen befragt, fragwürdig geblieben."[28]

Dieses vielleicht wenig beglückende Fazit darf nicht die guten Einzelergebnisse kirchensoziologischer Forschung verdunkeln. Möglicherweise waren „wissenschaftliche Aufgeschlossenheit, Utilitarismus, Modernität und schlechtes Gewissen"[29] wichtige Gründe für die Theologen, sich Fragestellungen wie der „Säkularisierung" zuzuwenden, doch sollte das missionarische Interesse nicht übersehen werden, aus der Analyse der Entkirchlichung neue Einsichten zu ihrer Behebung zu gewinnen.

6. Die wichtigste Erkenntnis der gesamten Religionssoziologie dürfte sein:

„daß der wirkliche Mensch weder als *homo religiosus* noch als *homo sociologicus*, sondern als *homo religiosociologicus*, d. h. als ein Wesen aufgebaut wird, das in der Lage ist, aufgrund seiner Überzeugungen zu handeln. Die Hervorhebung des *homo sociologicus* auf Kosten des ganzen Menschen läßt die Gesellschaft als eine ‚ärgerliche Tatsache' erscheinen. Dasselbe geschieht, wenn der *homo religiosus* sich mit dem ganzen Menschen identifiziert. Die Gesellschaft ist nur dann keine ‚ärgerliche Tatsache', wenn sie die Hypostasierung der homines religiosi und sociologici verhindern kann. Letzteres hängt eng mit den Menschenbildern zusammen, die verschiedene Gesellschaftsformen tragen. Das Menschenbild der Religionssoziologie hebt dabei den Mythos von der ‚ärgerlichen Tatsache' der Gesellschaft [-] und mindert damit die Gefahr einer tatsächlichen Entfremdung des Menschen [-] auch dadurch auf, daß in der Konstruktion, die wir *homo religiosociologicus* nennen, unverkennbar zum Ausdruck kommt, daß der Mensch nicht nur *Präger* seiner sozialen Rollen ist."[30]

---

[27] *Matthes* 82. [28] Ebd. 115. [29] *Savramis* 120. [30] Ebd. 154f.

Als Präger ist der Mensch seinerseits *ge*prägt vom unterschiedlichen Anspruch der jeweiligen Religionen. Die Eigenart der Religionen findet so im religiösen Menschen ihren Niederschlag.

§ 5. Eigenart und Typisierung von Religionen

Das religionsgeschichtliche Material läßt erkennen, daß die einzelnen religiösen Traditionen neben unverwechselbar singulären Charakteristika auch eine gewisse Anzahl von Merkmalen aufweisen, die ähnlich in anderen Religionen vorkommen, so daß man den einen oder anderen Zug über mehrere Religionen hinweg zu vergleichen versucht ist.

Ein solcher *Vergleich* gelingt nur, wenn man sich über zwei Punkte des Vorgehens einig ist: „Es handelt sich um einen unverkennbaren Reduktionsprozeß, bei welchem nur eine oder eine beschränkte Anzahl von Eigentümlichkeiten berücksichtigt wird, die man auch als Typusmerkmale bezeichnen kann... Eine andere Selbstverständlichkeit besteht darin, daß der Forscher die Auswahl gewisser Merkmale im Einklang mit dem von ihm verfolgten Forschungsziel trifft."[31]

Dabei besagt Punkt 1, daß man z. B. bei der Würdigung Buddhas, Jesu und Mohammeds als Religionsstifter auf die spezifischen Unterschiede in ihrem Leben und Werk und im jeweiligen geschichtlichen Kontext verzichten und stattdessen ihre zentrale Funktion für das Entstehen einer historisch bedeutsamen Religion hervorheben wird. Zugleich ist es – Punkt 2 – der Typus „Religionsstifter", der den gemeinsamen Gesichtspunkt zur Beschreibung von Buddhismus, Christentum und Islam mittels eines Wesenselementes dieser Religionen abgibt. Der Vergleich fällt anders aus, wenn man etwa den Typus der prophetischen Religion wählt.

Allein das Auswahlkriterium ist der Grund dafür, welche Religionen mit welchen anderen verglichen werden. Die typologische Methode wählt also *einige* Eigenschaften aus und faßt sie zu einem Typusbegriff zusammen, „wobei sich die Frage erhebt, wie das geschieht. Wer bestimmt diese Möglichkeit? Die Antwort lautet ohne Zweifel – es ist der Forscher selbst. Er ist es, der die Einreihung der Eigenschaften in einer gewissen Rangordnung vornimmt und danach nur eine oder einige auswählt, um den Typus zu bestimmen. Diese Auswahl kann man als Schätzung bezeichnen. Eine solche Schätzung ist immer subjektiv."[32] Dennoch bleibt intersubjektive Überprüfbarkeit möglich. Darauf gründet sich der wissenschaftliche Anspruch der typologischen Methode. Auf diesem Wege wurden wichtige Einsichten in die Vielfalt religiöser Erscheinungsformen gewonnen. So vor allem die Einteilung nach Religionen, die nur einen einzigen Gott für existent halten (Monotheismus), im Unterschied zu den

[31] *Biezais* 12. [32] Ebd. 14.

Religionen, für die nur ein Gott eine kultisch-religiöse Bedeutung hat, ohne daß die Existenz anderer Götter ausdrücklich geleugnet wird (Henotheismus), und zu anderen, für die die Existenz mehrerer Götter selbstverständlich erscheint (Polytheismus). Andere Unterscheidungen werden getroffen zwischen prophetischen und mystischen Religionen, zwischen Natur- und Geschichts-, zwischen Primitiv- und Kulturreligionen.

Was hinsichtlich ganzer Religionen möglich ist, gilt auch für Einzeltypen, wenn z. B. die religiös besonders begabten Menschen in Heilande, Propheten, Mystiker, Sakralherrscher, Kultdiener (Liturgen) usw. eingeteilt werden.

Typologien können schließlich entstehen, wenn das Grundanliegen, die Sinnmitte des Hinduismus durch die Kennzeichnung als „Enstase" von der des Buddhismus („Kenostase"), des Islam („Ekstase") oder des Christentums („Synstase") abgegrenzt wird[33].

Jede typologische Beschreibung ist gemäß ihrem wissenschaftstheoretischen Prinzip eine idealtypische Vereinfachung, die der Vielfalt der Wirklichkeit kaum Rechnung trägt. Hinzu kommt, daß sie auf dem Feststellen von Unterschieden beruht. Aber ist diese Methode des Westens, die vom Unterscheiden lebt, überhaupt zur Erfassung asiatischer Religiosität geeignet? Viele religionswissenschaftliche Studien untersuchen nämlich z. B. die konkreten Unterscheidungsmerkmale zwischen taoistischen und buddhistischen Richtungen in China, obwohl deren Anhänger oft zugleich Taoisten und Buddhisten sind. Sie wären deshalb einem eigenen Typus von inklusiver Religiosität zuzurechnen, der sich von der exklusiven Form des Westens, wo niemand gleichzeitig katholisch und evangelisch oder gar Christ und Muslim ist, prinzipiell abhebt und deshalb eher von einem integrierenden als von einem differenzierenden Ansatz her zu beschreiben ist. Doch dann kehrt das Unterscheiden zumindest in der Gegenüberstellung von inklusiver und exklusiver Religionszugehörigkeit wieder, wobei offen bleibt, welche der beiden Formen die Regel, also typisch, und welche eher die Ausnahme ist.

Die Frage nach der Religionszugehörigkeit impliziert Überprüfbarkeit, und diese hängt maßgeblich mit der Organisationsform der jeweiligen Religion zusammen.

§ 6. Organisationsformen[34] als Einteilungsprinzip

Religion und Gesellschaft treten in der Religionsgeschichte nicht immer als unterschiedene Größen auf. Vor allem in den Naturreligionen sind sie meist miteinander identisch, so daß die gesellschaftlichen Schlüsselstellungen auch als religiöse Instanzen mit klar gefaßter Kompetenz gelten. Die Vielfalt der religi-

[33] Vgl. *Antes* 1981.

[34] Vgl. zum Folgenden vor allem *Goldammer* 388–430 und *Widengren* 594–634.

ösen Erscheinungsformen ist größer, wenn Religion und Gesellschaft sich nicht schlechthin decken. Es gibt Religionen, in die man hineingeboren wird, weil der Wille der Eltern für die Aufnahme des Kleinkindes ausreichend ist, während andere religiöse Vereinigungen die bewußt vorgetragene Bitte um Aufnahme für die Mitgliedschaft verlangen und deshalb Minderjährige oder nur eingeschränkt Zurechnungsfähige grundsätzlich ausschließen. Zu dieser Gruppe zählen vor allem Geheim- und Männerbünde, Bruderschaften und Mönchsgemeinschaften; die letzteren treten entweder als besonders engagierte Sonderform einer bestimmten Religion (z. B. im Christentum) oder als eigenständige Religion (z. B. der Urbuddhismus) auf.

Die Unterschiede zwischen den einzelnen Religionen beschränken sich nicht auf diese Äußerlichkeiten, sie betreffen auch die innere Organisation, vor allem das Leitungsprinzip. Es gibt autoritativ durch besonders ausgezeichnete Leiter oder kollektiv durch ein Leitungsteam geführte Religionen; andere Religionen legitimieren die Leitungsfunktionen durch demokratischen Entscheid; wieder andere (z. B. der sunnitische Islam der Gegenwart) kommen sogar ohne allgemein verbindliche Leitung aus.

Das Leitungsprinzip spielt nicht nur bei den obersten Führungspositionen eine Rolle, sondern strukturiert häufig die gesamte Anhängerschaft. Manche Religionen unterscheiden von den Mitgliedern im allgemeinen besonders Ausgezeichnete, unter denen es noch spezielle Rangstufen gibt, die durch besondere Weihen oder Initiationen erreicht werden. So kennt der hellenistische Mithraskult eine von Stufe zu Stufe weiterschreitende Einweihung, während die katholische Kirche zunächst Kleriker und Laien unterscheidet, dann die Kleriker in Diakone, Priester und Bischöfe aufgrund von Weihen unterteilt und schließlich ein feingliedriges Rangsystem mit einer Vielzahl von Ämtern kennt, die an bestimmte Dienstleistungs- und Jurisdiktionsfunktionen (z. B. Dekan, Weih- und Erzbischof, Kardinal, Papst) gebunden sind oder als persönliche Auszeichnung (z. B. Prälat) gelten.

Je nach der zahlenmäßigen Stärke spricht man bei den Untergruppen innerhalb einer Religion von „Konfessionen" für die großen Gruppierungen und von „Sekten" für die kleinen. Die Internationalität ist schließlich ausschlaggebend für die „Universal-" oder „Weltreligion", bei der regional – als Reichs- oder Staatskirche – eine enge Verflochtenheit mit der gesellschaftlich-staatlichen Ordnung vorliegen kann.

Diese Terminologie wurde weitestgehend dem christlichen Sprachraum entliehen und auf die anderen Religionen übertragen, was in einigen Fällen (z. B. Konfessionen, Sekten) zu einer gewissen Abschwächung des ursprünglich christlichen Assoziationsfeldes führte. Nur selten war die Einführung neuer Wörter (z. B. Geheimbund, Bruderschaft) notwendig, weil das zu beschreibende Phänomen mit dem bekannten Begriffsraster nicht angemessen erfaßt werden konnte. Es ist deshalb zu vermuten, daß die Religionswissenschaft eine andere Nomenklatur und damit ein wesentlich anderes Einteilungssystem entwickelt hätte, wenn sie im Bereich der östlichen Religionen und nicht im christlichen Kontext Europas entstanden wäre. De facto aber lebt selbst die Religionswissenschaft im heutigen Japan und Indien aus dieser wissenschaftlichen Tradition und hat sie bislang nur wenig verändert. Insofern erfüllt die Religionswissenschaft heute durch die prinzipielle Allgemeingültigkeit ihrer Aussagen die wichtigste Voraussetzung, um als wissenschaftliche Disziplin im modernen Sinne gelten zu können.

Regional unterschiedliche Denkvorstellungen im Bereich der Religionen haben die Forschung auch vor die Frage gestellt, ob es Zusammenhänge gibt zwischen der Entstehung und Entfaltung einer Religion und ihrer Botschaft einerseits, den Besonderheiten von Klima, Landschaft, Wirtschaft, Sozialordnung usw. anderseits. Religionsgeographie[35] und Religionssoziologie widmen sich diesem Problemkreis.

§ 7. Zur Frage nach Wesen und Begriff der Religion

Es ist bezeichnend, daß hier bisher keine nähere Bestimmung dessen versucht wurde, was unter „Religion“ verstanden werden soll. Dieser Mangel berührt die Verständlichkeit des Gesagten nicht, solange man sich am umgangssprachlichen Vorverständnis orientiert. Dennoch hat die Religionswissenschaft vielfach den Versuch unternommen, Religion genauer zu fassen, ja zu definieren.

Dabei führte die Etymologie nicht weiter, weil von vornherein in ihren Erläuterungen unterschiedliche inhaltliche Konzepte mitschwangen. Laut Sprachgebrauch aller Kulturen werden die Elemente hervorgehoben, die der eigenen Vorstellung von der Religion entsprechen[36].

Aber gerade geschärftes Methodenbewußtsein gerät erst recht in Aporien. Die Erscheinungsformen von Religion, die unter verschiedener Hinsicht Gegenstand der Religionswissenschaften sind, liegen auf einer anderen, sozusagen vordergründigeren Ebene als das Wesen der Religion als solcher, das auszuloten eine, und zwar die vorzüglichste, Aufgabe der Religionsphilosophie ist. Zwei, in jeweiliger Reinkultur gegensätzliche, Methodenschemata bieten sich an: Der induktive Weg führt beschreibend von den Erscheinungsformen aus, also a posteriori, zum Wesen. (Aber werden die religiösen Phänomene dann etwa willkürlich ausgewählt?) Der deduktive Weg sucht in direktem denkerischem Zugriff, also a priori, das Wesen der Religion auszumachen. (Aber wird dadurch nicht gar die Willkür zum scheinbar philosophisch sanktionierten Prinzip erhoben?)

In Anlehnung an die philosophische Phänomenologie wurde in diesem Jahr-

---

35 Darüber orientiert (nicht ohne Einseitigkeiten, nach *Büttner*) der von *Schwind* hg. Band. Vgl. auch *Lanczkowski* 1980, 54–58; und hier S. 29f.

36 Vgl. hierzu die induktiv gewonnenen Ergebnisse von *Antes* (1978) mit den deduktiv hergeleiteten bei *Heiler* 2–4.

hundert zunächst der *deduktive* Weg beschritten. Die von *Rudolf Otto* eingeführte Kategorie „das Heilige" wurde zum zentralen Bezugspunkt der Religionsphänomenologie. „Religion ist die erlebnishafte Begegnung mit dem Heiligen und antwortendes Handeln des vom Heiligen bestimmten Menschen" (Mensching, S. 18). Aber weil der Ansatz Ottos stark theologisch geprägt war[37], suchte man ihn auf die eine oder andere Weise zu untermauern. *Van der Leeuw* ging davon aus, daß das Wesen von Religion am deutlichsten bei den Naturvölkern zum Ausdruck kommt, weil sie die „primitive", d. h. ursprüngliche, Sichtweise ohne kulturelle Brechung bis in die Gegenwart bewahrt hätten. *Heiler* folgt ihm hierin mit gewissen Einschränkungen, während *Widengren* stärker auf das religiöse Schrifttum der großen Religionen eingeht. *Goldammer* versucht unter Verwendung einer vorwiegend romantischen Begrifflichkeit (wie „Frommsein") die wesentlichen Elemente zu systematisieren. Auch *Mensching* und *Eliade* (vgl. Barbosa da Silva) sind diesem religionsphänomenologischen Ansatz zuzurechnen, der von der Idee des Heiligen als *dem* Wesensmerkmal von Religion schlechthin ausgeht und es in den vielfältigen Erscheinungsformen aufspürt: in heiligen Zeiten, Orten, Schriften und Worten, im Opfer/Kult, im Mythos, in der Mystik usw. Bei alledem geht es darum, in einer Art „Wesensschau" Allgemeingültiges über Religion auszusagen und dieses dann am empirischen Material zu belegen. Es ist jedoch zu fragen, *wie* man zu jener Wesensschau gelangt. So fehlt es nicht an kritischen Stimmen zur klassischen Religionsphänomenologie[38].

Diese Kritik hätte eigentlich seit langem schon *induktive* Gegenentwürfe herausfordern müssen. Tatsächlich aber sind die meisten beschreibend-induktiv vorgehenden Forscher über Studien zu Einzelfragen nicht hinausgegangen. Erste Ansätze zu einer ausschließlich an empirischem Material orientierten Phänomenologie finden sich vor allem mit dem Ziel des religionsgeschichtlichen Vergleiches. Hier sind besonders *Pye, Smart* und *Srivastava* zu nennen. Ihre Studien können der Kritik weitgehend standhalten, sind aber bisher nicht zu einer allgemeinen Aussage über das Wesen von Religion vorgestoßen.

Andere Religionswissenschaftler der Gegenwart setzen ausdrücklich beim Menschen und seiner Situation an. Sie richten sich dabei weithin zu Recht an dem für bloß empirische Gegenstände ausgebildeten neuzeitlichen Wissenschaftsverständnis aus. Dessen „methodischer Atheismus"[39] führt gegenüber dem religiösen Phänomen zu der Konsequenz:

> „Religionen werden ihres Anspruchs, Wahrheit, Autorität und göttliche Offenbarung zu sein, entkleidet und auf dem geschichtswissenschaftlichen, soziologischen und psychologischen Seziertisch analysiert. ... Die wissenschaftliche Methode vertreibt auch in diesem für die Menschheit so existentiell tiefen Bereich ihres Erkennens und Handelns, wenn sie sich ihm zuwendet, den Hauch und Glanz des überirdischen Nimbus, der Epi-

[37] Wie, mit anderer Intention, *Terrin* nachwies.

[38] Siehe zahlreiche Aufsätze in *Honko, Lanczkowski* (1974) und *Stephenson*, auch *Flasche, Rudolph, Rupp, Seiwert* (1977) und mit Einschränkungen *Platvoet.*

[39] *Berger* 1969, 100.

phanie des Göttlichen oder der ‚Letzten Wirklichkeit'. Dies ist m. E. auch nicht in das Belieben des einzelnen Religionswissenschaftlers bzw. -historikers gestellt, sondern ist eine unumgängliche und *unumkehrbare* Funktion der Religionswissenschaft selbst, sofern man sie als eine wissenschaftliche Angelegenheit betreibt."[40]

Ohne so weit zu gehen, begreifen *Kishimoto* und *Waardenburg* (1973) Religion als einen Aspekt der Kultur des Menschen; und *Meslin* erhebt die Forderung, daß jede Anthropologie die religiöse Aktivität als wesentliche Komponente des Menschseins beachten müsse. Das, was den Menschen nach *Paul Tillich* unbedingt angeht, wird zum Inbegriff von Religion; und *Schmid* (1979, S. 150) setzt Religion einfach mit dem Wirklichkeitsbezug der menschlichen Person gleich, wodurch er die Möglichkeit aufhebt, zwischen Religion und Wirklichkeit überhaupt zu unterscheiden.

Mit der fundamentalen *anthropologischen* Besinnung auf das Ganze von Religion wird deren wesentliche Bestimmung deutlich: Religion soll dem Menschen helfen,

„daß er sich damit abfindet, endlich zu sein; daß er bestenfalls sein Endliches als Teilhabe am Unendlichen begreift und würdigt; daß er nicht darüber rechtet, überhaupt zu sein, sondern sich und die Welt hinnimmt, wie er sie findet, und gestaltet, wie es ihm möglich ist; daß er von den Mitmenschen nicht mehr erwartet, als sie zu leisten vermögen; daß er sich damit bescheidet, etwas zu leisten, was jetzt notwendig und sinnvoll, in einigen Jahren, Jahrzehnten, Jahrhunderten aber vergessen ist."[41]

Demnach ist die Erfahrung der Vergänglichkeit der Grund für Religion: nicht nur in dem Sinne, daß Menschen daran leiden, über den Tod hinaus eigentlich nichts zu wissen, sondern daß sie einen Mangel an Gegenwart spüren, weil die Bewegung des Daseins alles Künftige ins Vergangene wandelt und dadurch kein Bleiben zuläßt. Ist aber wirklich „Gegenwart der allgemeine Mangel des Daseins, so ist die Einsicht in diesen Mangel als Einsicht in die Gewißheit des Todes verbreitet. Aus dieser konkreten Gewißheit wird das Dasein als vorläufiges bestimmt, als übergängliche Erscheinung genommen. Genau hier ist der Grund für ‚Religion' zu suchen und zu finden."[42] Somit kann man diesen Grund als „reflektierte Einsicht in den umfassenden Mangel an anwesender Gegenwart"[43] bestimmen und hat damit ein deduktiv anwendbares und intersubjektiv überprüfbares Kriterium gewonnen, das sich empirisch in vielen erscheinenden Formen von Religion aufweisen läßt. So wird diese systematisch relevante Aussage möglich: „Religion gründet in der reflektierten Einsicht in den umfassenden Mangel an anwesender Gegenwart, hat das Wissen um die notwendige Voraussetzung der verborgenen Einheit zum Inhalt und ist im Beachten der Herrschaft des Prinzips von Allem lebendig."[44]

Mit dieser prinzipiellen Bestimmung ist ein Programm anvisiert, das zu entfalten bleibt.

---

[40] *Rudolph* 27; ähnlich Histoire des Religions I 4f.
[41] *Antweiler* 47.
[42] *Uhde* 25. [43] Ebd. 32. [44] Ebd. 8.

Die Diskussion um die Wesensbestimmung der Religion gewinnt gegenwärtig an Aktualität, weil der Widerstand gegen den Methodenzwang zu ersten Konsequenzen für die Ethnologie, Anthropologie und Psychologie führt, die für die systematische Religionswissenschaft nicht unwichtig sind[45]. Deshalb wird sich mit Blick auf die Zukunft wohl sagen lassen: Ohne daß eine Neuauflage ihrer bisherigen Entwürfe zu erwarten wäre, wird die Religionsphänomenologie ihre große Bedeutung behalten oder neu gewinnen. Dabei werden die vorgeschlagenen Deutungsmuster kritisch zu prüfen sein auf ihre Eignung, das ständig anschwellende Material an empirischen Daten zu erfassen[46]. Die Theorie der Religion steht vor der Aufgabe, im Studium der vielfältigen Zeugnisse menschlicher Religiosität dem Geheimnis von Religion überhaupt, das heißt: ihrem Wesen, auf die Spur zu kommen.

LITERATUR

Antes, P., „Religion“ einmal anders, in: Tem. 14 (1978) 184–197.

–, Systematische Religionswissenschaft – Zwei unversöhnliche Forschungsrichtungen?, in: Humanitas religiosa. Stockholm 1979, 213–221.

–, Die Botschaft fremder Religionen. Hinduismus, Buddhismus, Islam. Mainz 1981.

Antweiler, A., Mensch-sein ohne Religion? Münster 1977.

Baal, J. van, Symbols for communication. An introduction to the anthropological study of religion. Assen 1971.

Barbosa da Silva, A., The Phenomenology of Religion as a Philosophical Problem. Uppsala 1982.

Bellah, R. N., Religious Evolution, in: American sociological review 29 (1964) 353–374.

Berger, P. L., The Social Reality of Religion. London 1969.

Berger, P. L. – Luckmann, Th., Die gesellschaftliche Konstruktion der Wirklichkeit. Frankfurt 1970.

Berner, U., Gegenstand und Aufgabe der Religionswissenschaft, in: ZRGG 35 (1983) 97–116.

Biezais, H., Die typologische Methode in der religionsgeschichtlichen Forschung, in: Tem. 17 (1981) 5–26.

Brockway, R. W., Neanderthal ‚religion‘, in: SR 7 (1978) 317–321.

Büttner, M., Religionsgeographie, in: ZMR 60 (1976) 51–54.

Chalus, P., L'homme et la religion. Recherches sur les sources psychologiques des croyances. Paris 1963.

Colpe, C., Theologie, Ideologie, Religionswissenschaft. Demonstrationen ihrer Unterscheidung. München 1980.

Deleuze, G. – Guattari, F., L'Anti-Oedipe. Capitalisme et schizophrénie. Paris ²1975.

Döbert, R., Systemtheorie und die Entwicklung religiöser Deutungssysteme. Frankfurt 1973.

Drobin, U., Indogermanische Religion und Kultur?, in: Tem. 16 (1980) 3–15.

Duerr, H. P. (Hg.), Der Wissenschaftler und das Irrationale. 2 Bde. Frankfurt 1981.

Dupré, W., Religion in Primitive Cultures. The Hague 1975.

Durkheim, É., Les formes élémentaires de la vie religieuse. Le système totémique en Australie. Paris ⁵1968.

Eliade, M., Geschichte der religiösen Ideen. 3 Bde. Freiburg 1978ff; dazu: Quellentexte. Hg. v. G. Lanczkowski. Freiburg 1981.

Elsas, Ch. (Hg.), Religion. Ein Jahrhundert theologischer, philosophischer, soziologischer und psychologischer Interpretationsansätze. München 1975.

Evans-Pritchard, E. E., Theorien über primitive Religion. Frankfurt 1968.

---

[45] Vgl. *Duerr.*

[46] Vgl. *Antes* 1979.

Flasche, R., Die Religionswissenschaft Joachim Wachs. Berlin 1978.
Girard, R., La violence et le sacré. Paris 1972.
Gladigow, B. – H. G. Kippenberg (Hg.), Neue Ansätze in der Religionswissenschaft. München 1983.
Goldammer, K., Die Formenwelt des Religiösen. Grundriß der systematischen Religionswissenschaft. Stuttgart 1960.
Greschat, H.-J., Mana und Tapu. Die Religion der Maori auf Neuseeland. Berlin 1980.
Hach, J., Gesellschaft und Religion in der Bundesrepublik Deutschland. Heidelberg 1980.
Heiler, F., Erscheinungsformen und Wesen der Religion. Stuttgart 1961.
Histoire des Religions (Encyclopédie de la Pléiade 1). Paris 1970.
Honko, L. (Hg.), Science of Religion. Studies in Methodology. Proceedings of the Study Conference of the International Association for the History of Religions, held in Turku, Finland, August 27–31, 1973. The Hague 1979.
James, W., Die Vielfalt religiöser Erfahrung. Eine Studie über die menschliche Natur (engl. 1901/02). Olten 1979.
Kehrer, G., Religionssoziologie. Berlin 1968.
Kishimoto, H., An operational definition of Religion, in: Numen 8 (1961) 236–240.
Kohlberg, L. – Power, C., Moral Development, Religious Thinking and the Quest of a Seventh Stage, in: Zygon 16 (1981) 203–259.
(Laming-)Emperaire, A., Système de la pensée et organisation sociale dans l'art rupestre paléolithique. Paris 1970.
Lanczkowski, G. (Hg.), Selbstverständnis und Wesen der Religionswissenschaft. Darmstadt 1974.
Lanczkowski, G., Einführung in die Religionsphänomenologie. Darmstadt 1978.
–, Einführung in die Religionswissenschaft. Darmstadt 1980.
–, Einführung in die Religionsgeschichte. Darmstadt 1983.
Lascaux. Höhle der Eiszeit. Hg. v. Roemer- und Perlizaeus-Museum Hildesheim. Mainz 1982.
Leroi-Gourhan, A., Prähistorische Kunst. Freiburg 1971.
Leuba, J. H., A psychological study of Religion. Its origin, function, and future (1912). Nachdruck New York 1969.
Leeuw, G. van der, Einführung in die Phänomenologie der Religion. München 1925.
Luhmann, N., Funktion der Religion. Frankfurt 1977.
Malinowski, B., Psychoanalysis and Anthropology, in: Psyche 4 (1924) 293–332.
Matthes, J., Religion und Gesellschaft. Einführung in die Religionssoziologie I. Reinbek bei Hamburg 1967.
Mensching, G., Die Religion. Stuttgart 1959.
Meslin, M., Pour une science des religions. Paris 1973.
Moser, T., Gottesvergiftung. Frankfurt 1976.
Otto, R., Das Heilige. Über das Irrationale in der Idee des Göttlichen und sein Verhältnis zum Rationalen. München 1917 u. ö.
Pettazzoni, R., L'Essere supremo nelle religioni primitive (L'onniscienza di Dio). Torino ^{3}1957.
Platvoet, J. G., Comparing Religions. A Limitative Approach. The Hague 1982.
Pye, M., Comparative Religion. An Introduction through source materials. Newton Abbot 1972.
Robertson, R., Einführung in die Religionssoziologie. München-Mainz 1973.
Rudolph, K., Die „ideologiekritische" Funktion der Religionswissenschaft, in: Numen 25 (1978) 17–39.
Rupp, A. Religion, Phänomen und Geschichte. Prolegomena zur Methodologie der Religionsgeschichte. Saarbrücken 1978.
Savramis, D., Religionssoziologie. Bonn ^{2}1977.
Scharfe, M., Die Religion des Volkes. Kleine Kultur- und Sozialgeschichte des Pietismus. Gütersloh
Schlette, H. R., Einführung in das Studium der Religionen. Freiburg 1971. [1980.
Schmid, G., Principles of Integral Science of Religion. The Hague 1979.
Schmidt, W., Ursprung und Werden von Religion. Münster 1930.
Schmidtchen, G., Protestanten und Katholiken. Soziologische Analyse konfessioneller Kultur. Bern-München 1973.
Schwind, M. (Hg.), Religionsgeographie. Darmstadt 1975.
Scobie, G. E. W., Psychology of Religion. London 1975.
Seiwert, H., Systematische Religionswissenschaft. Theoriebildung und Empiriebezug, in: ZMR 61 (1977) 1–18.
–, „Religiöse Bedeutung" als wissenschaftliche Kategorie, in: Annual Review for the Social Sciences of Religion 5 (1981) 57–99.

C. Seyfarth – W. M. Sprondel (Hg.), Seminar: Religion und gesellschaftliche Entwicklung. Studien zur Protestantismus-Kapitalismus-These Max Webers. Frankfurt 1973.
Sharpe, J., Comparative Religion. A History. London 1975.
Smart, N., The Religious Experience of Mankind. London 1971.
Splett, J., Die Rede vom Heiligen. München ²1985.
Srivastava, R. S., Comparative Religion. New Delhi 1973.
Stephenson, G. (Hg.), Der Religionswandel unserer Zeit im Spiegel der Religionswissenschaft. Darmstadt 1976.
Sundén, H., Gott erfahren. Das Rollenangebot der Religionen. Gütersloh 1975.
Terrin, A. N., Scienza delle religioni e teologia nel pensiero di Rudolf Otto. Brescia 1978.
Uhde, B., Gegenwart und Einheit. Versuch über Religion. Habil.-Schrift der Theol. Fak. der Univ. Freiburg 1982.
Waardenburg. J. D. J., Research on Meaning, in: Religion, Culture and Methodology. Hg. v. *Th. P. van Baaren – H. J. W. Drijvers*. The Hague 1973, 109–136.
–, Classical Approaches to the Study of Religion. Aims Methods and Theories of Research. 2 Bde. The Hague 1973/74.
Wallace, A. F. C., Religion. An Anthropological View. New York 1966.
Weber, M., Die protestantische Ethik und der Geist des Kapitalismus, in: *ders.*, Ges. Aufsätze zur Religionssoziologie I. Tübingen ⁵1963, 17–206.
Whaling, F. (Hg.), Contemporary Approaches to the Study of Religion. Berlin – New York – Amsterdam 1984.
Widengren, G., Religionsphänomenologie. Berlin 1969.
Yinger, J. M., Religion, Society and the Individual. An Introduction to the Sociology of Religion. Toronto ¹²1969.

3. KAPITEL

AUF DEM WEG ZU EINEM PHILOSOPHISCHEN BEGRIFF DER RELIGION

Richard Schaeffler

§ 1. Notwendigkeit und Schwierigkeit eines Religionsbegriffs

1. Religionswissenschaften und Religionsbegriff

Während die verschiedenen Religionswissenschaften unter ihrem je besonderen Gesichtspunkt beschreiben, *wie* Religionen sind, wird von der Philosophie erwartet, daß sie angibt, *was* Religion ist. Statt des Hinweises auf religiöse Phänomene fordert man von ihr den Wesensbegriff, der die Religion als solche bestimmt. Ein solcher Wesensbegriff erscheint in dreifacher Hinsicht als notwendig:

a) Ohne einen Begriff von Religion ist es nicht möglich, denjenigen Bereich von Phänomenen auszugrenzen, der in den empirischen Religionswissenschaften erforscht werden soll.

Gehört, um nur einige Beispiele zu nennen, der Glaube an Gespenster, der sicherlich nach seinen psychischen Bedingungen, seinen sozialen Folgen, seinem historischen Wandel erforscht werden kann, zum Thema einer Psychologie, Soziologie und Geschichte *der Religion?* Kann eine politische Überzeugung, ein moralischer Wertekanon, eine metaphysische Einsicht, sofern sie gewissen Menschen letzte Orientierung geben und den Einsatz ihrer ganzen Person verlangen, die „Religion" dieser Menschen heißen, so daß die verschiedenen Religionswissenschaften sich auch dieser Phänomene annehmen müssen? Ist jedes Sprechen von Gott (der gewöhnlich als die zentrale Wirklichkeit angesehen wird, auf die alle Religion sich bezieht) durch dieses sein Thema schon religiöses Sprechen, so daß die Religionswissenschaften, die sich sprachanalytischer Methoden bedienen, sich ihres Themas dadurch versichern können, daß sie nach Beispielen für Aussagen suchen, in denen die Vokabel „Gott" vorkommt?

b) Ohne einen solchen Begriff von Religion ist es nicht möglich, Erscheinungen aus verschiedenen Religionen miteinander zu vergleichen.

Derartige Vergleiche setzen voraus, daß es gelingt, in Phänomenkomplexen, die in unterschiedlichen kulturellen Kontexten auftreten, gewisse ausgezeichnete Raumstellen als „heilige Bezirke" zu identifizieren, Bauwerke als „Tempel", sprachliche Äußerungen als „Gebete", eine Schlachtung von Tieren als „Tötungsritual" bzw. als „Opfer", die Träger gewisser Sozialrollen als „religiöse Autoritäten" usw. Das aber kann nur gelingen, wenn man der spezifisch religiösen Bedeutung solcher Räume und Bauten, Worte und Handlungen, Menschen und Personengruppen sicher ist.

c) Ohne einen Begriff von Religion ist es schließlich nicht möglich, Phänomene, die als religiös angesehen werden, kritisch zu beurteilen, ohne sie einem sachfremden Maßstab zu unterwerfen.

Ist die Magie eine Variante religiösen Sprechens und Handelns oder eine Fehlgestaltung? Ist der Namenszauber die historische und sachliche Voraussetzung und die verborgen fortwirkende Sinnmitte des Gebets, oder ist er der Ausdruck eines unfrommen Egoismus, der das Entstehen echter Religiosität verhindert und folglich wahres Gebet unmöglich macht? Ist eine Religion, der der Begriff der „Unreinheit des Menschen vor Gott" fehlt und die deshalb keine Ritualien der Reinigung kennt, ein Anzeichen dafür, daß die Verehrung Gottes bzw. der Götter unmerklich in Selbstanbetung entartet ist? Oder ist eine solche Religion ein Zeugnis der Freiheit, die die abergläubische Furcht vor dem Zorn von Dämonen und die aus dieser Furcht entspringenden Schuldgefühle hinter sich gelassen hat?

Alle drei genannten Funktionen des Religionsbegriffs gewinnen heute, im Zeitalter des intensiver werdenden Dialogs zwischen den Religionen, erhöhte Bedeutung.

2. *Fundamentaltheologie und Religionsbegriff*

Versuche, mit philosophischen Mitteln zu einem Wesensbegriff der Religion zu gelangen, sind auch für die Fundamentaltheologie belangvoll. Denn diese wird sich, trotz der spezifischen Eigenart ihrer Aufgaben und ihrer Fragestellungen, stets auch philosophischer Mittel bedienen müssen. In einer ersten Annäherung kann die Bedeutung eines philosophischen Wesensbegriffs der Religion für die Fundamentaltheologie in folgender Weise beschrieben werden: Die Fundamentaltheologie verwendet derartige Religionsbegriffe in drei Problemzusammenhängen, die zum klassischen Themenfeld dieser Disziplin gehören: im Zusammenhang der demonstratio religiosa, christiana, catholica.

a) Die Kritik am christlichen Glauben wird häufig mit Argumenten geführt, die sich nicht speziell gegen die Inhalte der christlichen Botschaft richten, sondern allgemein gegen die Religion als solche. Um dieser Kritik begegnen zu können, muß unterschieden werden, ob die religionskritischen Argumente wirklich die Religion als solche betreffen oder nur gewisse Fehlformen.

b) Die biblische Botschaft ruft den Menschen auf, sich von den Götzen zum wahren Gott zu bekehren (Jos 24; 1 Thess 1,9). Dieser Anspruch veranlaßt die Frage: Ist derjenige Glaube, der in der Bibel bezeugt wird, die Vollendung dessen, was die Menschen in der Verehrung fremder Götter erstrebt, aber nur unvollkommen erreicht oder gar auf falschen Wegen gesucht haben? Oder ist der christliche Glaube das Ende der Religion (als des vergeblich gesuchten Weges des Menschen zu Gott) und der Beginn eines völlig neuen Gottesverhältnisses (des Weges Gottes zu den Menschen)? Diese Frage ist nicht nur in der „Dialektischen Theologie" diskutiert worden, sondern hat auch die Diskussion um eine theologische Würdigung der neuzeitlichen „Säkularisierung" beherrscht.

c) Einige Themen, die zwischen den christlichen Konfessionen mit unterschiedlicher Akzentsetzung erörtert werden, führen auf die alte Frage nach dem Verhältnis von Natur und Gnade zurück. Zu diesen Themen gehören: die Beurteilung von Elementen der „natürlichen Religiosität" in der Sprache und in den Handlungsformen des christlichen Gottesdienstes; die theologische Bewertung der sichtbaren Kirche unter Einschluß ihrer rechtlichen Struktur als eines „natürlichen" Erfordernisses des Menschen in seiner Leibhaftigkeit und Sozialität; die Frage nach dem Verhältnis zwischen den Normen der „natürlichen" Sittlichkeit unter Einschluß des Naturrechts und der eschatologischen Moral der Bibel, vor allem der Bergpredigt. Alle diese Fragen führen auf das eine Problem, ob die Natur des Menschen eine Beziehung zu Gott einschließe, ob es also eine „natürliche Religion" gebe, die durch jenes „übernatürliche Gottesverhältnis", das durch die göttliche Gnade in Christus gestiftet wurde, nicht aufgehoben, sondern gereinigt und vollendet wird. Auch die Beantwortung dieser Frage hängt ab vom Religionsbegriff.

3. Methodische Schwierigkeiten eines normativen Religionsbegriffs

Der früheste Versuch, einen solchen Begriff zu definieren, zeigt sogleich die methodischen Schwierigkeiten. *Cicero* hat in „De natura Deorum" aus dem Wort „religio" den Begriff der „Sorgfalt" herausgelesen, vor allem der Sorgfalt in der Beobachtung von Kultvorschriften. Er hat weiterhin die Selbstlosigkeit eines derart sorgfältigen Dienstes von jenem Egoismus abgegrenzt, der sich durch kultische Praktiken einen Vorteil verschaffen will, vor allem die Sicherung von Nachkommen (superstites), denn Nachkommenschaft ist in denjenigen Gesellschaften, auf die Ciceros Überlegungen sich beziehen, das primäre Gut, von dem Reichtum, Sicherheit im Alter, Ansehen in der Gesellschaft, sogar politischer Einfluß abhängig sind. Religion unterscheidet sich von Superstition (Aberglauben) wie selbstloser Dienst von egoistischer Zwecksetzung, für welche der Fruchtbarkeitszauber das ausgezeichnete Beispiel bietet.

Der christliche Theologe *Laktanz* („Divinae institutiones") gab der so getroffenen Unterscheidung zwischen „religio" und „superstitio" eine neue Bedeutung. Denn in der sorgfältigen Erfüllung von Kultvorschriften, auch wenn sie in selbstloser Gesinnung geschieht, sah er keine hinlängliche Sicherung gegen den abergläubischen Götzendienst. Darum verstand er nun Religion als „Rückbindung" an die letzte Ursache, an den einen Gott und Schöpfer der Welt; „Superstition" aber galt ihm als der Versuch, innerweltliche Mächte an die Stelle des wahren Gottes zu setzen.

Die Beispiele zeigen, wie schwer es ist, bei der Bemühung um einen Religionsbegriff willkürliche Nominaldefinitionen zu vermeiden. Denn dahinter verbirgt sich häufig die Absicht, gewisse Merkmale, die man an der eigenen Religion kennengelernt hat, für Wesensmerkmale der Religion überhaupt zu halten. Vertreter der empirischen Religionswissenschaften haben deshalb vor derartigen „Wesensbegriffen" gewarnt.

Die Schwierigkeit kann dadurch verringert werden, daß man nicht jede Beziehung zu Gott „Religion" nennt (z. B. nicht die rein theoretische Beziehung einer metaphysischen Gotteserkenntnis), sondern nur diejenige, die in Akten der Anbetung, des Gehorsams und der Verehrung zum Ausdruck kommt. Die Beschreibung dieser Akte bliebe dann Aufgabe der empirischen Religionswissenschaften, deren Ergebnisse nicht durch philosophische Wesensbegriffe präjudiziert würden. Und der Gottesbegriff könnte, statt a priori definiert zu werden, durch die Korrelation zu diesen Akten bestimmt werden: Ein Gott ist diejenige Wirklichkeit, auf die der Mensch sich in Akten der genannten Art bezieht. Aber die Schwierigkeit wäre dadurch noch nicht endgültig behoben. Denn es entstünde die Frage, welche Art von Anbetung, Gehorsam und Verehrung als spezifisch religiös gelten kann; und die nächstliegende Antwort darauf würde wiederum lauten: Spezifisch religiös sind diese Akte nur dann, wenn sie sich auf Gott und nicht auf eine andere Wirklichkeit beziehen. Auf diese Weise aber würde der Religionsbegriff erneut abhängig von einem zuvor definierten Gottesbegriff. Dieser aber steht weder in der Geschichte der Religionen noch in der Geschichte der Philosophie unwandelbar fest. Verwendet man, wie dies lange Zeit in der Religionsphilosophie geschah, einen streng metaphysischen Gottesbegriff, dann kann von einer Religion nur dort die Rede sein, wo Anerkennung, Gehorsam und Verehrung sich auf ein Wesen beziehen, das die Eigenschaften hat, ewig, unkörperlich, allmächtig, einzig zu sein; dann aber fallen die meisten Religionen der Menschheit nicht unter diesen Begriff. Verwendet man aber einen weiteren Gottesbegriff, unter den auch Numina wie Zeus und Aphrodite, Isis und Osiris, der Sonnengott der Azteken und die Schwertgottheit der Germanen fallen, dann wird es schwer, ein gemeinsames Merkmal anzugeben, das alle diese Wesen als Götter auszeichnet.

Überlegungen dieser Art machen es verständlich, daß Vertreter der Religionswissenschaft und der Religionsphilosophie sich in jüngerer Zeit zurückhaltend oder sogar skeptisch gegenüber allen Versuchen verhalten, einen Religionsbegriff zu entwickeln, der einen zuvor definierten Gottesbegriff voraussetzen würde.

§ 2. Wege zur Definition von Religion

1. Funktionale Definitionen von Religion

Der Versuch, einen Religionsbegriff zu entwickeln, der unabhängig ist von einem zuvor definierten Gottesbegriff, wird in kompromißloser Konsequenz von denjenigen Religionswissenschaftlern und Religionsphilosophen unternommen, die darauf verzichten, einen Wesensbegriff der Religion zu geben und statt dessen ihre Aufmerksamkeit darauf konzentrieren, die Funktion der Religion im Leben des Individuums und der Gesellschaft zu bestimmen.

Das kann mit *psychologischen* Mitteln geschehen. Man kann etwa (mit *Sigmund Freud*) darauf hinweisen, daß der religiöse Mensch zu gewissen Arten der Neurose weniger neigt als der Irreligiöse, weil das Gottvertrauen ihn zur Überwindung von Angstgefühlen befähigt, die Hoffnung auf Vergebung ihn von

Schuldgefühlen befreit. Man wird dann aber (ebenfalls mit Freud) sich daran erinnern müssen, daß die Religion auch Quelle spezifischer Formen der psychischen Erkrankung sein kann, wie Sündenfurcht und Gerichtsangst, Fanatismus und Massenhysterie. Freud sieht in kollektiven Zwangsneurosen nicht nur gelegentlich auftretende Sekundärfolgen der Religion, sondern deren Wesen.

In jüngerer Zeit, vor allem seit *Émile Durkheim* und *Max Weber*, ist die *soziale* Funktion der Religion herausgestellt worden, indem man untersuchte, auf welche Weise die Religion das ökonomische, soziale und politische Verhalten des Menschen beeinflußt.

Man kann die Funktion der Religion auch in spezifisch *philosophischer* Hinsicht zu beschreiben versuchen. Vertreter der Wertphilosophie wie *Max Scheler* und *Eduard Spranger* sprachen von der *„Werte-Integration"*, d.h. der spezifischen Fähigkeit der Religion, die voneinander qualitativ verschiedenen, folglich untereinander nicht abwägend vergleichbaren Werte in einen gestuften Zusammenhang zu bringen, aus ihnen ein „Reich der Werte" aufzubauen. Vertreter der Systemtheorie, vor allem *Niklas Luhmann*, sehen heute die spezifische Funktion der Religion in der *„Kontingenzbewältigung"*.

Der Begriff „Kontingenz" wird dabei freilich in streng systemtheoretischer Bedeutung gebraucht. Jedes System (so auch das individuelle Bewußtsein oder eine soziale Gruppe) muß die unendliche Kompliziertheit seiner Umwelt vereinfachen, um konkrete Ja-Nein-Alternativen der Theorie und klare Entscheidungs-Alternativen der Praxis zu gewinnen. Doch zeigt sich in bestimmten Erfahrungen, daß diese „Komplexitätsreduktion" auch auf andere Weise möglich gewesen wäre und in diesem Sinne „kontingent" ist. Religion ist nun jenes Teilsystem innerhalb des individuellen und gesellschaftlichen Lebens, das Alternativen des Verhaltens zu gerade denjenigen Wirklichkeiten der Umwelt erlaubt, die in das System nicht adäquat einzufügen sind, also z. B. Möglichkeiten des Sprechens vom Unsagbaren (Geheimnis) oder des praktischen Verhaltens zum Nicht-Machbaren (z. B. in Gestalt gottesdienstlicher Handlungen).

Die Frage nach der Funktion der Religion kann auch auf die etwas populärere Form gebracht werden: Was erwarten die Menschen von der Religion, und in welchem Maße erfüllen die verschiedenen Religionen diese Erwartung? Eine oft gegebene Antwort lautet: Religion gewährt Sicherheit der Lebensorientierung, indem sie dem Menschen seine Bestimmung deutlich macht („Wozu bin ich auf Erden?"), ihm sagt, was ihm zur Erreichung seiner Bestimmung dient oder ihn daran hindert (ihm Gebote und Verbote gibt), ihn für eigenes Versagen hellsichtig macht und zugleich vor Verzweiflung bewahrt (vor allem durch Zusage der Vergebung) und ihn so ermutigt, innerhalb einer Welt, die ihn an der Erreichung seines Zieles zu hindern scheint, die Hoffnung auf eine kommende Welt aufrechtzuerhalten und der Heraufführung dieser Welt aktiv zu dienen. So verhilft sie dem Menschen dazu, in realistischer Einschätzung seiner selbst und seiner Situation in der Welt dennoch ein verantwortliches Ja zu seiner Existenz zu sprechen oder, wie dies oft ausgedrückt wird, die Sinnfrage positiv zu beantworten.

Nun kann die Religion dem Menschen jene Lebensorientierung, die man von ihr erwartet, nur dann gewähren, wenn sie ihm zugleich Einsicht in Wahrheiten vermittelt, die ihn bei dieser Lebensorientierung leiten. In einer solchen „Antwort auf die ungelösten Rätsel der menschlichen Situation, die heute wie in alten Tagen die Herzen der Menschen im Tiefsten bewegen", beschreibt deshalb das Zweite Vatikanische Konzil die Funktion der Religion (Nostra Aetate Nr. 1). Folgende Überlegung kann deutlich machen, daß es sich auch hier um eine funktionale Bestimmung der Religion handelt, auch wenn die Konzilsväter dies vermutlich nicht beabsichtigt haben. Nicht nur die verschiedenen Religionen bemühen sich um die Beantwortung derjenigen Fragen, die das Konzil im einzelnen aufführt, sondern auch die Philosophie. Fragt man nun, in welcher Weise die einzelnen Religionen die Erwartung erfüllen, sie könnten die gestellten Fragen beantworten, so gewinnt man einen Maßstab, an dem man nicht nur die Religionen untereinander vergleichend messen, sondern auch die Religionen insgesamt mit der Philosophie vergleichen kann. Eben dies ist typisch für funktionale Beschreibungen. Sie lassen ein Konkurrenzverhältnis entstehen, teils zwischen den Religionen, teils zwischen der Religion als solcher und anderen, außerreligiösen Versuchen, die gleiche Funktion zu erfüllen.

Damit aber hängt ein grundsätzlicher Mangel der funktionalen Beschreibung der Religion zusammen. Wird nämlich die Religion durch ihre Funktion bestimmt, so ist dieser Religionsbegriff gewöhnlich einerseits zu eng, weil er Phänomene nicht einschließt, die im Selbstverständnis religiöser Menschen zur Religion gehören, die aber die jeweils hervorgehobene Funktion entweder gar nicht oder nur sehr vermittelt erfüllen. Anderseits sind solche funktionalen Religionsbegriffe zu weit, weil nicht auszuschließen ist, daß die jeweils beschriebene Funktion auch auf andere als religiöse Weise erfüllt werden kann. Aus dieser Beobachtung erklären sich Versuche, die Religion nicht durch ihre Funktion zu bestimmen, aber auch nicht durch Abstraktion einzelner Merkmale aus der Fülle religiöser Erscheinungen, sondern durch ihren Ort im System.

2. Die Definition der Religion durch Bestimmung ihres Ortes im System

Ihrer Erscheinungsform nach ist die Religion zweifellos ein Komplex menschlicher Verhaltensweisen, auch wenn der religiöse Mensch seine Befähigung zu diesen Verhaltensweisen auf die Wirksamkeit der göttlichen Gnade zurückführt. Nun stehen alle menschlichen Verhaltensformen in einem Zusammenhang untereinander, so daß kein Teilbereich menschlichen Tuns unberührt bleibt, wenn ein anderer Teilbereich ausfällt oder verkümmert. Die unverwechselbare Eigenart und Unersetzlichkeit eines solchen Teilbereichs (z. B. der Religion) tritt also gerade dann hervor, wenn er in seiner Unterschiedenheit von und in seiner Zuordnung zu allen anderen Teilbereichen beschrieben wird. Das bedeutet: Der Begriff der Religion ist identisch mit der Angabe ihres Ortes im geordneten Zusammenhang aller Tätigkeitsformen, deren Subjekt der Mensch ist.

Bei *Kant* versöhnt die Religion das theoretische mit dem praktischen Vernunftinteresse durch Postulate der Hoffnung, d. h. durch theoretische Annahmen, die im rein theoretischen Vernunftgebrauch weder bewiesen noch widerlegt werden können, die aber notwendig sind, wenn die Erfüllung sittlicher Aufgaben nicht als in sich widersprüchlich erscheinen soll. Die scheinbar so inhaltsarme Begriffsbestimmung: „Religion ist, subjektiv betrachtet, die Erkenntnis aller unserer Pflichten als göttlicher Gebote“[1] erhält ihren Inhalt erst durch diesen Argumentationszusammenhang. Um unsere Pflichten zu erkennen, ist keine religiöse Vorstellung nötig, sondern allein die Befreiung der Vernunft zur reinen Selbstgesetzgebung. Aber nur wenn wir diese Pflichten zugleich als göttliche Gebote begreifen, vertrauen wir uns derjenigen Wirklichkeit an, welche die wirksame Erfüllung dieser Pflichten vom logischen Widerspruch befreit und dadurch zu einem möglichen Inhalt des praktischen Vernunftgebrauchs werden läßt.

Für *Hegel* ist die menschliche Subjektivität nur deshalb fähig, im Erkennen und Wollen Objektivität und Allgemeingültigkeit zu erreichen, weil im menschlichen Geist ein Absolutes sich expliziert, das seinerseits „nicht als Substanz, sondern ebensosehr als Subjekt“ begriffen werden muß[2]. Subjektives und Objektives, die sich im *menschlichen* Geist zum wahren Wissen vermitteln, sind Momente in der Bewegung des *absoluten Geistes,* der sich in diesen Gegensatz hinein entfaltet, weil er nur so zur vermittelten Einheit seines „Anundfürsichseins“ gelangen kann. Alle Teilbereiche menschlicher Subjektivität, aber auch alle Teilbereiche der Gegenstandswelt, bilden nur deshalb ein „System“, weil sie Momente in dieser Bewegung des absoluten Geistes sind. Eben dies ausgesprochen zu haben, freilich noch in der unangemessenen Form der Vorstellung, nicht in der allein angemessenen Form des Begriffs, ist das Unterscheidungsmerkmal der Religion. „Der Inhalt der Religion spricht darum früher in der Zeit, als die Wissenschaft, es aus, was der Geist ist.“[3] Aber „obwohl er [der Geist] in ihr zu seiner wahren Gestalt gelangt, so ist eben diese Gestalt selbst und die Vorstellung noch die unüberwundene Seite, von der er in den Begriff übergehen muß“[4]. Eben dies geschieht in der Philosophie oder, wie Hegel sagt, in der Wissenschaft. Diese „ist allein sein [des Geistes] wahres Wissen von ihm selbst“[5].

Indem auf solche oder andere Weise der Religion ein unverwechselbarer Ort im System menschlicher Subjektivität zugewiesen wird, wird vermieden, daß sie gegenüber irgendwelchen funktionalen Äquivalenten austauschbar erscheint. Zugleich kann sie kritisch danach befragt werden, ob und in welchem Maße sie jene Stelle im System wirklich ausfüllt, die ihr kraft ihres Wesens zukommt. Diesen offenkundigen Vorteilen steht freilich der Nachteil gegenüber, daß der Religionsbegriff, der auf solche Weise zustandekommt, vom jeweiligen philosophischen Verständnis des umfassenden Ganzen menschlicher Subjektivität abhängt. Die empirischen Religionswissenschaften wehren sich begreiflicherweise dagegen, einen Religionsbegriff anzuwenden, der sie bei Auswahl, Vergleich und Bewertung ihrer Untersuchungsgegenstände in Abhängigkeit vom Streit der Philosophenschulen bringen würde. Noch schwerer wiegt ein zweites Bedenken: Der Philosoph, der der Religion ihren Ort im System zuweist, er-

---

[1] *I. Kant,* Kritik der praktischen Vernunft (1788) A 233 = Die Religion innerhalb der Grenzen der bloßen Vernunft (1793) A 215.
[2] *G. W. F. Hegel,* Phänomenologie des Geistes (1807): WW II 22.
[3] Ebd. 614.
[4] Ebd. 525.
[5] Ebd. 614; vgl. auch *Hegels* Vorlesungen über die Philosophie der Religion von 1821–1831.

hebt den Anspruch, dieses System als ganzes zu kennen, innerhalb dessen die Religion nur ein Teil ist (bei Hegel ist dieses Ganze der Weg des Geistes zum Wissen seiner selbst). Das religiöse Bewußtsein selber kennt dieses Ganze nicht (bei Hegel: es weiß nicht, daß es nur eine Phase in der Selbstbewegung des Geistes ist). Auch wenn man das Ganze, innerhalb dessen die Religion nur ein Teil ist, anders bestimmt, als Hegel dies tut, kommt man doch stets zum gleichen Ergebnis: Die Weise, wie das religiöse Bewußtsein sich selbst versteht, wird zum unmaßgeblichen Objekt philosophischer Deutung und Wertung und hört auf, Ausdruck einer eigenständigen, sich selber bestimmenden Form von Subjektivität zu sein.

3. Phänomenologische Methoden zur Bestimmung des Religionsbegriffs

Zentrale These und zugleich methodische Grundregel der philosophischen Phänomenologie ist das „Phänomenologische Grundgesetz", wie Edmund Husserl es formuliert hat. Es besagt, daß die Form eines intentionalen (auf Gegenstände ausgerichteten) Aktes und die Eigenschaft derjenigen Gegenstände, die diesem Akt „originär gegeben" sind, die „Noesis" und das „Noema", einander streng entsprechen. Daraus folgt, daß es vergeblich ist, die Wesensart von Gegenständen einer bestimmten „Region" abseits von ihrer Beziehung auf diejenige Art intentionaler Akte studieren zu wollen, die gerade dieser Art von Gegenständen entspricht. Man findet – ein Beispiel von Max Scheler – Töne nicht, wenn man sie als Gegenstände des Sehens sucht.

Der Weg zu einer phänomenologischen Bestimmung des Religionsbegriffs ist damit gewiesen. Religion ist das Wechselverhältnis speziell religiös strukturierter Akte zu Gegenständen von speziell religiöser Wesensart. R. Otto und M. Scheler haben je auf ihre Art von dieser Grundregel Gebrauch gemacht. Bei *Rudolf Otto* („Das Heilige") bildet die Beziehung zwischen dem „Sensus Numinis" und dem „Heiligen" das „religiöse Apriori", das einen Zusammenhang von spezifisch strukturierten Erfahrungen möglich macht. *Max Scheler* („Vom Ewigen im Menschen") hat eine „Sinnlogik des religiösen Akts" gefordert, d.h. eine transzendentale Untersuchung der Frage, wie dieser Akt durch seine Struktur auf eine spezifische Weise der Gegebenheit von Gegenständen bezogen sei. Eine „Sinnlogik des Gebetsakts" sollte dafür das ausgezeichnete Beispiel bieten.

Doch blieb das Programm einer Phänomenologie der Religion sowohl bei Otto als auch bei Scheler teilweise unausgeführt. Und die Religionsphänomenologie nachfolgender Autoren erschöpfte sich weitgehend in der Sammlung und Gruppierung religionswissenschaftlicher Forschungsbefunde. Woran dies lag, läßt sich vermuten, wenn man sich an eine Warnung Edmund Husserls erinnert, die freilich nicht speziell an die Religionsphilosophen und Religionsforscher gerichtet war: „Ohne die Eigenart transzendentaler Einstellung erfaßt und den rein phänomenologischen Boden sich wirklich zugeeignet zu haben, mag man zwar das Wort Phänomenologie gebrauchen, die Sache hat man nicht."[6] Die Religionsphänomenologie, so darf man folgern, gelangt nicht zu dem von ihr erhofften philosophischen Religionsbegriff, wenn sie den transzendentalen Ansatz aus dem Blick verliert, der für die philosophische Phänomenologie in ihrem Ursprung charakteristisch war.

4. Transzendentale Theologie und Religionsphilosophie

Drei Argumentationsschritte kennzeichnen die Weise, wie *Karl Rahner* in „Hörer des Wortes" mit transzendentaler Methode die Grundlegung einer Religionsphilosophie unternimmt. Mit jedem dieser Argumentationsschritte greift er auf Ergebnisse früherer Autoren zurück: Die Struktur des Urteils hat transzendentale Bedeutung, d. h. sie macht die Beziehung auf Gegenstände möglich (Kant). Die Copula „ist", die diese Urteilsstruktur bestimmt, ist der Ausdruck eines Vorgriffs auf das „absolute Sein", der notwendig ist, um endliche Seiende als solche zu erfassen (Maréchal). Dieses absolute Sein ist identisch mit dem Gott, der sich nach Exodus 3, 14 im brennenden Dornbusch geoffenbart hat (Thomas[7]). Versteht man mit Aristoteles das absolute Sein als das sich selber denkende Denken, dann kann man verständlich machen, daß das göttliche Selbstbewußtsein sich in der Erzeugung des Wortes zu sich selbst verhält. Das Wort ist die „intentio intellecta" des sich selber wissenden Gottes (Thomas[8]). Geht man von dieser Überlegung aus, dann kann man sogar eine „Affinität" zwischen dem göttlichen Wort und der geistigen Natur des Menschen konstatieren, die eine Verstehenshilfe dafür bietet, daß der göttliche Logos (und keine andere göttliche Person) in der Fleischwerdung die Natur des Menschen (und keiner anderen Kreatur) angenommen hat (Thomas[9]). Rahner zieht daraus die Folgerung: Jene Vereinigung des menschlichen Geistes mit dem absoluten Sein, die in jedem Akt menschlicher Subjektivität intendiert wird, ist in der Menschwerdung des Wortes (Joh 1, 14) „eminent erfüllt" (Rahner[10]).

Gott ist, so verstanden, das Woraufhin des Ausgriffes, der von jedem Menschen notwendig vollzogen wird; und dieser Ausgriff macht das Wesen der *Religion* aus. Aber Gott bleibt nicht das unerreichbare Ziel, sondern ist in Jesus auf einmalige und unwiederholbare Weise gegenwärtig geworden. Darum ist auch der Religionsbegriff durch die Inkarnation des göttlichen Wortes im Menschen Jesus in eminenter Weise verwirklicht. Der christliche Glaube, der die in Jesus gestiftete Gegenwart Gottes bekennt, erfüllt also in unüberbietbarer Weise, was von der Religion als solcher intendiert wird.

Mißt man diesen Religionsbegriff an den drei Anforderungen, die einleitend (§ 1, 1) formuliert worden sind, dann zeigt sich: Dieser Religionsbegriff macht

---

[6] *E. Husserl,* Ideen zu einer reinen Phänomenologie und phänomenologischen Philosophie. Erstes Buch. Halle 1973, 179.
[7] Vgl. S.th. I 13, 11.
[8] Vg. S.c.g. IV 11 (ed. Marietti Nrn. 3496.3473).
[9] Vgl. S.c.g. IV 42 (Marietti 3802).
[10] Die anonymen Christen, in: Schriften VI (1965) 548 f.

einen kritischen Vergleich der Religionen möglich – mit dem für die christliche Theologie zustimmungswürdigen Ergebnis, daß der Glaube an Jesus als diejenige Religion erscheint, die diesen Namen in ausgezeichnetem Maße verdient. Aber er läßt kein Kriterium sichtbar werden, um religiöse Akte von nicht-religiösen abzugrenzen; denn weil in jedem menschlichen Akt zugleich jenes Ziel mit-ausgedrückt wird, dem dieser Akt seine Fähigkeit verdankt, sich auf Gegenstände zu beziehen, sind alle menschlichen Akte zugleich auf Gott bezogen und in diesem Sinne religiös. Dann aber bleibt die Frage offen, an welchem Kriterium man die spezifische Struktur und den spezifischen Gegenstandsbezug religiöser Akte aus der Gesamtheit aller menschlichen Akte und ihrer impliziten Religiosität abgrenzen kann, um so der Religionswissenschaft und der Religionsphilosophie ihr spezielles Forschungsfeld zuzuweisen.

Versucht man ein Begriffspaar, das Rahner in anderem Zusammenhang häufig verwendet, auf diese Frage anzuwenden und unter allen menschlichen Akten diejenigen als spezifisch religiöse Akte auszugrenzen, in welchen der zumeist unthematisch und unreflex vollzogene transzendentale Ausgriff thematisch reflex zur Darstellung kommt, dann ergibt sich eine Konsequenz, die Rahner nicht beabsichtigt haben kann: Die Philosophie, insbesondere die Transzendentalphilosophie, bringt zweifellos den transzendentalen Ausgriff in weit höherem Maße thematisch reflex zur Darstellung, als dies in allen Gebeten und Opfern, allen religiösen Institutionen und Traditionen geschieht. Daraus aber würde folgen, daß die Philosophie in höherem Maße religiös genannt zu werden verdient als alle diese Akte. Als philosophisch-methodische Handreichung für die empirische Erforschung von Religionen wäre ein solcher Religionsbegriff jedoch wenig hilfreich. Diesem Befund entspricht es, daß Rahner dort, wo er den christlichen Glauben mit den nichtchristlichen Religionen vergleicht, auf die Selbstdarstellung dieser Religionen und auf die Ergebnisse der empirischen Religionswissenschaften so gut wie gar nicht zu sprechen kommt.

§ 3. Vielfältige Religionsbegriffe – und der Religionsbegriff?

1. Ein vergleichender Rückblick

Funktionale Bestimmungen der Religion ermöglichen zwar die Auswahl, den Vergleich und die kritische Würdigung religiöser Phänomene, lassen sich aber von Kriterien leiten, von denen nicht erweislich ist, daß sie das Unterscheidend-Religiöse treffen und das für die Religion selber Wesentliche, nicht nur ihre Sekundärfolgen erfassen.

Wenn Philosophen versuchen, die Religion als Beziehung des Menschen zu Gott zu verstehen oder den Ort zu bestimmen, den sie im Ganzen der Äußerungsformen menschlicher Subjektivität einnimmt, dann ist der Religionsbegriff abhängig vom jeweiligen philosophischen Gottesbegriff (häufig also von einer bestimmten Metaphysik) bzw. von der philosophischen Theorie der Subjektivität. Auf diesem Wege aber wird die Religion leicht zum unmaßgeblichen Objekt philosophischer Interpretation und Kritik gemacht, statt aus ihrem eigenen Selbstverständnis heraus interpretiert zu werden.

Diesen methodischen Mangel vermeiden die Versuche, den Begriff der Religion *auf phänomenologische Weise* zu begreifen, d.h. durch die Strukturanalyse des religiösen Aktes und die Angabe der „Wesensart" derjenigen Gegenstände, die durch diese Akte „originär gegeben" sind. Freilich zeigen die bisher vorliegenden Formen der Religionsphänomenologie, daß sie den transzendentalen Anspruch nicht einlösen, den die philosophische Phänomenologie, vor allem bei Husserl, erhebt. Anderseits hat die *transzendentalphilosophische Gotteslehre,* wie sie von Maréchal grundgelegt und vor allem von Rahner weiterentwickelt wurde, von phänomenologischen Methoden zur Strukturanalyse des religiösen Akts und zur Wesensbestimmung seiner Gegenstände bisher kaum Gebrauch gemacht.

So läßt sich für die beiden aussichtsreichsten Methoden zur Gewinnung eines Religionsbegriffes sagen: Die transzendentale Theologie in ihrer bisher entwickelten Form verfuhr nicht phänomenologisch; die Religionsphänomenologie aber verfuhr im Verlauf ihrer Entwicklung in immer geringerem Maße transzendental. Daher besteht Anlaß zu der Vermutung, daß durch eine Verbindung von transzendentalphilosophischen und phänomenologischen Methoden, wie Husserl sie gefordert hat, ein Religionsbegriff gewonnen werden kann, der die eingangs (§ 1) genannten Aufgaben erfüllt. Eine solche Methodenverknüpfung scheint vor allem deswegen aussichtsreich, weil die transzendentale Methode im Lauf des 19. Jahrhunderts eine Entwicklung durchgemacht hat, die ihre Anwendung auf religiöse Phänomene erleichtert.

2. Weiterentwickelte Formen des transzendentalen Ansatzes

Ernst Cassirer („Philosophie der symbolischen Formen") hat gezeigt: Jene Strukturen, die Kant am Urteilsakt abgelesen und deren transzendentale Bedeutung er nachgewiesen hat, sind keineswegs so eindeutig und unveränderlich, wie Kant dies angenommen hatte. Anschauungsformen, Kategorien und Ideen können von Kultur zu Kultur, von Epoche zu Epoche ihre Struktur ändern. Und diese Änderungen sind von transzendentaler Bedeutung; denn jedem Komplex von Anschauungen, Begriffen und Ideen entspricht eine besondere Weise, wie Gegenstände als solche erfahren werden. Dabei bringt eine bestimmte Form religiösen Sprechens, der Mythos, eine spezielle Form der Raum- und Zeitanschauung, der Verknüpfung von Dingen und Eigenschaften, von Bedingungen und Folgen zum Ausdruck und ermöglicht dadurch eine spezielle Weise des Entgegenstehens von Gegenständen, die von der Objektwelt der Wissenschaft qualitativ verschieden ist (auch wenn Cassirer noch meinte, die Objektivität wissenschaftlicher Forschungsgegenstände bilde das Ziel einer Entwicklung, auf das alle anderen Formen transzendentaler Akte und ihrer Gegenstände ausgerichtet sind).

Hermann Cohen hat darauf hingewiesen, daß die Idee des Ich (der Einheit des Bewußtseins) nicht nur in Aussagesätzen religiöser Erzählungen (z.B. Mythen), sondern auch und vor allem in Gebot und Gebet ihren sprachlichen Ausdruck findet – in zwei Formen sprachlicher Äußerungen, für die Cohen den

Terminus „Sprachhandlung" geprägt hat. Das Du des Gebots („Du sollst ...") und das Ich des Gebets (vor allem des Schuldbekenntnisses vor Gott und der an Gott gerichteten Vergebungsbitte) schaffen einen spezifisch strukturierten Kontext möglicher Erfahrung.

Phänomenologische Forschung, die die Zuordnung religiös strukturierter Noesen und spezifisch religiös gearteter Noemata zu ihrem Gegenstande hat, hätte sich also ihres transzendentalphilosophischen Charakters besser versichern können, wenn sie die sprachphilosophischen Argumente von Cohen und Cassirer in ihre Überlegungen einbezogen hätte. Die Isolierung der phänomenologischen von der neukantianisch-transzendentalphilosophischen Schule scheint einer der Gründe dafür zu sein, daß Schelers Programm einer „Sinnlogik des religiösen Akts" und insbesondere des Gebetsakts uneingelöst geblieben ist.

Daß eine Verbindung zwischen phänomenologischen und transzendentalphilosophischen Methoden gerade bei der Analyse der Gebetssprache aussichtsreich erscheint, wird aus einigen jüngeren Versuchen der phänomenologischen Religionsphilosophie ersichtlich[11]. Aber nicht nur in der Sprache der Religion, sondern auch in gottesdienstlichen Handlungen kommt eine spezifische Form der Raum- und Zeitanschauung sowie der Kategorien von Bedingung und Folge, von Ding (bzw. Person) und Eigenschaft zum Ausdruck. Doch sind diese Befunde religionsphänomenologischer Forschung bisher nur ansatzweise mit transzendentalphilosophischen Methoden gedeutet worden[12].

3. Ausblick auf kommende Möglichkeiten einer Sinnlogik religiöser Akte

Die methodischen Möglichkeiten einer Strukturanalyse des religiösen Akts und seiner transzendentalen Bedeutung (d. h. seiner Tauglichkeit, eine spezifisch religiöse Weise des Gegenstandsbezugs zustandezubringen) scheinen noch keineswegs ausgeschöpft zu sein.

Um solche Methoden auf die Sprache der Religion und auf die Handlungsformen des Gottesdienstes anzuwenden, müßten Texte hinsichtlich ihrer Grammatik, Riten hinsichtlich ihrer Handlungsstruktur analysiert werden. Ziel einer solchen Analyse wäre die Herausarbeitung der spezifischen „Sinnlogik religiöser Akte". Nur an konkreten Fallstudien ließe sich zeigen, wie der *formale Aufbau* solchen Sprechens und Handelns einen Zusammenhang entstehen läßt, innerhalb dessen die *Inhalte,* auf die der religiöse Mensch sich in solchem Sprechen und Handeln bezieht, ihre Stelle finden. Auch auf dem speziellen Felde einer transzendental orientierten Religionstheorie gilt, was Kant für die allgemeine Transzendentalphilosophie gezeigt hat: Objektivität, d. h. die Beziehung

---

[11] Vgl. *B. Casper* (Hg.), Gott nennen. Phänomenologische Zugänge. Freiburg 1981; *ders.,* Sprache und Theologie. Freiburg 1975, bes. Schlußabschnitt: Die Sprache des Glaubens und die Rede der Theologie.

[12] Vgl. *R. Schaeffler,* Der Kultus als Weltauslegung, in: *Fischer* 9–62.

der Akte auf Gegenstände, die diesen Akten als Maß des Wahren und Falschen bzw. des Sachgemäßen und Unsachgemäßen gegenüberstehen, entsteht nur dort, wo es gelingt, Erscheinungen nicht nur zu „buchstabieren“ (als isolierte Elemente zur Kenntnis zu nehmen), sondern sie „als Erfahrung zu lesen“ (d. h. ihnen eine Stelle im eindeutig geordneten Ganzen eines strukturierten Kontextes zuzuweisen). Fallstudien solcher Art können im hier gesteckten Rahmen nicht vorgeführt werden. Es muß statt dessen genügen, die Abfolge der notwendigen methodischen Schritte anzudeuten.

Den Ausgangspunkt bildet der dreifache Hinweis Kants:

a) Jene Operationen des Verstandes, durch welche aus den Elementen der Theorie und Praxis (bei ihm: aus Sinnesaffektionen und Handlungsantrieben) die Welt der Erkenntnisgegenstände bzw. der Zwecke aufgebaut wird, werden von regulativen Zielvorstellungen (Ideen) geleitet.

b) Diese Ideen, vor allem die Idee der geordneten Ganzheit aller Erfahrungsgegenstände (Welt) und der widerspruchslosen Einheit des Bewußtseins (Ich), geraten unvermeidlich in einen Widerstreit mit sich selbst.

c) Diese Dialektik der reinen Vernunft wird durch Postulate der Hoffnung aufgehoben, und diese bilden die zentralen Inhalte der Religion. Während die bisher vorliegenden Versuche einer transzendentalen Theologie sich im wesentlichen auf einen Grundgedanken aus Kants „Transzendentaler Analytik“ konzentriert haben, nämlich auf den Gedanken, daß die Urteilsform transzendentale Bedeutung besitze, käme es für die hier vorgeschlagene Methode darauf an, auch seine Dialektik zu rezipieren.

Von diesem Ansatz aus ergeben sich Fragen an die Grammatik religiöser Sprachäußerungen und an die Handlungsstruktur gottesdienstlicher Riten:

a) Von welcher besonderen Art sind die Zielvorstellungen vom Gesamtzusammenhang aller Erfahrungsgegenstände (Welt) und von der Einheit des Bewußtseins (Ich), die das religiöse Sprechen und Handeln bestimmen und es gestatten, alle Elemente der Theorie und Praxis in ein Verhältnis untereinander zu setzen? Welche Anschauungsformen und Begriffe ergeben sich aus diesen regulativen Ideen des religiösen Sprechens und Handelns?

b) Von welcher besonderen Art ist die Dialektik, in der für den religiös Sprechenden und Handelnden diese regulativen Ideen in sich widersprüchlich werden, so daß die Kohärenz seiner Welt und die Einheit seines Ichs zerbricht oder, konkreter gesprochen, so daß er nicht nur einzelne Inhalte seiner Erfahrung als unverständlich, einzelne Zwecke seiner Praxis als unerreichbar erlebt, sondern die Welt und sich selbst im ganzen nicht mehr als geordnete Ganzheit und widerspruchsfreie Einheit begreifen kann? In solchen Fällen wird die Grenze objektiver Erkenntnis und subjektiver Traumvorstellung fließend („Da waren wir wie Träumende“), und das Subjekt wird unfähig, sich mit seinen theoretischen und praktischen Verhaltensweisen zu identifizieren („Ich erkenne mich nicht mehr in meinem Handeln“).

c) Auf welche besondere Weise wird in den Sprach- und Handlungsformen der Religion eine Hoffnung bezeugt, die sich auf eine Wirklichkeit richtet, von welcher die Wiederherstellung der zerbrochenen Ganzheit der Welt und der verlorengegangenen Einheit des Ichs erwartet wird? Eine solche Hoffnung spricht z. B. aus der Anrufung eines „Namens", der „bleibt", auch wenn „Himmel und Erde vergehen wie ein Gewand"; wo der geordnete Gesamtzusammenhang möglicher Erfahrung („Himmel und Erde") zerbricht, wird der Kontext, in den auch diese Erfahrung noch eingeordnet werden kann, durch die Hoffnung wiedergewonnen, daß auch in jedem kommenden Äon der gleiche Gott beim gleichen Namen wird angerufen werden können „von Weltzeit zu Weltzeit".

Eine ähnliche Hoffnung ist dort am Werk, wo der Mensch sich gerufen weiß, gottesdienstlich „in persona Dei" zu handeln. Denn es gibt verpflichtende Aufgaben, angesichts deren die Idee des handelnden Ichs widersprüchlich wird. Dazu gehört, wie schon Kant gezeigt hat, die Aufgabe, durch eigene sittliche Anstrengung ein anderer, besserer Mensch zu werden; denn diese Aufgabe schließt ein, „daß ein böser Baum gute Früchte bringt". Aber auch die Aufgabe, als Glied der bestehenden Welt der Heraufführung einer kommenden Welt zu dienen, läßt die Idee des handelnden Ichs zerbrechen, weil sie einschließt, daß der Handelnde sich sowohl dem „Gesetz der Verknüpfung von Ursachen und Wirkungen in der Welt" unterwirft als auch dieser Welt im ganzen handelnd gegenübertritt. Widersprüche dieser Art lösen sich in der Hoffnung, daß das menschliche Tun (opus operantium) als Erscheinungsgestalt des göttlichen Wirkens (opus operatum) verstanden werden darf – eine Hoffnung, die zu den strukturgebenden Faktoren aller kultischen Praxis gehört.

In einem weiteren methodischen Schritt wäre nun zu zeigen, auf welche Weise sich die Anschauungsformen von Raum und Zeit, die Begriffe von Bedingung und Folge, von Ding- bzw. Personkonstanz und wechselnden Zuständen, die Begriffe von Wirklichkeit, Notwendigkeit und Möglichkeit verändern, wenn in solcher Weise die Dialektik der reinen Vernunft durch Postulate der religiösen Hoffnung aufgelöst wird. Erste Ergebnisse, die durch die Anwendung solcher Methoden auf die Sprache der Religion und auf die Handlungsformen des Gottesdienstes gewonnen worden sind, lassen erwarten, daß auf diesem Wege das spezifische Verhältnis von religiöser Noesis und religiösem Noema beschrieben werden kann. Erst dann würde das Programm einer philosophischen Phänomenologie der Religion einlösbar. Und es gibt Anlässe für die Vermutung, daß ein philosophischer Religionsbegriff, der auf diese Weise entsteht, auch die Funktionen älterer philosophischer Religionsbegriffe wird erfüllen können.

4. Rückbeziehung zu älteren Religionsbegriffen

Eine im philosophischen Sinne phänomenologische (und das bedeutet stets zugleich: eine transzendentale) Analyse der Akte des Gebetes und der gottesdienstlichen Handlungen könnte zu einem *Gottesbegriff* führen, der nicht den Gott der Philosophen beschreibt, sondern denjenigen Gott, zu dem Religionen sich in Anbetung und Kultus verhalten. Der Begriff „Gott" könnte dann beispielsweise diejenige im religiösen Akt intendierte Wirklichkeit benennen, die im Gebet beim Namen gerufen werden kann, auch wenn Himmel und Erde vergehen, oder die in der Erscheinungsgestalt menschlichen Handelns dasjenige Werk bewirkt, das dem Menschen nicht als Ergebnis seines Wirkens zugerechnet werden kann. Ein solcher Gottesbegriff würde jenes Noema bezeichnen, das in der religiösen Noesis (z. B. in Sprachhandlungen des Gebets und Gottesdiensthandlungen des Kults) originär gegeben ist. Und die Beziehung auf *diesen* Gott, nicht auf das Ipsum esse der Ontologie, könnte als das konstitutive Moment der Religion begriffen werden (auch wenn dieser Gott des Gebets und des Gottesdienstes sich in einem zweiten Schritt der Reflexion als realidentisch mit dem „Sein selbst" der Ontologie erweisen mag).

Auch der *Ort der Religion* im umfassenden Ganzen der Äußerungsformen menschlicher Subjektivität läßt sich mit den hier angedeuteten Methoden einer transzendentalen Phänomenologie bestimmen. Denn es läßt sich zeigen: Es gehört zur Eigenart der Religion, daß sie zwar durch spezifisch religiös strukturierte Akte konstituiert wird, die sich auf Gegenstände von spezifisch religiöser Qualität beziehen, daß sie sich aber in dieser Korrelation nicht erschöpft.

So ist die Sprache der Religion nicht ausschließlich religiöse Sprache. Neben den spezifisch religiösen Sprachformen des Gebetes, des rühmenden Erzählens göttlicher Großtaten, der religiösen Weisung und Verheißung gehört zur Sprache der Religion auch die Abwägung divergierender Möglichkeiten, Verkündigungsinhalte zu interpretieren und zu verstehen. Dies kann dazu führen, daß die Religionsgemeinschaft sich der Argumentationssprache der Wissenschaft bedient und so eine Theologie entwickelt. Diese theologische Argumentationssprache bezieht sich auf jene göttliche Wirklichkeit, die in religiösen Akten originär gegeben ist, auf eine strukturell andersartige Weise und bekommt sie daher auch in einer anderen „Wesensart" zu Gesicht[13]. Ähnlich haben auch die Sprache der Politik, die Sprache des Rechts und andere „Sachgebietssprachen" in die Sprache der Religion Eingang gefunden.

Um ihre eigene Aufgabe zu erfüllen, um also die Korrelation zwischen Akten von spezifisch religiöser Struktur und Gegenständen von spezifisch religiöser Wesensart zu vollziehen, ist die Religion genötigt, nicht nur religiöse Akte zu setzen und sich folglich auch zu anderen als spezifisch religiösen Gegebenheitsweisen des Wirklichen zu verhalten. Daß also die Religion überhaupt einen Ort im umgreifenden Ganzen der Ausdrucksformen menschlicher Subjektivität einnimmt, läßt sich aus ihrer Eigenart selbst begreifen, indem deutlich gemacht wird, daß sie, um Religion zu sein, nie „bloß Religion" sein kann. Die Ortsbestimmung der Religion im umfassenden Ganzen der Äußerungsformen menschlicher Subjektivität bedeutet dann nicht ihre Herabsetzung zum unmaß-

[13] Vgl. *R. Schaeffler,* Glaubensreflexion und Wissenschaftslehre. Freiburg 1980.

geblichen Objekt philosophischer Deutung und Kritik, sondern das Ergebnis der Bemühung, ihre eigene Intention nachzuzeichnen.

Damit wird zugleich deutlich, daß auch die *Funktion der Religion* auf eine Art und Weise beschrieben werden kann, die nicht nur ihre Sekundärfolgen betrifft, sondern die spezifische Eigenart ihrer Akte und Gegenstände. Wenn die Sprache der Religion mit Notwendigkeit auch anders strukturierte Sprachen umfaßt als die religiöse Sprache, wenn der Handlungszusammenhang der Religion auch anders strukturierte Handlungskontexte einschließt als die religiösen Handlungen z. B. des Gottesdienstes, dann scheint dies anzuzeigen: Die spezifisch religiösen Akte des Individuums und der Religonsgemeinschaft sind notwendigerweise auf anders geartete Formen individuellen oder gemeinschaftlichen Handelns bezogen. Die Frage, was Religion (jetzt verstanden als Teilbereich von Akten spezieller Struktur und ihrer Beziehung auf Gegenstände spezifischer Eigenart) für diese anderen Lebensbereiche des Individuums und der Gesellschaft bedeute, spiegelt dann nur die Frage, in welcher Weise diese anderen Lebensbereiche für die Religion selbst bedeutsam sind. Die Nachzeichnung funktionaler Zusammenhänge unterwirft, so verstanden, die Religion nicht länger einem fremden Gesetz, sondern zeichnet die ihr strukturimmanenten Beziehungen nach.

Überlegungen solcher Art legen das Forschungsprogramm nahe, eine Religionsphänomenologie, die sich transzendentaler Methoden bedient, in einer Analyse der Sprache der Religion und der gottesdienstlichen Handlungen zu erproben.

LITERATUR

Cassirer, E., Philosophie der symbolischen Formen. 3 Bde. Berlin 1923–1929.
Cohen, H., Der Begriff der Religion im System der Philosophie. Gießen 1915.
–, Religion der Vernunft aus den Quellen des Judentums. Leipzig 1919.
Colpe, C. (Hg.), Die Diskussion um das „Heilige“. Darmstadt 1977.
Fischer, B. u. a., Kult in der säkularisierten Welt. Regensburg 1974.
Hubbeling, H. G., Einführung in die Religionsphilosophie. Göttingen 1981.
Luhmann, N., Funktion der Religion. Frankfurt 1977.
Otto, R., Das Heilige. Über das Irrationale in der Idee des Göttlichen und sein Verhältnis zum Rationalen. Breslau 1917.
Rahner, K., Hörer des Wortes. München 1941, ²1963.
–, Grundkurs des Glaubens. Freiburg 1976.
Schaeffler, R., Religionsphilosophie. Freiburg 1983.
Scheler, M., Vom Ewigen im Menschen. Leipzig 1921 = Ges. Werke 1. Bern 1971.
Welte, B., Religionsphilosophie. Freiburg 1978.

4. KAPITEL

DIE GOTTESFRAGE IN DER EUROPÄISCHEN GEISTESGESCHICHTE

Joseph Möller

Möglichst „objektiv“ die europäische Geschichte der Gottesfrage aufzurollen ist keine leichte Aufgabe. Man darf nicht von vornherein eine bestimmte Position, etwa des Thomas von Aquin oder Kants oder Hegels, einnehmen, und auf den langen neueren Wegen der Sprachanalyse oder Diskurstheorie wäre schwerlich ans Ziel zu kommen.

Ein ganz neutraler Standpunkt ist kaum möglich
– weil in jede vermeintlich reine Faktendarstellung das eigene Vorverständnis mit eingeht
– weil es sich im vorliegenden Fall um Hochleistungen des Denkens handelt und die Rede von Gott eine Grenzmöglichkeit menschlichen Sprechens ist
– weil die Negation des sinnlich Gegebenen, die dabei geschieht, nicht nur die Wahrheit, sondern das Leben ins Spiel bringt: Der „homo sibi absconditus“ sieht sich dem „deus absconditus“ konfrontiert.

Gotteserkenntnis ist nicht eine philosophisch-theologische Randfrage. Sie stellt die sich selbst begreifende menschliche Vernunft, im Gericht der Geschichte, vor ihren eigenen Anspruch. Vor dessen Gelingen? Vor dessen Scheitern?

Es können hier nur einige wichtig scheinende Szenen dieser Denkgeschichte vor-gestellt werden. Über die Setzung der Akzente bleibt der Disput offen.

§ 1. Antike

Am Beginn der Frage nach Gott steht im europäischen Raum (wie in aller Welt) nicht Denken an Gott noch ein Erdenken Gottes, sondern Gottesverehrung in Anbetung und Kult. Aus der religiösen Praxis ersteht das Bild des indogermanischen Hochgottes, der begabt ist mit Übermacht, Allwissen und Güte; er tritt wohl auch als Hüter von Sitte und Recht auf. Diese Vorstellungen, die nicht als naiv oder primitiv abzutun sind, verdichten sich im griechischen Epos, bei Homer und Hesiod[1]. In der Fülle ihrer Erfahrungen übertreffen sie – darin vergleichbar dem Glauben an Jahwe, den Volksgott Israels – das Gott-Denken der späteren Metaphysik. Sie beeindrucken vor allem durch ihren personalen An-

[1] HWP III 722.

spruch, ohne daß das „Personsein" in ihnen auch schon gedanklich bewältigt wäre.

Mit dem Entstehen von Philosophie wurde bei den Griechen auch die reflektierende Frage nach Gott wach. Zivilisatorisch fortgeschrittener als das enge Hellas selber waren die jonischen Städte an der kleinasiatischen Westküste und die früh kolonisierte „Graecia magna" (= Süditalien und Sizilien). Hier kam der Weg „vom Mythos zum Logos" zuerst in Gang. Die Suche nach dem den sichtbaren Kosmos tragend-bildenden Allgemein-Gemeinsamen, nach der archē, schritt fort von materiellen Elementen wie Wasser und Luft zu Ideell-Universalem, dem Unbegrenzten, der Zahl, dem Geiste... Die Kenntnis anderer Länder mit andern Sitten und nicht zuletzt mit verschiedenen Gottesvorstellungen brach Bahn für die Aufklärung der Sophisten; skeptische Erschütterung des überkommenen Eigenen machte sich breit; Religionskritik begann. Mit seinen Philosophenschulen wurde Athen zum Zentrum auch der klassischen griechischen Philosophie. Mit spekulativer Anstrengung fanden, auf verschiedene Weise, Platon und Aristoteles im 4. Jahrhundert v. Chr. den neuen, „onto-theologischen" Halt ihres systematisch ausgreifenden Denkens im letzten göttlichen Grund und Ziel alles Seienden (= onta). Ihr Denken prägte unsere Theologie und Philosophie für ein bis zwei Jahrtausende.

Zu den *Vorsokratikern:* Ob *Parmenides* in der Identität von Denken und Sein im Grunde eine Einheit des Göttlichen anzielte, ist bis heute strittig trotz des immer wieder behaupteten eleatischen Ursprungs der Metaphysik. Mit *Heraklit* und *Xenophanes* setzt im 6. Jahrhundert v. Chr. eine „negative" Theologie ein, für die kein Name Gottes angemessen ist. Aber Xenophanes[2] weiß auch schon: „Es gibt einen Gott, unter Göttern und Menschen der Größte – ganz sieht, ganz denkt, ganz hört er – ohne Mühe bewegt er alles mit der Kraft des Geistes."

Platon bildete in den Dialogen seiner mittleren Schaffenszeit die Ideenlehre aus. Maßgebend wurde seine Bestimmung des Guten und des Wahren. Die „Politeia" führt zur Idee des Guten als der höchsten Wirklichkeit, die sich uns offenbart und somit *die* Wahrheit für uns ist und sich uns gegenüber doch in dem, was sie wirklich ist, verschließt[3]. Im Spätdialog „Parmenides" wird die letzte Einheit als „das Eine" bezeichnet. Das Gute bzw. das Eine ist eine transzendente, immaterielle Wirklichkeit, die zugleich dieser Welt das Sein mitteilt. Diese letzte, höchste Wirklichkeit wird von Platon selbst nicht „Gott" genannt. Dagegen fordert Platon im „Theätet" eine Verähnlichung mit Gott durch Flucht aus der Welt[4]. Fraglich ist, in welchem Sinn die Weltseele, zu der Platon in den „Nomoi" durch einen Beweis aus der Bewegung gelangt[5], als göttlich zu bezeichnen ist.

Für die Gottesfrage bei *Aristoteles* galt schon immer das 12. Buch der Meta-

[2] FVS B 23–25. Vgl. *Jaeger; H. J. Krämer,* Der Ursprung der Geistmetaphysik. Amsterdam 1964; *K. Reinhardt,* Parmenides ... Frankfurt ²1959.

[3] Politeia 508d–509a; 510b; 514ff.

[4] Theaitetos 176a.

[5] Nomoi 891ff.

physik als entscheidende Quelle. Es führt zu einem denkenden Gott, der die Ursache aller Dinge ist. Der unbewegte Beweger wird aus der Unmöglichkeit eines regressus in infinitum erschlossen. Wohl gibt es für Aristoteles in der horizontalen Ebene, d.h. beim Zurückschreiten innerhalb der materiellen Welt, keinen ersten Anfang: die Welt ist ewig. Der vertikale Aufstieg jedoch erreicht, über die Sphärengeister, ein Erstes und Letztes, das reine Energie, d.h. Aktualität, ist und keine Spur einer Selbstbegrenzung aufweist. Eine solche Wirklichkeit gibt es im materiellen Bereich nicht. Darum muß von einem sich begreifenden Geist, der noēseōs noēsis[6], gesprochen werden. Der erste Beweger ist erstes Sein oder Wesen. Er bewegt die Welt wie das Geliebte (hōs erōmenon) das Liebende[7]. Damit ist die platonische Sicht des Guten auf den unbewegten Beweger übertragen. Die Wirkungsgeschichte des aristotelischen Gottes beruht freilich auf dem Argument vom unbewegten Beweger als wirkender Erstursache.

Das Schrifttum des Aristoteles war lange Zeit vergessen. Platonische Gedankengänge dagegen wurden immer wieder neu aufgenommen. Zumeist wurde der Gott als Nus (Geist) interpretiert; die Ideen sind im Geiste Gottes. Diese Momente gehen auf die ältere Akademie, besonders auf Xenokrates, zurück[8].

Philon von Alexandrien (um 25 v. bis 45 n. Chr.) identifiziert das platonische Gute mit dem jüdischen Gott und läßt diesen Gott durch Ideen, die mit seinem Sein identisch sind, in der Welt wirken. Er verbindet einerseits die negative Theologie des Alten Testamentes mit der Platons, verwendet anderseits jedoch den Begriff der Einfachheit Gottes und führt die philosophische Tradition der archē weiter, so daß schon hier positive und negative Theologie verbunden werden[9]. Ihr Zueinander wird so wenig reflektiert wie ihr Bezug zur Freiheit Gottes, die zwar anerkannt wird[10], im Grund aber der griechischen Philosophie widerstreitet.

Im 3. Jahrhundert setzt mit Plotin der *Neuplatonismus* ein. Für ihn ist typisch die negative Bestimmung, daß Gott unerkennbar ist. Er ist das Ur-Eine, das den Nus aus sich entläßt. Dieser birgt die Ideenwelt in sich und wird der Ursprung aller weiteren Emanationen Gottes bis hinab zu deren letzter, der Materie[11]. Das Göttliche ist, nun noch entschiedener als bei Platon, „jenseits allen Welt-Wesens".

---

6 Met. XII 9: 1074b34f.; vgl. XII 7.
7 Met. XII 7: 1072b3.
8 Vgl. *Krämer* (s. Anm. 2) 92–119.
9 De opificio mundi 8; De posteritate Caini 5.
10 Vgl. die Art. „Gott" VII und „Philo von Alexandrien" in: RGG; ferner *H. Braun*, Wie man über Gott nicht denken soll. Tübingen 1971.
11 Enneaden III 9,9; V 5,6; VI 2,2.

§ 2. Patristik und Scholastik

Warum gab das Christentum, während es den Mittelmeerraum durchdrungen hat, den Gleichnissen Jesu mit ihrem Bilderreichtum, der Verkündigung des Paulus, den Symbolen des Johannesevangeliums in seiner Gotteslehre nicht mehr Raum gegenüber dem griechisch-philosophischen Denken? Warum schlug die neutestamentliche Fülle des Glaubensgutes, das zwar weiterüberliefert wurde, nicht entsprechend in die theologische Reflexion durch? Die neue Religion ist von Paulus aus der Enge einer jüdischen Sekte in die Weite des hellenistischen Kulturraumes geführt worden. Das ihr darin begegnende geistige Erbe erschien überwältigend, im positiven oder negativen Sinn. Die Stellungnahme der frühen Christen waren gegensätzlich. Die einen lehnten die (Pseudo-)Weisheit der Heiden als satanische Verführung ab. Andere Apologeten, schon des 2. Jahrhunderts, begriffen, daß die Übernahme der philosophischen Bildung eine Frage des geistigen Überlebens war[12]. Das gilt vor allem für die Erkenntnis Gottes, dessen Existenz in Altem und Neuem Testament selbstverständlich war und nicht etwa argumentativ erörtert wurde. Dazu boten sich nun die philosophischen Hochleistungen der klassischen Tradition an. Das Christentum war als Erfüllung der Metaphysik eines Platon aufzuweisen! Der Gedanke, deren Kategorien christlicherseits aufgrund der Offenbarung neu zu fassen, kam in der ohnehin mehr rezeptiven als spontan kreativen Spätantike nicht auf.

In der *patristischen Zeit* prägte das platonische Denken die Gottesauffassung. Dabei wurde je von neuem die nach Ausgleich verlangende Spannung zwischen negativer und positiver Philosophie bzw. – im Wortsinn – Theo-logie ausgetragen. Das war nur möglich in einem Prozeß denkerischer Annäherung, der letztlich in die Unerforschlichkeit Gottes münden mußte (vgl. Röm 11,33–36). Der Weg führte von den ersten nachneutestamentlichen Schriften, wie den Briefen des Ignatius von Antiochien, über die Lehre der Apologeten[13] von dem unsichtbaren und unaussprechlichen Gott zur umfassenden Spekulation der Alexandriner und Kappadozier. In der ersten christlichen ‚Hochschule' übertrug *Klemens von Alexandrien,* um das Jahr 200, die Vollkommenheit des Endlichen in Analogie auf Gott; die Existenz Gottes ist für ihn zwar bekannt und erkennbar, Gottes Wesen jedoch bleibe unerkennbar[14]. Der platonische Einfluß wird durch den Neuplatonismus ab dem 3. Jahrhundert verstärkt. Dennoch setzte sich die erkenntnisfreudigere Auffassung von der positiven Unendlichkeit Gottes durch gegen die Meinung des Origines, Gott sei begrenzt (weil er nur so von der Verantwortung für das Übel in der Welt zu entlasten sei!). Die ‚positive' Gotteslehre wurde spekulativ ausgebaut von *Gregor von Nyssa*[15]. *Pseudo-Diony-*

---

[12] Schon der Kolosserbrief wie auch das Johannesevangelium hatten gnostisches Gedankengut auch positiv aufgenommen.
[13] Vgl. Art. „Gott" V, in: RGG; *B. Altaner – A. Stuiber,* Patrologie. Freiburg ^{8}1978.
[14] Stromata V 11f.
[15] Vgl. *E. Mühlenberg,* Die Unendlichkeit Gottes bei Gregor von Nyssa. Göttingen 1966.

sios verband mit den anvisierten Theoremen eine Lichtmetaphysik und hierarchische Kosmik; die Ausrichtung auf das neuplatonische Eine bedingte seine starke Betonung der theologia negativa. Er begründete mit der vermeintlichen Autorität des Dionysios aus Apg 17, 34 eine lang nachwirkende christlich-neuplatonische Tradition.

Augustinus (354–430)[16] denkt über Gott im Koordinatenkreuz: Möglichkeit von Wahrheit – Ziel des menschlichen Glücksstrebens. „In te ipsum redi, in interiore homine habitat veritas"[17]: In der Rückkehr in sich selbst findet der Mensch die höchsten, ewig-unveränderlichen Wahrheiten der Logik, Ethik usw. vor, die nicht von ihm selber gesetzt sind, sondern auf den ewigen geistigen Urgrund Gott verweisen[18], von dem ständig die Erleuchtung (illuminatio) der menschlichen Seele ausgeht. Gott ist zugleich das unendliche Gut, das allein das durch nichts Endliches zu stillende Glücksverlangen des Menschen zu erfüllen vermag[19]. Aber keine positive Aussage außer der, daß Gott ist, hat volle Gültigkeit; wir kommen nur zu einer „docta ignorantia"[20]. Nicht voll mit der Unbegreiflichkeit Gottes ausgleichen kann Augustinus die Anerkennung der Freiheit und Liebe seines Willens, mit der auch das Problem des Bösen in der Welt verbunden ist. Die Betonung des Willens bringt ein neues, ‚abendländisches' Moment in die Metaphysik des Augustinus, der noch stärker als Ps.-Dionysios das Denken der ganzen Folgezeit beeinflußt.

Nach dem Kulturbruch der Völkerwanderung erschloß sich das durch Dom- und Klosterschulen vermittelte antik-christliche Erbe den west- und mitteleuropäischen Raum, die werdenden romanischen und germanischen Völker. Neben dem von Augustinus verchristlichten Platonismus erlangten zunehmende Wirkung zunächst die logischen Schriften des Aristoteles, die Boethius ins Lateinische übersetzt hatte. In der *Frühscholastik* gab es wieder Streit, zwischen den Dialectici und den Antidialectici, um die Zulässigkeit der ‚heidnischen' Logik in der Glaubenslehre. Aus der reichen Vielfalt der theologisch-philosophischen Schulen des 11./12. Jahrhunderts, die sich vor allem je nach stark kritisch-rationalem Einschlag (Abälard) oder mehr mystischer Orientierung (die Viktoriner) unterschieden, sei die für die Frühscholastik typische Weise hervorgehoben, wie Anselm Gott zu denken unternahm.

Anselm von Canterbury (1033–1109) bezeugt im „Proslogion" ein augustinisch-platonisches Vertrauen in die Macht der Idee Gottes, die er in sich vorfinde als das „id quo maius cogitari non potest". Er argumentiert: Würde dieses Wesen bloß in meinem Gedanken bestehen, so wäre es nicht, was doch sein Begriff besagt; es gäbe ein höheres Wesen, das nicht nur im Denken, sondern auch und gerade in der Wirklichkeit existiert. So verbürge der real (zu realistisch?) gefaßte Begriff Gottes dessen notwendige Existenz. Der von Kant so

[16] Vgl. *B. Kötting* in: HWPh III 739f.
[17] De vera religione 39, 72.
[18] Contra Academicos 3, 11, 35 u. ö.; De libero arbitrio 2, 12, 34.
[19] De vita beata, passim; Confessiones 1, 1.
[20] Soliloquia 1, 4, 4; Epistula 130, 28.

genannte (und ungemäß interpretierte) ontologische Gottesbeweis wurde von Thomas von Aquin[21] abgelehnt als illegitimer Übergang von Denken zu Sein, von Duns Scotus[22], von Descartes[23] und Leibniz[24] wurde er angenommen, von Hegel[25] umgedeutet: er ist in seinem Sinn bis heute umstritten.

Das sich trotz kirchenbehördlicher Verbote durchsetzende Studium der Metaphysik des Aristoteles war die Grundlage des mittelalterlichen Höhepunktes christlichen Denkens in der Hochscholastik des 13. Jahrhunderts.

Thomas von Aquin ging aus von der aristotelischen Erkenntnislehre, die, im Gegensatz zur platonischen Wesensschau, die *in* den Dingen der Welt liegende intelligible Struktur, ihren logos enhylos (hylē = Materie)[26] abstrahierend erfaßt. Jedoch auch Denkimpulse von Augustinus und Ps.-Dionysios trugen bei zu den *„quinque viae"*[27] der Gotteserkenntnis:

Weg 1 und 2 sind klassisch aristotelisch: Sie schließen von der Erfahrung der Bewegung (ex parte motus) auf den unbewegten Beweger bzw. von der Verursachung der Dinge (ex ratione causae efficientis) auf die Erstursache – jeweils unter Ausschluß einer endlosen Reihe, denn wäre kein Erstes, gäbe es auch kein Mittleres und Letztes. Der *3. Weg*, der sich vom 2. Beweisgang nicht wesentlich unterscheidet, setzt prinzipieller an: Aufgrund der Kontingenz, der ‚Seinszufälligkeit', der (aus Materie und Form, Potenz und Akt) zusammengesetzten Dinge erweist er deren absoluten, unbedingt-einfachen Ursprung („ex possibili et necessario"). Der *4. Weg* (ex gradibus perfectionum) „erblickt hinter der mehr oder minder großen Vollkommenheit ein höchst Vollkommenes, das den vorausgesetzten Maßstab dafür abgibt, daß wir von einem Mehr oder Weniger reden können. Dieses höchste Vollkommene ist aber zugleich auch der Grund für alles, was überhaupt wertvoll ist, weil die Werte an ihm teilhaben ... Damit kommen platonisch-augustinisch-anselmianische Anschauungen zu Worte"[28], im Sinne der ideellen causa exemplaris. Nach *Weg 5*, dem teleologischen Gottesbeweis (ex gubernatione mundi), ist Ordnung und Zielstrebigkeit in der Welt durch das Walten einer höchsten Intelligenz zu erklären. – Nachdem er das fundamentale Gedankengerüst, das unter verschiedenen Aspekten zur Existenz eines ersten Prinzips führt, umrissen hat, sagt Thomas jeweils: „... et hoc omnes nominant deum".

Nicht eine Identität von Denken und Sein, wie Anselm (und schon Parmenides?), setzt Thomas voraus, wohl aber hat er ihre Entsprechung im Blick; er geht nicht apriorisch vor, sondern durchweg aposteriorisch.

Aus den quinque viae sind unmittelbar oder durch einfache Folgerung die Wesenseigenschaften Gottes zu erheben: seine Absolutheit und Notwendigkeit, Welttranszendenz und Einzigkeit; seine unendliche Vollkommenheit; seine Geistigkeit und Personalität. Auch nach Thomas läßt sich von Gott jedoch stets eher sagen, was oder, genauer (?), wie er *nicht* ist, als was/wie er ist

[21] S.th. I 2,1 ad 2; S.c.g. I 10f.; De verit. 10,12.
[22] Opus Oxoniense I 2,21.
[23] WW (ed. Adam-Tannery) VII 115f.
[24] WW (ed. Gerhardt) IV 449.
[25] WW (ed. Glockner) XVI 540–553, vgl. XV 166–220.
[26] Bei *Thomas* heißt das: conversio ad phantasmata = notwendiger Bezug der geistigen Erkenntnis auf Sinnenbilder. Vgl. *K. Rahner*, Geist in Welt. München 1939.
[27] S.th. I 2,3; S.c.g. I 13.
[28] *J. Hirschberger*, Geschichte der Philosophie I. Freiburg [8]1965, 503; vgl. 501–506.

(via negationis)[29]; und positive Aussagen muß man von dem „ipsum esse"[30] immer in einem alles Endliche überragenden analogen Sinne (via eminentiae) verstehen – zu verstehen versuchen. Schließlich folgt: Gott hat die Welt aus nichts erschaffen, er erhält sie ständig (creatio continua) und übt Vorsehung über sie aus...; aber weder über Anfangslosigkeit noch über einen zeitlichen Anfang, wie ihn der Glaube lehrt, läßt sich philosophisch mit Gewißheit etwas ausmachen.

Thomas stand keineswegs auf ganz einsamer Höhe. Neben und nach ihm entstanden verschiedenartige Ausprägungen christlicher Gotteserkenntnis im Spannungsfeld von Platonismus und Aristotelismus, Weltwissen und Glaubensbotschaft, Ratio und Mystik.

Bonaventuras Denken gilt dem sich als Liebe mitteilenden und Heil in Heilsgeschichte gewährenden Gott. Mit Alexander von Hales rezipiert er Aristoteles, drängt dessen Einfluß jedoch zugunsten Augustins zurück. Wahrheit ist nur von Gott her zu bestimmen, der unser Erkennen durch „illuminatio" erwirkt[31]. Die „ratio" wird nicht beiseite gestellt; Gottesbeweise verschiedener Herkunft werden, sich ergänzend, entfaltet, allerdings eher beiläufig. Eindrucksvoll der Weg vom Sein über die Wahrheit zur Liebe Gottes, die nicht einer Seinsmetaphysik den Platz räumt. Doch die anscheinend größere Nähe zum Evangelium verdeckt wohl eigene Befangenheit im Neuplatonismus.

Den mit Aristoteles sich stellenden Fragen suchte auch *Duns Scotus* gerecht zu werden. Seine spekulative Behandlung der Seins- und Gottesfrage mag subtiler scheinen als bei Thomas, ist jedoch erst möglich geworden durch dessen Aristotelismus, den Scotus in einen augustinischen Rahmen einspannen wollte. Er bestimmte Gottes Wesen als Unendlichkeit[32]; und weil er sich dabei auf univoke (ein-deutige) Begrifflichkeit festlegte, mußte er als dem menschlichen Denken schlechthin unzugänglich erachten, was der Begriff der Vollkommenheit Gottes in Gott selbst besage.

Meister Eckhart läßt durch die Formel „Das Sein ist Gott"[33] die ganze Ontologie in philosophische Theologie übergehen. Gottes Wesen ist mein Leben, mein Leben ist Gottes Wesen[34]. Anderseits ist Gott etwas Höheres als das Seiende[35]; das Sein in Gott ist Einsehen[36], und dieses höher als das Sein[37]: Diese Identität ist nicht aussagbar – was man von Gott nicht sagt, das ist er eigentlicher[38]. Die für die Tradition grundlegende Seinsanalogie klafft auf in einer Dialektik von Identität und Differenz, die zum einen – durch die Betonung des Einsehens – der griechischen Problematik des Nus als (bloß) erkennenden

---

[29] Schon 1215 hatte das 4. Laterankonzil die Analogie zwischen Schöpfer und Geschöpf als „similitudo" mit einer „maior dissimilitudo" beschrieben (DS 806). Auch *Thomas* hat in der „analogia entis", besonders in ihrer Anwendung auf die Erkenntnis Gottes, das negative Moment betont: S.th. I 4,3 ad 3.

[30] *Thomas* (S.th. I 3,4) hat „das Sein selbst", nicht sonderlich gut gedeckt durch den Literalsinn der Stelle, mit der Selbstaussage Jahwes in Ex 3,14 identifiziert.

[31] Breviarium VI 8,2; De scientia christ. 4; In Hexaemeron II 9; XII 11 usw.

[32] Opus ox. I 2, 1 f. 11–31.

[33] Lateinische Werke (1936/37) I 156; vgl. *K. Albert,* Meister Eckharts Thesen vom Sein. Ratingen 1976.

[34] Deutsche Werke I 106.

[35] Lat. WW V 47.

[36] Ebd. 37.40–42; vgl. *R. Imbach,* Deus est intelligere. Das Verhältnis von Sein und Denken in seiner Bedeutung für das Gottesverständnis bei Thomas von Aquin und in den Quaestiones Meister Eckharts. Freiburg/Schweiz 1976.

[37] Lat. WW V 42.

[38] Ebd. II 314; Deutsche WW I 330.

Geistes verhaftet bleibt, diese zum andern durch die Ausrichtung auf das Nichts doch ständig durchbricht. Die negative Theologie gewinnt so theoretischen Vorrang wie existentielle Bedeutung.

Für das Verständnis der neuzeitlichen Entwicklung der Gottesfrage ist ein Blick auf den *Nominalismus* der Spätscholastik notwendig. Er stellt die via moderna dar, gegenüber den weiterbestehenden alten Schulen. Der springende Punkt war die Systemposition des Allgemeinbegriffs: Gibt es (um von einem platonischen „universale *ante* rem" zu schweigen) ein – etwa aristotelisch verstandenes – „universale *in* re" oder nur ein „universale *post* rem", das nur ein der Klassifizierung der Dinge dienendes Denkgebilde ist? Letzteres bedeutet für die Gotteserkenntnis – und so etwa traf das bei *Wilhelm von Ockham* zu[39] –, daß Wesensprädikate wie Einzigkeit oder Allmacht nicht mehr als für die Wirklichkeit Gottes an sich philosophisch erweisbar gelten. Wurde trotzdem an der Beweiskraft der Existenz Gottes festgehalten, dann mußte diese im Grunde aus dem Glauben vorausgesetzt werden. Damit trat an die Stelle der bisher fundamentalen Entsprechung von Denken und Sein der sich selbst problematisierende Verstand. Die Theologie wurde zum Denkexperiment, da sie das ontologische Fundament der Wahrheit verloren hatte. Sicherheit schien nur mehr der Glaube, der Gott, den der Glaube bekennt, zu gewähren. Anderseits aber ließ die Verdünnung, ja Verflüchtigung der notwendigen Wesensaussagen über Gott dessen frei schaltenden Willen sozusagen nackt, unvermittelt-beherrschend, hervortreten. Mag man Ockham mittelalterlich-orthodox (wofür vieles spricht) oder als Vorläufer Kants deuten (was überzogen sein dürfte)[40]: Der angesprochene Nominalismus bildet die Hintergrundszenerie der Moderne.

§ 3. Beginnende Neuzeit

Nikolaus von Kues, Denker des Übergangs, ja Initiator neuzeitlichen Denkens (dessen Bedeutung erst unser Jahrhundert erkannte), verlieh der antiken Idee der „coincidentia oppositorum" neue Bedeutung. Er bestimmt Gott als Identität des Maximum und Minimum[41] und baut damit naive Jenseitsvorstellungen ebenso wie einseitige Aufstiegsschemata ab. Von diesem „idem"[42] gelangt er zu einer der tiefsinnigen spekulativen Bezeichnungen Gottes als des *Non-aliud*[43], die nicht nur den Vorrang negativer Theologie erneuert, sondern den notwendig negativ bestimmten Denkweg des menschlichen Subjekts in diese Kürzestsignatur Gottes einbezieht, was auf seine Weise erst wieder Hegel unternehmen wird. Der Gott, der das Nicht-andere ist, kann nicht mißverstanden werden als

[39] Quodlibeta I 1.
[40] Vgl. *H. Junghans,* Wilhelm von Ockham im Lichte der neueren Forschung. Berlin 1968.
[41] De docta ignorantia IV–VI.
[42] De generatione I 144f.; vgl. *S. Dangelmayr,* Gotteserkenntnis und Gottesbegriff in den philosophischen Schriften des Nikolaus von Kues. Meisenheim 1969.
[43] De Non Aliud.

ein Weltfaktor neben anderen oder gar als der irgendwelche Ausschließlichkeit beanspruchende Konkurrent des Menschen. Er ist, nach Augustinus[44], „interior intimo meo".

Was *Luther* über Gott sagt, ist in seinen inhaltlichen Zügen nicht durchaus neu. Seine entschiedene Hinwendung zur Bibel bedeutet jedoch Abkehr von der metaphysischen Tradition. (Diese Abkehr ist durch den Nominalismus angebahnt.) Die neue Sicht wird gekennzeichnet durch den Gegensatz: Gesetz eines gerecht strengen Gotteswillens – Evangelium des rechtfertigend gnädigen Gottes[45]. Der „deus absconditus" ist der Appell an den Menschen, sich der Verborgenheit des doch allwirksamen Gottes auszuliefern, dessen Wesen für die menschliche Vernunft unerkennbar ist[46]. Offenbar wurde Gott in Jesus Christus – jedoch nur dem Glaubenden, der sich auf die Treue Gottes verläßt[47].

Daß Gott für unseren theoretischen Verstand nicht erkennbar ist, wurde eine Grundthese des Protestantismus. Ein neues philosophisch-theologisches Denken hatte sie auf Dauer jedoch nicht im Gefolge. Melanchthon und Zwingli greifen auf scholastische (oder auch neuplatonische) Kategorien zurück; am meisten hat sich Calvin davon gelöst. Im 17. Jahrhundert ist die aristotelische Scholastik im protestantischen Bereich ebenso verbreitet wie in den katholischen Gebieten. Beiderseits zeigt sich die unbewältigte Problematik des ‚Willensgottes' in Diskussionen über das Verhältnis von Wissen und Willen Gottes zur Auserwählung („Prädestination") des Menschen.

Zwar wird der singuläre Denker Nikolaus von Kues noch kaum als typischer Vertreter der *Re-naissance* betrachtet (über die er zugleich hinausweist!). Aber es findet sich bei ihm sehr wohl der Rückgriff auf Denkfiguren und auf kosmische Spekulation der Antike. Unübersehbar ist das Zurück der *Re-formation* – nicht zum Kosmos der Antike, sondern zum „Theos" der biblischen Offenbarung. Vermutlich kann diese zweifache Rückwendung zu heidnischer Welt bzw. biblischem Gott (die Kosmo- und Theosophen wie Giordano Bruno bzw. Jakob Böhme späterhin ins Extrem steigern) gedeutet werden als Reaktion auf den für den Beginn der Neuzeit signifikanten, ja konstitutiven Weltbildumbruch infolge „De revolutionibus [Umläufe] orbium coelestium" (1543) des Kopernikus, dessen Name als Epochensymbol auch für Kepler, Galilei usw. steht. Das heliozentrische System macht den Menschen heimatlos in der sichtbaren *Welt*. „Seit Kopernikus rollt der Mensch aus dem Zentrum ins X", sagt z. B. Nietzsche[48]. Zumal *Gott* besaß keinen natürlichen Ort mehr im (dritten, sechsten oder neunten) Himmel. Der *Mensch* fand sich auf sich zurückgeworfen. In sich selbst mußte er den verlorenen Halt neu gewinnen: in sich nicht als materiellem Wesen, das die sich unermeßlich weitende Welt zu verschlingen droht (Pascal beschrieb das), sondern in sich als geistigem Subjekt, in seiner Vernunft. Der Mensch erschien sich nicht mehr als *Mikrokosmos*, Abbreviatur der Welt; als *„Makroanthropos"*[49], Prolongatur des Menschen, erschien ihm nun

---

[44] Confessiones III 6,11. [45] WA 7,502. [46] WA 7,574. [47] WA 8,126.
[48] Wille zur Macht (ed. Kröner, Bd. 78) 8.
[49] Der Ausdruck scheint auf *Novalis* zurückzugehen (um 1800: „Kosmologie"-Fragment 909) nach Vorspielen, z. B. bei Macrobius (um 400) und Photios (9. Jh.).

vielmehr die Welt (und Gott gar als seine, des Menschen[50], Projektion). Der Mensch wurde endgültig zum Maß aller Dinge, zum Ausgangs- und bleibenden Bezugspunkt der Welt- und Gotteserkenntnis. Das hat die Loslösung der philosophischen Theologie von der Offenbarungstheologie besiegelt, die schon von dem auf Unterscheidung bedachten Denken der Hochscholastik angebahnt, vom Nominalismus jedoch einseitig vorangetrieben wurde.

Die *anthropologische Wende* der Neuzeit zeigt sich an in Descartes, der die zeitgemäße Antwort auf Kopernikus gibt. Kants transzendentale Methode reflektiert sie prinzipiell. Die Systementwürfe des Deutschen Idealismus wollen sie konsequent und universal ausführen – und aufheben.

Descartes suchte den „archimedischen Punkt" sicherer letzter Wissensbegründung, und er fand ihn in der Selbstgewißheit des „cogito ergo sum"[51]: Mögen mich die durch die Sinne vermittelten Erkenntnisdaten noch so sehr täuschen und zum Zweifel Anlaß geben – daß ich, der Zweifelnd-Denkende, existiere, ist evident-gewiß! Mit dieser Bewußtseinserfahrung setzt die moderne Philosophie der Subjektivität ein. Darin liegt Descartes' Bedeutung für die Geistesgeschichte. Fasziniert von der Methode der Mathematik, will Descartes, ausgehend von einsichtigen ersten Prinzipien, deren Gültigkeit ihm durch ihre „ideae clarae et distinctae" verbürgt ist, durch Deduktion ein umfassendes rationales Wissensgebäude errichten. Die reale Basis „cogito–sum" und die ideellen Prinzipien sind jedoch nur durch die formale Gemeinsamkeit der „klaren" (d. h. dem Denken unmittelbar gegenwärtigen) und „distinkten" (d. h. von allen andern Begriffen vollständig unterschiedenen) Erkenntnis[52] verbunden. Vielleicht liegt es daran, daß Descartes' nur scheinbar einfache Gedankenführung[53] den Zweifel nicht ganz unterdrücken kann, ob ihm nicht ein „genius malignus", ein tückischer Dämon, alle über das eigene Ich hinausgehende Welterkenntnis nur vorgaukle[54]. Diese Hypothese meint er nur ausschließen zu können unter der Annahme des gütig-wahrhaftigen Gottes, der, wie selbst nicht getäuscht werden, so auch den Menschen nicht täuschen kann. Damit bindet Descartes die neue Weltgewißheit[55] zurück an die ‚alte' Gotteserkenntnis.

Die Existenz Gottes will Descartes (vor allem in den „Meditationes", 1641) beweisen, indem er Argumentationsfiguren der von ihm heftig kritisierten klassischen Metaphysik, aristotelische Ontologie und platonisch-augustinisches Partizipationsdenken, aufnimmt, sie jedoch auf eine neue Grundtextur bezieht:

---

[50] *F. Baader* (WW VI 296) nannte ihn „Mikrotheos"; schon *J. Böhme:* „kleines Göttlein"; *N. v. Kues:* Deus alius/creatus/terrenus, aber auch: occasionatus.

[51] Discours de la méthode (1637) IV 3; Principia philosophiae (1644) I 7. Vgl. Meditationes (1641) II 3.

[52] Principia I 45.

[53] Die Grundlinien von *Descartes'* Denken werden bis heute immer wieder neu und anders interpretiert; vgl. *D. J. Marshall*, Prinzipien der Descartes-Exegese. Freiburg 1979.

[54] Meditationes II 21.

[55] Ja Wissen und Wissenschaft überhaupt, soweit sie durch das Gedächtnis vermittelt sind (Med. V 13–16). Uneingeschränkt – vgl. oben Med. III 24 – : „implicite semper praecedere debet cognitio Dei" (Unterredung mit Burmann, 1648: WW V 153). Vgl. *O. Bayer*, Umstrittene Freiheit. Tübingen 1981, 39–65.

nicht auf das Sein der Wirklichkeit, sondern auf die ratio des Menschen. Der für ihn wohl typische erste Gedankengang[56] schließt von dem Faktum, daß der Mensch die Idee Gottes als des vollkommensten Wesens besitzt, auf die adäquate (Wirk-)Ursache dieser Idee, die nicht der Mensch in seiner offensichtlichen Unvollkommenheit sein könne, sondern nur der real existierende unendlich vollkommene Geist. Dabei kommt diese ausgesprochen platonische Überlegung zum Zuge: Daß „das Erfassen des Unendlichen dem des Endlichen, d.i. das Gottes dem meiner selbst, gewissermaßen vorhergeht"[57]. Dieses Argument könnte man im wörtlichen Sinn des heute jedoch anders gebrauchten Wortes „*ideologisch*" nennen.

Es folgt der von Kant so genannte *ontologische* Beweis, dessen Descartes'sche Fassung[58] man jedoch nicht als rein apriorisch (= erfahrungsunabhängig) verstehen muß. Der (kraft der Erfahrung von Realität als real ausgewiesene) Begriff Gottes, als „ens perfectissimum", schließt dessen Existenz als real-möglich und deshalb notwendig-wirklich ein.

Schon in den frühen „Regulae ad directionem ingenii"[59] hatte Descartes diese Explikation seines Grundansatzes „Cogito, ergo sum" vorweggenommen: „Sum, ergo Deus est."

Spinoza hat die bei Descartes aufbrechenden Aporien aufgehoben in ein pantheistisches Denken über Gott und Welt. Es ist schon gegeben in seinem Begriff der Substanz als „etwas, das keines andern zum Existieren bedarf"[60], das also kraft seines Wesens existiert. Gott ist diese Substanz; und so gefaßt ist Gott gewiß nicht mehr anthropomorph vorgestellt; er ist apersonal gedacht, ohne Vernunft und Willen; Freiheit und Notwendigkeit fallen in ihm zusammen[61]. Weltdinge und Menschen sind Erscheinungsweisen (modi) seines all-einen, unendlichen Lebens. Spinoza wurde des Atheismus geziehen, weil seine Allsubstanz „Deus sive (!) natura" nur noch den Namen „Gott" trage, in Wirklichkeit jedoch Gott verneine[62]. Spinoza hat in einer für die Neuzeit typischen Weise Kritik geübt an der christlichen Offenbarung. Er stellte ihr die – „more geometrico" vorgetragene – Verkündigung eines mystisch-frommen Lebens[63] entgegen, das mit Gott verbunden sein soll durch „amor intellectualis".

Pascal hat Descartes nicht wie Spinoza überboten: er sah sich als dessen erklärten Widerpart. Für ihn „hat das Herz seine Gründe, die der Verstand nicht kennt"[64]. Er erfährt sich in der durch Kopernikus heraufgeführten ‚Un-Situation': Der Mensch steht halt- und maßlos zwischen All und Nichts, zwischen dem unendlich-großen Universum und dem unendlich-kleinen Atom. „Das ewige Schweigen dieser unendlichen Räume macht mich schaudern."[65] Pascal erachtet die Selbstgewißheit des Cogito als zu schwankenden Grund. Der „Gott Abrahams, Isaaks und Jakobs" begegnet ihm (laut Memorial vom

[56] Med. III 5–39; *Descartes* hat in diesen „ideologischen" Beweis auch die Erfahrungsbasis der Kontingenz des Menschen eingebaut (III 29–36). Vgl. Discours IV 7.

[57] Med. III 24.

[58] Med. V 1–12; vgl. die Ersten Erwiderungen dazu, ferner Discours IV 8 und Principia II 14–16.

[59] Aus den Jahren 1619–1628, von *D.* nicht veröffentlicht: Regel XII (17) = WW X 421.

[60] Ethica . . .: WW (ed. Gebhardt) II 49; vgl. *Descartes:* WW II 45.

[61] Ethica: WW II 61 f.

[62] Vgl. *K. Hecker,* Spinozas allgemeine Ontologie. Darmstadt 1978.

[63] Ethica: WW II 135.200.

[64] Pensées (ed. Brunschvicg) Nr. 277: mit einem Wortspiel: raison = Grund und Verstand!

[65] Ebd. 428.

25. 11. 1654), „nicht der Gott der Philosophen"! Seine Erfahrung des Herzens meinte den ganzen Menschen und den Gott der Offenbarung allein.

Für andere, wie *Rousseau* und – auf sehr verschiedene Weise – *Jacobi*, wird zum Ort der Gott-Begegnung ein Teilbereich im seelischen Haushalt des Menschen: das „Gefühl", dessen überschwengliche Betonung jedoch weder den Gott der Offenbarung noch den Gott der Vernunft rettet, sondern das Göttliche in eine nicht mehr der Kontrolle fähige Subjektivität bannt.

Ein Zeichen der Moderne: Denken und Frömmigkeit fallen unvereinbar auseinander. Die eine philosophische Richtung erhebt gegen die andere den Vorwurf, daß sie den Tod Gottes proklamiere: so Mendelssohn gegen Spinoza, Jacobi gegen Fichte, Hegel gegen Schleiermacher, Kierkegaard gegen Hegel und unerleuchtete Orthodoxie gegen diese alle nebst Herder und Kant. Diese Atheismus-Spürerei kann als extremer Pendelschlag jenes Umbruchs gelten, der das neuzeitliche Bewußtsein durch Konzentration auf die empirische Welt – durch „methodischen Atheismus"[66], wie man nicht ganz glücklich sagte – zum „Meister und Besitzer der Natur"[67] machte. Gott war in der Welt des Menschen nicht vorzufinden: Man zog den (Kurz-)Schluß, es gebe ihn nicht.

§ 4. Kant und der Deutsche Idealismus

1. *Kant* hat in der „Kritik der reinen Vernunft"[68] die typisch-moderne Beschränkung der Erkenntnis auf die Welt der raumzeitlichen Erfahrung auf den Begriff gebracht. Für die Annahme der Existenz Gottes, die dadurch im Bereich der theoretischen Vernunft unmöglich wurde, bot ihm in der „Kritik der praktischen Vernunft"[69] die sittliche Existenz des Menschen eine neue Grundlage.

Weder der kontinentale Rationalismus (von Descartes an) noch der englische Empirismus (von Francis Bacon bis David Hume) konnten von gegensätzlichen Positionen aus das Erkenntnisproblem lösen, das Kant zuspitzte zur Frage nach der Möglichkeit synthetisch-apriorischer Sätze, d. h. von Aussagen, die die Erkenntnis erweitern und trotzdem erfahrungsunabhängig sind. Als notwendiges Medium solcher Sätze sucht Kant die Anschauung von Raum und Zeit zu erweisen, deren je verschiedene Strukturierung verschiedene kategoriale Aussagen bedingt. Damit vollzieht Kant seine kopernikanische „Revolution"[70]: Da man nicht vorankam, solange sich die Erkenntnis nach vorgegebenen Gegenständen richten sollte, läßt er die Gegenstände sich nach der Erkenntnis richten, durch diese konstituiert werden. Kant fragt also nicht unmittelbar nach den Gegenständen, den Welt-Objekten, sondern nach den im Subjekt Mensch liegenden Möglichkeitsbedingungen für Gegenständlichkeit, für Gegenstandserkenntnis überhaupt. Die Ob-jekte werden vielmehr Projekte. Diese Kehrtwendung des Erkenntnisinteresses, zurück auf den Menschen selbst, macht die *transzendentale Methode* aus, die seit Kant das

---

[66] Dazu hier S. 105f und das ganze folgende Atheismus-Kapitel.
[67] *Descartes,* Discours VI 2.
[68] Abgekürzt: KrV (1781), 2. Auflage (= B) 1787.
[69] Abgekürzt: KpV (1788).
[70] Vgl. KrV B XI.XVI.XXII*.

Philosophieren, auch die theologische Reflexion, weithin bestimmt. Da die zwölf Grundbegriffe des Verstandes oder Kategorien (Substanz, Akzidens usw.) ohne ihren durch die Anschauungsformen Raum und Zeit vermittelten Inhalt „leer" bleiben[71], ist die Erkenntnis an die Raum-Zeit-Welt gebunden, auf die empirische Erfahrung beschränkt. Alles Metaphysische ist aus ihr ausgeschlossen; sie reicht dazu, von ihrem methodischen Ansatz aus, nicht hin.

Darauf muß Kants Kritik der traditionellen (kosmo-, onto- und teleologischen) *Gottesbeweise* folgen: Sie erhalten ihre anscheinende Plausibilität durch einen transzendentalen „dialektischen" Schein[72], den es zu entlarven gilt. Gott ist eine „Idee" (= Vernunftbegriff), der eine *regulative* Funktion zu Leitung und Ordnung der (Verstandes-)Erkenntnis zukommt. Mischt sich diese Idee jedoch unversehens als *konstitutives* Moment in die Erkenntnis ein, kommt eine über den Erfahrungszusammenhang überschwappende Schein-Erkenntnis zustande. In ihr wird, was grundsätzlich nicht Objekt des Menschen werden kann, illegitimerweise „objektiviert"[73]. Diese Objektivismus-Kritik steht hinter den bis heute geläufigen Einwänden wie: „Ein bewiesener Gott wäre nicht Gott" oder „Den Gott, den ‚es gibt', ‚gibt es' nicht".

Kant meinte, er müsse „das Wissen aufheben, um zum Glauben Platz zu bekommen"[74] – nicht zum Offenbarungs-, sondern zu einem Vernunftglauben an Gott als ethisches Postulat. Was für die theoretische Vernunft als eigentliche Gegenstandserkenntnis unmöglich blieb, wird für die *praktische* Vernunft als Forderung ihrer sinnvollen Betätigung möglich: weil nötig. Das von Kant ohne Diskussion angenommene Grundfaktum ist das sittliche Bewußtsein. Sein kategorischer Imperativ besagt, in der formalen Fassung: „Handle so, daß die Maxime deines Willens jederzeit zugleich als Prinzip einer allgemeinen Gesetzgebung gelten könne."[75] Oder personal gefaßt: „Handle so, daß du die Menschheit, sowohl in deiner Person als in der Person eines jeden anderen, jederzeit zugleich als Zweck, niemals bloß als Mittel brauchest."[76] Was so schwerfällig klingt, ist das Grundgesetz menschlichen Miteinanderlebens von universaler Tragweite. Sein Ursprung ist nicht das „empirische Ich" des zufälligen willkürlichen Einzelnen, sondern das „intelligible Ich", in dem ich mit allen anderen Menschen übereinstimme: ein „Ich", das gleichbedeutend ist mit dem „Wir". Der allgemein-gemeinsame Vernunft-Wille des Menschen als solchen spricht sich darin aus.

Das unbedingte (= kategorische) „Du sollst!" nimmt keine Rücksicht auf materielle Interessen, auf Sinnen-Objekte und die mit ihnen verbundenen Vor- und Nachteile. Deshalb kann sittliches Handeln dem – berechtigten – Glücks-

---

[71] Wie anderseits die begrifflose Anschauung „blind": KrV B 75.

[72] Die „transzendentale Dialektik": KrV B 350–732; speziell zu den genannten Gottesbeweisen: B 612–670.

[73] Vgl. KrV B 714–730.

[74] KrV B XXX.

[75] KpV 55.

[76] Grundlegung zur Metaphysik der Sitten (1785) 66f.

verlangen des Menschen zuwiderlaufen. Es kann dessen Erfüllung für die Dauer eines ganzen Lebens verhindern. Diese Diskrepanz, daß Menschen der Glückseligkeit, wie Kant sagt[77], aufgrund ihrer Lebensführung würdig sind, sie aber doch, und zwar gerade infolge ihres guten Handelns, nicht erlangen, widerspricht dem sittlichen Bewußtsein. Kant kann sich mit diesem sinnwidrigen Befund nicht abfinden. Die Entsprechung von Sittlichkeit und Glück kann nur gewährleistet werden durch eine aller irdischen Unvollkommenheit enthobene Macht: die Allmacht Gottes, dessen Existenz deshalb ein *Postulat* der praktischen Vernunft ist (neben dem mit dem sittlichen Bewußtsein unmittelbar gegebenen Postulat der Freiheit und – weil die volle Entsprechung Sittlichkeit – Glück während des irdischen Daseins grundsätzlich versagt bleibt – dem Postulat der Unsterblichkeit der Seele). Gott garantiert nicht nur die Verbindlichkeit der sittlichen Ordnung, er verheißt die Erfüllung des menschlichen Sehnens. – Die Überzeugung von der Existenz Gottes wird also getragen von einem *moralischen* Vernunftglauben. Das, was das sittliche Bewußtsein als Pflicht anerkennt, kann jedoch auch – zusätzlich – als göttliches Gebot betrachtet werden. Darin drückt sich die *religiöse* Haltung eines Menschen aus – nach Kant.

Gott – das Postulat der als reiner Wille sich kundtuenden (und das heißt „praktischen") Vernunft, die als Freiheit kausale Zwänge durchbricht[78]: das bedeutet für den Menschen, daß er sich nicht mehr nur im theoretischen Cogito des Descartes erfährt, sondern – als Person! – im freien Gewissen[79], das ihn verpflichtet zur Verwirklichung menschlicher, ‚gesamtmenschheitlicher' Freiheit.

Der streng pietistisch erzogene, in seinem Denken der Aufklärung verhaftete Kant war von der Frage nach Gott betroffen. Noch was er unveröffentlicht hinterließ, bestätigt das. Eine gemäße Synthese von theoretischer und praktischer Vernunft (deren Dualismus die „Kritik der Urteilskraft" von 1790 überaus mühsam zu überbrücken sucht) sowie von Moral und Religion hat das Philosophieren seines langen Lebens (1724–1804) nicht gefunden. Darum mühten sich Fichte, Hegel und Schelling in jeweils neuen Denkansätzen.

2. Die Problematik der philosophischen Gotteserkenntnis ist wohl von keinem anderen Denker der Neuzeit so eindringlich und beharrlich bedacht worden wie von *Johann Gottlieb Fichte.*

Im „Versuch einer Kritik aller Offenbarung" (1791) übernimmt er, ungeschützter als bei deren Urheber, die Auffassung Kants. – Der erste systematische Entwurf seiner „Wissenschaftslehre" von 1794 scheint das „absolute Ich", welches das Ich und das Nicht-Ich (die Welt) setzt, zu identifizieren mit dem Menschen; jedenfalls wird keine eindeutige Abhebung des menschlichen Wissens und Wollens vom Göttlich-Absoluten erkennbar. Die Wesensbestimmung

---

[77] KpV 45f.199.225. Vgl. zu KpV 223–237 auch „Kritik der Urteilskraft" §§ 86–91!

[78] Der „Formalismus" (vgl. KpV 54–72) von *Kants* Ethik, angeprangert von *Schiller* bis *Scheler,* versteht sich aus dem Bemühen, sich von den empirisch-kausalen Zwängen des instrumentellen Verstandes frei zu halten.

[79] KpV 4f.

des konkreten Menschen ist es, in „unendlichem Streben“ die je und je erreichte Schranke seiner Selbstverwirklichung zu überschreiten; und die Welt ist das Material dieser seiner Pflicht. – 1798 löst Fichte einen Atheismusstreit aus, weil er nun in Kants Ethik das für die Postulatenlehre entscheidende Moment der „Glückseligkeit“ ausscheidet; diese sei auf Sinnlichkeit bezogen und widerspreche deshalb der Sittlichkeit. „Diese moralische Ordnung selbst ist das Göttliche“[80] – eine „intelligible“, „übersinnliche ewige Welt“[81] –, ohne daß sie ihrerseits zu begründen wäre in einem Prinzip, von dem die Begriffe Sein und Existenz, Substanz und Person auszusagen wären, denn das Merkmal des Sinnlich-Endlichen sei von ihnen allen nicht abtrennbar, sie träfen deshalb nur auf das Bewußtsein des Menschen zu[82]. Fazit: „Wir bedürfen keines anderen Gottes und können keinen anderen fassen.“[83] Wieder aber: Im Menschen findet sich „ein Sehnen, das durch kein endliches Gut zu befriedigen ist“[84]; sein Ursprung ist die Erfahrung der Freiheit[85] und des Gewissens[86].

In den späteren Wissenschaftslehren von 1801 bis 1812 und besonders eindrucksvoll in „Die Anweisung zum seligen Leben“ (1806) wird die *„Darstellung des Absoluten“*[87] zur zentralen Aufgabe, um die Fichtes Denken stets von neuem kreist. Sie nimmt einen ganz anderen Charakter an als wenige Jahre zuvor und steht der klassischen Metaphysik und dem christlichen Glauben viel näher. Fichte spricht von seinem System nun auch als „Gotteslehre“ oder als „Gottes- und Wissenschaftslehre“[88]. Das „Absolute oder Gott“, „das göttliche wahrhaftige Sein“ – und es allein! – „ist schlechthin durch sich selbst“, „auf sich ruhend, sich selber genügend, in sich vollendet“, „lebendige Einheit“, „unwandelbar“ und ohne „Entstehen noch Untergehen ... immer nur das gleiche ruhige Sein und Bestehen“ *und* „in sich selbst lauter Leben“[89]. Als diese Ruhe und dieses Leben ist Gott *Sein und Freiheit*[90]. Wenn jedoch Fichte von der „Offenbarung und Äußerung Gottes“ spricht, die „notwendig durch sein inneres und absolutes Wesen“ sei und nichts anderes sei als sein eigenes „vor sich im Licht hingestelltes ... Sein“, eine „immanente Kreation“, und wenn er dieses absolute Wissen „die reine Form des Ich“ und auch „das absolute Ich“ nennt[91], dann schlägt auch in seiner Spätzeit das ursprüngliche Erkenntnisziel eines extremen (Subjekt-)Idealismus durch[92]. Der Schöpfungsgedanke dagegen ist und bleibt für

[80] WW (ed. Medicus) III 129. Vgl. zu *Fichte: J. Möller* in: *Halder–Kienzler–Möller* 39–60; *Weischedel* I 221–245.
[81] WW III 256.387.
[82] Vgl. ebd. 130.230.180.132.176.131.
[83] Ebd. 130. [84] Ebd. 165.
[85] „An dieser Freiheit ... kann ich nicht zweifeln, ohne mich selbst aufzugeben“ (ebd. 126).
[86] Das Gewissen ist „der Strahl, an welchem wir aus dem Unendlichen ausgehen“ (ebd. 395).
[87] IV 172. [88] VI 25.30.
[89] V 155.169.615.210.323.117.615.
[90] IV 17.
[91] IV 301; V 192; IV 36.235.36.271.
[92] Vgl. VI 32: „Das Sein, das wirklich wahre und reale, ist geistig, und es gibt kein anderes Sein.“ Und VI 35: „Alles Sein ist Wissen. Die Grundlage des Universums ist nicht Ungeist, Widergeist ..., sondern selbst Geist. ... überall Leben, Geist, Intelligenz: ein Geisterreich, durchaus nichts anderes.“

ihn „der absolute Grundirrtum aller falschen Metaphysik und Religionslehre"[93]. Für den Menschen bedeutet das: „Inwiefern wir das Wissen sind, sind wir selber in unserer tiefsten Wurzel das göttliche Dasein"[94], und „die Menschheit" ist „das eine, äußere, kräftige, lebendige und selbständige Dasein Gottes ..., die eine Äußerung und der Ausfluß desselben, ein ewiger Strahl, der nicht in der Wahrheit, sondern nur in der irdischen Erscheinung sich in mehrere individuelle Strahlen zerteilt"[95]. Auch in diesem Wissen „treten Freiheit und Sein zusammen und durchdringen sich"[96]. „Das absolute Sein ... erschafft nicht etwa eine Freiheit außer sich, sondern es ist selber ... diese seine eigne Freiheit außer ihm selber, und es trennt in dieser Rücksicht allerdings sich (in seinem Dasein) von sich (in seinem Sein) und stößt sich aus von sich selbst, um lebendiger wieder einzukehren in sich selbst."[97]

1812 sagte Fichte ausdrücklich, daß die Sittenlehre noch eine Religion über sich habe[98]. Nach der „Anweisung ..." von 1806 besteht diese darin, daß wir in uns die Liebe Gottes walten lassen, mit der Gott sich selbst liebt[99].

3. Die anspruchsvollste denkerische Konsequenz organisiert das System von *G. W. F. Hegel.* Nicht nur hält sich ein fundamentales religionsphilosphisches Interesse durch von den Jugendschriften über das geniale Frühwerk „Phänomenologie des Geistes" (1807) bis zu den letzten Vorlesungen[100]: Die *„Wissenschaft der Logik"*[101] – zugleich umfassende Ontologie – entwickelt den Gesamt-Ordo transzendentaler und kategorialer Grundbestimmungen, die auch die realen Systemteile der Natur- und der Geistesphilosophie[102] durchweg prägen, weil sie den „Begriff" in der Bewegung aller seiner Momente zu fassen suchen als „die dialektische Seele"[103] der Dinge, der Wirklichkeit selber; und von dieser (Onto-)Logik sagt Hegel, daß sie „die Darstellung Gottes ist, wie er in seinem ewigen Wesen ... ist"[104], ja die Philosophie insgesamt habe „Gott ... zum Gegenstand und eigentlich zum einzigen Gegenstand"[105]. In den kleinsten Schritten wie im Großen-Ganzen (und „das Wahre ist das Ganze"[106]!) vollzieht sich das Denken Hegels nach diesem Gesetz der *Dialektik,* das abgelesen ist am Prozeß der geistigen Erkenntnis: (1) Die unbestimmt-leere, abstrakte Allgemeinheit des Anfangs[107] muß (2) aus sich heraus gehen in die vielfältige Besonderheit ihrer Entwicklung, um sich darin mit sich selbst zurückzuvermit-

[93] V 191. [94] V 160. [95] IV 582. [96] IV 17f. [97] V 224.

[98] Vgl. XI 58f; auch schon 1806: V 470.

[99] Vgl. V 500ff; dazu *Möller* 33–36.

[100] Vgl. *J. Möller,* Der Geist und das Absolute. Zur Grundlegung einer Religionsphilosophie in Begegnung mit Hegels Denkwelt. Paderborn 1951; *Weischedel* I 283–377.

[101] 3 Bände: 1812/13 und 1816; die „kleine Logik" = § 19-244 der „Enzyklopädie" ([1817] ³1830).

[102] Vgl. *M. Theunissen,* Hegels Lehre vom absoluten Geist als theologisch-politischer Traktat. Berlin 1970.

[103] WW (ed. Glockner) V 342. [104] Ebd. IV 46.

[105] Vorlesungen über die Philosophie der Religion (ed. Lasson) I/1 29.

[106] WW II 24.

[107] Man kann dabei, mit *Hegel,* an das Kindheitsstadium jedes Menschen und der Menschheit und deren weitere Bildungsgeschichte denken.

teln zum erfüllten „universale concretum". Darin besteht – genauer: geschieht je und je sozusagen von Ewigkeit zu Ewigkeit – die all-eine Geschichte des Geistes, deren äußere Realisierungsstufe in Raum und Zeit die Welt- und Menschheitsgeschichte ausmacht. Es ist dies zugleich die „*Geschichte Gottes*"[108], die von der Religion vorgestellt wird als trinitarische Heilsgeschichte (oder auch „ökonomische Trinität"): (1) Das ewige Leben Gottes muß (2) sich offenbarend äußern in die Welt (wieder genauer: *als* Welt), und die Spitze seiner Selbstentäußerung ist die Inkarnation des Sohnes Gottes im endlich-einzelnen Menschen Jesus von Nazaret und dessen Tod am Kreuz, (3) der umschlägt in das Kommen des Geistes in die (christliche) Welt-Gemeinde, damit Gott alles in allem sei in der verwirklichten Fülle seiner selbst.

In Hegel unternahm es die moderne Philosophie der Subjektivität, als eine Art moderner Idealismus, auch den Realismus der klassischen Metapyhsik in sich aufzuheben. Seine Enzyklopädie schließt mit der Aristoteles-Stelle vom sich denkenden Denken[109]. Dieses griechische Erbe zeigt aber auch an, daß sich die Dialektik der Liebe seiner Jugendschriften im System umsetzt in eine Dialektik der Erkenntnis (mit den Höchstformen „Begriff" und „Idee"), in der das Hinausgehen zum Anderen letztlich doch nur der Selbstfindung und Selbsterfüllung dient. Deshalb wohl auch werden die erhellenden existential-anthropologischen Analysen in der fortschreitenden Reflexion wieder überrollt, wie das in der Hervorhebung der Macht des Negativen angelegte Freiheitspathos in die ‚höhere' Notwendigkeit des in sich geschlossenen Identitätssystems auf- (und unter-)geht[110].

4. *F. W. J. Schelling* durchstürmte die idealistischen Systementwürfe, die eigenen und fremde. Er brachte den Ich-Idealismus des frühen Fichte in faßlichere Form. Dann stellte er diesem Philosophien der Natur und der Kunst, der vorgefundenen oder vom Menschen geschaffenen objektiv-realen Wirklichkeit, gegenüber. Das sich „indifferenzierende" Ineins der beiden Seiten Subjekt und Objekt, Idealität und Realität, nennt er als „absolute Identität" Gott; und „alles, was ist, ist, insofern es ist, Gott"[111].

Schelling, der schon früh sagte: „der Anfang und das Ende aller Philosophie ist *Freiheit*"[112], bezeichnet in seinem Spätstadium, in der „Philosophie der Offenbarung"[113], sein bisheriges Denken als negative Philosophie, weil es nur

---

[108] Vorlesungen ... (s. Anm. 105) II/2 54.
[109] Metaphysik XII 7, 1072b18–30; s. oben S. 75.
[110] Gegen die kognitive Schlagseite von *Hegels* Dialektik machten *Marx* und Neomarxisten wie *Th. W. Adorno* mit relativem Recht die Nicht-Identität des „Andern" geltend, das sie jedoch in der Materie, als dem Andern des Geistes schlechthin, finden zu müssen meinten, statt im andern *Geist*-Moment Wille-Freiheit-Liebe.
[111] WW (ed. Schröter) IV 119.367; VII 154. Vgl. zu *Schelling: J. Möller* in: *Halder-Kienzler-Möller* 61–83; *Weischedel* I 245–283.
[112] WW I 177; vgl. die Freiheitsschrift von 1809.
[113] Postum 1854; ed. Frankfurt 1977.

zum Begriff des *Notwendig*-Existierenden gelangte[114]. Die höhere, „positive" Philosophie hat über bloße Erfahrung und reines Denken, die nicht zureichen, zurück zum Ursein des „überseienden" Gottes zu finden, in dem sich dessen Wesen erschließt. „Die Gottheit besteht in dem Herrsein über das Sein, und es ist die höchste Aufgabe aller Philosophie, vom bloß Seienden (to on) zum Herrn des Seins zu gelangen."[115] „Gott ist der absolut freie Geist, der auch über das, worin er Geist ist, sich schwingt ..."[116] Die Existenz-Aussage, die mit der Modalität der Notwendigkeit verbunden ist, wird nun ungemäß: „Dieses erst, was als Wesen des Existierens nicht bedarf, ist Gott."[117] Die Altersspekulation Schellings will in Gott die Freiheit festhalten und aufleuchten lassen, und er will in einem gegen Hegel gerichteten Rückblick den Gott der Bibel als den wahren Gott rechtfertigen: „Der Begriff der Alleinheit hat nur seinen bestimmteren Ausdruck in dem dreieinigen Gott."[118]

§ 5. Die Destruktion der philosophischen Theologie

Auf den Gipfel – zugleich eine Übersteigerung – des spekulativen Denkens im Deutschen Idealismus folgte um die Mitte des 19. Jahrhunderts der Umschlag. Die Mentalität der Zeit hatte sich von Grund auf gewandelt. Naturwissenschaft und Technik feierten in der ersten industriellen Revolution ihre Triumphe. Statt über den Sinn der Geschichte zu reflektieren, war anhand von Faktendetails zu beschreiben, „wie es gewesen ist". Exakt und positiv hatten die wissenschaftlichen Methoden zu sein. Die Ära des Positivismus, der mit aller Metaphysik zumal die Erkenntnis Gottes ausschloß, brach an.

Man konnte an Hegels umfassendes Denken, die Modephilosophie um 1830–1840, anknüpfen, indem man *eine* Deutungsmöglichkeit einseitig aufgriff. Hat nicht der Mensch dieses anspruchsvolle Geist-System produziert? Und kommt nicht im Menschen Gott erst zu Selbstbewußtsein? Im Jahr 1841, in dem der preußische König den alten Schelling nach Berlin berief, damit er „die Drachensaat des Hegelianismus" zertrete, veröffentlichte *Bruno Bauer* in der Maske des orthodoxen Biedermanns „Die Posaune des Jüngsten Gerichts über Hegel den Atheisten und Antichristen"[119] – um den Atheismus zu propagieren. *Ludwig Feuerbach* führte (vor allem im „Wesen des Christentums", 1841) das Programm der anthropologischen Umsetzung und Rückführung der Theologie durch: Gott die Projektion des sich selber dadurch beraubenden und sich entfremdenden Menschen, weshalb „aus Kandidaten des Jenseits Studenten des Diesseits" werden müssen[120]. *Karl Marx* hat Feuerbachs Religionskritik übernommen.[121]

[114] Philosophie der Offenbarung (s. Anm. 113) 160f.
[115] Ebd. 172. [116] Ebd. 174. [117] Ebd. [118] Ebd. 194.
[119] Nachdruck Aalen 1969.
[120] WW VIII 28.
[121] Vgl. zu Feuerbach, Marx und Freud hier S. 124–134.

Von verschiedenen Seiten wurde dem Zeittrend der Entmythisierung sekundiert. Literarischer Naturalismus *(Hebbel, Grabbe, Strindberg, Ibsen)* wollte im Gegenzug gegen idealistische Daseinsverbrämung die wirkliche Welt des Menschen ohne Gott aufdecken. Mit *Sigmund Freud* begann die Psychologie die Illusion vom Vater-Gott zu erklären aus der Tiefe des Unbewußten, in dessen Bereich schon *C. G. Carus*[122] vorgestoßen war.

Daraus hatten sich auch schon die Unendlichkeitsträume der Romantik gespeist, die im Zeichen der Ambivalenz von Gott und Nichts standen[123]. *Jean Paul*[124] hatte sich aus dem Traum, daß kein Gott sei, nur durch krampfhaft willentliches Festhalten am christlichen Glauben in die Wirklichkeit des Erwachens gerettet. Für den Gefühlsphilosophen *F. H. Jacobi* hieß das Brandmal gottlosen Weltdenkens, das er Aufklärung und Idealismus insgesamt aufdrückte, „Nihilismus". Die für menschliches Empfinden und Denken durchaus gegenstandsbedingte ‚Nähe' von All und Nichts und damit von negativer Philosophie/Theologie und Atheismus macht diese Bezeichnung – als Zeitsignatur – in etwa verständlich.

Friedrich Nietzsche sieht im Nihilismus das Schicksal Europas beschlossen. Er versteht darunter den endgültigen Verlust der letzten und höchsten Werte, des Sinns des Ganzen in einer Welt der technischen Machbarkeit. Konsequent verkündet der Mensch, mit Laterne am hellichten Mittag, den Tod Gottes, „den wir töteten", darob selber zutiefst erschreckend in der grund- und haltlos gewordenen Welt[125]. Das Heil erwartet Nietzsche von der „Umwertung der Werte", der Neu-Wertung von allem, durch die der sich in den göttlichen „Übermenschen" übersteigende Mensch den Nihilismus heroisch überwindet.

Eher gelassene Resignation empfiehlt *Jean-Paul Sartre*[126], Repräsentant eines existentialistischen Atheismus in unserem Jahrhundert, dem Menschen in der unlösbaren Spannung zwischen dem „en-soi", dem Ansich der Materie, und dem „pour-soi", dem Fürsich des Bewußtseins. Intellektuelle Redlichkeit, schon von Nietzsche gefordert, und die Pflicht, aus seinem Geschick das Bestmögliche zu machen, heißen ihn auf die illusionäre Harmonie „Gott", eine Art unkeusches Quietiv, verzichten.

Ganz anders motivieren die Ausklammerung Gottes aus dem intersubjektive Geltung beanspruchenden Denken die – im weitesten Sinn – *positivistischen* Philosophien. Das ihnen Gemeinsame ist die Bindung an jeweils verschiedene Kriterien des einzig-gültigen Denkens: an empirische „Basissätze" und/oder logische Implikationen, an gruppenspezifische „Sprachspiele", an „deiktische", d. h. hinzeigende, Einführung von Begriffsbedeutungen oder einen unabschließbaren Falsifizierungsprozeß. Die exklusiven Kriterien selber kritisch auszuweisen scheint nie gelungen zu sein. Es liegt in der Konsequenz schon dieser Ansätze,

---

122 Psyche. Zur Entwicklungsgeschichte der Seele (1846). Nachdruck Darmstadt 1975.

123 Vgl. *D. Arendt,* Der „poetische Nihilismus" in der Romantik. 2 Bde. Tübingen 1972; *ders.,* Der Nihilismus als Phänomen der Geistesgeschichte in der wissenschaftlichen Diskussion unseres Jahrhunderts. Darmstadt 1974.

124 Rede des toten Christus ..., in: Siebenkäs (1796/97), 1. Blumenstück.

125 Die fröhliche Wissenschaft (1886) § 125.

126 Hauptwerk: L'être et le néant (1943); deutsch: Das Sein und das Nichts. Hamburg 1962.

nicht nur daß die Existenz Gottes unbeweisbar ist, sondern daß schon das Wort „Gott" als bedeutungslos, sinnleer, unverständlich erachtet wird.

Aus singulärem christlichem Glaubensbewußtsein hat im 19. Jahrhundert *Sören Kierkegaard* auf das Gott-Denken des Deutschen Idealismus extrem reagiert – ähnlich wie Pascal 200 Jahre zuvor auf Descartes (und aus der Zeitmitte zwischen Kierkegaard und Pascal wäre *J. G. Hamann* zu vergleichen). Hegels System wird für Kierkegaard[127] zum Moloch, der den Einzelnen verschlingt mit seiner Freiheit, die sich vor Gott im Augenblick mit Ewigkeitsgewicht entscheidet. Gott wird in gerade nicht vermittelnder, sondern aufs unerbittlichste entgegensetzender Dialektik bejaht im Paradox des Glaubens: daß in der Knechtsgestalt Jesu sich mir seine allmächtige Liebe zuneigt. Der so bis in den Grund seiner Existenz von Gott mit der Wahrheit (ja mit dem Vermögen, sie zu fassen) Beschenkte bedarf keines philosophischen Lehrers[128].

Daß philosophische Theologie ein unchristliches Widerspiel der aus dem Wort, aus der Selbstoffenbarung Gottes lebenden Theologie sei, davon war auch die im angezeigten Sinne dialektische Theologie von *Karl Barth*[129] überzeugt. An diesem protestantischen Axiom[130] hält auch gegenwärtige evangelische Theologie fest, so *Eberhard Jüngel*[131], der doch zugleich den Glauben das Gott-Denken lehren will: Erkennbar wird für uns Gott allein als die sich in dem „Absurdissimum"[132] des Kreuzestodes Jesu definierende Liebe (gemäß 1 Joh 4,8 f).

§ 6. Neue Ansätze der Frage nach Gott

Martin Heidegger bezog in Nietzsches Nihilismus-Verdikt diesen selber ein: In ihm habe der Machbarkeitswahn des Nihilismus sich sogar vollendet. Der Mensch soll ja sein Selbstüberwinder und Selbsterlöser werden[133]. Allerdings habe auf diesen unheilvollen Weg von Anfang an gerade die klassische Metaphysik geführt, und auch die von ihr geprägte christliche Theologie sei darauf fixiert geblieben. Heidegger sucht neue Möglichkeiten, von Gott zu sprechen. Die Stichworte lauten: „das Sein" und „das Heilige"[134]; aber beides in anderm Sinne als bei Thomas von Aquin bzw. Rudolf Otto. Die Kritik am Gott der Philosophen erschöpft sich nicht darin, daß man zu ihm nicht beten kann[135]. Der

---

[127] Vgl. „Abschließende wissenschaftliche Nachschrift zu den Philosophischen Brocken" (1846): ed. Diederich (1957) II 31 ff. 80 ff.

[128] Vgl. ebd. z.B. I 204 ff; II 284 f; und die „Phil. Brocken" (1844) selber!

[129] Jedenfalls in „Der Römerbrief" (^{2}1922); die 13bändige „Kirchliche Dogmatik" (1932–1967) spricht gemäßigter.

[130] Siehe oben S. 81.

[131] Hauptwerk (bisher): Gott als Geheimnis der Welt. Zur Begründung der Theologie des Gekreuzigten im Streit zwischen Theismus und Atheismus. Tübingen 1977.

[132] So scharfsichtig *F. Nietzsche*, Jenseits von Gut und Böse (1886) § 46.

[133] Vgl. Nietzsche II. Pfullingen 1961, 36.39.108.126.340.387. – Dieses Urteil trifft ebenso *Sartres* Programm für den Menschen: „faire et en faisant se faire".

[134] Erläuterungen zu Hölderlins Dichtung. Frankfurt 1944, 74.

[135] Identität und Differenz. Pfullingen 1957, 70.

Defekt liegt tiefer und früher: Die Metaphysik habe weder das Sein selbst noch die Differenz von Seiendem und Sein bedacht[136]. Das Denken aber lebt aus dem Sein, und zwar aus dem Sein als Geschehen, als Ereignis[137]. Es nimmt eine zweifache Gestalt an: im Sich-Entziehen und Kommen, in Verborgenheit und Unverborgenheit. Vom Sein her läßt sich das Heilige in derselben Doppelgestalt von Entzug und Kommen denken; und damit, als Grenzmöglichkeit, der deus absconditus und revelatus. Heidegger faßt diesen Weg zwar in den Blick, schreitet ihn aber nicht aus. Es bleibt das Hoffen auf ein künftiges Denken, das ursprünglicher denke als die Metaphysik und darum keine Philosophie mehr sein wolle[138]. Dann könne etwa im „Fehl Gottes“[139] Gott als Ereignis lebendig werden (negative Theologie dämmert wieder auf).

Nicht auf diese ans Mystische grenzende Weise, die sich als in tieferem Sinn phänomenologisch versteht, hat *sprachanalytische Religionsphilosophie,* vor allem in England, versucht, die positivistische Unterbindung der Rede von Gott aufzubrechen. Man unterscheidet von der informativen, Tatsachen feststellenden Sprache das „performative“, neue Sachverhalte schaffende Sprechen als Handlung, in Befehl, Versprechen, Gebet *(J. L. Austin);* man verweist auf den existentiellen Charakter der religiösen Erfahrung, die sich bezeugt in „disclosure“-(Durchbruchs-)Erlebnissen *(I. T. Ramsey);* man will den Gottesglauben rechtfertigen in einer „empirischen Theorie religiöser Kommunikation durch Texte“ *(I. U. Dalferth)* ...[140] Allerdings ist dabei die kritisch-systematische Ergründung personaler Erfahrung auf ihren letzten Möglichkeitsgrund hin unverzichtbar[141]. Es geht beim Sprechen von Gott fundamental um Wahrheit und deren Erkenntnis.

Solchem Bemühen um Gotteserkenntnis, das durch die unerbittliche Schule der neuzeitlichen Philosophie hindurchgeht, mag *Maurice Blondel* (L'action, 1893) einen Weg weisen: In der Skala der individuellen und kollektiven Verhaltensweisen des nach Selbstverwirklichung verlangenden Menschen läßt dessen eigener Grund-Wille ihn am je und je Erlangten scheitern – auf die Erfüllung hin, die nur der Gott der Gnade geben kann, indem er *sich* gibt. In stärkerer Anlehnung an die Seinsmetaphysik des Thomas, die *Joseph Maréchal* um 1920–1930 zur Weiterführung der transzendentalen Methode Kants über ihren Formalismus hinaus veranlaßte, beeinflußt auch von Hegel und Heidegger, haben *K. Rahner* (Hörer des Wortes, 1941), *M. Müller, B. Welte, E. Coreth* u.a. Wahrheitserkenntnis und Freiheitsentscheidung, die den Menschen zum Menschen machen, auf ihren ersten Ursprung und ihr letztes Ziel hin auszuloten un-

---

136 Was ist Metaphysik? Frankfurt [7]1955, 10. 12; Über den Humanismus. Ebd. 1949, 20; Vom Wesen des Grundes. Ebd. [4]1955, 5; Nietzsche (s. Anm. 133) 347.

137 Einführung in die Metaphysik. Tübingen 1953; Nietzsche 485.

138 Über den Humanismus. – Zu Heidegger: *Weischedel* I 458–493; *A. Jäger,* Gott. Nochmals Martin Heidegger. Tübingen 1978.

139 *M. Heidegger,* Nietzsche II, 396.

140 Vgl. *J. Track,* Sprachkritische Untersuchungen zum christlichen Reden von Gott. Göttingen 1977; *H. Schrödter,* Analytische Religionsphilosophie. München 1979.

141 Vgl. hier das 7. Kapitel von *J. Splett.*

ternommen. Dabei können die Dimensionen von Gesellschaft und Geschichte durchaus zur Geltung kommen. Was an heutigen, alternativ angebotenen Theorien über universalen Diskurs und ideale Kommunikation Beachtung verdient, scheint in entscheidenden Punkten zurückzugehen auf den Kant der praktischen Vernunft und einzuweisen in die letztlich umfassenden Horizonte einer Metaphysik von Sein und Geist, wie der Erkenntnis so der Freiheit und Liebe.

Gotteserkenntnis, die ihrem ‚Gegenstand' gerecht zu werden versucht, kann nicht stehenbleiben bei theoretischer Argumentation. Sie ist selbst ein Lebensprozeß, der von Erkenntnis über Anerkennung auf die Verehrung des Gottes zugeht, der jenseits der Unterscheidung von Denken und Glauben *Gott* ist. So wird die Frage nach Gott in der europäischen Geistesgeschichte ein Kriterium in der Krisis der menschlichen Vernunft. Sie wird sich und den ganzen Menschen verstehen, wenn sie, als kritische Vernunft, zu Gott findet und *von ihm her* – und glaubend *in ihm* – denkt.

LITERATUR

Adler, J. M., How to think about God. New York 1980.

Barth, H.-M., Die christliche Gotteslehre. Gütersloh 1974.

Biser, E., Der schwere Weg der Gottesfrage. Düsseldorf 1982.

Brugger, W., Summe einer philosophischen Gotteslehre. München 1979.

Casper, B. (Hg.), Gott nennen. Phänomenologische Zugänge. Freiburg 1981.

Coreth, E. – H. Schöndorf, Philosophie des 17. und 18. Jahrhunderts. Stuttgart 1984.

Coreth, E. – P. Ehlen – J. Schmidt, Philosophie des 19. Jahrhunderts. Stuttgart 1984.

Dumas, A., Nommer Dieu. Paris 1980.

Fries, H. (Hg.), Gott – die Frage unserer Zeit. München 1978.

Fries, H. u. a., Möglichkeiten des Redens über Gott. Düsseldorf 1978.

[Art.] Gott, in: HWP III (1974) 721–814.

Halder, A. – K. Kienzler – J. Möller (Hg.), Sein und Schein der Religion. Düsseldorf 1984.

Jaeger, W., Die Theologie der frühen griechischen Denker. Stuttgart 1953.

Kern, W., Atheismus – Marxismus – Christentum. Innsbruck (1976) ²1979.

Möller, J., Die Chance des Menschen – Gott genannt. Zürich 1975.

Moser, S. – E. Pilick (Hg.), Gottesbilder heute. Bonn 1979.

Neuenschwander, U., Gott im neuzeitlichen Denken. 2 Bde. Gütersloh 1977.

Oehler, K., Der Unbewegte Beweger des Aristoteles. Frankfurt 1984.

Rössner, H. (Hg.), Der nahe und der ferne Gott. Nichttheologische Texte zur Gottesfrage im 20. Jahrhundert. Berlin 1981.

Schulz, W., Der Gott der neuzeitlichen Metaphysik. Pfullingen 1959.

Splett, J., Gotteserfahrung im Denken. Freiburg (1973) ³1985.

Thielicke, H., Glauben und Denken in der Neuzeit. Tübingen 1983.

Thomas von Aquin, Die Gottesbeweise in der „Summe gegen die Heiden" und der „Summe der Theologie". Lateinisch-deutsch. Hg. v. H. Seidl. Hamburg 1982.

Weischedel, W., Der Gott der Philosophen. 2 Bde. Darmstadt 1971/72.

5. KAPITEL

DER ATHEISMUS

Augustinus Karl Wucherer-Huldenfeld (§§ 1–5)
Johann Figl (§§ 6–7)

§ 1. Die Schwierigkeit der Verständigung über „Atheismus"

Als atheistisch werden sehr verschiedene Phänomene, Haltungen, Verständnisweisen und Daseinsdeutungen bezeichnet, deren (keineswegs schon hinreichend bekannte) Wurzeln und Motive außerordentlich verschieden sein können. Es gibt keinen eindeutig normierten Sprachgebrauch, sondern nur Orientierungsversuche, die in der Terminologie erheblich voneinander abweichen und in der Einteilung die unvermeidliche Unschärfe jeder Typenbildung aufweisen[1].

Der Schwierigkeit, genau zu sagen, wovon man redet, begegnen wir, wenn wir uns fragen, *was* für eine Gestalt des „Theismus" (mittels des Alpha privativum) jeweils in einem „A-theismus" abgelehnt wird. Unter religionsgeschichtlichem Gesichtspunkt bietet sich eine inhaltliche Einteilung an, die einen engeren, weiteren und weitesten Begriff des Atheismus unterscheidet[2]:

1) Als Atheismus bezeichnen Religionen die Verehrung anderer anstatt der eigenen Gottheit(en).

2) Atheistisch sind Religionen, die einen einzigen, personalen, welttranszendenten, alles tragenden und durchdringenden Gott (also den Monotheismus) leugnen.

3) Atheisten sind die skeptischen oder entschiedenen Leugner jeder Weise des Göttlichen (oder zumindest seiner wie immer gearteten Erkenntnis).

Diese Einteilung, die unter 1. und 2. einen *relativen*, unter 3. einen *absoluten* (uneingeschränkten, eigentlichen, radikalen) Atheismus kennzeichnet, läßt offen, was z. B. unter Personalität oder Transzendenz Gottes oder unter dem Göttlichen (Heiligen, Numinosen, uns im Grunde unbedingt Angehenden usw.) genauer verstanden werden soll.

Die Verständigung über den jeweiligen Atheismus kann dadurch sehr erschwert werden, daß die Gesprächspartner, Theisten und Atheisten, eine ver-

---

[1] Vgl. die terminologischen Klärungen bei *Charron; M. M. Cottier* in: Evangelizzazione 13–40; *H.-M. Barth* 1973; *Müller-Lauter* in: TRE IV 387–390; *Pannenberg* [2]1971, 347–360, und den Versuch einer sachlichen Deduktion der Möglichkeit verschiedener Typen des Atheismus von *Welte* 1975.

[2] *J. Splett*, Gestalten des Atheismus, in: ThPh 43 (1968) 321–337.

schiedene Auffassung von dem Theismus haben, der in dem zur Frage stehenden A-theismus abgelehnt wird: Das dem Atheisten eigene Verständnis muß keineswegs mit der Intention und dem Sinn jenes Theismus identisch sein. Auch umgekehrt besteht keine Garantie, daß ein apologetisch oder gar polemisch abgewerteter Atheismus in seiner ihm eigenen Intention und Sinnspitze getroffen wird. Das gilt um so mehr, als die eigentliche Intention oft ungesagt bleibt. Wir sind daher auf einen ständigen Dialog angewiesen.

1. Formen des Atheismus

Beachtet man die spezifische Art und Weise der Erkenntnisgestalt, in der Gott abgelehnt wird, so sind typisierende Einteilungen des Atheismus möglich, die sich auf das maßgebende verbale Zeugnis von oder über Atheisten stützen. Sie beschränken sich demnach auf einen (ungenau und mißverständlich so genannten) *theoretischen* Atheismus. Dieser umfaßt vulgäre bis akademische Äußerungen sprachlicher Art, also nicht nur spekulative Theorien. Gemeint ist damit ganz allgemein die Unkenntnis Gottes (*negativer* Atheismus) oder die Leugnung (*positiver* Atheismus) von Gottes Wesen und Dasein oder seiner argumentativ-rationalen Erkennbarkeit. Zwischen dem negativen (kein Wertbegriff!) und dem positiven Atheismus ist noch ein *Indifferentismus* möglich, nämlich Gleichgültigkeit oder Desinteresse der Gottesfrage gegenüber, der unauffälliger und heute vermutlich verbreiteter ist als der positive Atheismus. Dieser wird *kategorisch-doktrinär* genannt, wenn er die Nichtexistenz Gottes unbedingt beweisen zu können glaubt; *postulatorisch,* wenn die behauptete Nichtexistenz Gottes als Folge der Emanzipationsforderung für den Menschen notwendig erscheint; *skeptisch,* wenn die Möglichkeit wahrer und sicherer Gotteserkenntnis ebenso wie ein kategorischer Atheismus argumentativ in Frage gestellt wird; und *agnostisch,* wenn darüber hinaus jede rationale Erkennbarkeit Gottes geleugnet wird. Der agnostischen Überzeugung kommt heute große Bedeutung zu in Gestalt eines *analytischen* Agnostizismus als Folge einer bestimmten (sprach-)kritischen Auslegung rationaler Möglichkeiten und in Gestalt eines ebenfalls dem rationalistischen Sicherheitsbedürfnis verpflichteten *aporetisch-änigmatischen* Agnostizismus, der sich menschlich mit all denen verbunden fühlt, die sich bekümmert, leidend, fragend, klagend, verstummend, revoltierend oder sich unterwerfend mit der Gottesfrage und dem Rätsel (aenigma) des un-wegsamen Daseins (a-poretisch) abgemüht haben[3].

Unter *praktischem* Atheismus kann ein der jeweiligen atheistischen Überzeugung entsprechendes und aus ihr folgendes Sich-Verhalten und Handeln gemeint sein, das von dem faktischen Verhalten oder von dem Normenkodex der jeweils abgelehnten religiös bzw. theistisch sich artikulierenden gesellschaftlichen Gruppierung bemerkenswert abweicht. (Diese Abweichung, z. B. von ei-

[3] Näheres dazu in: *H. R. Schlette* (Hg.), Der moderne Agnostizismus. Düsseldorf 1979, 207–223.

nem „Geldfetischismus", muß nicht von vornherein unsittlich sein.) Der praktische Atheismus ist zumeist als ein *existentieller* zu verstehen, d. h. als die entschiedene Ablehnung des Da-seins Gottes, die freie Tat der Abwendung von dem göttlichen Du, vielleicht verbunden mit mangelnder Umkehrbereitschaft, mit Behauptung der „Icheinsamkeit" (F. Ebner).

2. *Daseinsvollzug und atheistisches Bekenntnis*

Bekenntnis oder Zuordnung zu einem theoretischen Atheismus lassen im Einzelfall keinen sicheren Schluß zu auf den existentiell-praktischen Daseinsvollzug[4]. Dafür sprechen folgende Argumente: Was jemand von sich sagt, was er von sich weiß und was er selber tut, ist nicht notwendig der adäquate Ausdruck dessen, was er im Grunde seines Wesens sein kann und in einer (noch nicht unwiderrufbar-endgültig gewordenen) Grundentscheidung tatsächlich sein will und ist. Sprechen, Denken, Tun einerseits und Sein anderseits bilden nicht ohne weiteres eine harmonische Einheit, sondern sind gewöhnlich mehr oder weniger unausgeglichen und sogar widerspruchsvoll. Dazu kommt, daß sich der eigene Daseinsvollzug (die Grundwahl) in theoretischer Reflexion nie völlig und sicher einholen läßt.

Daraus folgt, daß wir im Einzelfall niemals mit Sicherheit beurteilen können, ob das Dasein Gottes im Herzen des Menschen bejaht oder ob es frei (und unter Umständen schuldhaft) abgelehnt wird. Das gilt für die eigene und noch mehr für die Fremd-Beurteilung. Jemanden als „Atheisten" moralisch disqualifizieren zu wollen aufgrund irgendwelcher als atheistisch einzustufender Äußerungen wäre deshalb vermessen.

Aus den Gründen, die für die Unmöglichkeit sprechen, zu einem sicheren und abschließenden Urteil über die persönliche Grundentscheidung zu kommen, folgt: Es kann Atheisten geben, die aufgrund mangelhafter Verständnis- und Verständigungsmöglichkeiten ihren guten existentiell-praktischen Daseinsvollzug nur ganz inadäquat zu artikulieren vermögen; jemand kann also ernsthaft meinen, wenn er redlich sei, dürfe er gar nicht an Gott glauben, er müsse sogar, wenn er wirklich Gutes tun wolle, die Gottesvorstellung bekämpfen. Dem entspricht umgekehrt die Möglichkeit, daß sich jemand theoretisch-verbal durchaus als Theist gibt, aber praktisch Atheist ist, d. h. ein Leben führt, in dem aus der (theoretischen) Anerkennung des Daseins Gottes keine Folgerungen gezogen werden. Seine Anerkennung Gottes ist dann nicht Ausdruck eines existentiell vollzogenen persönlichen Glaubens, sondern dient anderen Interessen (gesellschaftlichem Ansehen, ökonomischer Sicherung usw.).

---

[4] Vgl. *A. Keller,* Theoretische Bemerkungen zum „praktischen Atheismus", in: *Coreth – Lotz* 7–26; *Rahner* 1967; *A. K. Wucherer-Huldenfeld,* Art. Unglaube, in: Lexikon der christl. Moraltheologie. Hg. v. K. Hörmann. Innsbruck 1978, 1633–1639 (Lit.).

§ 2. Zur Geschichte des Atheismus

1. Atheismus in der vor- und außerchristlichen Vergangenheit

Zwischen den genannten Formen des Atheismus gibt es zahlreiche Überschneidungen; und die eigentümliche Gestalt eines bestimmten Atheismus wird erst durch die Beachtung seiner historischen Erscheinungsform faßbar.

Der Atheismus der Gegenwart kann nicht ohne seine Vorgeschichte, seine Ursprünge verstanden werden. Hat es den modernen, weltweit überall verbreiteten Atheismus im Laufe der menschlichen Geschichte (im Zusammenhang mit Religion, Politik und Philosophie) immer schon gegeben? Oder ist er etwas qualitativ Neuartiges, ein beispielloses Phänomen? Die Frage ist nicht, inwieweit ein negativer Atheismus hypothetisch dem primitiven Urmenschen zugeschrieben, aber nach Auskunft der historischen Religionsethnologie nirgends angetroffen wurde[5], sondern ob ein positiver und radikaler Atheismus bei Kulturvölkern der vor- und außerchristlichen Vergangenheit feststellbar ist.

1) Für den Bereich der großen *südasiatischen Kulturen* fehlen noch weithin zuverlässige Monographien über Atheismus, welche die so andersartig-fremd zur Sprache kommende ursprüngliche Erfahrung nicht durch vorgefaßte europäische Rezeptionsmodelle verfälschen. Religionen, die die Idee eines, wenn auch noch relativ primitiv, als persönlich vorgestellten Gottes etwa im Sinne eines höchsten Wesens, einer übersinnlichen Einzelsubstanz, eines Weltschöpfers, Weltregierers und obersten Gesetzgebers nicht kennen (wie der chinesische Universismus und Taoismus) oder gar ausdrücklich ablehnen (wie der Buddhismus), wurden von manchen Autoren als atheistisch bezeichnet[6]. Doch kann von einem radikalen Atheismus, der jede ursprüngliche persönliche Erfahrung der unaussprechlichen Tiefe des Daseins, des Numinosen und unbedingt Angehenden ablehnt, keine Rede sein. Ob z. B. das Sāṃkhya, eine der ältesten philosophischen Schulen des Hinduismus, als radikal atheistisch angesprochen werden muß, ist fraglich; denn Erlösung geschieht hier durch Abwendung vom Schauspiel der materiellen Erscheinungswelt und durch erkennendes Innewerden des Wesensgrundes der Seele, nämlich des Selbst (ātmā), das wie eine Flamme aufleuchtet. Einen radikalen Atheismus vertreten jedoch vermutlich die als skeptische oder materialistische Richtung beschriebenen „Verneiner“ (nāstikāḥ), insbesondere das noch in vorchristlicher Zeit und als Schulsystem durch Jahrhunderte hindurch sich behauptende Lokāyata-System des Cārvāka.

2) In der *griechisch-römischen* Antike begegnet uns eine Atheismus-Qualifikation religionspolitisch bedingter Art: Die Kritik des offiziell anerkannten

[5] *T. Tentori – A. Anwander* in: L'ateismo contemporaneo I 427–444.

[6] So *H. v. Glasenapp* im Anschluß an *Schopenhauer*, der Religion als Gattungsbegriff für die Arten Theismus und Atheismus verstanden hat: Der Buddhismus – eine atheistische Religion, München 1966. Dazu kritisch differenzierend *R. Panikkar*, Buddhismo e ateismo, in: L'ateismo contemporaneo IV 449–476.

Kultwesens der griechischen Polis oder des römischen Imperiums, seiner Vorstellungs- oder Verehrungsweisen der Götter, z. B. des ungeläuterten Anthropomorphismus, trug den Vorwurf des Atheismus sowie strafrechtliche Verfolgung ein. So ist Sokrates in den Augen der Athener „ganz und gar gottlos" (Apologie 26 c). Das besagt freilich nicht, er sei ein radikaler Atheist im modernen Sinn gewesen, wie aus dem Argument der Anklage im Asebieprozeß hervorgeht: „Sokrates vergeht sich, indem er ... nicht die Götter verehrt, welche die Stadt (polis) verehrt, dafür aber Anderes, Neues, Daimonisches" (24 b) – also eben nach unserem Verständnis durchaus Göttliches! Ein anderes, neues Verständnis des Göttlichen und der Götter wird als Atheismus qualifiziert: „atheos" meint primär nicht den, der Götter leugnet, sondern ein außergesetzliches oder ungerechtes Verhalten; „asebeia" bezeichnet den Mangel an Verehrung, der die Götter beleidigen muß, so daß der Mensch „von allen guten Geistern verlassen" wird. Daß aber Götter oder ein Göttliches überhaupt geleugnet werden, läßt sich bei den wenigen als Atheisten Qualifizierten (z. B. Epikur)[7] nicht nachweisen und wird mit guten Gründen in Frage gestellt[8]. Modern-agnostisch klingt der isoliert überlieferte Einleitungssatz des ersten griechischen Werkes „Über die Götter" (nicht über das Göttliche!) des Sophisten *Protagoras:* „Von den Göttern habe ich kein Wissen, weder daß sie seien noch daß sie nicht seien, noch wie sie an Gestalt beschaffen sind. Denn vieles ist das ein solches Wissen Verhindernde, [wie] die Verborgenheit und die Kürze des menschlichen Lebens" (Fragm. 4). Weil ihm der Mensch der Maßnehmende und Maßhaltende ist, der sich aufhält, sich begrenzt und begründet im Umkreis des Daseienden, leugnet Protagoras gar nicht das Verborgene als das Übergewichtige gegenüber dem Menschen, und gerade darum maßt er sich keine Entscheidung über dessen An- oder Abwesen an. Es ist schon von daher fragwürdig, ihm einen agnostischen Atheismus zuzuschreiben, der uns doch nur im Horizont des neuzeitlichen Subjektivismus geläufig ist, wo Vernunft sich zum Richter über die Vorstellbarkeit alles Seienden aufwirft[9].

3) In der Geschichte *Israels* ist ein positiver Atheismus nicht nachweisbar. In den Psalmen sowie in den Büchern Ijob, Sprüche und Weisheit ist „der abscheuliche Kerl" (rašʿa, was die Septuaginta gewöhnlich mit „asebēs" wiedergibt) zum stehenden Ausdruck für den Frevler geworden, der Gott nicht fürchtet. „Asebēs" meint näherhin nicht nur eine Gesinnung, die sich äußert, sondern eine Haltung, ein Verhalten, ein Tun: etwa Gesetzesverachtung, Götzendienst, soziale Ungerechtigkeit Judas, Freveltaten umgebender Völker, gar nicht einmal besonders den heidnischen Götzendienst. Die Gottlosen sind Frevler, Ungerechte und Außergesetzliche und umgekehrt. Sie leugnen gar nicht, daß Jahwe existiert, aber sie kümmern sich nicht um ihn und um sein Gebot[10]. Daher ist Ps

---

[7] Vgl. *D. Lemke,* Die Theologie Epikurs. München 1973.

[8] *Kern* 1979, 17–22. [9] Vgl. *M. Heidegger,* Nietzsche II. Pfullingen 1961, 135–141.

[10] Vgl. Art. asebeia in: ThWNT VII 186–188; *Fascher.*

14, 1 zu übersetzen: „Der Tor (nabal) wähnt bei sich: ‚*Da* gibt's keinen Gott'", und nicht: „... Es gibt keinen Gott!"

Zusammenfassend läßt sich sagen, daß ein radikaler Atheismus, der jedwede Weise des Göttlichen leugnet, in der vor- und außerchristlichen Vergangenheit (mit gewissen Ausnahmen im südasiatischen Raum) kaum nachweisbar ist und, wenn überhaupt, höchstens vereinzelt vorkam, aber nirgends als Massenbewegung auftrat.

2. „Atheismus" der Christen

Gegen Juden und Christen wurde in der Antike der Vorwurf der Gottlosigkeit erhoben[11]. Sie wurden „atheoi" genannt, weil sie nicht die offiziell anerkannten Götter des römischen Reiches verehrten. Sie gaben eher der als atheistisch denunzierten philosophischen Kritik an den Göttern und an dem offiziellen Kult des römischen Imperiums recht, den sie ihrerseits vom Gott Israels und Jesu Christi her als Atheismus verwarfen. Die Relativität des Wortes „Atheismus" hat *Justin,* der „Märtyrer und Philosoph", genau erfaßt: „Wir gestehen's gerne ein, daß wir in bezug auf solche (offiziell) anerkannte Götter Atheisten sind, aber nicht hinsichtlich des wahren Gottes" (1. Apologie 1,6).

3. Neuzeitlich-europäischer Atheismus

Der Atheismus der Gegenwart trat als Massenphänomen erst nach einer längeren unmittelbaren Vorgeschichte auf, in der schon ein unbeschränkter, absoluter Atheismus vertreten wurde. Dieser war zumeist auch verbunden mit einer radikalen, systematisch ausgearbeiteten Religionskritik, mit der nicht nur die Pervertierung der Religion (vor allem durch Intoleranz) bekämpft, sondern auch das Entstehen von Religion überhaupt als gegenstandslos erklärt wurde.

1) Der radikale Atheismus der Moderne wird in der zweiten Hälfte des 18. Jahrhunderts eingeleitet von den entschiedenen *Materialisten* der französischen Aufklärung (de La Mettrie, Diderot, d'Holbach): Wie andere traditionelle Vorurteile werde die Gottesidee hinfällig, wenn man die Natur auf die näherliegende Weise der fortschrittlichen Wissenschaft erkläre. In Deutschland liegt ein Jahrhundert später der – von Marx so genannte – Vulgärmaterialismus (Büchner, Moleschott, Vogt) auf dieser Linie; der ins Weltanschauliche übergreifende Darwinismus, der Schöpfung durch Entwicklung ersetzen möchte, schien ihn zu bekräftigen (späte Nachfahren: J. S. Huxley und J. L. Monod). Einen vermeintlich höheren Materialismus dialektischer Art hat, mit Marx' Zustimmung, Friedrich Engels entwickelt („Dialektik der Natur", 1883): Der Materie ist das Gesetz der Selbstbewegung zu aufeinander aufbauenden Bereichen der Wirklichkeit eingestiftet; die behauptete Ewigkeit der Materie

---

[11] *Fascher; N. Brox,* Zum Vorwurf des Atheismus gegen die alte Kirche, in: TThZ 75 (1966) 274–282; *F. Dexinger* in: TRE IV 349–351.

soll einen Schöpfungsbeginn überflüssig machen, und übers Weltende muß die Annahme der Wiederkehr von (Menschen[?]-)Welten hinweghelfen. Als einzig „wissenschaftliche Weltanschauung" – ein eher widersprüchlicher Programmbegriff! – ist der „Dialektische Materialismus" die verbindliche Ideologie der marxistisch-leninistischen Regimeparteien.

2) Die englische Aufklärung, David Hume besonders, zielte nicht auf die rationalistische Erklärung der Objektwelt, sondern auf die Analyse der Erkenntnisweise des menschlichen Subjekts. Diese wurde empiristisch zurückgeführt auf das durch sinnliche Wahrnehmung grundlegend Gegebene. Aufgrund solch „Positiven" entwickelte um 1840 Auguste Comte seinen *Positivismus,* der das Methoden- und Exaktheitsideal der Naturwissenschaft an der menschlichen Gesellschaft erproben wollte. In dem wissenschaftsgläubigen Jahrhundert seit Comte tritt der allgemeine Grundzug skeptisch-agnostischer Erkenntnisstimmung in vielerlei (Neo-)Positivismen vor allem sprachkritischer Art hervor, deren Heimat zumeist England war oder wurde („Wiener Kreis" um 1930, besonders R. Carnap; L. Wittgenstein; B. Russell; A. J. Ayer; K. R. Popper ...). Eine Gemeinsamkeit kann, was die Frage nach Gott betrifft, darin gesehen werden, daß an empirischen Befunden oder logischen Verhältnissen Kriterien einzig gültiger Erkenntnis abgelesen werden, die von vornherein, durch ihren methodischen Ansatz, alle metaempirischen Gegenstände ausschließen.

3) Der mit Ludwig Feuerbachs radikaler Religionskritik einsetzende *atheistische Humanismus* sieht in Gott eine ins Jenseits projizierte Selbstvorstellung des Menschen, deren Negation oder genauer Zurücknahme durch den Menschen diesen zum Gott für seinesgleichen macht: „homo homini deus"[12]. Feuerbach nennt sein Nein zu Gott um des Menschen willen deshalb nicht nur A-, sondern „Anthropotheismus"[13]. Die humane Intention gibt diesem „Atheismus von Rang" (E. Bloch) seine besondere Bedeutung bis heute. Der Historische Materialismus von Karl Marx setzt ihn voraus. Neomarxisten haben ihn in der Gegenwart vielfach durchgespielt. Bei aller sonstigen Verschiedenheit teilten die postulatorische Motivation – um die wohl wichtigsten Namen zu nennen –: Friedrich Nietzsche, Sigmund Freud und Jean-Paul Sartre[14].

Zusammenfassend kann ein materialistisch-weltanschaulicher Typ des radikalen Atheismus mit kategorisch-doktrinärer Argumentation, ein rationalistisch-empiristischer Typ aus skeptischer bis agnostischer Mentalität und ein humanistisch-emanzipatorischer Typ mit postulatorischer Motivation unterschieden werden. Diese Atheismen sind größtenteils miteinander unverträglich und können schon deshalb von vornherein nicht zugleich wahr sein.

---

[12] WW VI 326; vgl. VI 192; VII 259.296.304.412; VIII 360.

[13] WW XIII 393.

[14] Zu *Feuerbach, Marx* und *Freud* vgl. das Kapitel über Religionskritik von *R. Schaeffler:* hier S. 124–134.

§ 3. Atheismus als Phänomen der gegenwärtigen Weltzivilisation

1. Verbreitung des Atheismus[15]

Der radikale Atheismus entstand innerhalb jenes Zeitalters europäischer Geschichte, in dem die Menschheit in eine einzige planetarische Geschichte eingerückt ist. Als gesellschaftliches Phänomen reicht er von einer antichristlichen, organisiert-militanten Spitze über einen toleranten, liberalen oder einfach indifferenten Atheismus bis hin zum skeptisch gestimmten verschwommen-theistischen Vorfeld des Gottesglaubens. Schon durch seine enorme Ausbreitung unterscheidet sich der moderne Atheismus von allen bisherigen Atheismen.

Der Schwerpunkt seiner Verbreitung liegt eindeutig in Westeuropa und in den staatssozialistischen Ländern Osteuropas und Asiens, wo ein politischer Atheismus[16] als offizielle, staatlich garantierte und geförderte Ideologie erstmals in der Weltgeschichte auftrat.

Die Einstellung zur Gottesfrage ist für relativ viele Menschen nicht eindeutig geklärt und entschieden. Daß Kirchenmitglieder die Existenz Gottes leugnen, die Frage nach Gott für irrelevant halten oder sich völlig desinteressiert zeigen, ist ebenfalls etwas völlig Neues, dessen Tragweite noch nicht genügend zur Kenntnis genommen wurde.

2. Qualitative Kennzeichnung des modernen Atheismus

Besteht ein nur graduell-quantitativer oder ein wesentlicher Unterschied zwischen dem früheren und dem modernen Atheismus? Als Anzeichen eines erheblichen qualitativen Wandels seien genannt:

1) Erstmals in der französischen Aufklärung ist Atheismus nicht mehr abschätzige Fremdbewertung sowie Anklagegrund von einem sich überlegen dünkenden Standpunkt aus, sondern vorbehaltlose Selbstbezeichnung für eine Philosophie (z.B. bei P. H. Th. d'Holbach, Système de la nature, 1770), die sich nun öffentlich höher einschätzt als das sie umgebende Christentum. Der Atheist oder der religiös Indifferente versteht sich gewöhnlich als fortgeschritten; er hat das religiöse Kindheitsstadium der Menschheit überwunden.

2) Das Bewußtsein von der Abwesenheit Gottes, der „Gottesfinsternis", ja des „Todes Gottes" gehören zur Grunderfahrung unseres Zeitalters auch für viele gläubige Menschen. Auch für sie hat die Rede von Gott ihre Selbstverständlichkeit verloren. Damit ist eine schwer überbrückbare Distanz zu früheren Einstellungen und Erfahrungsweisen entstanden, für die das Sein Gottes, des Göttlichen oder der Götter unbestreitbar verbindlich, weil offenbar und erfahrbar, war[17].

---

[15] Vgl. dazu *H. Bogensberger* in: Weltphänomen Atheismus 11–34.

[16] *M. Reding,* Der politische Atheismus. Graz 1957; *C. S. Fatransky* u. a., in: L'ateismo contemporaneo I 619–715.

[17] *Kern* ^{2}1979, 22–30; 1982, 6–17; *Wucherer-Huldenfeld* in: *ders.* u.a. 1979, 48f.

3) Der radikale Atheismus leugnet nicht nur Göttliches in jedweder Gestalt und Weise, sondern meint es kritisch-rational auflösen zu können. Von daher eröffnet er den Geschichtsraum eines Indifferentismus, dessen Daseinsentwurf ohne Religion auszukommen glaubt[18]. Es gibt viele Menschen, denen ihre Umwelt einen solchen indifferenten Atheismus vererbt, ohne daß sie sich je persönlich für oder gegen Gott und Religion entscheiden. Sie haben die Auseinandersetzung zwischen Theismus und Atheismus hinter sich gelassen, halten sie für überholt und existentiell irrelevant.

4) Obwohl der weltweite moderne Atheismus sich als ein jedwede Religion und Religiosität auflösendes Ferment darstellt, ist er durch seine Herkunftsgeschichte innerhalb der europäischen Christenheit bestimmt: „Die Wurzeln bzw. der geistesgeschichtliche Hintergrund des Atheismus sind ausschließlich in der sogenannten westlichen Welt zu suchen. In Indien z. B. oder in anderen Teilen Asiens oder Afrikas können wir nichts feststellen, was [wie] in der westlichen Welt zum Entstehen des Atheismus beigetragen hätte."[19] Der moderne Atheismus ist ein spezifisch nach-christliches Weltphänomen: Er tritt chronologisch nach der Etablierung des Christentums als einer Volks- und Staatsreligion im westlichen Abendland auf, und zwar infolge von bestimmten geschichtlichen Entwicklungen, vor allem von Unrechtszuständen innerhalb der Christenheit. Eine reflexe kritische Stellungnahme gegen das Christentum ist ihm wesentlich eigen oder gehört wenigstens zu den Bedingungen seines Entstehens. Dabei genügt es nicht, die Genealogie des modernen Atheismus mit Entstellung und Verfall christlicher Glaubensbotschaft und Lebenspraxis zu erklären. Auch vor- und außerchristliche Überlieferungen und antichristliche Impulse (z. B. ein zur Weltverachtung führender Platonismus) sind mittels oder, wohl richtiger, trotz des Christentums maßgebend geworden – es gab niemals eine Zeit, zu der das „christliche Abendland" völlig christianisiert war. Das noch weithin ungeklärte, aber dennoch bedeutende Phänomen einer Annahme oder Verwandlung (mit dem Christentum gar nicht in jedem Fall unvereinbarer!) außerchristlicher Überlieferungen durch den modernen Atheismus berechtigt aber nicht dazu, insgesamt von einer Fortsetzung des alten Heidentums durch ein Neuheidentum zu sprechen. Als spezifische christliche Folgeerscheinung ist der moderne Atheismus etwas grundsätzlich Neues gegenüber allem früheren religiös geprägten Heidentum. Durch seine Entstehung im Zeitalter der Europäisierung unseres Globus ist er zu einem nach-christlichen Weltphänomen geworden, das den Nichtchristen als Auflösungserscheinung des Christentums begegnet.

---

[18] L'indifferenza religiosa. Hg. v. Segretariato per i non credenti. Rom 1978.

[19] *F. König,* Der Mensch ist für die Zukunft angelegt. Wien 1975, 31.

§ 4. Motive des modernen Atheismus

Die ersten Ansätze zum Hervortreten des modernen Atheismus reichen bis in die Kirchenspaltung des 16. Jahrhunderts zurück. Innerkirchliche Uneinigkeit, religiöser Fanatismus, mangelnde Religionsfreiheit und Glaubenskriege erschütterten die Glaubwürdigkeit des christlichen Gottesglaubens[20]. Derselbe lieblose Parteiengeist (vgl. 1 Kor 1, 10–13), Macht- und Selbstbehauptungswille sowie exklusive Absolutheitsanspruch wird nicht nur nach innen, sondern auch nach außen, gegen andere Religionsgemeinschaften gewendet. Das Christentum hält man im Zuge der beginnenden Europäisierung der Welt für die schlechthin überlegene Religion, die Höhepunkt und Ende aller Religionsentwicklung so darstellt, daß es in bezug auf andere, auch auf die anderen großen Weltreligionen unfähig zu Begegnung, Ergänzung und Wandlung erscheint. Werden so die nicht-christlichen Religionen als minderwertig und im Grunde überholt betrachtet, so vermeint man im Gegenschlag dazu mit der ablehnenden Kritik des bestehenden Christentums auch alle anderen Religionen abgetan zu haben (so z. B. Marx und Engels[21]). Im Zuge besserer Kenntnis anderer Religionen kann sich nun aber anderseits ein Relativierungsschock einstellen, der wohl eine der mächtigsten Wurzeln des Indifferentismus bildet.

Mit dem Verlust der Glaubwürdigkeit verbindlicher Auslegung des Wortes Gottes hängt die Suche nach einem „unerschütterlichen Fundament" der Wahrheitsgewißheit zusammen, das Descartes in der Selbstgewißheit des denkenden Subjekts zu finden meint. Alles, was ist, muß grundsätzlich im Horizont des Sich-selber-Vorstellens und Sich-selbst-Behauptens verstanden und behandelt werden. Das gilt auch für die Annahme eines höchsten Wesens, das als das Höchstdenkbare jenseits der Lebens- und Erfahrungswelt vorgestellt wird. Durch den Ansatz bei der Subjektivität verändert sich der einflußreiche überlieferte Platonismus, insofern sein eigentliches Sein, die Idee, als bloß menschliche Setzung erscheint[22]. Die Idee eines guten Gottes erweist sich dann angesichts der Leiden und des Bösen in der Welt als lebensfremd-irreal. Suchte man vormals in der Religion Zuflucht, um die Übel sinnvoll zu bestehen und zu bewältigen, so wird jetzt das Leiden zum „Fels des Atheismus" (G. Büchner, Dantons Tod III), zum gewichtigsten und bedrängendsten Einwand gegen das Dasein Gottes[23].

Umstritten ist der Zusammenhang zwischen dem Weltlichwerden der Welt,

[20] *F. König,* Atheismus und Humanismus, in: ebd. (s. Anm. 19) 29–45; wegen der aufschlußreichen und unterschiedlichen Sicht vgl. auch *P. Teilhard de Chardin,* Der moderne Unglaube, in: Wissenschaft und Christus. Olten 1970, 155–160; *A. J. Toynbee,* Wie stehen wir zur Religion? Zürich 1958 (handelt im 2. Teil von der neuzeitlichen kritischen Reaktion auf die Religion); *J. Delumeau,* Stirbt das Christentum? Olten 1978.

[21] MEW I (1961) 231.376.544.

[22] Vgl. *E. Rudolph,* Die atheistische Struktur der neuzeitlichen Subjektivität, in: NZSTh 21 (1979) 119–138.

[23] Vgl. *A. K. Wucherer-Huldenfeld,* Das Weltübel als Einwand gegen Gottes Dasein, in: *P. Kampits* u. a. (Hg.), Wahrheit und Wirklichkeit. Berlin 1983, 219–241; s. auch dieses Werk Bd. II, Kap. 9.

der *Säkularisierung* oder Entsakralisierung der an sich säkular-profanen Wissens- und Lebensbereiche der modernen Kultur einerseits und dem radikalen Atheismus der Neuzeit, dem *Säkularismus* als Behauptung, die Welt überhaupt sei profan ohne Tiefenbezug zum Schöpfergott, anderseits. Die Säkularisierung durch die wissenschaftlich-technische Zivilisation mit ihren bedeutsamen Veränderungen im Sozialsystem (z. B. Verstädterung) hat vermutlich keine direkt ausschlaggebende Bedeutung für das Entstehen eines radikalen Atheismus, was z. B. dessen relativ sehr geringe Verbreitung in den USA zeigt.

Unter den (hier keineswegs vollständig angeführten) Wurzeln und Gründen des modernen Atheismus finden sich gewiß auch solche, die in das Ganze des christlichen Daseins als hilfreich oder notwendig integriert werden können, die sogar aus ihm selber herstammen. Da sich im Atheismus Momente erkennen lassen, die einem berechtigten Daseinswandel und entsprechendem neuem Denken entspringen, wird durch sie die positive Bedeutung des Weltphänomens Atheismus sichtbar.

§ 5. Zur positiven Bedeutung und zur Kritik des modernen Atheismus[24]

1. Durch den jüdisch-christlichen Schöpfungsglauben wurde der antike Sakralkosmos entsakralisiert, entmythisiert und entgöttert. Dadurch konnte die Welt in dem ihr gemäßen Status hervortreten: sie ist nicht selber göttlich. Sie wurde freigegeben in die Eigenständigkeit (relative Autonomie) ihrer einzelnen (Kultur-)Bereiche. Man konnte sie erforschen und durfte sie – vernünftig! – beherrschen. Zugleich wurden im Menschen liegende schöpferische Kräfte zur Veränderung der Natur, der materiellen Welt geweckt. Mit dieser Entwicklung ist in direkter logischer Folge ein methodischer Atheismus gegeben; und durch sie ist in indirekter Scheinkonsequenz ein kategorisch-doktrinärer Atheismus veranlaßt worden.

Unter „*methodischem* Atheismus“ versteht man das berechtigte Verfahren vor allem der empirischen Wissenschaften, weltliche Phänomene weltlich – d. h. nur aus ihren unmittelbaren Bedingungen – zu erklären. Dabei bleibt, vom methodischen Ansatz her, Gott als (kategorialer) Gegenstand und als (innerweltliche) Ursache ausgeschlossen. Gott *ist* keine einzelwissenschaftliche Arbeitshypothese, kein Lückenbüßer, der die weißen Flecken unserer Wissensgeographie überdeckt. Gott vermag vielmehr göttlicher zu erscheinen, wenn seine Welt weltlicher verstanden wird!

Der *doktrinäre* Atheismus dagegen setzt eben jenes Weltbild und jene Gottesvorstellung voraus, zu deren Überwindung im allgemeinen Bewußtsein seine Kritik beitrug: nämlich das vorkopernikanische Weltbild, wonach Gott im

[24] Vgl. *Figl* 87–118; *Kern:* s. Anm. 17.

Stockwerk „Himmel“ über der Erde lokalisiert ist, und die Vorstellung, Gott sei nichts anderes als *ein* Weltfaktor neben anderen, weshalb der Schöpfergott in Konkurrenz trete zum schöpferischen Menschen.

Nur auf dem Boden solcher überholter Annahmen konnte um die Mitte dieses Jahrhunderts beim Beginn der Weltraumfahrt von Vertretern der „wissenschaftlichen Weltanschauung“ des Dialektischen Materialismus gemeint werden, wenn es Gott gäbe, müßte er von den Kosmonauten entdeckt werden („Der atheistische Sputnik“, „Kein Platz für Gott im Weltall“, waren damals in Moskau und Ostberlin erschienene Pamphlete betitelt).

Nur rechtes Verständnis der methodischen Eigenart des modernen Wissenschaftsbetriebs (die durch die etwas harte Kurzformel „methodischer Atheismus“ gekennzeichnet wird) ermöglicht es, den Fehlschluß des doktrinären Atheismus (von der Unmöglichkeit, Gott empirisch zu konstatieren, auf seine Nicht-Existenz) aufzudecken und die Transzendenz Gottes (‚über‘/‚außer‘ der Welt überhaupt), kraft deren er uns Menschen und der Welt auch innerlichst erschaffend-erhaltend gegenwärtig ist, zu denken.

2. Beim Bundesschluß auf dem Sinai wurde dem Volk Israel durch seinen Gott verboten, sich Bilder von Gott zu machen. Im Bild gewinnt, jedenfalls für früheres, ursprünglicheres Empfinden, das Abgebildete Macht über den, der es beschaut und verehrt. Diese Macht wirkt ungefragt-unbegründet, insofern also irrational; sie wird erfahren als vorgegebene Autorität (von augere = mehren), die Leben gewährt und bewahrt, sichert und fördert. Das vom Menschen nach seiner Vorstellung gemachte Bild kann dabei an die Stelle des Göttlichen treten, für das es transparent sein sollte; es kann dagegen ‚abmauern‘. Das alttestamentliche Bilderverbot durchbricht die Mauer der Bilder. Es stellt das Vorgegebene in Frage: religiöse Symbole, traditionelle Bräuche, sittliche Gebote und Verbote, das Gesamt des Positiv-Gesetzten. Es sprengt die zu engen Grenzen soziokultureller Gehege, in die das kollektive „Über-Ich“ menschliche Individuen oder einzelne Menschengruppen preßt. Besonders radikal relativiert wurde die Zwischenwand ‚Bild‘ durch die Kritik Jesu an mosaischer Gesetzesfrömmigkeit und pharisäischer Werkgerechtigkeit, z. B. an der formalistischen und deshalb inhumanen Sabbatbeobachtung. Gutes zu tun für den Menschen, den der Vater im Himmel liebt, ist das freimachende neue Lebensmaß.

In der Vorbeugung gegen Bilder von Gott, die in Wahrheit (in ihrer Unwahrheit!) nur Götzenbilder wären, liegen Berechtigung und Aufgabe einer *negativen Theologie* (philosophischer Art), die von Gott spricht, indem sie nur sagt, was er *nicht* ist. Zu dieser intellektuellen Abstinenz hat sich letztlich Thomas von Aquin bekannt; in ihr gründet und mündet die Mystik des Meisters Eckhart und anderer. Sie erinnert uns daran, daß Gott der je Größere (Deus semper maior) ist, daß er bei noch so großer Nähe der Ferne bleibt – er würde sonst zum bloßen Stück Welt herabgesetzt – und in seiner Selbstoffenbarung in einer Welt des Menschen, der Sprache, Symbole und Sakramente der immer Sich-Entziehende, Unbegreifliche, Verborgenbleibende.

Die Ungemäßheit der Denkfiguren, Sprachspiele, Argumentationsweisen, die an der gerade innerhalb unserer Erfahrungswelt aufscheinenden Unbegreiflichkeitsdimension vorbeigehen, läßt auch Vertreter eines *agnostischen Atheismus* verstummen. „Wovon man nicht sprechen kann, darüber muß man schweigen" (L. Wittgenstein[25]). Das Bestehen auf redlich-kritischer Strenge des Denkens und Sprechens kann durchaus zu Aufdeckung und Abbau unerleuchteter und abwegiger Religiosität, von Tabus, Mystifikationen, Denkverboten, Magie usw., beitragen. Darin lag und liegt eine positive Funktion der Aufklärung und ihrer heutigen Nachwehen, die der Geburt der Wahrheit des Menschen – und Gottes – dienen können. Aber der agnostische Atheismus wird ähnlich wie der doktrinäre von der Tücke nicht des Objekts, aber der Methode, des eigenen Ansatzes getroffen: Die mehr oder weniger willkürlich festgesetzten, vor allem sprachanalytischen Kriterien gültiger Erkenntnis verschließen – wie das nur je ein vergötztes Bild tun mochte – den Zugang zur Wirklichkeit selbst. Wenn z. B. verlangt wird, das Wort ‚Gott' müsse deiktisch, d. h. durch Aufzeigen des Gemeinten im – empiristisch eingeschränkten – Erfahrungskontext der Umwelt, eingeführt werden, dann ist von vornherein schon ausgemacht, daß es bedeutungsleer, sinnlos bleibt – aber gegen wen oder was spricht dann dieser Befund? Der solchem Vorgehen eigene Mangel an Realitätsgehalt bringt es mit sich, daß der theoretische Agnostizismus zu praktischer religiöser Indifferenz führt.

3. Das zentrale christliche Bekenntnis, daß Gott in Jesus Mensch wurde, bedeutet die letztgültige, erlösende Annahme des Menschen durch Gott. Gott sagt ja zu materieller Welt, menschlichem Leib, Geschlechterdifferenz von Mann und Frau, zu Freiheit und Verantwortung des Einzelnen und zur Solidarität und Communio aller Menschen. Rettung, Heil und Gerechtigkeit für ewig ist zugesagt dem unschuldig diskriminierten und dem schuldverstrickten Menschen, dem Kind – auch dem ungeborenen –, dem unproduktiven Außenseiter, dem scheinbaren Feind und dem wirklichen Verbrecher (ohne Glorifizierung des Verbrechens). „Alles auf Erden ist auf den Menschen als Mittel- und Höhepunkt hinzuordnen!"[26] Er darf nicht bloßes Genußobjekt noch bloße Arbeitskraft, nie nur Mittel zum Zweck sein, schon gar nicht „im Namen Gottes".

Das Bewußtsein der Gegenwart ist geschärft gegen Verletzungen der Menschenwürde. Auch das theologische Denken ist, wie das tätige Engagement vieler Christen, besorgt um den Menschen, um die Rettung des Humanen auf allen Ebenen einer wahrhaft menschlichen Welt. Dafür hält der von humanen Intentionen getragene *postulatorische Atheismus* eine bedenkenswerte Lehre bereit. Feuerbach, dessen Religionskritik Marx übernahm, wollte aus Kandidaten des Jenseits Studenten des Diesseits, aus Theologie einfachhin Anthropologie machen. Ein achtenswertes Unterfangen angesichts der sozialen Mißstände ei-

[25] Tractatus logico-philosophicus (1921/22) Nr. 7.
[26] Vaticanum II, Gaudium et spes Nr. 12.

nes uneingeschränkten Kapitalismus, das jedoch zur schlechten, irrealen Utopie verkam, weil es um der universalen Emanzipation des Menschen willen (ein ‚fremdgegangenes', von der Christenheit vernachlässigtes Erbgut des Christentums!) deren letztlich allein tragfähigen Sinngrund bestreiten zu müssen meinte: den Gott, dessen Menschenfreundlichkeit in Jesus Menschengestalt annahm. Denn gerade wenn der Mensch ohne Gott „das höchste Wesen"[27] für den Menschen wird, ist das Menschsein der je jetzt lebenden konkreten Menschen aufs äußerste gefährdet.

4. Bisher bezogen wir uns auf die in § 2 vorgestellten Hauptformen des modernen Atheismus. Ähnliche negative *und positive* Kritik sei nun noch angedeutet für das ausgesprochen zeitgenössische Phänomen eines *politisch-militanten Atheismus.* – Alttestamentliche Propheten haben im Widerstand gegen das Königtum zugleich gegen die Sakralisierung des Politischen protestiert. Im Mittelalter verhinderte die Spannung zwischen Kaiser und Papst die Ausbildung einer ‚Theokratie'. Anderseits hat sich seit der Konstantinischen Wende die durch die weltliche Macht geförderte Kirche an staatlich-politische Interessen und damit auch an die ‚staatstragende' gesellschaftliche Oberschicht gebunden. Im zaristischen Rußland und etwa in Ungarn war das in besonders starkem Maß der Fall. Und das läßt die Enteignung und Entmachtung der Institution Kirche in heutigen kommunistischen Ländern in nicht nur negativem Licht erscheinen. Auch der dort verbreitete indifferente *Anpassungsatheismus* als Reaktion in der Bevölkerung ist wohl wenigstens zum Teil eine Folge der früher gepflegten unmündigen Unterwürfigkeit ‚nach oben'. Rückzufragen ist jedoch, ob nicht die Förderung des Atheismus mit sozialpolitischen Mitteln, die dem Denken und Sprechen einen herrschaftsfreien Raum verweigert, in unbeabsichtigter Rückwirkung auf eine Art Staat als Anti-Kirche, auf eine ‚Atheo-Kratie' hinausläuft, in der mehr Finsternis herrscht als angeblich im Mittelalter.

Fazit (der §§ 4 und 5): Das Verhältnis des modernen Atheismus zum Christentum läßt sich nicht auf *einen* Nenner bringen. Christliches Glaubensbekenntnis und vielfach auch christliche Lebenspraxis stehen am Ursprung geistig-kultureller Umbrüche, die bestimmend wurden für Neuzeit und Gegenwart; sie brachten jedoch auch spezifische Gefährdungen mit sich. Der Atheismus in seinen verschiedenen Formen hat einerseits durch das Christentum vermittelten Impulsen in einem gewissen Ausmaß Raum gegeben und Wirkung verschafft. Weil er anderseits dieses anonyme Erbe von seinem ersten Grund und letzten Zielsinn – Gott – löste, haben sich die übernommenen Impulse der besseren und freieren Humanität gegen ihn gekehrt: als Prinzipien immanenter Kritik.

---

[27] *L. Feuerbach:* WW II 252; vgl. *K. Marx:* MEW.E. 1(1968)268. Vgl. *J. Tabora,* The Future in the Writings of Karl Marx. Frankfurt 1983, 376: „Marx began with human need. His understanding of it fell short of its ultimate demand."

Der Atheismus stellt nicht bloß diese oder jene theologische Aussage in Frage, sondern das Wesen der Theo-logie als Rede von Gott insgesamt. Deren zentrales Thema wird durch die atheistische Kritik problematisch, ja im Wortsinn gegenstandslos. Das Fundament des christlichen Glaubens und jedes Theismus, das Dasein und Wirken Gottes, wird bestritten. Es wird darüber hinaus der Anspruch erhoben, die Entstehung des Glaubens an Gott anthropologisch erklären zu können, so daß die subjektiven und objektiven Voraussetzungen christlicher Theologie als unbegründete Illusionen erscheinen.

Die Radikalität der Kritik verlangt nach Auseinandersetzung. Kirche und Theologie schlugen dabei in methodischer und inhaltlicher Hinsicht verschiedene Wege ein, die vom Anathema bis zur differenzierten theologischen Rezeption der Religionskritik reichen. Auch zwischen den Konfessionen bestehen zum Teil grundlegende Unterschiede in der Art der Begegnung mit dem Atheismus, die nicht zuletzt durch die verschiedene Beurteilung natürlicher Gotteserkenntnis bedingt sind. Diese Vielfalt kann hier nicht in Einzelheiten erfaßt, sie soll exemplarisch an den wichtigsten Ansätzen und Modellen aufgezeigt werden. Leitziel ist, einen Einblick in die theologischen Antworten auf den Atheismus zu vermitteln. Als Ausgangspunkt wird für die katholische Theologie das Erste Vatikanische Konzil, für die evangelische Theologie der Beginn der Dialektischen Theologie (K. Barths „Römerbrief") gewählt.

1. Die lehramtliche Verurteilung durch das Vaticanum I

Das Konzil von 1869/70 setzte sich mit dem Atheismus in der dogmatischen Konstitution über den Glauben „Dei Filius" auseinander. Schon in der Vorrede wird der Atheismus genannt, und diese Stelle spricht am signifikantesten das Urteil der Konzilsväter über die *geistesgeschichtliche* Herkunft des neuzeitlichen Atheismus aus; dann wird er in den Kanones des 1. Kapitels der Konstitution *direkt* in seinen verschiedenen Hauptformen verurteilt, und schließlich im 1. Kanon des 2. Kapitels über die Möglichkeit der natürlichen Gotteserkenntnis *indirekt* zurückgewiesen. Während die Kanones glaubensverbindliche Entscheidungen sind, hat die Vorrede eine historische Beurteilung zum Inhalt, die zwar bezeichnend für die im Vaticanum I vorherrschende Mentalität ist, aber keine definitorische Verbindlichkeit beansprucht. Dies zeigt sich auch daran, daß das Vaticanum II zur entgegengesetzten *Bewertung* des beschriebenen geschichtlichen Sachverhalts gelangte, obwohl es die Grundthese einer zum Atheismus führenden Verfallsgeschichte nicht aufgab, sondern nur modifizierte.

Die Verfasser der *Vorrede* gingen davon aus, daß letztlich das sogenannte protestantische Prinzip, das die lehramtliche Autorität der Kirche durch das subjektive und private Glaubensurteil ersetzte, indirekt dazu beitrug, daß „viele Geister in den Abgrund des Pantheismus, Materialismus und Atheismus (stürzten)"[28]. Auch wenn in der endgültigen Fassung vermieden wird, die atheistischen Irrtümer der Gegenwart *direkt* auf den Protestantismus zurückzuführen, so wird anscheinend doch ein *ideengeschichtlicher Zusammenhang* zwischen den konfessionellen Abspaltungen, also innerchristlichen Vorgängen, und den pantheistischen, materialistischen und atheistischen Lehren behauptet[29]. Die Schuld an dieser verhängnisvollen Entwicklung wird jedoch nur den nichtkatholischen Konfessionen angelastet. Der Atheismus mußte so als die Vollendung der Häresie erscheinen, und das mag zu dem in der Geschichte der konziliaren Lehrentscheidungen einmaligen Vorgehen beigetragen haben, daß gegen Materialismus und Atheismus, als „Irrtümer", das Anathem ausgesprochen wurde, ähnlich wie in früheren lehramtlichen Entscheidungen gegen häretische Auffassungen.

Die *direkte Verurteilung* der Leugnung Gottes lautet: „Si quis unum verum Deum visibilium et invisibilium creatorem et Dominum negaverit: anathema sit" (DS 3021). Dieser (1.) Kanon von Kapitel I der Konstitution richtet sich, wie auf dem Konzil auch ausdrücklich festgestellt wurde, unmittelbar gegen die Atheisten[30]. Die zwei folgenden Anathemata weisen den Materialismus und den Pantheismus zurück, die als Ausformungen des Atheismus beurteilt wurden. Der atheistische Charakter der materialistischen Philosophie wird in Konzilsvorlagen und -reden als offenkundig vorausgesetzt[31]. Schwieriger war der Nachweis des atheistischen Charakters beim Pantheismus. Doch stand es nach den Thesen eines wichtigen Vorbereitungsvotums fest, daß es sich – insbesondere beim System Hegels – um einen „maskierten Atheismus" (atheismus larvatus) handle, dessen wahrer Charakter sich bei der Hegelschen Linken, namentlich in Feuerbachs „Das Wesen des Christentums", zeige[32]. Das I. Vaticanum hat also den Atheismus zwar schon in einem seiner Hauptvertreter zur Kenntnis genommen, aber zugleich unter diesem Begriff philosophische Positionen subsumiert, ohne ihr Selbstverständnis zu berücksichtigen. Atheismus wurde als der heimliche Grundzug vieler neuerer philosophischer Strömungen vermutet, was trotz der vorgenommenen Differenzierungen auf eine globale Aburteilung hinauslief.

Das Konzil suchte jedoch auch das Gespräch mit dem Atheismus, allerdings vornehmlich in logisch-rationaler Argumentation. Es war bei der Definition der Möglichkeit einer natürlichen Gotteserkenntnis mittels der Vernunft mitbeabsichtigt, die geeignete Argumentationsbasis gegenüber dem Atheisten zu gewährleisten. Dies geht aus der unmittelbaren Vorgeschichte der Formulierung der Lehre von der natürlichen Gotteserkenntnis hervor. In den Debatten bezog man sich mehrfach auf die Sätze, die den traditionalistischen Theologen

[28] Zitiert nach *Pottmeyer* 43.

[29] Vgl. *Pottmeyer* 41 mit Anm. 116; *C. Butler,* Das I. Vatikanische Konzil. München ²1961, 249–254.

[30] Vgl. Mansi 51, 66 C–D.

[31] Vgl. Mansi 50, 205 D – 206 A; 51, 64 A–B.

[32] *Votum Pecci,* p. 7 (abgedruckt in *Pottmeyer* 6⁺).

Bautain und Bonnetty zur Unterschrift vorgelegt wurde, wie die folgenden: „Der Vernunftschluß kann mit Gewißheit das Dasein Gottes ... beweisen. Der Glaube ist später als die Offenbarung, kann daher füglich nicht gegen einen Atheisten zum Beweis des Daseins Gottes ... angeführt werden.“[33]

Hinter der Definition der Möglichkeit einer rationalen Erkenntnis des Daseins Gottes steht somit das Bemühen, elementare Vorbedingungen für ein zielführendes Gespräch mit den Atheisten zu sichern. Die rein vom Glauben und von der übernatürlichen Offenbarung ausgehende (fideistische) Argumentation wird für die katholische Theologie als ungeeignet betrachtet, da mit dem Atheisten nur aufgrund gemeinsamer, das heißt allgemein menschlicher Voraussetzungen diskutiert werden könne. Es werden also die Prämissen des Unglaubens durchaus ernst genommen; der gläubige Gesprächspartner begibt sich auf dessen Verständnisebene. Freilich geschieht dies aus der Überzeugung heraus, daß es nur eines rechten Vernunftgebrauchs bedürfe, um zur Erkenntnis Gottes mittels der geschaffenen Dinge zu gelangen – und zu diesem nur müsse man den Atheisten anleiten.

2. Der Dialog des Vaticanum II auf der Basis eines theologischen Humanismus

Die gegenüber dem Vaticanum I gewandelte Einstellung tritt anschaulich hervor, wenn man das Urteil über den Atheismus und Kommunismus in den Vorbereitungsschemata, in denen bis in wörtliche Formulierungen hinein die Tendenz der Glaubenskonstitution des Vaticanum I vorherrscht[34], mit den definitiven Texten von „Gaudium et Spes“ (1965) vergleicht, die jede direkte Verurteilung und Polemik vermeiden. Dieser Unterschied zeigt sich sowohl in der historischen als auch in der systematisch-theologischen Behandlung des Problems. Auch das Vaticanum II hat bei der ausführlichen Darlegung über den Atheismus in den Nummern 19–21 der Pastoralkonstitution gleich zu Beginn dieses zu den „ernstesten Gegebenheiten dieser Zeit“ gerechnete Phänomen *geschichtlich* eingeordnet: Der Atheismus ist „nicht eine ursprüngliche und eigenständige Erscheinung; er entsteht vielmehr aus verschiedenen Ursachen, zu denen auch die kritische Reaktion gegen die Religionen, und zwar in einigen Ländern vor allem gegen die christliche Religion, zählt“ (Nr. 19). An die Stelle der Verurteilung tritt hier das Eingeständnis einer Mitschuld am Entstehen der neuzeitlichen Gottlosigkeit; und anstatt nur den nichtkatholischen Konfessionen die Schuld am modernen Atheismus zuzuschieben, bekennt sich hier die katholische Kirche als Repräsentantin der christlichen Religion schuldig, obwohl in den Reden ausdrücklich auch die konfessionellen Spaltungen als Anlaß für die atheistische Reaktion genannt wurden[35].

Mit dieser selbstkritischen Sicht der Wurzeln des Atheismus geht eine diffe-

---

[33] Zit. nach *H. Lennerz,* Natürliche Gotteserkenntnis. Freiburg 1926, 60.
[34] Vgl. *Figl* 33–43.
[35] So bes. von *F. König:* s. Anm. 20.

renzierte Betrachtung seiner Erscheinungsformen einher. Zwei Formen des systematischen Atheismus werden genauer behandelt (Nr. 20): der Atheismus der Freiheit, womit der westliche, hauptsächlich existenzialistisch motivierte Atheismus gemeint ist, und jener Atheismus, der „die Befreiung des Menschen vor allem von seiner wirtschaftlichen und gesellschaftlichen Befreiung erwartet", womit das Konzil den kommunistischen Marxismus meint. Nach der Darstellung der Hauptformen des Atheismus gibt die Kirche die Antwort auf dessen Herausforderung (Nr. 21). Der systematisch-theologische Ausgangspunkt gleicht thematisch jenem des I. Vaticanums: Eine philosophisch-theologisch fundierte Anthropologie bildet die Basis des Gesprächs. Freilich ist die Art der Darlegung des christlichen Menschenbildes sehr verschieden von einer polemisch-apologetischen Argumentation. Vielmehr wird der ungläubige Gesprächspartner zu einer unbefangenen Würdigung des Evangeliums Christi und zu einer Besinnung über das Wesen des Menschseins eingeladen; dieses weise hin auf die Gemeinschaft mit Gott, in dem letztlich die humane Würde begründet sei. Das atheistische Anliegen, die Betonung der menschlichen Autonomie, wird nicht schroff zurückgewiesen, sondern theologisch überboten, indem Menschsein letztlich in der Transzendenz Gottes begründet wird, wodurch die *dignitas humana* jedem eigenmächtigen menschlichen Zugriff entzogen bleibe.

§ 7. Theologische Auseinandersetzung mit dem Atheismus

1. Katholische Theologie

Die Antwort der katholischen Theologie auf den Atheismus ist in allen wesentlichen Grundzügen von den beiden vatikanischen Konzilien geprägt, wie auch umgekehrt deren Sicht des Atheismus von der (neuscholastischen) Schultheologie bzw. von neueren, für den Dialog offenen, theologischen Ansätzen beeinflußt ist. In Entsprechung zu den tiefen Einschnitten, die das Erste und das Zweite Vatikanische Konzil für die theologische Auseinandersetzung mit dem Atheismus brachten, läßt sich auch die folgende Darstellung gliedern, die nur die fundamentaltheologischen Stellungnahmen im engeren Sinn berücksichtigt.

Die *Fundamentaltheologie*, wie sie sich in *Lehrbüchern* seit den siebziger Jahren des 19. Jahrhunderts niederschlug, stand unzweifelhaft sehr stark unter dem Einfluß der Konstitution „Dei Filius"[36]. Dies verwundert nicht, handelt es sich dabei doch um eine „*fundamentaltheologisch* orientierte Konstitution"[37]. Wie für das Vaticanum I, so geschieht auch laut der Schullehre die Begegnung mit dem Atheismus im Bereich des vernunftgemäßen Nachweises des Daseins Gottes. Wenn auch die Gottesbeweise in ihrer Gesamtheit als die Widerlegung des Atheismus betrachtet werden, so kommt doch der Atheismus in erster Linie

[36] Vgl. *A. Kolping*, Fundamentaltheologie 1. Münster 1968, 9.
[37] *Pottmeyer* 108 (Hervorhebung von J. F.).

bei der Darlegung des *historischen* Beweises thematisch zur Sprache, also im Zusammenhang mit der Feststellung der die Zeiten und Völker übergreifenden Allgemeinheit der Religion. Die religionsgeschichtliche Grundthese wird praktisch in allen fundamentaltheologischen bzw. apologetischen Handbüchern nachzuweisen versucht bzw. vorausgesetzt[38]. Sie wiederholen die vom Vaticanum I definierte Aussage keineswegs nur dogmatisch, sondern weisen sie entsprechend ihrer rational und historisch argumentierenden Vorgangsweise in der Geschichte empirisch nach. Angesichts des Beweises „ex consensu gentium“ mußte die zumindest vereinzelt festzustellende Tatsache des Atheismus zum Problem werden. Auf zwei Ebenen wurden die daraus ableitbaren möglichen Einwände gegen die Allgemeinheit des Gottesglaubens zurückgewiesen: Hinsichtlich der Antike stellte man fest, daß keine Berichte über gottlose Völker, sondern nur über *Einzelne* vorliegen[39]; und hinsichtlich der abendländischen Kultur wurde das Vorkommen eines *puren* Atheismus entweder geleugnet bzw. verharmlost[40] oder – und hier berührt sich die apologetische Argumentation mit manchem Urteil der dogmatischen Lehrbücher – als *„intellektuelle oder moralische Dekadenz“* gewertet[41]. Die legitime Überzeugung von der natürlichen Erkennbarkeit Gottes, die sich in der Allgemeinheit der Gottesidee manifestiert, hat hier zu der illegitimen und moralisch diskriminierenden Beurteilung des Atheisten geführt.

Die *neuere katholische Theologie* im Anschluß an das II. Vaticanum, doch auch schon zuvor *(H. de Lubac, J. Maritain, H. U. von Balthasar)*, strebte eine andere, unbefangenere Beurteilung des Atheismus an, wenn auch die grundsätzliche Aufweisbarkeit des Daseins Gottes weiterhin die Leitkategorie für das Gespräch mit dem nichtglaubenden Menschen darstellte. Es ist nicht möglich, die verschiedenartigen Ansätze, die seit dem Konzil und seiner Öffnung zum atheistischen Gesprächspartner hin sich in der systematischen theologischen Reflexion auf das Phänomen des modernen Unglaubens zeigten, in einem einfachen Schema sachgerecht zu erfassen. Gleichwohl lassen sich zwei grundsätzliche Formen der Begegnung mit dem Atheismus in der katholischen Theologie der sechziger und siebziger Jahre unterscheiden: Man versuchte sich mit dem Phänomen entweder aus einer überwiegend historischen Perspektive oder primär unter systematischen (philosophischen und theologischen) Gesichtspunkten auseinanderzusetzen[42]. Beide Ansätze, denen formal ja auch die Dokumente der vatikanischen Konzilien folgten, gehen notwendigerweise ineinander über, da eine sachgerechte theologische Beurteilung des Atheismus als eines

---

[38] Vgl. z. B. *S. Weber*, Christliche Apologetik. Freiburg 1907; *A. Seitz*, Natürliche Glaubensbegründung. Regensburg 1914; *A. Schill*, Theologische Prinzipienlehre. Paderborn ²1922; *G. Esser – J. Mausbach* (Hg.), Religion – Christentum – Kirche. Eine Apologetik für wissenschaftlich Gebildete 1. Kempten ²1913.

[39] Vgl. z. B. *Weber* (s. Anm. 38) 23.

[40] Vgl. z. B. *Seitz* 34 f; *Schill* 81 f (s. Anm. 38).

[41] *Seitz* (s. Anm. 38) 36.

[42] Vgl. näher dazu *Figl* 98–115 („historische“ Argumentationsmodelle von *J. B. Metz* und *W. Kern*); 147–204 (systematische Antworten von *K. Rahner* und *B. Welte*).

geschichtlichen Phänomens nicht ohne vorgängige anthropologische Prämissen über die Verwiesenheit der menschlichen Existenz auf Gott möglich ist, wie umgekehrt jede allgemeine systematische „Deduktion“ der möglichen Formen des Atheismus sich an den konkreten historischen Phänomenen bewahrheiten muß.

2. *Evangelische Theologie*

In der evangelischen Theologie ist die Spannweite der Antworten auf den Atheismus erst recht sehr groß. Sie reicht von einem extremen offenbarungstheologischen Standpunkt über geschichtstheologische Konzepte bis zu einer „Theologie des Todes Gottes“. Dennoch geht es bei der theologischen Auseinandersetzung mit dem Atheismus trotz aller Verschiedenheit der Positionen um die Frage, ob dem Menschen als Menschen die Möglichkeit einer legitimen Rede von Gott offensteht oder ob ihm diese prinzipiell verwehrt ist und er daher nur im Glauben das Wort „Gott“ begründet auszusprechen vermag. Diese beiden Grundpositionen sollen an K. Barth und W. Pannenberg umrissen werden.

Karl Barth geht im „Römerbrief“ von der Überzeugung aus, daß „der Mensch als solcher ... der existentiell gottlose Mensch“ ist[43]. Von dieser Grundthese her, die einschließt, daß der Mensch von sich aus auf keinen Fall zu einer Begegnung mit dem lebendigen Gott gelangen kann, ergibt sich ein ambivalentes Verhältnis gegenüber dem Atheismus. Einerseits können durchaus – und zwar nun aufgrund theologischer Motivation – Argumente der Religionskritik übernommen werden, um die Versuche des Menschen, von sich aus zur Erfahrung oder Erkenntnis Gottes zu gelangen, zu destruieren: die Religion erscheint dann als „Illusion“ und ihr Gottesverständnis als Anthropomorphismus[44]. Anderseits ist der atheistische Standpunkt zwar nicht primär als atheistischer, aber als anthropotheistischer, insofern er die Prädikate Gottes für den Menschen beansprucht, selber der Kritik ausgesetzt. Diese Kritik sowohl des Theismus als auch des Atheismus zielt also der Sache nach auf eine Position jenseits dieser Alternative, die auch die neuere Entwicklung in der evangelischen Theologie kennzeichnet *(H. Gollwitzer, E. Jüngel, J. Moltmann,* aber auch *H. Braun* und *D. Sölle)*[45].

Gegenüber der exklusiv offenbarungstheologischen Antwort auf den Atheismus führt *Wolfhart Pannenberg* an, daß durch die damit verbundene Ablehnung einer philosophischen Rede von Gott für die christliche Theologie auf prekäre Weise problematisch wird, „wie dann noch das Festhalten an Jesu Reden von Gott gerechtfertigt werden“ soll[46]. Gerade angesichts der Herausforderung, die das in der Rede vom „Tode Gottes“ enthaltene Wahrheitsmoment für die

---

[43] *K. Barth* 217, vgl. 219.275.
[44] Vgl. *K. Barth* 100f.170.173.186.219 u.ö.
[45] Vgl. *Figl* 208–265.
[46] *Pannenberg* 1972, 32.

Theologie bedeutet, ist sie aufgerufen, jede ihrer Aussagen auf dem Felde der Vernunft auszuweisen. Dies gilt auch hinsichtlich des Gottesgedankens; dieser ist zuerst als anthropologisch konstitutiver Gedanke aufzuzeigen. Die Auseinandersetzung mit dem Atheismus wird also zuerst auf der Ebene allgemeiner menschlicher Erfahrung und Erkenntnis, also im Bereich der Anthropologie geführt, und erst danach wird die konkret im Glauben erfahrene geschichtsbestimmende Macht des sich offenbarenden Gottes mit nichttheistischen Wirklichkeitsdeutungen konfrontiert.

3. Desiderate für ein theologisches Gespräch mit dem Atheismus

1) Die Kenntnis der differenzierten Phänomenologie des gelebten und theoretisch formulierten Atheismus ist eine grundlegende Voraussetzung für ein Gespräch mit ihm. Trotz der beachtlichen Vorstöße auf dem II. Vaticanum und im Gefolge davon in der neueren Theologie ist mit K. Rahner[47] festzustellen, „daß die konkrete Kirche im großen und ganzen noch einen bedeutenden Nachholbedarf [hat], um wirklich selber dialogfähig zu werden". Außer einem echten Hören auf die Argumente des Gesprächspartners (das auch den Versuch, das nicht mehr verbal Artikulierte darin zu erfassen, einschließt) stellt die Begegnung auch gewisse hermeneutische Anforderungen an die Darlegung des Glaubens selbst. Er wäre nicht im allgemeinen vorzustellen, sondern gerade unter den Aspekten, die dem Atheisten besonders schwer vollziehbar erscheinen; und das sind wohl die wesentlichen Wahrheiten des christlichen Glaubens. Es würde sich dabei um eine erste Annäherung an die Wahrheit des Christentums handeln, und bei gelingendem Verstehen müßte ein tieferes Eindringen in die gesamte Sinnwelt des Glaubens folgen.

2) Die Begegnung müßte sich zunächst gewiß im Bereich der Anthropologie vollziehen, wobei die Beschränkung auf eine primär rationale Argumentation verfehlt wäre, da es in der Rede über Gottes Dasein oder Nichtsein immer schon um das Ganze der menschlichen Existenz geht. Der rationalistisch verengte Verstandesbegriff müßte aufgebrochen werden zu einem hermeneutischen Vernunftverständnis, das in der Lage wäre, Grunderfahrungen des Daseins möglichst angemessen zur Sprache zu bringen. Der Anfang menschlichen Daseins, die Unvergleichlichkeit personaler Begegnung, die Erfahrung des Leidens und schließlich des Todes sind Basis-Phänomene, von denen aus der Dialog mit dem Atheisten zur Erkenntnis Gottes hinführen kann. Freilich darf der christliche Gesprächspartner nicht den Anschein erwecken, allein aus eigener Vernunftanstrengung die strittigen Phänomene des Daseins deuten zu wollen, er kann vielmehr bei aller um des Dialoges willen erforderten Suche nach der mit dem Atheisten gemeinsamen Gesprächsebene durchaus aus dem Bewußtsein sprechen, daß es die im Glauben geschenkte Hermeneutik ist, in der er den endgültigen Sinn der Existenz im ganzen erfährt.

---

[47] *Rahner* 1981, 7.

LITERATUR

Anneser, S., Glaube im Ungläubigen / Unglaube im Gläubigen. Kevelaer 1972 (Lit.).
L'Ateismo contemporaneo. Hg. v. Facoltà Filosofica della Pontificia Università Salesiana di Roma. 4 Bde. Turin 1968–1971.
Art. Atheismus, in: TRE 4, 349–436 (Lit.).
Barth, H.-M., Atheismus und Orthodoxie. Göttingen 1970.
–, Atheismus. Geschichte und Begriff. München 1973.
Biser, E., „Gott ist tot". Nietzsches Destruktion des christlichen Bewußtseins. München 1962.
–, Theologie und Atheismus. München 1972.
Bloch, E., Atheismus im Christentum. Frankfurt 1968.
Bockmühl, H., Atheismus in der Christenheit 1. Wuppertal 1969.
Buber, M., Gottesfinsternis. Zürich 1953 (= Werke I [München 1962] 503–603).
Charron, A., Les catholiques face à l'athéisme contemporain. Montréal 1973.
Coreth, E. – Lotz, J. B. (Hg.), Atheismus kritisch betrachtet. München 1971.
Evangelizzazione e ateismo. Atti del Congresso Internazionale su Evangelizzazione e ateismo. Roma 6–11 ottobre 1980. Roma 1981.
Fascher, E., Der Vorwurf der Gottlosigkeit in der Auseinandersetzung bei Juden, Griechen und Christen, in: O. Betz u. a. (Hg.), Abraham unser Vater. Leiden 1963, 79–105.
Figl, J., Atheismus als theologisches Problem. Modelle der Auseinandersetzung in der Theologie der Gegenwart. Mainz 1977.
Kern, W., Atheismus – Christentum – emanzipierte Gesellschaft. Zu ihrem Bezug in der Sicht Hegels, in: ZKTh 91 (1969) 289–321.
–, Atheismus – Marxismus – Christentum. Innsbruck ²1979.
Kern, W. – Kasper, W., Atheismus und Gottes Verborgenheit, in: CGG 22, 5–57.
Lacroix, J., Wege des heutigen Atheismus. Freiburg 1960.
Lotz, J. B., In jedem Menschen steckt ein Atheist. Frankfurt 1981.
Lubac, H. de, Die Tragödie des Humanismus ohne Gott. Feuerbach – Nietzsche – Comte ... Salzburg 1950; Neuausgabe: Über Gott hinaus. Einsiedeln 1984.
–, Athéisme et sens de l'homme. Une double requête de „Gaudium es spes". Paris 1968.
Mauthner, F., Der Atheismus und seine Geschichte im Abendlande. 4 Bde. Hildesheim (1922/23) ²1963.
Pannenberg, W., Gottesgedanke und menschliche Freiheit. Göttingen 1972.
Pottmeyer, H.-J., Der Glaube vor dem Anspruch der Wissenschaft. Die Konstitution über den katholischen Glauben „Dei Filius" des Ersten Vatikanischen Konzils ... Freiburg 1968.
Rahner, K., Zur Lehre des II. Vatikanischen Konzils über den Atheismus, in: Conc(D) 3 (1967) 171–180.
–, Atheismus und implizites Christentum, in: Schriften VIII (1967) 187–212.
–, Kirche und Atheismus, in: StZ 199 (1981) 3–13.
Scienza e non credenza. Hg. v. Segretariato per i non credenti. Città del Vaticano 1980.
Welte, B., Die philosophische Gotteserkenntnis und die Möglichkeit des Atheismus, in: *ders.*, Zeit und Geheimnis. Freiburg 1975, 109–123.
–, Religionsphilosophie. Freiburg 1978.
Wucherer-Huldenfeld, A. K., Marx und Freud, in: ThPQ 122 (1974) 14–23.
Wucherer-Huldenfeld, A. K. – Figl, J. – Mühlberger, S. (Hg.), Weltphänomen Atheismus. Wien 1979.

6. KAPITEL

DIE KRITIK DER RELIGION

Richard Schaeffler

Religion und Religionskritik sind heute gemeinsam rechenschaftspflichtig geworden. Rechenschaftspflichtig ist die Religion, denn sie hat unter dem Einfluß der Kritik jene Selbstverständlichkeit verloren, mit der sie früher das öffentliche Bewußtsein und die öffentliche Praxis bestimmt hat; rechenschaftspflichtig ist heute aber auch die Religionskritik, denn die Aufklärung hat jene allgemeine Freiheits- und Friedensordnung nicht herstellen können, die man sich ursprünglich einmal für den Augenblick erwartet hatte, in dem „Aberglaube" und „Fanatismus" der Herrschaft der Vernunft gewichen sein würden. Weder die Religion noch die Religionskritik können heute ihres Rechts fraglos gewiß sein. Aber beide können nur gewinnen, wenn sie sich voneinander kritisch bzw. metakritisch befragen lassen[1].

§ 1. Kritik als Aufgabe der Religion

Zunächst ist an einen historischen Sachverhalt zu erinnern: Kritik im allgemeinen und Religionskritik im besonderen waren religiöse Aufgaben, ehe es eine auf Philosophie und Wissenschaft basierende Religionskritik gab. Und sie würden auch dann religiöse Aufgaben bleiben, wenn Philosophie und Wissenschaft aufhören würden, religionskritische Argumente vorzubringen[2].

Zur Begründung dieser These kann hier nur auf ein besonders wichtiges kritisches Implikat des religiösen Bewußtseins hingewiesen werden: Die Religion deutet alle Elemente der Erfahrungswelt als Bilder und Gleichnisse. Das Bild, zu dem für die Religion alles Erfahrbare wird, ist kostbar; denn in der Gestalt des sinnenhaft anschaubaren Bildes wird dem religiösen Bewußtsein das Göttliche gegenwärtig. Aber das Bild ist vorläufig. Es darf sich nicht an die Stelle des Gottes setzen, dessen Gegenwart es vermittelt. Und wo der Gott selber erscheint, zerbricht die Welt der Bilder.

---

[1] Eine detaillierte Darstellung der Aufgaben, der Geschichte und der Zukunfts-Chancen dieses Dialogs kann im Rahmen dieses Beitrages nicht gegeben werden. Ich verweise hierzu auf mein im Erscheinen begriffenes Buch: „Religion und Religionskritik – ein Dialog?"

[2] Vgl. *R. Schaeffler,* Religion und kritisches Bewußtsein. Freiburg 1973.

Die Religion hat also gegenüber der Erfahrungswelt kritische Funktion, indem sie alles, was uns in der Erfahrung begegnet, als Bild und Gleichnis sieht und es so vom Göttlichen selbst unterscheidet. Die Würde alles Weltlich-Wirklichen besteht darin, auf ein Anderes, Göttliches zu verweisen und dessen Gegenwart zu vermitteln, nicht selber das Göttliche zu sein. Aber eben darum hat das religiöse Bewußtsein nicht nur welt-, sondern auch religionskritische Funktion. Denn auch die Religion selbst verläßt die Welt der Bilder nicht; sie ist Zeichendeutung durch Zeichensetzung. Dadurch hält sie die Erfahrungswelt dafür offen, Bild für das von ihr Verschiedene zu sein. Aber daß solche Vermittlung nötig ist, beweist (und viele Mythen sprechen ausdrücklich davon), daß die Religion ihren Ort in einer Welt hat, in die hinein das Göttliche aus einer charakteristischen Ferne her ankommen muß. Religion ist insofern Platzhalterschaft Gottes in einer Welt, die von der Erfahrung der Gottesferne gekennzeichnet ist, und sie hat selbst an dieser Gottesferne Anteil. In vielen Texten und Riten der Religionen spricht sich das Bewußtsein aus, daß die Religion selber aufhören wird, wenn die Gottheit wiederkehrt, wenn sie unmittelbar, sichtbar unter den Menschen wohnen wird, so daß weder Tempel noch Altar notwendig sein werden. Die Ankunft des Gottes ist stets zugleich die Krisis der Religion. Und sie kann nur dann Platzhalterin dieser Ankunft sein, wenn sie selbstkritisch diese ihre eigene Krise antizipiert. Insofern widerfährt der Religion nichts Fremdes, für sie schlechterdings Überraschendes, wenn nun auch von seiten der Philosophie und Wissenschaft an ihr Kritik geübt wird.

Statt dessen ergibt sich aus der Begegnung zwischen derjenigen Religionskritik, die im religiösen Bewußtsein selber impliziert ist, und jener anderen Form von Religionskritik, die auf Argumenten der Philosophie und der Wissenschaft beruht, die Chance eines Dialogs.

§ 2. Eine europäische Sonderentwicklung und ihre Chancen

Es läßt sich zeigen, daß die Chance für einen solchen Dialog im europäisch geprägten Kulturraum besonders groß ist, weil hier sowohl die Religion als auch die Religionskritik eine spezifische Entwicklung genommen haben: Hier begegnet eine bewußt vernunftkritische Form des Vernunftgebrauchs (die Philosophie in ihrer durch Sokrates geprägten Gestalt) einer bewußt religionskritischen Form von Religion (der jüdisch-christlichen Glaubensüberlieferung).

Philosophie, wie Sokrates sie verstand, ist nicht Anmaßung absoluten Wissens, sondern Kunst des Fragens. Als solche Fragekunst ist sie kritisch gegenüber vermeintlichem menschlichem Wissen, ebenso kritisch freilich gegenüber dem Anspruch religiöser Menschen, aus göttlicher Quelle ein Wissen von göttlichen Dingen geschöpft zu haben. Sie ist infolgedessen religionskritisch, gerade weil sie vernunftkritisch ist.

Dieses vernunftkritische und deshalb auch religionskritische Philosophieren ist nun im europäischen Kulturraum einer religiösen Überlieferung begegnet, die ihrerseits auf einem langen historischen Wege ausdrücklich kritische, und zwar auch und insbesondere religionskritische Gestalt gewonnen hat.

Das biblische Verbot, „fremden Göttern zu dienen“, stellte die Israeliten vor die Wahl zwischen den Baals-Göttern der Fruchtbarkeit, den Molochgöttern der Sippe und dem „Gott, der dich aus Ägypten geführt hat“, der also dem Volk nicht naturhaft zugehörte wie die Mächte der Scholle und des Blutes, sondern durch freie Erwählung und durch die Aufforderung zu ebenso freier Antwortwahl[3]. Darum mußte von nun an auch der Fromme sich selbstkritisch fragen, ob und wieweit er das geschichtliche Verhältnis zwischen göttlicher und menschlicher Freiheit in seiner Religion nicht wieder zu einem naturhaften, auf die Kräfte des Bodens und Blutes gegründeten Verhältnis hat entarten lassen.

Als sich die Monolatrie, die Verehrung eines einzigen Gottes, zum Monotheismus wandelte, d. h. zu dem Bekenntnis zu dem einen Gott, der keine anderen Götter außer sich hat, erschienen die Verehrer fremder Götter nun nicht mehr als Diener konkurrierender, aber wirklicher Gottheiten. Sie beten vielmehr, so sagen nun die Propheten, wo sie Göttern zu dienen meinen, das Werk ihrer eigenen Hände und damit zuletzt sich selber an[4]. Darum mußte von nun an auch der Fromme sich fragen lassen, ob er nicht im Gewande seines Gottesdienstes auf versteckte Weise seine eigene Ehre gesucht hat, ob seine Religion nicht indirekte Selbstanbetung ist.

Bei ihrer Befreiung aus der babylonischen Knechtschaft begegneten die Juden der dualistischen Religion der Perser mit ihrer schroffen Unterscheidung zwischen „dieser“ und der „kommenden Welt“. Aber sie durchschauten bald, daß dieser Dualismus der Weltalter eine Ideologie der Sieger darstellte, die sich als die Richter über die bestehende Welt wußten und deshalb alle die, deren Widerstand sie brachen, als die zu Recht Gerichteten interpretierten. Darum widerstanden die Juden solchem Dualismus durch ihr Bekenntnis zu dem einen Gott, der Alpha und Omega zugleich ist und vor dem nicht die Reinen auf Rechtfertigung hoffen können, sondern die, die durch das göttliche Gericht (in der Zerstörung des alten Jerusalem) gegangen sind. Darum mußte von nun an auch der Fromme sich selbstkritisch daran erinnern, daß sein Heil nicht auf seiner ruhmreichen Geschichte beruht, sondern auf dem Wunder der ungeschuldeten Vergebung. Nicht zufällig hat der Versöhnungstag sich im Exiljudentum zum höchsten Feiertag des jüdischen Festkreises entwickelt.

Der Einfluß der Exilpropheten, vor allem des Deutero-Jesaja, auf die Theologie des Apostels Paulus ist unverkennbar. Zu Jesus, der sich für die Sünder hingibt und für sie „zum Fluch geworden“ ist, kann sich nur derjenige bekennen, der in seiner Nachfolge das Gericht über die Welt nicht nur predigt, sondern auf sich nimmt. Der Versuch, „eine eigene Gerechtigkeit aufzurichten“,

---

[3] „So wählet heute, wem ihr dienen wollt: den Göttern, die eure Väter jenseits des Stromes verehrt haben, oder den Göttern der Amoriter, in deren Land ihr siedeln wollt. Ich aber und mein Haus, wir wollen dem Herrn dienen“ (Jos 24,15).

[4] „Der Heiden Götzen sind nur Gold und Silber, ein Gemächte von Menschenhand“ (Ps 115,4; 135,15 u.ö.).

wird demgegenüber zur „Sünde“ im Singular, zur Verweigerung gegenüber der Gnadenzusage Gottes, erklärt. Darum muß der Christ sich selbstkritisch fragen, inwieweit er seine Frömmigkeit in „Selbst- und Werkgerechtigkeit“ hat entarten lassen, statt sich unter Gottes Gericht zu beugen, um so und nur so seine Gnade zu erfahren[5].

§ 3. Gemeinsamer Maßstab der Bewährung

Die Philosophie als vernunftkritische Form des Vernunftgebrauchs und die jüdisch-christliche Glaubensüberlieferung als ausdrücklich religionskritische Form der Religion haben eine für Europa charakteristische Chance der Begegnung von Religion und Religionskritik entstehen lassen. In dieser Begegnung gibt es für beide einen gemeinsamen Maßstab ihrer Bewährung: die Fähigkeit, die Doppelgefahr von Bilderanbetung (Idololatrie) und Bilderzerschlagung (Ikonoklasmus) zu überwinden.

Die Aufgabe der Religion, Ferne und Gegenwart des Göttlichen im Bild zu vermitteln, legt die Neigung nahe, das Bild, in welchem der Gott gegenwärtig wird, mit diesem selbst zu verwechseln. Aus der selbstkritischen Einsicht in diese Gefahr resultiert die komplementäre Neigung, in der Zerschlagung der Bilder eine fiktive Unmittelbarkeit zu Gott gewinnen zu wollen. Die Religion steht immer wieder vor der Aufgabe, den dritten Weg zu finden, der über diese beiden Gefahren hinausführt.

Die Doppelgefahr von Idololatrie und Ikonoklasmus hat Analogien in Philosophie und Wissenschaft. Es gibt einen „Tatsachenkult“, der in dem, was uns vor Augen steht, die letzte, sich selbst begründende Wirklichkeit zu sehen meint, und einen „Begriffsfetischismus“, der glaubt, in Begriffen des reinen Denkens der absoluten Wirklichkeit gewiß zu sein. Und es gibt einen politisch-moralischen „Programm-Fetischismus“, der meint, er könne die Inhalte absoluter Hoffnung ins unmittelbar Machbare übersetzen.

Es gibt aber auch, in Abgrenzung gegenüber dem positivistischen Tatsachenkult, einen antisensualistischen Ikonoklasmus, der die Sinnenwelt insgesamt als eine Welt des Scheins abwertet, und es gibt eine irrationalistische Variante der Bilderstürmerei, die fürchtet, die Begriffswelt schiebe sich wie eine Blende zwischen die Wirklichkeit und unser geistiges Auge, und die deshalb von der illusionären Hoffnung erfüllt ist, durch Zerschlagung der Begriffe, in der Erfahrung des Paradoxen und Absurden, unmittelbar „zu den Sachen“ zu kommen. Auf dem Felde moralisch-politischer Praxis tritt die Gefährlichkeit dieses ikonoklastischen Verhaltens besonders deutlich zutage: Man reagiert auf alles „Machbare“ mit einer Art von zornigem Haß, diffamiert alle Formen der Handlungsorganisation und der institutionalisierten Kooperation als bloße

---

[5] „Indem sie ihre eigene Gerechtigkeit aufzurichten suchen, unterwerfen sie sich der Gerechtigkeit Gottes nicht“ (Röm 10,3).

Mechanismen der Entfremdung und sucht den Heilsweg in der bloßen Negation.

Die Suche nach dem dritten Weg, der über Idololatrie und Ikonoklasmus hinausführen soll, ist also eine Aufgabe, die nicht nur der Religion, sondern auch der Philosophie und Wissenschaft gestellt ist. Diese Aufgabe ist folglich ein Thema, das die religiöse und die philosophisch-wissenschaftliche Form des kritischen Bewußtseins miteinander verbindet und an der beide sich zu bewähren haben.

§ 4. Religionskritik in der Form der Dialogverweigerung

Die Einsicht, daß eine fruchtbare Begegnung zwischen der Philosophie, also einem vernunftkritischen Vernunftgebrauch, und der jüdisch-christlichen Glaubensüberlieferung, also einer explizit religionskritischen Form von Religion, möglich ist und daß diese Begegnung angesichts gemeinsamer Aufgaben dringlich ist, kann jedoch die Tatsache nicht aus der Welt schaffen, daß die Religionskritik in ihren älteren Formen von der Absicht geleitet war, nicht in einen Dialog mit der Religion einzutreten, sondern sie zu überwinden. Antike Kritiker sahen in der Religion teils den Ausdruck einer vorwissenschaftlichen und deshalb überwindungsbedürftigen Art der Welterklärung[6], teils die Quelle eines Fanatismus, der das sittliche Empfinden verdirbt[7]. Die Erfahrung, daß politische Instanzen gegen die Religionskritik Widerstand leisteten und sie nach Möglichkeit gewaltsam zu unterdrücken versuchten (z. B. in Gerichtsverfahren unter der Anklage der „Asebie", d. h. des Verstoßes gegen die Götterverehrung), wurde mit dem Verdacht beantwortet, die Religion sei ein Mittel zur Erhaltung von Macht und zur moralischen Diffamierung politischen Widerstands. Alle diese Vorwürfe gegen die Religion, die schon im Altertum formuliert worden sind, wurden seit der Aufklärungszeit gegen das Christentum gewendet[8].

Daß es auch Formen politischer Macht geben kann, die nicht an der Erhaltung, sondern an der Unterdrückung der Religion interessiert sind, und daß unter solchen Bedingungen nicht die Religion, sondern die Religionskritik zum Mittel politischer Machterhaltung wird, ist eine Erfahrung, die unserem Jahr-

---

[6] Vgl. den Spott des Komödiendichters Aristophanes über die mythologischen Erklärungen des Regens oder des Donners in „Die Wolken", Vers 367–411.

[7] Auf die verderblichen Folgen des Fanatismus, der aus der Furcht vor den Göttern entstehe, bezieht sich die oft zitierte Anklage: „Tantum religio potuit suadere malorum – Zu so gewaltigen Untaten konnte [nur] Religion die Menschen verführen" (*Lukrez*, De rerum natura I 101).

[8] „Szepter und Weihrauchfaß haben sich verschworen, um den Himmel zu entehren und die Erde zu unterwerfen" (M. Robespierre in seinem Antrag an die Nationalversammlung „Sur les rapports des idées religieuses et morales avec les principes republicains et sur les fêtes nationales", ed. Bouloiseau et Soboul X 442–465.458).

hundert vorbehalten blieb. Diese Erfahrung macht deutlich, daß nicht nur eine Ideologiekritik der Religion, sondern auch eine Ideologiekritik der Religionskritik notwendig ist.

Alle diese Argumente der Religionskritik hatten freilich auf überzeugte Anhänger der Religion eine vergleichsweise geringe Wirkung. Umgekehrt vermochte die Berufung auf religiöse Erfahrung die Kritiker der Religion nicht zu überzeugen. Der Streit zwischen der Religion und ihren Kritikern schien nicht durch Argumente entscheidbar zu sein. Daraus zog eine jüngere Form der Religionskritik die Folgerung: Eine nicht entscheidbare Frage scheint eine falsch gestellte Frage zu sein. Eine in jüngster Zeit besonders weitverbreitete und wirkungsvoll vorgetragene Variante dieser Art von Religionskritik besagt: Weder die religiösen Behauptungen noch ihre religionskritischen Bestreitungen sind wahr; denn beide Arten von Aussagen erfüllen nicht die gemeinsame Bedingung, die sowohl wahre als auch falsche Aussagen erfüllen müssen: die Bedingung, sinnvoll zu sein. Die religiösen Aussagen aber, und ebenso die traditionellen Formen der Religionskritik, so wird nun gesagt, beruhen auf Sätzen, die weder wahr noch falsch, sondern sinnlos sind. Sie sagen nicht über einen wirklichen Gegenstand etwas Unzutreffendes, sondern sie stellen über Scheingegenstände Scheinaussagen auf. Religiöse Aussagen und ihre Bestreitungen geraten gemeinsam unter „Sinnlosigkeitsverdacht"[9].

Der Sinnlosigkeitsverdacht ist eine besonders radikale Form der Dialog-Verweigerung. Denn wem man vorwirft, er stelle unwahre Behauptungen auf, mit dem kann und muß man streiten; von wem man dagegen meint, er stelle sinnlose Sätze auf, mit dem kann man nicht reden. Der Sinnlosigkeitsverdacht ist daher diejenige Form jüngerer Religionskritik, deren Breitenwirkung in der Gesellschaft die Neigung verstärkt, nicht gegen Religion zu polemisieren, sondern sich für Religion nicht einmal mehr in der Form ihrer Ablehnung zu interessieren.

Der Sinnlosigkeitsverdacht gegen die Aussagen der Religion ist vor allem von Vertretern der „Analytischen Philosophie" vertreten worden. Das wichtigste Argument lautet: Religiöse Menschen benutzen die Vokabel „Gott" bald als Eigenname („O Gott, ich danke dir"), bald als Prädikator („Der Herr allein ist Gott"). Aber die Vokabel „Gott" erfülle weder die Bedingungen für den Gebrauch als Eigenname noch die Bedingungen für den Gebrauch als Prädikator.

Um einen Eigennamen zu gebrauchen, sei es nötig, eine Situation anzugeben, in welcher die so benannte Person oder Sache eindeutig identifizierbar und von jeder anderen Person oder Sache eindeutig unterscheidbar begegnet. Eine solche Situation, in der Gott eindeutig identifizierbar und unterscheidbar begegnet (eine eindeutige Theophanie), gebe es aber nicht. So sei die Frage „Gott – wer ist das?" unbeantwortbar.

Um einen Prädikator zu gebrauchen, müsse ein Kriterium angegeben werden

[9] Eine gute Zusammenfassung dieser Argumentationen bietet *F. Ricken*, Sind Sätze über Gott sinnlos?, in: StZ 193 (1975) 435–452.

können, an dem sich entscheiden lasse, ob dieser Prädikator auf die zur Rede stehende Person oder Sache zutrifft. Ein solches Kriterium, an dem sich entscheiden läßt, „was jemand sein oder tun muß, wenn er ein Gott ist" (z. B. eine eindeutig nachweisbare Wundertat), gebe es nicht. Die Frage: „Was ist jemand, wenn er ein Gott ist?", sei unbeantwortbar[10].

Freilich gebrauchen religiöse Menschen, ohne Rücksicht auf solche Einwendungen, die Vokabel „Gott". Aber dies kommt, wie der Analytiker Antony Flew meint, daher, daß diese Vokabel früher einmal durchaus sinnvoll verwendet wurde: Frühere Menschen meinten ja, eindeutige Theophanien und eindeutige Erweise der Gottheit des von ihnen verehrten Gottes (Wunder) angeben zu können. Aber unter dem Einflusse der Kritik haben sie solche Behauptungen immer weiter modifiziert, schließlich auf die eindeutige Identifikation von Theophanien und Wundern ganz verzichtet – mit dem Ergebnis, daß ihre Behauptungen nun zwar gegen jede Kritik immun geworden seien, aber nur deshalb, weil sie jeden Bedeutungsgehalt verloren haben. Die Vokabel „Gott" sei so zur leeren Worthülse geworden; die religiösen Aussagen seien „den Tod der tausend Modifikationen gestorben"[11].

Die Vertreter der Religion, so könnte man dieses Ergebnis deuten, haben sich aufgrund ihrer eigenen Fähigkeit zur Selbstkritik auch die Argumente der philosophisch-wissenschaftlichen Religionskritik in solchem Maße zu eigen gemacht, daß sie schließlich ihre eigenen Aussagen jedes Gegenstandsbezugs und Bedeutungsgehalts beraubt haben. Am Ende des Dialogs zwischen Religion und Religionskritik stünde so die Selbstauflösung der Religion. Theologien, die vom „Tod Gottes" sprechen, scheinen dies zu bestätigen.

§ 5. Formen einer hermeneutisch-therapeutischen Religionskritik

Die Selbstauflösung der Religion durch den „Tod der tausend Modifikationen" könnte wie der Sieg der Religionskritik über die Religionen erscheinen, die ihre Niederlage internalisiert hat. Aber angesichts der gemeinsamen Aufgaben, die der Philosophie und der Religion gestellt sind – insbesondere angesichts der noch immer nicht endgültig überwundenen Doppelgefahr von Idololatrie und Ikonoklasmus –, müßte ein solches Ergebnis nicht nur die Anhänger der Religion, sondern auch ihre Kritiker enttäuschen. Denn die Philosophie muß, auch wo sie radikal religionskritisch argumentiert, um ihrer eigenen Sache willen daran interessiert sein, daß die kritisch-selbstkritischen Impulse, die innerhalb der Geschichte der Religionen entwickelt worden sind, erhalten bleiben. Aus solchen Überlegungen entstand eine Art von Religions-

---

[10] Vgl. *J. M. Crombie,* The possibility of theological statements, in: *B. Mitchell* (Hg.), Faith and Logic. London 1957, 31–83; deutsch in: *I. U. Dalferth* (Hg.), Sprachlogik des Glaubens. München 1974, 96–145.

[11] Vgl. *A. Flew – A. MacIntyre* (Hg.), Essays in Philosophical Theology. London 1955; deutsch in: *Dalferth* 84–95.

kritik, die ihre Aufgabe nicht darin sieht, Religion einfach zum Verschwinden zu bringen oder ihre Aussagen für sinnlos zu erklären, sondern darin, sie auf neue Weise zu dolmetschen. Ziel dieser Dolmetscherkunst oder Hermeneutik ist es, dasjenige, was man für den wahren Kern der Religion hält – und das ist vor allem ihr kritischer Impuls –, so herauszuarbeiten, daß sein religiöser Charakter dabei verschwindet.

Das Programm einer solchen Religionskritik hat Ludwig Feuerbach formuliert: „Ich ... lasse die Religion sich selbst aussprechen; ich mache nur ihren Zuhörer und Dolmetscher, nicht ihren Souffleur."[12] „Der Verfasser muß jedoch den geneigten, insbesondere aber den ungeneigten Leser ersuchen, nicht außer acht zu lassen, ... daß überhaupt zwar der Inhalt dieser Schrift ein pathologischer oder physiologischer, aber doch ihr Zweck zugleich ein therapeutischer und praktischer ist."[13] Es ist offenkundig, daß auch Sigmund Freud durch sein Verfahren, religiöse Vorstellungen als Symptome einer seelischen Krankheit verständlich zu machen, eine therapeutische Absicht verfolgt. Schließlich kann unter einer eingeschränkten, aber wichtigen Hinsicht auch Karl Marx diesem Typus von Religionskritik zugerechnet werden.

1. Ludwig Feuerbach und die transzendentale Reflexion

Feuerbach glaubte, schon in der Theologie seiner Zeit die Tendenz zu beobachten, Aussagen über Gott in Aussagen vom Menschen zu verwandeln. „Die Theologie ist längst zur Anthropologie geworden."[14] Aber diejenige Anthropologie, in die hinein die Theologie sich wirklich verwandeln läßt, meint erst er gefunden zu haben. Man kann sie, obgleich Feuerbach diesen Ausdruck nicht gebraucht, eine transzendentale Anthropologie nennen.

Transzendentalphilosophen fragen: Welches sind die Bedingungen, von denen es abhängt, daß wir uns in unserem Erkennen und Handeln auf Gegenstände beziehen können? Kants Antwort läßt sich so zusammenfassen: Die *Einheit des Ich* und mit ihr zusammenhängend die geordnete *Ganzheit der Erscheinungswelt* sind die Bedingungen, die den Bezug auf Gegenstände möglich machen. Feuerbach hat Kants Antwort auf charakteristische Weise abgewandelt: Objektivität, d. h. Gegenstandsbezug und Gegenstandsgemäßheit, werden in unseren Vorstellungen, Gefühlen und Willensregungen dann erreicht, wenn wir uns nicht als bloße Individuen, sondern als Repräsentanten der Gattung verhalten.

Bei Kant ist das Ich und seine Einheit kein Gegenstand, sondern eine „Idee", d. h. ein Ziel, auf das wir unsere Verstandestätigkeit ausrichten: Wir stellen uns die Aufgabe, in der Vielfalt unserer Eindrücke und Antriebe Einheit des Be-

---

[12] *L. Feuerbach,* Das Wesen des Christentums, Vorrede zur 2. Auflage (1843): WW VII 283.

[13] Ebd., Vorrede zur 1. Auflage (1841): ed. Schuffenhauer V (Berlin [Ost] 1973) 7; ed. Reclam (Stuttgart 1969) 10f.

[14] Ebd. ed. Schuffenhauer V 6; ed. Reclam 10. – Manche jüngeren Entwicklungen der Theologie scheinen Feuerbachs Beobachtung zu bestätigen.

wußtseins und Ganzheit der Welt (der Erscheinungen oder der Zwecke) herzustellen. Ähnlich ist auch Feuerbachs Begriff des „Repräsentanten der Gattung" eine regulative Idee: Wir *sind* nicht überall, wo wir denken, fühlen und wollen, Repräsentanten der Gattung, sondern setzen uns das Ziel, es zu werden.

Dennoch meint Feuerbach, diese Idee müsse uns, damit wir uns auf sie ausrichten können, wenigstens vorläufig als ein Gegenstand anschaulich vor Augen treten. Die Religion aber ist, so meint er, das Stehenbleiben auf dieser vorläufigen Entwicklungsstufe des Bewußtseins: Was der Philosoph als Zielpunkt unserer Bemühungen durchschaut (denke, fühle und wolle so, daß du als Stellvertreter aller anderen Menschen denkst, fühlst und willst), das meint der religiöse Mensch als einen wirklichen Gegenstand sich gegenüberzusehen. Und weil der Mensch hinter dieser regulativen Idee stets zurückbleibt, darum meint der religiöse Mensch, jene Wirklichkeit, vor die er sich gestellt glaubt, herrsche über ihn und überführe ihn seiner Unvollkommenheit. Die Religionskritik überwindet die Religion, indem sie dem Menschen bewußt macht, worin die wahre Bedeutung seiner Vorstellungen besteht: nicht in der Begegnung mit der übermenschlichen Wirklichkeit eines Gottes, sondern in der Konfrontation mit der Idee, Repräsentant der Gattung zu sein[15].

2. *Karl Marx und die soziale Revolution*

Karl Marx stellt nicht die transzendentale Frage. Sein Problem ist, wie es möglich sei, von der Forderung partieller Befreiung einzelner Individuen und Gruppen innerhalb des Systems zur universalen Befreiung, d.h. zur radikalen Systemveränderung, überzugehen. Denn es ist nichts gewonnen, wenn Knechte zu Herren werden und andere Menschen zu Knechten machen; sondern alles kommt darauf an, die Ketten als solche, allgemein und ausnahmslos, zu brechen.

Das Bewußtsein von dieser Notwendigkeit, so meint Marx, entsteht dann, wenn die *Erfahrung systembedingter Entfremdung* gemacht wird. Unterdrückung ist kein Einzelfall, den einzelne böse Menschen verschulden, sondern Folge des Systems, das die Unterdrückten nötigt, ihre eigene Unterdrückung selbst zu produzieren, vor allem, indem sie Sklaven des Waren- und Arbeitsmarktes werden, der doch ein Produkt ihrer eigenen Tätigkeit ist.

In solchen Verhältnissen ist der Mensch in der Tat Objekt seiner Objekte, wie Feuerbach dies nach der Überzeugung von Marx ganz richtig beschrieben hat. Feuerbachs Fehler lag nur darin, daß es ihm nicht in den Sinn kam, diesen Sachverhalt historisch und sozioökonomisch zu begreifen, und daß er es deshalb für unmöglich hielt, diese Entfremdung durch eine revolutionäre Veränderung der sozioökonomischen Verhältnisse zu überwinden[16].

---

[15] „Unsere Aufgabe ist es, eben nachzuweisen, daß der Gegensatz des Göttlichen und Menschlichen ... nichts anderes ist als der Gegensatz zwischen dem menschlichen Wesen und dem menschlichen Individuum" (*Feuerbach* 1841: WW VI 17; ed. Reclam 54).

[16] Auf diesen Mangel an Praxisbezug, nicht auf die theoretischen Grundgedanken von *Feuerbachs*

Innerhalb eines Systems, das die Menschen nötigt, ihre eigene Unterdrükkung zu produzieren, hat, so ist Marx überzeugt, die Religion ihren Ort. Sie ist nicht die verkehrte Darstellung einer wahren Welt, sondern die durchaus adäquate Spiegelung einer verkehrten Welt[17]. An ihr läßt sich ablesen, daß und auf welche jeweils historisch spezielle Art der Mensch nicht Herr seiner selbst ist, sondern darauf angewiesen ist, von fremden Gnaden zu leben oder zu sterben. In diesem Sinne verfahren Marx und vor allem spätere Marxisten mit den Zeugnissen der Religion auslegend und insofern hermeneutisch, allerdings nicht, um etwas über Gott zu erfahren, sondern über die jeweils herrschenden sozialen Verhältnisse.

Die Religion ist freilich nicht nur Spiegelung einer verkehrten Welt, sondern auch Protestation gegen sie[18]. Denn sie entwirft Wunsch- und Zielbilder einer anderen, kommenden Welt ohne Herren und Knechte, ohne unverschuldetes Elend und ohne unverdienten Wohlstand derer, die durch Geburt oder Glücksumstände reich und mächtig sind. Schließlich aber ist die Religion, und darauf richtet sich die schärfste Kritik von Marx, Versöhnung mit dieser verkehrten Welt, weil sie die Hoffnung, an einer kommenden Welt Anteil zu gewinnen, an die Bedingung knüpft, das bestehende Elend geduldig zu ertragen. „Denn wir wissen: Bedrängnis bewirkt Geduld, Geduld bewirkt Bewährung, Bewährung bewirkt Hoffnung, Hoffnung aber läßt nicht zuschanden werden" (Röm 5, 3 f).

Daß die Religion, trotz ihrer Protestation gegen diese böse Welt, den Menschen mit dieser Welt versöhnt, ihm „Blumen an die Kette flicht", ist die Folge eines Mechanismus der Ideologien. Dieser Mechanismus führt dahin, daß die Ideen der Herrschenden eines Zeitalters, die zugleich ihren Interessen dienen, in eben dieser Zeit auch zu herrschenden Ideen werden, d. h. sich auch in Bevölkerungskreisen verbreiten, deren Interessen sie zuwiderlaufen. Denn die Unterdrückten machen die Erfahrung, daß sie, innerhalb des Systems, ihre Lage relativ verbessern können, wenn sie nicht nur ihre ökonomische Praxis den bestehenden Verhältnissen anpassen (z. B. sich als „fleißige und redliche" Arbeiter verhalten, d. h. unterdrückerische Arbeitsverträge erfüllen), sondern auch noch die religiösen Vorstellungen ihrer Unterdrücker übernehmen (d. h. sich als „fromme" und deshalb geduldige Knechte das Wohlwollen ihrer Herren verdienen). So hindert ein falsches Bewußtsein die Unterdrückten daran, ihre wahren Interessen wirksam wahrzunehmen. Und deshalb ist die Entlarvung des falschen Bewußtseins, und speziell die Religionskritik, zugleich von politisch-praktischer Bedeutung[19].

Religionskritik bezieht sich die vielzitierte 11. These von *Karl Marx:* „Die Philosophen haben die Welt nur verschieden interpretiert, es kömmt drauf an, sie zu verändern" (MEW III, [3]1962, 7).

[17] „Die Religion ist die allgemeine Theorie dieser (verkehrten) Welt, ihr enzyklopädisches Kompendium" (*Marx* 378).

[18] „Das *religiöse* Elend ist in einem der *Ausdruck* des wirklichen Elendes und in einem die *Protestation* gegen das wirkliche Elend" (ebd.).

[19] „Wie die Philosophie im Proletariat ihre *materiellen,* so findet das Proletariat in der Philosophie

Am Rande sei vermerkt, daß Lenin aus der gleichen Prämisse eine weitere Folgerung gezogen hat: Wo nämlich die verkehrte Welt ein verkehrtes Bewußtsein erzeugt, da ist es nötig, Freiheit notfalls auch gegen den Willen derer herbeizuführen, die befreit werden sollen. Denn erst die gewaltsam veränderten realen Bedingungen werden jenes veränderte Bewußtsein erzeugen, das notwendig ist, um die Notwendigkeit und Legitimität der Revolution einzusehen. Wenn insbesondere vermieden werden soll, daß die Befreiten sich freiwillig unter das alte Joch zurückbegeben, dann muß, dieser Auffassung nach, die Religion durch die revolutionären Eliten gewaltsam unterdrückt werden.

3. *Sigmund Freud und die Überwindung der Vatersehnsucht*

Soweit Freud in seinen Schriften die Religion zum Thema macht, lautet seine Frage: Wie ist es zu erklären, daß in einer Kultur, die ihren Mitgliedern einen offenkundigen Zuwachs an Lebenssicherung, Bedürfnisbefriedigung und breiter Teilhabe an Bildungsgütern gebracht hat, ein „Unbehagen“ sich ausbreitet, ja eine romantische Sehnsucht nach vermeintlich glücklichen Naturzuständen?[20] Freud meint, das liege daran, daß in der Kultur eine gesteigerte Möglichkeit der Bedürfnisbefriedigung durch einen Verzicht auf unmittelbare Triebbefriedigung erkauft werden mußte, vor allem aber daran, daß der im Vergleich zu früheren Zeiten erstaunliche *Zuwachs an Freiheit* den Preis eines *Verlusts an Geborgenheitserfahrung* gefordert hat.

Die Erfahrung von Freiheitsgewinn und Geborgenheitsverlust macht vor allem der Heranwachsende. Dabei wird zunächst der Wunsch nach Befreiung in Träumen und Mythen vom Vatermord symbolisiert. Der Verlust von Geborgenheit aber weckt die Erinnerung daran, als Kind den Entzug väterlicher Liebe als Strafe erfahren zu haben. So wird auch der Geborgenheitsverlust, den der Heranwachsende erfährt, emotional als Strafe interpretiert und durch Schuldgefühle für den „Vatermord“ beantwortet. Die Folge dieser Schuldgefühle ist, daß die Heranwachsenden beschließen, „seinen [des ermordeten Vaters] Willen fortan zu respektieren“[21], d. h. die verlorene väterliche Autorität zu internalisieren.

In diesem Zusammenhang erscheint die Religion als das Angebot, auch im Erwachsenenalter „Kind“ zu sein, wenn schon nicht mehr Kind eines irdischen und sichtbaren, so nun eines himmlischen und unsichtbaren Vaters. Dieser Wunsch, Kind eines himmlischen Vaters zu sein und so die verlorene Geborgenheit des realen Kindesalters auf neuer Stufe wiederzugewinnen, ist die Quelle jener „Illusion“, die alle religiösen Vorstellungen erzeugt und beständig stabilisiert[22]. Diese Wunschinhalte drängen sich dem Individuum dann mit der

---

seine *geistigen* Waffen, und sobald der Blitz des Gedankens gründlich in diesen naiven Volksboden eingeschlagen ist, wird sich die Emanzipation der *Deutschen* zu *Menschen* vollziehn“ (ebd. 391).

[20] *S. Freud*, Das Unbehagen in der Kultur (1930).

[21] *S. Freud*, Die Zukunft einer Illusion (1927): WW XIV 366.

[22] Daher der Titel des soeben zitierten Werkes.

Unüberwindlichkeit neurotischer Zwangsvorstellungen auf, freilich so, daß sie das Individuum, im Gegensatz zur individuellen Neurose, nicht vereinzeln, sondern in den gesellschaftlichen Verband eingliedern und gerade dadurch vor anderen Neurosen bewahren[23].

Die Hoffnung freilich, durch Erfüllung der Gebote des getöteten Vaters neue Geborgenheit zu erfahren, wird enttäuscht: die Gesellschaft bleibt, im Gegensatz zur Familie, kalt und anonym. Diese Enttäuschung erzeugt neue Schuldgefühle, und diese verstärken die Sehnsucht nach dem himmlischen Vater und führen zu religiösen Fixierungen, die immer deutlicher zwanghaften Charakter annehmen. Die Psychotherapie hat dann die Aufgabe, die Menschen fähig zu machen, ohne fiktive Kindlichkeitsbedürfnisse erwachsen zu werden.

§ 6. Möglichkeiten eines hermeneutischen Wettbewerbs

Angesichts des kritischen Potentials, das der Religion selbst, besonders der jüdisch-christlichen, immanent ist, und angesichts der gemeinsamen Aufgaben, die der religiösen und der philosophisch-wissenschaftlichen Form des kritischen Bewußtseins gestellt sind, kann die Aufgabe der Religionskritik nicht darin bestehen, Religion zur gegenstandslosen und bedeutungslosen Träumerei zu erklären. Sie kann allenfalls, als hermeneutische Religionskritik, versuchen, die Fragestellungen und Aussagen der Religion auf solche Weise neu zu dolmetschen, daß sie ihren spezifisch religiösen Charakter verlieren.

Muß nun die Religion, wenn sie selbstkritisch bleiben will, sich in ein nachreligiöses Bewußtsein transformieren lassen? Wenn sie dies nicht will, wenn sie sich den religionskritischen Argumenten aber auch nicht einfach verweigern kann, ist es ihre Aufgabe, nun ihrerseits mit der Religionskritik hermeneutisch zu verfahren, d. h. die positiven Intentionen dieser Kritik aufzunehmen, sie aber so zu interpretieren, daß nun sie selbst, die Religion, sich als die Einlösung der Postulate ihrer Kritiker erweist. Der Disput zwischen der Religion und ihren Kritikern gewinnt auf dieser Reflexionsstufe den Charakter eines hermeneutischen Wettbewerbs.

Die Leitfrage dieses Wettbewerbs lautet: Wie muß ein Kontext von Begriffen und Argumenten strukturiert sein, damit diejenigen Probleme, die sich sowohl für die Religion als auch für ihre Kritiker als unabweislich erwiesen haben, nicht schon durch die Art ihrer Beschreibung „wegdefiniert", d. h. zu vermeintlichen Scheinproblemen herabgesetzt, aber auch nicht durch die Art der Problemstellung zu unlösbaren Problemen deformiert werden?

---

[23] *Freud* beobachtet, „daß der Frommgläubige in hohem Grade gegen die Gefahr gewisser neurotischer Erkrankungen geschützt ist; die Annahme der allgemeinen Neurose überhebt ihn der Aufgabe, eine persönliche Neurose auszubilden" (ebd. 367).

1. *Freiheitsgewinn, Geborgenheitsverlust und der Disput um das Verständnis menschlicher Sexualität*

Das Zentralproblem der Kulturphilosophie Freuds liegt in der Frage: Wie kann die Freude über gewonnene Freiheit mit der Trauer über verlorene Geborgenheit versöhnt werden? Nach Freuds Auffassung geschieht diese Versöhnung in der Erfahrung der Sexualität. Die hermeneutische Frage lautet: Wie muß die menschliche Sexualität verstanden werden, wenn begreiflich werden soll, daß von ihr die gemeinsame Erfüllung des Willens zur Freiheit und der Sehnsucht nach Geborgenheit erwartet werden kann?

Reichen Begriffe wie „Trieb", „Trieberfüllung" bzw. „Triebverzicht" zur Beschreibung menschlicher Liebeserfahrung aus? Ist die Freiheit, auf die der menschliche Wille sich richtet, als Beseitigung von Hemmnissen der Trieberfüllung und ist Geborgenheit als lustvolle psychosomatische Beziehung zu begreifen? Oder ist die Erwartung, die an solche Trieberfüllung gerichtet wird, nur in einem anderen Verstehenskontext angemessen zu verstehen?

Eine von Freuds Deutung abweichende Interpretation würde besagen: Jene Sexualität, in der sich der Wille zur Freiheit mit der Sehnsucht nach Geborgenheit versöhnt, ist *eine sinnlich erlebbare Gestalt für die Einheit von Selbstfindung und Selbsthingabe.* Selbstfindung durch Selbsthingabe aber ist eine der leitenden Ideen menschlicher Sittlichkeit. Insofern wäre menschliche Sexualität nur angemessen zu begreifen als die Verwandlung der abstrakten sittlichen Idee in konkrete, sinnenhafte Erfahrung.

Aber wie ist das sittliche Postulat selbst zu begreifen, wonach Selbsthingabe der Weg zur Selbstfindung sein soll? Reichen zum Verständnis dieses Postulats Begriffe aus wie „Gewinn an Bedürfnisbefriedigung auf Kosten der Triebbefriedigung" oder „Internalisierung der sozialen Kontrolle in einer anonym werdenden Gesellschaft"? Sittliche Praxis lebt aus der Hoffnung, vorbehaltlose Hingabe an andere Menschen, und zwar auch an ganz Unbekannte in einer anonym gewordenen Gesellschaft, sei nicht die Erniedrigung der eigenen Existenz zum Mittel für die Zwecke der anderen, sondern könne verwandelt werden in die Erfahrung, diese eigene Existenz als Geschenk neu zu empfangen. Ist diese Hoffnung angemessen verstanden als Reminiszenz an die Erfahrung, daß wir als Kinder für Gehorsam mit Liebe belohnt worden sind? Oder ist diese Hoffnung nur in einem anderen Verstehenskontext angemessen zu begreifen?

Eine von Freuds Deutung abweichende Interpretation würde besagen: Die sittliche Idee der Selbstfindung durch Selbsthingabe muß nach einem anderen Modell gedacht werden als dem des Preises (z.B. des Triebverzichts), den wir für einen Gewinn (z.B. Sicherheit oder auch Geborgenheit) zu zahlen haben. Es geht darum, für die sittlich geforderte Selbstlosigkeit einen Ort zu suchen, an dem wir uns nicht ins Namenlose verschwenden, sondern in ein Antlitz schauen. Die religiöse Deutung lautet: Sittlich geforderte Selbstlosigkeit ist Gemeinschaft mit jenem Gott, der sich für die Vielen hingegeben hat und vom Menschen die Nachfolge in dieser Hingabe erwartet, der sich aber zugleich für mich als den jeweils einen und unverwechselbaren Menschen hingibt. Deshalb kann ich gerade dann, wenn ich mich selbst vergesse, ihm als dem Liebenden begegnen. *Wie die Sexualität eine leiblich-sinnliche Konkretion der Sittlichkeit sein soll* (der Idee der Selbstfindung durch Selbsthingabe), *so ist die Sittlichkeit ihrerseits die praktische Konkretion des Glaubens als der Gemeinschaft mit dem Gott, an den und mit dem gemeinsam ich mein Leben verschwenden kann, um es gerade dann, wenn ich es nicht zu retten versuche, neu zu gewinnen.*

Die hermeneutische Frage lautet daher: Ist das Problem von Freiheitsverlust und Geborgenheitssehnsucht klarer gesehen, angemessener erfahren und adäquater beschrieben, wenn es mit Kategorien der Religion oder solchen der psychoanalytischen Religionskritik formuliert wird?

2. *Die Selbstfindung am notwendigen Gegenstand und der Disput um das Verhältnis des Individuums zur Gattung*

Feuerbach hat von einem „Triumph der Gattung über das Individuum"[24] gesprochen, den wir jedesmal erfahren, wenn wir im Erkennen, Fühlen und Wollen von der zufälligen Subjektivität zur allgemeingültigen Objektivität gelangt sind. Die hermeneutische Frage lautet insofern: Wie muß dieser „Triumph" verstanden werden, wenn begreiflich werden soll, daß er nicht als Vernichtung des Individuums, sondern als dessen „Wesensverwirklichung" gelten soll?

Reichen Begriffe wie „zufällige Eigenschaften des Individuums" und „wesentliche Gattungseigenschaften" aus, um begreiflich zu machen, daß das Individuum hoffen kann, gerade dort sein Wesen zu verwirklichen, wo die Gattung über es triumphiert? Oder ist gerade diese Erwartung nur in einem anderen Verstehenshorizont angemessen zu begreifen? Die Religion findet diesen Kontext in der soeben schon erwähnten Einheit der Selbsthingabe Gottes „für die Vielen" und „für mich". Die regulative Idee, die Akte menschlichen Denkens, Fühlens und Wollens den Bedingungen der Objektivität und Allgemeingültigkeit zu unterwerfen, und die dadurch geforderte Selbstlosigkeit des Individuums ist der Nachvollzug der Selbsthingabe Gottes „für die Vielen"; die Hoffnung auf Selbstverwirklichung ist die Hoffnung auf Gottes Selbsthingabe „für mich".

Feuerbach hat es für das Unterscheidungsmerkmal des reformatorischen Glaubensverständnisses gehalten, dieses „pro nobis" und „pro me" aus der Peripherie ins Zentrum gerückt zu haben. Deshalb hat er dem „Wesen des Glaubens im Sinne Luthers" eine eigene Schrift gewidmet. Aber er versucht, dieses

[24] „Ist die wissenschaftliche Begeisterung nicht der schönste Triumph, den die Vernunft über Dich feiert? ... Und wenn Du eine Leidenschaft unterdrückst, eine Gewohnheit ablegst, kurz einen Sieg über Dich selbst erringst, ist diese siegreiche Kraft Deine eigene persönliche Kraft, für sich selbst gedacht, oder nicht vielmehr die Willensenergie, die Macht der Sittlichkeit, welche sich gewaltsam Deiner bemeistert und Dich mit Indignation gegen Dich selbst und Deine individuellen Schwachheiten erfüllt?" (*Feuerbach* 1841: VI 4). Dabei ist es im Sinne Feuerbachs stets die Gattung, die sich in der Allgemeingültigkeitsforderung der Vernunft, des Willens und der Sittlichkeit gegenüber dem Individuum Geltung verschafft.

Glaubensverständnis bis zur Selbstaufhebung des Glaubens fortzuführen. Wie das Wesen der Religion, das „pro me" Gottes, erst im Christentum offenbar geworden sei, so komme das Wesen des Christentums seinerseits erst zutage, wenn es atheistisch interpretiert wird. Weil Gottes Wesen in seinem „Fürmichsein" bestehe, darum sei „Gott ... ein Wort, dessen Sinn nur der Mensch ist"[25].

Die Gegenfrage wird lauten müssen: Kann ein „Fürmichsein", das aufhört, Tätigkeit und Eigenschaft eines Gottes zu sein, dem Menschen seine Identität und unverwechselbare Würde zurückgeben, und kann dies dadurch geschehen, daß dieser ganz zum Repräsentanten der Gattung wird? Ist also Feuerbachs Frage, wie es möglich sei, daß ich an jenem notwendigen Gegenstand, der von mir völlige Selbstlosigkeit fordert, dennoch zu mir selber finde, klarer gesehen und angemessener beschrieben, wenn sie mit Begriffen der Religion oder mit solchen von Feuerbachs Anthropologie interpretiert wird?

3. Die radikale Veränderungsbedürftigkeit der Welt und der Disput um das rechte Verständnis von Elendserfahrung und Befreiungshoffnung

Das Zentralproblem jener Anleitung zur revolutionären Praxis, die Marx geben wollte, liegt in der Frage: Wie muß das soziale Elend verstanden werden, wenn begreiflich werden soll, daß es für den Unterdrückten nicht darum geht, innerhalb des Systems seine Stellung zu verbessern, sondern dieses selbst umzustürzen? Marx hat zu zeigen versucht, daß jede Verbesserung der Stellung innerhalb des Systems durch weitere Entfremdung, durch Anpassung an die Ideen der Herrschenden und damit durch Preisgabe von Selbstbestimmung und menschlicher Würde erkauft wird. Die hermeneutische Frage lautet insofern: Wie müssen Elendserfahrung und Befreiungshoffnung verstanden werden, wenn begreiflich werden soll, daß von der sozialen Revolution nicht nur die Beseitigung von Hunger und Ausbeutung erhofft wird, sondern zugleich die Überwindung aller Entfremdung und die Wiederherstellung der menschlichen Würde?

Reichen Begriffe wie „Produktivkräfte und Produktionsverhältnisse", „Marktwert, Nutzwert und Mehrwert", „Kontrolle über die Produktionsmittel" usw. zur Beschreibung derjenigen Bedingungen aus, die Entfremdung erzeugen und von deren Beseitigung die Wiederherstellung menschlicher Würde erhofft werden kann? Oder ist gerade diese Erwartung nur in einem anderen Verstehenshorizont angemessen zu begreifen?

Hier zeigt sich besonders deutlich, daß es in dem Disput zwischen der Religion und ihren marxistischen Kritikern, trotz allen marxistischen Protests gegen Fragen der „Interpretation", um eine hermeneutische Frage geht. Wir leben in einer Welt, in der die Sicherung der Lebensbedingungen immer wieder die – durch menschliches Fehlverhalten verschärfte – Unterwerfung unter fremde Bestimmung, also einen Verlust an Freiheit und Würde verlangt. Diese Tatsa-

---

[25] *Feuerbach* 1844: VII 325.

che, die den Kern des sozialen Elends ausmacht, wird von religiösen Menschen als Anzeichen für die Ferne Gottes und die Verzögerung der anbrechenden Gottesherrschaft verstanden, in diesem Sinne also als die Spiegelung des wahren religiösen Elends der Menschheit. Marx dagegen versteht alle religiösen Vorstellungen als Spiegelungen des sozialen Elends.

Die hermeneutische Frage lautet daher: Läßt sich das soziale Elend, dessen „Spiegelung" im Bewußtsein nach marxistischer Auffassung Religion erzeugt, im Rahmen einer rein sozialökonomischen Betrachtung angemessen beschreiben? Ist die Hoffnung auf das Gottesreich nur die fiktive Kompensation für die Vergeblichkeitserfahrung, die wir (bisher) gemacht haben, wenn wir uns um Überwindung dieses Elends bemüht haben? Oder macht erst die religiöse Hoffnung uns sensibel dafür, daß es bei der Überwindung des Elends um mehr geht, als um jenen Zuwachs an Wohlstand, den auch die von Marx verachteten „Lumpenproletarier" ersehnen? Ist jene Divergenz zwischen den Bedingungen des Lebens und den Bedingungen der Freiheit und Würde nur die Versinnlichung und praktische Konkretisierung der religiösen Erfahrung vom Ausstehen des Gottesreiches? Oder kurz: Werden Elendserfahrung und Befreiungshoffnung angemessener erfahren und adäquater beschrieben, wenn sie mit sozialen und ökonomischen oder wenn sie mit religiösen Begriffen gedeutet werden?

§ 7. Annäherung an eine Bilanz

Der Disput zwischen der Religion und einigen besonders wichtigen Formen der Religionskritik ist zuletzt als ein hermeneutischer Wettbewerb beschrieben worden. Es ging darum, den Verstehenshorizont zu finden, innerhalb dessen sich diejenigen Erfahrungen und Postulate angemessen begreifen lassen, auf die gerade die Religionskritiker sich berufen. Abschließend soll dieser Disput unter den Maßstab gestellt werden, an dem sich, wie früher ausgeführt wurde, Religion und Religionskritik gemeinsam bewähren müssen. Es geht um *die Frage, welchem der beiden Interpretationsangebote es besser gelingt, über die Doppelgefahr von Idololatrie und Ikonoklasmus hinauszuführen.*

Im Sinne der religiösen Interpretation wird gesagt werden müssen: Die ökonomisch-soziale Gestalt der Entfremdung *ist* nicht das Unheil, aber sie macht erfahrbar, daß wir in einer Welt der Gottesferne und der verzögerten Gottesherrschaft leben. Die Überwindung sozialer und ökonomischer Unfreiheit *ist* nicht das Heil; aber das erhoffte Heil wird uns und unserer Praxis nur dadurch zugänglich, daß wir der Überwindung des sozialen und ökonomischen Elends dienen. Denn der Übergang von der gläubigen Hoffnung zur hoffenden Tat ist stets zugleich der Übergang vom Hören des Wortes zu Taten der Liebe im Dienst am Nächsten und an einer besseren Welt.

Nun gibt es aber offenkundig einen Götzendienst der sozialökonomischen Planung, der das, was auf diese Weise bewirkt werden kann, mit dem erhofften

Heil verwechselt. Und wie jeder Götzendienst, so fordert auch der Götzendienst des sozialökonomischen Plans seine blutigen Opfer, Menschenopfer eingeschlossen. Es fällt nicht schwer, dafür Beispiele aus der jüngeren Geschichte zu finden. Es gibt aber auch auf diesem Gebiete einen Ikonoklasmus. Die heute um sich greifende Feindseligkeit gegen das, was man abstrakt „die Wirtschaft", „die politischen Institutionen", „die gesellschaftlichen Mechanismen" nennt, trägt bilderstürmerische Züge. Und dieser Bilderstürmerei liegt, wie jedem Ikonoklasmus, die Illusion zugrunde, durch Beseitigung solcher Vermittlungsgestalten unmittelbar zur heilbringenden Identität der Person oder der Gesellschaft zu finden.

Ähnliches gilt von der Sexualität. Im Sinne der religiösen Interpretation *sind* die Erfahrungen der Sexualität nicht die erhoffte Versöhnung des Willens zur Freiheit mit der Sehnsucht nach Geborgenheit, wohl aber deren sinnenhaft erfahrbare Konkretion. Nun gibt es zweifellos Formen der heute propagierten und teilweise auch gelebten sogenannten „sexuellen Emanzipation", die sich als Idololatrie der Sexualität begreifen lassen. Sie verstehen die Sexualität nicht als sinnenhafte Gestalt für die erhoffte Versöhnung von Selbsthingabe und Selbstfindung, sondern als diese Versöhnung selbst. Und auch auf dem Altar dieses Götzen werden Opfer gebracht, die den Ruin individueller Lebensgestalt und gesellschaftlicher Lebensfähigkeit zur Folge haben.

Dieser Idololatrie steht ein bilderstürmerischer Eifer gegenüber, der die Sexualität von aller Erwartung personaler Sinnerfüllung durch Selbsthingabe loslöst und sie auf einen rein physiologischen Vorgang und die ihm entsprechende Lustempfindung reduziert. Auch dieser Ikonoklasmus lebt aus der Hoffnung auf Unmittelbarkeit. Er erwartet, daß das Individuum gerade dann, wenn es jede Hoffnung der Selbstfindung durch Selbsthingabe von sich weist, unmittelbar seine Selbstgenügsamkeit erlebt.

Auch Feuerbachs regulative Idee, das Denken, Fühlen und Wollen des Individuums unter das Gebot zu stellen, sich rein als Repräsentant der Gattung zu verhalten, kann offensichtlich götzendienerische Züge annehmen. Im Namen der Vernunft und ihrer Moralität einer Selbsthingabe an die Menschheit übte während der Französischen Revolution das „Comité du salut public" einen Terror aus, der die Züge massenhafter Menschenopfer auf dem Altar einer anonymen, im Namen einer abstrakten Menschheit herrschenden Ratio annahm. Und da Phänomene vergleichbarer Art nicht auf das 18. Jahrhundert beschränkt blieben, ist es begreiflich, daß eine tiefe Skepsis gegenüber allen Idealen vernünftiger Moralität Platz gegriffen hat. Der universale Ideologieverdacht, der heute überall geäußert wird, wo Selbsthingabe für die Vielen als Weg zum Empfang neuen Lebens angepriesen wird, ist der Ikonoklasmus, der jener Idololatrie entspricht.

Angesichts solcher Erfahrungen wird die religiöse Interpretation auf neue Weise bedenkenswert: Ihr gilt die Hingabe an die Menschheit als Versinnlichung und bildhafte Vergegenwärtigung der Gemeinschaft mit einem Gott, der sich „für die Vielen" opferte.

Diese Andeutungen müssen genügen, um eine Perspektive aufzuzeigen: Angesichts der neuen Gestalten, die jene alte Doppelgefahr von Bilderanbetung und Bilderstürmerei angenommen hat, stehen die Religion und ihre Kritiker gemeinsam vor der Aufgabe, den Weg zu finden, der über diese Gefahren hinausführt. An dieser Aufgabe haben sie sich gemeinsam zu bewähren. Und es ist diese Bewährungsprobe, die einer Bilanz der Religionskritik ebenso als Maßstab zugrundegelegt werden muß wie einer Bilanz der religiösen Lebensgestaltung.

PRIMÄRLITERATUR

Beispiele antiker Mythenkritik:
Platon, Euthyphron.
–, Politeia, insbesondere Buch III 595a–608a; vgl. auch 377b und 386a.

Bekämpfung der Religion mit Mitteln der antiken Atomistik:
Titus Lucretius Carus, De rerum natura.

Religionskritik der Aufklärungszeit:
Voltaire: Dictionnaire philosophique. Œuvres complètes de Voltaire. Hg. v. L. Moland. Bd. 17–20. Paris 1878 f; Auswahlübersetzung: *K. Stierle* (Hg.), Voltaire. Aus dem Philosophischen Wörterbuch. Frankfurt 1967.

Klassiker der Religionskritik im 19. Jahrhundert:

L. Feuerbach, Das Wesen des Christentums (1841) WW VI (²1960).
–, Das Wesen des Glaubens im Sinne Luthers (1844) WW VII (²1960) 311–375.
K. Marx, Zur Kritik der Hegelschen Rechtsphilosophie. Einleitung MEW I (1962) 378–398.
K. Marx – F. Engels, Über Religion. Berlin (Ost) (1958) ²1976.
A. Comte, Cours de philosophie positive. 6 Bde. Paris (1830–1842) ⁵1892–1894; deutsch: die 1. und 2. Lektion (Bd. 1) unter dem Titel: A. Comtes Einleitung in die Positive Philosophie. Leipzig 1880; die 46.–60. Lektion (Bde. 4–6) unter dem Titel: Soziologie von Comte. Jena (1907–1911) ²1923.
–, Discours sur l'esprit positif. Paris 1844; deutsch: Rede über den Geist des Positivismus. Hg. v. I. Fetscher. Hamburg (1956) ²1966.
F. Nietzsche, Die fröhliche Wissenschaft (1882): GW. (hg. v. G. Colli – M. Montinari) V/2. Berlin 1973.
–, Also sprach Zarathustra (1883–85): GW. VI/1. Berlin 1968.
–, Der Antichrist (1888): GW. VI/3. Berlin 1969.

Religionskritik im 20. Jahrhundert:

Psychoanalyse:
S. Freud, Die Zukunft einer Illusion (1927): GW. 14. London (1948) ⁵1972, 323–380.
–, Das Unbehagen in der Kultur (1930): ebd. 419–506.

Neopositivismus:
E. Topitsch, Vom Ursprung und Ende der Metaphysik. Wien 1958.

Logischer Positivismus:
A. J. Ayer (Hg.), Logical Positivism. New York 1959.

Marxistischer Humanismus:
E. Bloch, Atheismus im Christentum: GW. 14. Frankfurt 1968.

Kritischer Rationalismus:
H. Albert, Traktat über kritische Vernunft. Tübingen (1968) ⁴1980.
K. Popper, Die offene Gesellschaft und ihre Feinde. 2 Bde. Bern ⁵1977.

SEKUNDÄRLITERATUR

Brakelmann, G. – Peters, K., Karl Marx über Religion und Emanzipation. Bd. I: Stationen auf dem Weg zur Emanzipation. Gütersloh 1975.

Braun, H.-J., Die Religionsphilosophie Ludwig Feuerbachs. Stuttgart-Bad Cannstatt 1972.

Henke, D., Gott und Tragik. Nietzsches Kritik an der Religion. Pfullingen 1981.

Kraus, H.-J., Theologische Religionskritik. Neukirchen-Vluyn 1982.

Lauret, B., Schulderfahrung und Gottesfrage bei Nietzsche und Freud. München 1977.

Post, W., Kritik der Religion bei Karl Marx. München 1969.

Sanchez, J. J., Wider die Logik der Geschichte. Religionskritik und Frage nach Gott im Werk Max Horkheimers. Einsiedeln 1980.

Scharfenberg, J., Sigmund Freud und seine Religionskritik als Herausforderung für den christlichen Glauben. Göttingen 1968.

Weger, K.-H., Der Mensch vor dem Anspruch Gottes. Graz 1981.

– (Hg.), Religionskritik von der Aufklärung bis zur Gegenwart. Autoren-Lexikon von Adorno bis Wittgenstein. Freiburg (1979) ^{4}1983.

Zirker, H., Religionskritik. Düsseldorf 1982.

7. KAPITEL

ÜBER DIE MÖGLICHKEIT, GOTT HEUTE ZU DENKEN

Jörg Splett

„Gott denken“ spricht ein Doppeltes an: einmal die Frage, was unter dem Wort „Gott“ gedacht werden solle; sodann und vor allem, ob ein Urteil über die Existenz des Gemeinten möglich sei. Beides hängt eng miteinander zusammen, so daß sich die Fragen nur gemeinsam beantworten lassen. Thema dieses Kapitels ist also – vor dem Hintergrund des modernen Atheismus und der neuzeitlichen Religionskritik – hauptsächlich das umstrittene Unternehmen „Gottesbeweis“.

§ 1. Gottesbeweise nicht mehr nachvollziehbar?

Hier sind nicht erneut die (eigentlich bestimmenden) *Lebens*gründe für die „neuere Kritik des Theismus“[1] zu erörtern: der „Verlust der Unmittelbarkeit Gottes“, die Radikalisierung der Theodizeefrage, die „Unbrauchbarkeit religiöser Welterklärung“; wir beschränken uns auf die *Theorie*-Diskussion:

> „Es gibt die Gottesbeweise. Seit Kant steht für das redliche Denken fest, daß solche Beweise unmöglich sind, wenn sie für den Verstand erzwingen wollen, wie ich ihn zur Einsicht zwingen kann, daß sich die Erde um die Sonne dreht und der Mond eine Rückseite hat. Aber die Gottesbeweise sind als Gedanken nicht hinfällig, weil sie ihren Beweischarakter verloren haben. Sie bedeuten eine Vergewisserung des Glaubens in Gedankengängen, die, wo sie ursprünglich auftreten, den sie Denkenden durch Selbstüberzeugung wie das tiefste Ereignis des Lebens ergreifen und die, wo sie mit Verständnis nachgedacht werden, eine Wiederholung der Vergewisserung ermöglichen. Der Gedanke als solcher vollzieht im Menschen eine Verwandlung. ... Die Steigerung des Seinsbewußtseins durch ihn wird zur Quelle des Ernstes.“[2]

1. Nach Kant

In der gebotenen Kürze kann man den Aufbau der traditionellen Gottesbeweise dahin charakterisieren, daß im Ausgang von der Kontingenz (d.h. der Nicht-Wesensnotwendigkeit, dem Nicht-aus-sich-Sein) der erfahrbaren Welt mit Hilfe des Kausalitätsprinzips die absolute, selbstgenügende, sich und die Welt

---

[1] *H. Vorgrimler,* Neuere Kritik des Theismus, in: Conc(D) 13 (1977) 142–148.
[2] *K. Jaspers,* Der philosophische Glaube (1948). München 1963, 34f.

(in je verschiedner Weise) begründend tragende Wirklichkeit Gottes erschlossen wird. Den Aufweis der Kontingenz, der seinsmäßigen Zu-fälligkeit des Seienden, unternimmt man dabei von verschiedenen Punkten her: aus der sich selbst nicht erklärenden Zweck- und Ordnungsstruktur, der zeitlichen oder räumlichen Begrenztheit der Welt, ihrer Vielheitlichkeit, Bewegtheit oder Veränderlichkeit.

Dieses Verfahren nun wird heute vielfach nicht mehr akzeptiert, und zwar nicht nur seitens der eigentlich unzuständigen (Natur-)Wissenschaftler, sondern ebenso von Philosophen, auch katholischen, und selbst von Theologen. Den einen ist es zu unwissenschaftlich. Es sei, so heißt es zunächst, überholten antiken Naturauffassungen verpflichtet. Man denke geschlossene Reihen hierarchisch geordneter Ursachen, verstehe Bewegung als Verwirklichung von Möglichkeiten, sehe Qualitäten und Zwecktätigkeiten im Stil aristotelischer Naturbetrachtung, die für die moderne Physik allesamt nicht mehr existierten.

Nun ist die unbestritten noch (?) weithin geltende moderne Sicht der Natur vielleicht doch nicht so unbestreitbar im Recht, wie es ihren Vertretern erscheint. Die Kritik an der neuzeitlichen Physikalisierung nimmt zu[3]. Doch dem zuvor ist die Berufung auf Physik in unserer *metaphysischen* Frage nach der Existenz Gottes schon ein Mißverständnis. Es soll darum gleich eingangs ausgeräumt werden (vor der näheren Erörterung in § 3). Freilich wird es immer wieder von Darstellungen der Gottesbeweise selbst nicht nur nahegelegt, sondern sogar geteilt. Dennoch ist das naturwissenschaftliche Weltbild zweitrangig gegenüber der philosophisch-metaphysischen Frage, um die es im Gottesbeweis geht. Die quantitative Sicht der Naturwissenschaft kennt keine Was- und Wesensaussagen im philosophischen Sinn; ihr – heute eingeschränktes – Kausalitätsgesetz („Gleiche Ursachen – gleiche Wirkungen") meint anderes als das philosophische Prinzip, wonach Kontingentes für sein Existieren einer Wirkursache bedarf; ihre Theorien und Welt(entstehungs)modelle, ob deterministisch oder indeterministisch, indefinit oder finitistisch entworfen, betreffen die Dimension der Erscheinung, nicht das „An sich". So können sie als solche weder Hilfestellung noch Widerstand bei dem entscheidenden Aufschwung aller Gottesbeweise leisten, der vom Bedingten zum Unbedingt-Absoluten führt.

Dagegen meldet sich nun der Vorwurf eines zerreißenden Dualismus, und zwar, so die weitere psychologische Unterstellung, im Dienst theologischer Immunisierung. Aber zu Unrecht. Vielleicht hilft hier ein Beispiel aus dem Bereich zweier anderer Wissenschaften, der Physik und der Mathematik. Niemand wird von Dualismus und Immunisierungsstrategie reden, wenn man sich weigert, der physikalischen Erklärung der Kreidepartikel-Verteilung auf einer Tafel Mitspracherecht über die Richtigkeit des dort aufnotierten Rechenexempels einzuräumen. (Es wäre auch sinnlos, im Zuge „wissenschaftlicher Zusammen-

---

[3] *R. Spaemann – R. Löw,* Die Frage Wozu? Geschichte und Wiederentdeckung des teleologischen Denkens. München 1981.

arbeit" das – zufällige oder determinierte – Zustandekommen der Kreidefiguren $3+6 = 9$ mit deren Zeichen-Bedeutung zu kombinieren.) Natürlich stellt sich die Frage, ob dieser Vergleich der Problemlage ganz gerecht wird. Zunächst wird er es durchaus: insofern es hier tatsächlich um ganz verschiedene Perspektiven geht, die einander weder einschränken noch korrigieren noch ersetzen können, obwohl man sich zum Teil derselben Wörter (wie Ursache, Grund, Bedingung) bedient. Des weiteren wäre dann freilich zu klären: 1. Gesetzt, die Welt sei an sich lesbar – muß sie es dann auch *für uns* sein, und zwar bezüglich dieses An-sich (nicht etwa dessen, was wir vielleicht in sie hineinlesen)? 2. Ist sie *überhaupt* als lesbar zu nehmen, oder geschieht bei jeder Leseweise nur eine „Sinngebung des Sinnlosen" (Th. Lessing)?

Die *erste* Frage hat, wie oben (Kap. 4) dargestellt, Kants theoretische Kritik verneint; sie läßt darum den Über-Schritt zum Unbedingten nicht zu. In der „Kritik der praktischen Vernunft" hat Kant dann *seinen* Weg zu Gott vorgelegt: den des Postulats. Es stammt, als notwendiger theoretischer Satz („Es ist ein Gott"), aus dem Gesetz der praktischen *Vernunft:* Ohne die Möglichkeit einer schließlichen Verbindung von Tugend (Sittlichkeit) und Glück, die nur Gott zu erwirken vermag, würde die sittliche Erfahrung ihres Erfüllungssinnes entbehren. Unerweislich jedoch und bloß eine *Forderung* sei die Behauptung der Existenz Gottes, weil sie nur im angedeuteten Sinnanspruch gründe.

2. Analytische Philosophie

Sucht man nun Kants Kritik mit dem Erweis der konstitutiven Geltung des metaphysischen Kausalprinzips zu begegnen[4] und damit der eigenen Lösung, nämlich der Sinn-Kategorie, ebenfalls (statt bloß regulativer) konstitutive Geltung zuzuerkennen[5], dann erklärt die analytische Philosophie, es werde hier eigentlich nur mit unverständlichen Wörtern gespielt. Damit wird die *zweite* der vorhin gestellten Fragen verneint, jedenfalls seitens der neopositivistischen Schule des Wiener Kreises. Nicht so eindeutig beziehen die Vertreter einer Analyse des tatsächlichen alltäglichen Sprechens Position; die Breite der Deutungen reicht hier vom Nonkognitivismus, wonach es in religiösen Sätzen nicht um erkannte Wirklichkeit, sondern etwa um emotionale Einstellungen geht, bis zur Erschließungstheorie I. T. Ramseys, den man so interpretieren kann, daß „sein Anliegen dasselbe ist wie das der scholastischen Gottesbeweise"[6].

Nun will religiöses Sprechen weder bloß Ausdruck einer Gestimmtheit oder subjektiver Sichtweise sein noch nur eine Sonderformulierung ethischer Imperative, sondern Aussage über die Wirklichkeit, wie sie ist. Daß diese Aussage nicht „interesselos"-theoretisch, sondern motiviert, beteiligt gemacht wird, ist

---

[4] *Brugger* 250–274 (Lit.: 525–529); *Kern* ²1979, 172–179; *Ogiermann* 113–121.

[5] *R. Lauth,* Die Bedeutung des Sinnbegriffs in Kants praktischer Postulatenlehre, in: *H. Rahner – E. v. Severus* (Hg.), Perennitas. Münster 1963, 585–601; *Brugger* 274–276 (Lit.: 529f.).

[6] *F. Ricken,* Sind Sätze über Gott sinnlos?, in: *K.-H. Weger* (Hg.), Religionskritik. München 1976, 101–127, 126.

nicht nur zuzugeben, sondern gerade gefordert (siehe später §§ 2, 4 und 5); aber das mindert nicht ihren Anspruch auf Wahrheit.

3. Antimetaphysischer Personalismus

Was aber, heißt die Gegenfrage, wird hier unter Wahrheit verstanden? Fanden die bisherigen Gegner die Gottesbeweise unwissenschaftlich, so meldet sich von anderer Seite gerade der Vorwurf einer unzulässigen Wissenschaftlichkeit, des Rationalismus. Auch dieser Vorwurf hat, wie der erste, eine lange Tradition. Nach wie vor ist hier vor allem die evangelische Theologie zu nennen; doch auch katholischerseits mehren sich die kritischen Stimmen. Das Schlagwort lautet: Objektivierung.

Vor allem stört der Gebrauch der Ursache-Kategorie: „Gott ist nicht Substanz, sondern Person; nicht Ursache, sondern Partner.“[7] Aber dem ist entgegenzuhalten: „Erstursächlichkeit läßt sich auch auf die Ausdrücke ‚das Haltgebende, Tragende, Bergende‘ abbilden, und R. Guardini hat sicherlich recht, wenn er schreibt, was die religiöse Erfahrung als ‚das Eigentliche, Ganz-Erfüllende, Endgültige und Heilgebende‘ auffaßt, sei letztlich dasselbe, was das Denken als ‚die erste Ursache, das in sich selbst Gründende – mit einem Wort, als das Absolute versteht‘.“[8] – Doch dürfe, so weiter, Person überhaupt nicht vergegenständlicht werden. *Über* sie sei gar nicht zu reden, sondern – wenn schon – nur *zu* ihr. „Gott ist“ zu sagen, sei ebenso sinnlos wie „Ich oder Du ist“ (statt: „Ich bin, Du bist“), hat F. Ebner erklärt[9]. „Wie weit die Religion ihre Glaubwürdigkeit behält, wird sich daran entscheiden, wie konsequent sie von Gott auch zu schweigen vermag.“[10] *Auch!* Denn daß wir letztlich von ihm schweigen müssen, hat selbst Thomas von Aquin gesagt[11]. Doch eben um des rechten Schweigens willen ist zu reden. „Es hat keinen Sinn zu sagen, Person sei überhaupt nicht objektivierbar. Sie erkennen heißt, sie gerade in ihrem Eigensein, Selbstsein, ihrer Selb-ständigkeit, mit der sie ontologisch entgegentritt, erfassen – oder sie wird überhaupt nicht erfaßt.“[12]

Dieses Erfassen jedoch, das Reden davon und dessen aufweisende Reflexion seien verfehlt, insofern sie sich „metaphysisch“ verstehen, lautet der Grund-Vorwurf. Wahrheit liege nicht zuerst in Aussagen, auf welche sie das Abendland eingeschränkt habe, sondern in der – zugleich immer sich entziehenden – Entbergung und Lichtung dessen, was ist. Begegne man ihr mit der Methode,

---

7 *H. Krings* in HPhG 630 (Art. Gott).

8 *Ogiermann* 71; *R. Guardini,* Religion und Offenbarung I. Würzburg 1958, 157.

9 *F. Ebner,* Schriften I. München 1963, 256.

10 *H. Rombach,* Der Glaube an Gott und das wissenschaftliche Denken, in: *H. J. Schultz* (Hg.), Wer ist das eigentlich – Gott? München 1969, 192–208, 207.

11 „Gott wird durch Schweigen geehrt – nicht weil wir von ihm nichts zu sagen oder zu erkennen vermöchten, sondern weil wir wissen, daß wir unfähig sind, ihn zu begreifen“ (Trin. 2, 1 ad 6).

12 *H. Ogiermann,* Die erkenntnistheoretische Grundfrage philosophischer Theologie. Nichtobjektivierbarkeit Gottes?, in: *J. B. Lotz* (Hg.), Neue Erkenntnisprobleme in Philosophie und Theologie. Freiburg 1968, 119–158, 149.

nach Grund und Gründen zu fragen, dann entlarve man damit als Frage-Antrieb den Willen zu technischer Übermächtigung, zum In-den-Griff-Bekommen und Haben-Wollen des Befragten.

Solche antikritische Hermeneutik im Gefolge Heideggers kommt auf bedenkenswerte Weise mit der analytischen Kritik überein. Wird von jener Analytik unser Sprechen von Gott als sinnlos betrachtet bzw. dessen Sinn gerade nicht im Ausgesagten gesehen, so werden von dieser Hermeneutik Sätze über Gott als in einem mehr als theoretischen Wortsinn verfehlt, als unchristliche Fehlgänge gewertet. Trifft dieses Urteil jedoch nur die Gottesfrage, oder hat es nicht weitergehende Konsequenzen für die Sinn-Dimension menschlichen Daseins überhaupt? W. Weischedels These, „daß die Krisis der Philosophischen Theologie die der Philosophie überhaupt" sei[13] (was ja auch die Theolog[i]en einschließt), ist ohne Schwierigkeit für Kants Bestimmung der Philosophie „nach dem Weltbegriffe" zu verifizieren, insofern es ihr um die drei Fragen geht: Was kann ich wissen? Was soll ich tun? Was darf ich hoffen?[14] Für das Hoffen versteht es sich. Zu Wissen und Sollen sei nur auf Zusammenhänge zwischen Agnostizismus und Dezisionismus hingewiesen: Gäbe es wirklich ein Sollen – und nicht bloß das eigene Wollen –, wenn man nicht um ein An-sich weiß?[15] Doch das wird in § 4 zu entfalten sein.

§ 2. Methodisch-kritische und prinzipielle Reflexion auf Grunderfahrung

Es kommt darauf an, nicht nur von Unterstellungen zu lassen; sondern grundsätzlich die psychologische Perspektive aufzugeben. Interessiert sich diese dafür, *wie einer dazu komme,* zu sagen, was er sagt, so wird hier gefragt (wie es Sokrates disputierend getan hat), *ob das Gesagte wahr ist.* Dafür tragen Motive nichts Entscheidendes aus, ließen doch Glaube wie Unglaube sich lebensgeschichtlich erklären.

„In der gläubigen Vorstellung von der unbegrenzten Allmacht und Größe Gottes wurde offensichtlich die narzißtische Phantasie der idealisierten Mutterimago, die ... der Sicherung des eigenen partizipativ gewonnenen Größen-Selbst dient, ... religiös transformiert und auf Dauer gestellt"?[16] Als welche Art von „Lösung" des Ödipus-Konflikts könnte man dann das gestellte Ziel der „Annahme der eigenen Ohnmacht angesichts des ohnmächtigen, schweigenden ... Gottes" (ebd.) entlarven?![17] (Um an das Rechenexempel auf der Schultafel zu erinnern: Psychologie kommt dort erst bei auffälligen Fehlleistungen ins

[13] *Weischedel* I, S. XXI.
[14] Logik: WW (ed. Weischedel) VI 447f.
[15] *B. Schüller,* Der menschliche Mensch. Aufsätze zur Metaethik und zur Sprache der Moral. Düsseldorf 1982, 54–88: Dezisionismus, Moralität, Glaube an Gott.
[16] *W. Bartholomäus,* Zur Vorstrukturierung des Symbols „Gott" in früher Erfahrung, in: *J. Blank – G. Hasenhüttl* (Hg.), Erfahrung, Glaube und Moral. Düsseldorf 1982, 189–204, 196f.
[17] Vgl. etwa *I. Lepp,* Psychoanalyse des modernen Atheismus. Würzburg (Tb.-Ausg.) 1969.

Spiel – wenn also jemand z. B. konstant 3 + 6 = 8 schreiben würde. Inwiefern also setzen dergleichen Analysen – als Erklärungs-Angebote – die Falschheit philosophischer Theologie undiskutiert schon voraus?)

1. Reflexion auf Erfahrung

Die Kraft psychologischer Kritik liegt darin, daß sie zumeist auch zutrifft, also zur Selbstkritik nötigt. Anderseits hat der Glaubende „Rechenschaft von seiner Hoffnung" zu geben (1 Petr 3, 15). Diese Rechenschaft muß allererst überzeugend vorgelebt werden; an zweiter Stelle folgt das geistlich-prophetische Zeugnis, also Verkündigung. An dritter Stelle aber hat ebenso unverzichtbar Argumentation ihren Platz. Wobei die Ordnung nicht zeitlich zu nehmen ist, weil dann nur Heiligen erlaubt wäre, zu disputieren. Im Disput aber geht es um jene Rechtfertigung (lógon didónai), die Gründe und Begründung (logos), also Beweise vorlegt. – Man muß hier allerdings die Verengung der Wortbedeutung beachten. So wie Kausalität = Ursächlichkeit heute weithin nur als Ur*säch*lichkeit und obendrein als *Wirk*ursächlichkeit (Effizienzkausalität) verstanden wird, so hat auch das Wort „Beweis" fast nur noch die physikalisch-mathematische oder kriminologische Bedeutung: Beweise zwingen; womit Gottesbeweise unmöglich werden. – Alles hängt hier daran, die Art philosophischer Aussagen richtig zu sehen. Sie stellen *die methodisch-kritische, prinzipielle Selbstreflexion auf Grunderfahrungen* dar.

Methodisch-kritisch: Es handelt sich um Wissenschaft, wenn auch nicht im einzelwissenschaftlichen Sinn eines umgrenzten Gebietes, gar in dem noch engeren der „sciences", der Naturwissenschaften. Zugleich dürfte klar sein, daß die hier geforderte Methode sich von der anderer Wissenschaften unterscheidet. Wissenschaft ist ja gerade nicht das naive Bemühen, eine Methode auf alle Bereiche der Forschung zu übertragen, sondern der kritische Wille, jeden Gegenstand(sbereich) in der ihm angemessenen Art zu betrachten und zu befragen.

Gegenstand ist nun hier nicht eigentlich Gott in sich selbst, sondern das Sprechen von ihm. Nimmt man „Sein" im Sinn von Seins*vollzug*, „so gibt es für uns kein Wissen von Gottes Sein, so wenig wie von seinem Wesen": das Gott-sein in sich bleibt uns unzugänglich. Nicht so das Dasein Gottes im Sinn des Urteils-Prädikats: daß Gott existiert. „Wir wissen nämlich, unser Satz von Gott ist wahr, wenn wir sagen ‚Gott ist'. Und das wissen wir aus seinen Wirkungen."[18] – Es geht also anderseits auch nicht um bloßes Reden, sondern um das Wissen, das sich darin ausspricht: es wird erschlossen aus Gottes Wirkungen. Der Gegenstand der methodisch-kritischen Befragung ist also unser Erfahren (samt dessen notwendigen Bedingungen), und zwar nicht irgendein Erfahren, sondern unsere Grunderfahrung.

„*Grunderfahrung*" meint dabei jene Auf- und Hinnahme meiner selbst und

---

[18] *Thomas von Aquin,* S.th. I 3, 4 ad 2.

meiner (als unserer) Welt, jenes ursprüngliche Gewahrwerden und – sei es unbewußt – Wissen um sich und das Ganze, das als „Mit-wissen (con-scientia)" alle Einzelerfahrungen ermöglichend, tragend, qualifizierend begleitet, indem es sie nicht nur (in leitendem Rückbezug auf das Ich) als je meine bestimmt, sondern vor allem (im Rückbezug auf die Sinn-Evidenz sich gewährender Wahrheit) als Erfahrung, hinnehmenden Realkontakt[19].

Damit ist schon eine zweite, weniger formale als inhaltliche, Bedeutung des Wortes „Grunderfahrung" angesprochen. „Gründend" ist solche Erfahrung nämlich gerade insofern, als sie Erfahrung von Gründung bedeutet: Erfahrung der „Nicht-Selbstverständlichkeit", des Mir-*Gegebenseins* meiner selbst und dessen, was ist. Wobei diese inhaltliche Auslegung ungleich umstrittener ist als die formale. Ihr gilt ja der Beweis.

„Grunderfahrung" bezeichnet so eine weder ontisch noch gar psychologisch adäquat faßbare Realität. Ihr doppelt gerichteter Rück- und Überstieg über die Empirie ist drittens „metempirisch": nur ontologisch begreifbar. In dreifachem Sinn also zeigt sich die Ersterfahrung als übersteigend. Und dieses ihr Wesen bestimmt auch die gemäße Weise ihrer (Selbst-)Auslegung als übersteigend, trans-szendierend. Grunderfahrung ist derart „transzendentale Erfahrung"[20].

Die Reflexion auf sie ist so *Selbst-Reflexion* des Menschen auf seine Erfahrung. Und diese Reflexion heißt *prinzipiell*, weil nicht allein die Erfahrung, um die es geht, eine zentrale ist, sondern auch die Reflexion darauf sich nicht mit Teilaspekten begnügt (wie Religionsgeschichte, Religionspsychologie, -soziologie usw.): Sie zielt mit der Wahrheitsfrage auf Mitte und Grund dieser Erfahrung.

Zusammengefaßt: Die Reflexion als ‚Instrument' unserer Überlegungen ist kritisch-methodisch (wissenschaftlich) und prinzipiell (philosophisch); sie ist damit auch rational und stellt sich der Kritik, dies um so mehr, als sie von sich aus schon selbstkritisch ist[21]. Aber sie ist zugleich Reflexion auf Erfahrung. Sie setzt beim Sprechenden die Erfahrung voraus, die sie reflektiert, und muß diese auch beim Angesprochenen voraussetzen. Darum ziehen viele dem Wort „Beweis" das Reden von „Aufweis" vor.

2. *Selbstkritik der Erfahrung*

Man hat von der „Demut" der Gottesbeweise gesprochen, entgegen dem Vorwurf, sie seien Ausdruck hochmütigen Verfügenwollens, das Welt und Gott unter einen Überbegriff zu zwingen versuche. Reflexion auf Erfahrung kann

---

[19] Siehe *H. Ogiermann*, Die Problematik der religiösen Erfahrung, in: Schol. 37 (1962) 481–513; 38 (1963) 481–518.

[20] *J. B. Lotz*, Metaphysische und religiöse Erfahrung, in: *ders.*, Der Mensch im Sein. Freiburg 1967, 404–466; *ders.*, Transzendentale Erfahrung. Freiburg 1978; *M. Müller*, Erfahrung und Geschichte. Freiburg 1971; vgl. *J. Splett*, Transzendentale Erfahrung und geschichtliche Begegnung, in: *E. Klinger* (Hg.), Christentum innerhalb und außerhalb der Kirche. Freiburg 1976, 145–161.

[21] *R. Schaeffler*, Religion und kritisches Bewußtsein. Freiburg 1973.

jedoch eben diese weder ersetzen noch sie erzwingen. Wissenschaft, Philosophie, Theologie sind nicht Glaube und Religion. Aber sie können Moment daran sein, ja müssen es – und hier verschärft sich die Demütigung des Menschen durch den Beweis: Seine Erfahrung bedarf, weil sie zweideutig ist, dieser Reflexion. Liebe, Glaube, Religion bedürfen der Selbstkritik, weil tatsächlich etwas an ihnen zu kritisieren, das heißt zu unterscheiden, ist.

Die Grunderfahrung des Menschen legt sich in Sprache aus, um so erst zu sich zu kommen. Hier aber droht die Gefahr der Verfälschung, der man immer neu begegnen muß. Darum sagt das Sprechen von Gott im Grunde stets nur, was er nicht ist, im Dienste unseres Erfahrens dessen, als was und wer er sich uns zeigen oder gezeigt haben will. Es stellt also ein Mißverständnis dar, an den Beweisen zu bemängeln, sie seien ungeeignet dazu, religiöse Gefühle, gar Glauben zu wecken; sie seien nicht das rechte Mittel zur Verkündigung. Selbstverständlich sind sie das nicht, abgesehen davon, daß sie eine besondere Hochgestalt philosophischen Denkens bedeuten, das an sich schon in seiner prinzipiellen Reflektiertheit einen hohen Anspruch stellt – nicht erstlich darum, weil es komplizierter und subtiler wäre, sondern weil es eine Einstellung fordert, die die sonst verlangte Blickrichtung geradezu umkehrt[22]. Pascal hat recht: „Man beweist nicht, daß man geliebt werden muß, indem man der Reihe nach die Ursachen der Liebe darlegt; das wäre lächerlich" (Fragment 283). Doch man begründet, warum man liebt, und dies, wenn auch stets ungenügend, Rechtens. Beweis (demonstrare = hinweisen, zeigen) ist der Versuch, argumentativ den anderen sehen zu lassen, was sich dem eigenen Hinblick gezeigt hat.

Zudem ist die Unterscheidung von Erfahrung und Reflexion nicht so klar, wie es nach dem Gesagten scheinen könnte. Nicht nur ist Reflexion auf Erfahrung bezogen, nicht nur bedarf Erfahrung reflektierter Selbstkritik, sondern es gibt überhaupt keine Erfahrung, die nicht – wie anfänglich auch immer – gedeutet, also reflektiert ist. Vom Ich entgegengenommen, wird sie schon immer *als* irgendwie etwas *verstanden* (sei es auch nur als „unverständlich"), das heißt aber, in Unterscheidung (= Kritik) zu anderem. Ist so Erfahrung selber kritisch, dann muß die Kritik als ein Moment an ihr selbst gelten, nicht bloß als nachträgliche Reflexion, sosehr die Kritik dann ihre (Abstraktions-)Stufen hat.

Insofern philosophische Auslegung der Grunderfahrung ihrerseits gründlich (= prinzipiell) ist, muß sie selbst zugleich die Hermeneutik für die Interpretation erstellen, die sie ist. Wobei eben diese Hermeneutik nochmals jene Interpretation belegt, ja selber ist, in der das jeweilige Selbstbewußtsein sich versteht und weiß. Der geläufigen Rede vom hermeneutischen Zirkel gemäß ist Philosophie als Daseinshermeneutik also Daseinsinterpretation und umgekehrt. Aller-

---

[22] *Thomas,* S.c.g. I 4: Sie sind die Sache nur weniger Menschen, und auch bei ihnen nur als Frucht langer Mühe. Zwar lassen sie sich gewiß auch in zugänglicher Form vermitteln (z.B. *W. Kern – G. Stachel* [Hg.], Warum glauben? Begründung und Verteidigung des Glaubens in 41 Thesen. Würzburg [3]1967), aber die Fragen, die solche Darstellungen provozieren, sind ihrerseits dann nur nach weiteren, immer subtileren Differenzierungen zu beantworten.

dings mit fundierendem Vorrang der Interpretation. Dieser Vorrang gründet im Entscheidungs-Charakter der Deutung als Selbstauslegung von Freiheit. Die Bestimmung der Philosophie als fundamentale Seins- und Daseins-Interpretation situiert sie darum im fundamentalen „*Konflikt* der Interpretationen" (P. Ricœur).

Im Rückblick auf Jaspers' Wort zu Kapitelbeginn: Wenn Gottesbeweise „zwingen" sollen, sind sie tatsächlich unmöglich. Dennoch leisten sie rationale Rechtfertigung. Auch wenn sie nicht den eigentlichen Glaubensgrund beibringen (der Gott selbst ist), so doch Gründe, die dazu beitragen, den Glauben als „vernünftigen Gehorsam" (Röm 12, 1) zu legitimieren. Anders sind personale Entscheide nie zu begründen; dieser Begründung aber müssen sie fähig sein, wenn sie verantwortliche Entscheide sein sollen. Die metaphysischen Beweise brauchen anderseits nicht die „ursprünglichen Gedankengänge" zu sein, von denen Jaspers sprach; sie stellen vielmehr schon deren methodische Abstraktion dar. So müssen nicht erst sie den Menschen sehend machen. Gleichwohl enthalten sie ein existenzielles Moment[23]. Auch im Denken vermag man Gott zu erfahren. Oder weshalb sollte diese Lebensdimension ihm grundsätzlich verschlossen sein!

§ 3. Die Bedingtheit der Dinge als Verweis auf ihren unbedingten Grund

Die Erfahrungsreflexion und Reflexionserfahrung, die wir beschrieben haben, hat das frühere Denken vor allem an der „objektiven Realität" entfaltet. Später hieß es, für den modernen Menschen sei Gott in der Natur gestorben. Inzwischen gibt es offenbar neue Weisen religiösen Erlebens der Natur, die den Christen zunehmend zu Klärung und Unterscheidung herausfordern. Doch wollen wir uns jetzt nicht auf spezifisch religiöse Erfahrungen beziehen; denn für den Gewinn an Gehalt nähme man sonst in Kauf, daß die Allgemeingültigkeit des Gemeinten weniger deutlich würde.

1. Vom Wandel zum Unwandelbaren

Eine alltäglich-allgemeine Erfahrung ist die von Wechsel und Wandel in uns und um uns. In den ständigen Veränderungen zeigen Mensch und Welt sich als veränderlich. Dies besagt, daß an ihnen – wirklich, nicht nur aufgrund der spezifischen Weise gedanklichen Zugriffs – zwischen Grundbestand und Zustand (Was und Wie, Substanz und Akzidentellem) unterschieden werden muß. Denn Veränderung bedeutet, daß das *Selbe* nicht ein *Gleiches* bleibt. Bei bleibender Gleichheit läge keine Veränderung vor. Doch auch dann nicht, wenn kein Selbes bliebe: man spräche dann von Vergehen (Ende) des einen und Neuwerden

---

[23] *Riesenhuber* 22–38.

(Anfang) des anderen, nicht aber von Wandel und Veränderung ein und desselben.

Anderseits darf man Veränderung auch nicht schlicht nach der Vorstellung „wechselnde Hüllen – bleibender Kern" denken. So änderte weder der Kern sich (er bliebe gleich) noch die Hülle (sie würde gewechselt). Was vielmehr sich ändert, ist eben das Ganze: *ich* ändere im Fortgang der Jahre *mich*. Man kann demnach die Frage, wie weit der Wechsel in den Kern hineinreiche, getrost auf sich beruhen lassen. Sich-Ändern, Sich-ändern-Können reicht bis ins Zentrum. Und zugleich dürfte deutlich geworden sein, daß die Unterscheidung von Bestand und Zustand trotz der unvermeidlich räumlichen Sprache nicht dinglich-räumlich gemeint ist; es geht um eine seinsmäßige, prinzipielle Vielheitlichkeit, die weder verdinglicht und verräumlicht noch bloß zu der Weise verflüchtigt werden darf, wie sich unser Denken nun einmal die Wirklichkeit zerlege: Die Zwiefalt von Substrat und Zuständlichkeit (oder, in anderer Hinsicht, von Seiendem, Stoff, Gehalt und Sein, Gesetz, Gestalt) ist weder bloß gedacht noch eine solche von Innen und Außen, Oben und Unten oder einer anderen Raumverteilung.

Was aber nun derart veränderlich ist, das ist noch nicht alles, was es sein kann; und es muß aus sich heraus nicht das (und nicht so) sein, was (und wie) es jetzt ist, da es ja anders sein kann. Also ist das zeitlich-veränderliche Wirkliche mit seiner jeweiligen Wirklichkeit nicht identisch; es ist zu seinem jetzigen Existenzakt „different, weil indifferent"[24]. So aber ist nicht bloß dieser Existenzakt kontingent (= nicht aus sich selber seinsnotwendig), sondern auch das seiende Veränderliche selbst, da ihm ja weder dieser jetzige noch die früheren, noch die späteren Existenzakte mit Wesensnotwendigkeit zukommen.

Nun besteht diese Wirklichkeit aber. Sie muß also möglich (gewesen) sein. Woher? Woher sind die Seinsakte und ist das Seiende selbst? Man könnte auf den jeweils vorhergehenden Zustand verweisen, der den jetzigen begründe, also schließlich die Lösung einer unendlichen Reihe Kontingenter in Vorschlag bringen. Doch wie immer es um Möglichkeit oder Unmöglichkeit aktual unendlicher Reihen bestellt sein mag, für unsere Grund-Suche kommt derlei nicht in Betracht, weil in einer solchen Reihe per definitionem nichts erstes, kein kontingentes Anfangsglied der Reihe angenommen werden soll: Jede Bedingung würde in ihr als ihrerseits bedingt gedacht; es gäbe überhaupt nur Abgeleitetes. Um es an einem Beispiel zu veranschaulichen: B gibt A eine Kopie, wenn er von C die Vorlage erhält; C gibt sie B, wenn er von D ... und so – es sei wiederholt: definitionsgemäß – immerfort, ohne daß den Text irgendwer besäße, der ihn nicht erst seinerseits kopieren müßte. Gäbe es derart überhaupt eine Kopie? – Nun sind aber Veränderung und Veränderliches real: also kann es nicht bloß kontingentes Veränderliches geben, denn dann gäbe es nichts Veränderliches (niemand bekäme je einen Text); sondern es gibt – als notwendige Bedingung des Veränderlichen – Unveränderliches, Nicht-Kontingentes.

---

[24] *Ogiermann* 80.

Dabei ist zweierlei zu beachten. Zunächst noch innerhalb des Beispiels ist der Vorschlag nicht möglich: „Nehmen wir einmal an, der Text sei in der unendlichen Kopierkette unterwegs – wäre das dann nicht eine (denk)mögliche Erklärung?“ Denn eben daß diese Annahme statthaft sei, wird bestritten. Ohne Urschrift gibt es gar keinen Text (unabhängig von der weiteren Frage, die etwa Bonaventura und Thomas verschieden beantworten, ob bei einer unendlichen Kette der Text jemals bei mir eintreffen könnte – oder je schon immer eingetroffen sein müßte).

Sodann von außen geblickt, bezüglich der Grenzen des Beispiels: Es ist unvermeidlich eindimensional. Es kann den Eindruck nicht vermeiden, als werde bei irgendeinem x oder y in der Kette selbst „willkürlich“ inngehalten und die Rückfragebewegung abgebrochen. So bei Kants Antinomie und heute in H. Alberts Trilemma[25]. Doch darf man ein Beispiel nicht mit der Denkbewegung verwechseln, die es illustriert. So haben wir bewußt über Möglichkeit und Unmöglichkeit der unendlichen Kette selbst nicht befunden. Nicht eine der Kopien soll aus Denk-Erschöpfung zum Original erklärt werden; sondern erklärt wird, daß jene – ob nun endlich oder unendlich vielen – Kopien ein solches voraussetzen. Vielleicht spricht man darum besser statt von Kopien und Urtext von (kopierenden) Lesern und dem Verfasser des Textes.

2. *Zufall?*

Der zureichende Existenzgrund des Kontingenten und deshalb Bedingten kann also nur das Unbedingt-Absolute sein. – Demgegenüber hat W. Weischedel den verblüffenden Einwand erhoben: „Was hindert eigentlich, dem Zufälligen keinen absoluten Ursprung zugrundezulegen, sondern es als solches zu belassen, das nun einmal ist, und so die Frage nach dem ersten Grunde offenzulassen?“[26] In der Tat, vielleicht hindert nichts einen Menschen daran, sich prinzipielle Warum- und Wozu-Fragen zu verbieten. Jedenfalls zwingt nichts zu solchen Fragen. „Philosophie basiert auf einem freien Akt und ist ohne diesen Akt nicht.“[27] Wie aber, wenn solche Fragen sich dem Menschen nahelegen oder richtiger: ihm auferlegt werden? Hier steht tatsächlich – vor welchem Ergebnis auch immer – der weder logisch noch irgend anders erzwingbare Wille zur Sinnfrage im Gewilltsein zur Wahrheit an. Über Möglichkeit und Unmöglichkeit einer Antwort aber kann nicht allein apriorisch wissenschaftstheoretisch entschieden werden; sie entscheidet sich erst im Vollzug.

Man hat sich indes nicht bloß im Sinn des Frageverzichts, sondern auch als Antwort auf den Zufall berufen: von Epikur bis zu Jacques Monod. Wenn irgendwo, dann scheint hier Wittgensteins Wort von der Philosophie als „Kampf

---

[25] *Kant,* Kritik der reinen Vernunft B 621–647; *H. Albert,* Traktat über kritische Vernunft. Tübingen ^{4}1980, 13.

[26] *Weischedel* I 187.

[27] *R. Lauth,* Begriff, Begründung und Rechtfertigung der Philosophie. Salzburg 1967, 50; vgl. *Weischedel* II 180.

gegen die Verhexung unseres Verstandes durch die Mittel unserer Sprache“[28] am Platz. Denn das Substantiv „Zufall“, das eine Antwort zu sein und eine Ursache zu benennen scheint, besagt in Wahrheit, daß man keine Antwort hat und keine erklärende Ursache kennt.

Zufällig nennt man ein Ereignis, das aus dem Zusammentreffen von an sich nicht auf es hin bestimmten Ursachereihen hervorgeht[29]. Es liegt auf der Hand, daß dies nur eine relative, vorläufige Benennung sein kann. Relativ entweder auf begrenzte Einsicht, die die Zusammenhänge nicht kennt (dann gäbe es Zufall eigentlich gar nicht), oder auf konkrete Absichten bzw. Zielprozesse hin, die der Zu(sammen)fall durchkreuzt (sind diese real, ist es auch der Zufall; doch eben nur aus deren Perspektive). Absolut betrachtet, hat jedes Ereignis, das eintritt, und alles Seiende seinen Grund; denn, wie gesagt, da es real ist, muß es – wenigstens am Punkt seines Werdens – real-möglich (gewesen) sein; dies aber konnte es, als (noch) nicht seiend, nicht aufgrund seiner selbst sein: also aus einem anderen, dem es dann sein Existieren verdankt[30].

3. Gott?

Dieses andere, so hat sich gezeigt, muß letztlich Unbedingtes, Absolutes sein. Aber mit welchem Recht nennen wir dessen Aufweis einen *Gottes*beweis? Antwort: Mit dem Recht unserer Pflicht, Gott nicht mit Welt und Weltlichem zu verwechseln, mit keiner innerweltlichen Größe, die uns eine beliebige religiöse Verkündigung als Gott vorstellen wollte. „Absolut-unbedinge Wirklichkeit“ ist also ein notwendiges Kriterium zwischen Gott und Nicht-Gott. Es ist weiter zu zeigen, daß darin ein Wirklichkeitsrang nicht minderen Grades, als er innerweltlich begegnet, eingeschlossen ist; so daß das Absolute nicht weniger als Geist, Freiheit, Person sein kann. Doch gelingt es auch solchen Klärungen nicht, aus dem notwendigen Kriterium ein hinreichendes zu machen. Das ist an sich, was manche Kritik wohl vergißt, trivial; denn ein wirklich umfassendes Erkennen Gottes, ein *Begreifen* Gottes im Vollsinn ist dem Geschöpf grundsätzlich verwehrt.

Doch wirkt besonders die erklärte Wandellosigkeit im Raum biblischer Tradition als Anstoß. Dazu ist schon rein formal und grundsätzlich zu sagen, daß der absolute, unveränderliche Grund des sich Verändernden zugleich auch als der Letzt-Grund dieser Veränderlichkeit und aller Veränderungen gedacht werden muß. Er stellt ja nicht etwa eine zweite Welthälfte (sei's Über- oder Hinterwelt) dar. So primitiv räumlich durfte zuvor schon innerweltliche Veränderung nicht aufgefaßt werden. Auch ist bereits das Verhältnis von Person und

---

[28] Philosophische Untersuchungen Nr. 109: Schriften. (Frankfurt 1960 ff) I 342.

[29] *W. Kern*, Zufall und Gesetz, in: Gesetzmäßigkeit und Zufall in der Natur. Würzburg ²1968, 121–158; *ders.*, Art. Notwendigkeit, in: HPhG 1021–1037, bes. 1029–1032.

[30] Dieses Möglichsein hat *K. Marx* übersehen, wenn er meinte, die Frage nach dem Grund der Welt sei sinnlos, weil mit deren (angenommenem) (Noch-)Nichtsein auch der Fragende und seine Frage sich erübrigt hätten. Vgl. MEW.E 1 (1968) 545 (von 1844).

Leib als „Transzendenz in der Immanenz" zu bezeichnen, als „In-über" (E. Przywara), ohne daß dies einen „Begriffssalat"[31] darstellt. Dabei ist das Absolute mehr als bloß Weltseele, nämlich *unvergleichlich* transzendent wie immanent, weil es nicht allein als informierendes Prinzip, sondern als schlechthinniger Seinsgrund gedacht werden muß: als Schöpfer. – Was immer religiöse Rede von Handeln, Tun und Leiden dieses Gottes sagt, es darf nicht in aufzeigbarem Widerspruch zu der erkannten Unveränderlichkeit stehen, wenn es Rede von Gott statt von einem Götzen sein soll. Dies ist *ein* Dienst solcher Besinnung; er mag nicht bedeutend sein; doch wäre es anderseits nicht unbedeutsam, meinte man, auf ihn verzichten zu können.

Gleichwohl dürften Unveränderlichkeit wie Lebendigkeit Gottes für viele Menschen einleuchtender als in metaphysisch-kosmologischer Perspektive angesichts der sittlichen Selbsterfahrung des Menschen aufgehen. Hier zeigt sich Gott gleichsam unvermittelt als heilig und gut. Der Aufweis von Gottes Existenz aus der Welt und ihrer Veränderlichkeit überhaupt sei darum ergänzt und vertieft durch den „Gottesbeweis Mensch"[32].

§ 4. Gewissen als Betroffensein vom Heiligen

Ansatz der Reflexion ist jetzt nicht das faktische Menschsein, sondern das Faktum, daß „Menschsein" zugleich und vor allem normativ begegnet. Menschsein wird erfahren als die Verpflichtung dazu, Menschlichkeit, d. h. Mitmenschlichkeit, zu üben, und das bedeutet im Kern: den Einzelnen in seinem Eigensein anzuerkennen und ihn nie nur nach seinem Nutzen für andere einzuschätzen (nicht einmal – letztlich – nach seinem „menschlichen Wert" oder Unwert).

1. Personwürde

I. Kant hat dieses „Faktum der Vernunft" in den verschiedenen Formeln des „kategorischen Imperativs" ausgedrückt, für unsere Perspektive am deutlichsten in Formel II: „Handle so, daß du die Menschheit, sowohl in deiner Person als in der Person eines jeden anderen, jederzeit zugleich als Zweck, niemals bloß als Mittel brauchest."[33] Doch geht die gemeinte Erfahrung nicht im Faktum des Imperativs als solchen auf; sondern dieser wird zugleich als in sich sinnvoll erfahren. Dieser Sinn liegt zunächst – gleichsam negativ – darin, daß seine Unumgänglichkeit für Leben einleuchtet: seine Bestreitung zerstört menschliche Gemeinschaft und die Einzelnen. Darüber hinaus zeigt sich positiv

---

[31] *H. Albert,* Das Elend der Theologie. Kritische Auseinandersetzung mit Hans Küng. Hamburg 1979, 82.

[32] *Kern* ²1979, 152–172.

[33] Grundlegung zur Metaphysik der Sitten (1785) 66f: WW (ed. Weischedel) VII 61; vgl. *H. J. Paton,* Der kategorische Imperativ. Berlin 1962; *J. Schwartländer,* Der Mensch ist Person. Stuttgart 1968.

die Sinnhaftigkeit und Werthaftigkeit menschlicher Gemeinschaft und des Respekts vor jeder Person. Doch beides scheint immer noch nicht die (kategorische) Unbedingtheit des erfahrenen Anspruchs verständlich zu machen.

2. Die Unbedingtheit der Gewissenserfahrung

Was ist damit gemeint? Sagen wir zuerst, was damit nicht gemeint ist: Die im Gewissen erfahrene Pflicht zu Wahrheits- und Menschenliebe muß nicht erst von anderswoher gerechtfertigt werden, etwa durch Nützlichkeitsargumente, ästhetisch, durch religiöse Lohn- oder Straferwartungen oder auch durch den Befehl einer höchsten Autorität (setzte dies doch den – von woher? – einsichtigen Imperativ voraus, solchem Befehl sei zu folgen). Hätte die Frage „Warum sittlich sein?“ diese Bedeutung, verriete sie nur moralische Blindheit. Die Frage kann aber auch einen anderen Richtungssinn haben: in die Tiefendimension des sittlichen Phänomens selber hinein, um die ihm eigene Sinnqualität zu erschließen.

Diese zeigt sich nicht schon in dem transzendentalphilosophischen Aufweis, daß jede Diskussion hierüber, weil aus Wahrheitswillen geführt, bereits setzt, was sie zur Diskussion stellt; denn es ist in der Erfahrung des Sittlichen nicht allein um Unausweichlichkeit zu tun, nicht bloß um lebensnotwendigen Wahrheitswillen, sondern um *einleuchtende* Wahrheits*pflicht.*

Darum sprechen Phänomenologen von Werterfahrung: etwas ist nicht gut, weil gesollt; sondern gesollt, weil gut. Doch was meint „gut“, wenn es „unbedingt gut“ bedeuten soll? Metaphysisch gesprochen, ist jede endliche Person ein „bonum finitum“, ein begrenztes Gutes. Wie kann und darf sie dann uneingeschränkt bejaht werden? Tatsächlich ist es nicht statthaft, sie bedingungslos zum Strebeziel zu machen: Als bonum für mich – wie für sich selbst – kommt sie nur eingeschränkt in Frage. Doch das Sein einer Person an sich und ihr Wesenswohl, das wesenhafte „bonum“ für sie, ist uneingeschränkt zu bejahen. (Daß die konkrete Realisierung dieser Option Kompromisse und Beschränkungen fordert, ist eine andere Sache.)

Nochmals: das Faktum dieser Erfahrung und dieses Tiefensinns in der Gewissenserfahrung ist der Ausgangspunkt unserer Reflexion. Für sie wird nun die These aufgestellt, daß dieser Erfahrung nur eine theo-logische Deutung voll gerecht wird. Genauerhin: Der Einzelne erfährt sich unbedingt gemeint und angerufen. Den Ernst dieses Anspruchs macht ihm weder die faktische Unausweichlichkeit seines Freiheitsvollzugs noch der unbestreitbare, aber nicht uneingeschränkte Wert des Menschen voll verständlich, sondern erst das Gemeint- und Bejahtsein dieses Anspruchs aus der Richtung seines letzten Woher. Weder Strukturen noch Werte verpflichten bedingungslos, nämlich (statt nur faktisch oder optativ) strikt kategorisch. Vor allem können weder Formalstruktur noch Wertqualität der Menschennatur den Einzelnen in jenem Wortsinn meinen, daß er nicht bloß unbedingt beansprucht, sondern selbst als Subjekt zu beanspruchender Achtung konstituiert wird.

Es läßt sich unschwer zeigen, daß eine Erklärung der Gewissens-Erfahrung aus angeborenen Handlungshemmungen, rationalisierter Selbsterhaltung, verinnerlichten Elternimperativen oder wie immer sonst die zu verstehende Erfahrung *weg*erklärt hat. All diese Faktoren gibt es unstrittig *auch* im Menschen. Aber sie bilden nicht jene Instanz, angesichts deren man ein ernsthaft aufrichtiges Sachgespräch über die innere Wahrheit des Sittlichen führen kann. Wie wollte man mit jemandem über Grundsatzfragen disputieren, dem es nicht um die Wahrheit ginge, sondern nur um Lebensinteressen, und wäre es im Weltmaßstab! In einem wahrhaftigen Gespräch ist es darum zu tun, „der Wahrheit die Ehre zu geben". Wir haben nach dem Warum solcher Ehre gefragt. Hier steht nicht lebensdienliche Anpassung an die Realität an, bloße Sachrichtigkeit von Aussagesätzen, sondern das Ja zu einem unbedingten Anruf, der als solcher gemeint sein muß, um derart unbedingten Gehorsam begründen zu können. Dieser Anruf geht nicht einfach – als Gewilltsein zu humaner Kommunikation – von den Gesprächspartnern aus, da sich beide ja auf ihn berufen: als Maßgabe und Instanz nicht ihres bloßen Wollens, sondern ihres kategorischen Sollens.

3. Im Licht des Heiligen

Die Unvergleichlichkeit der letzten, die Einzelnen wie die Gemeinschaft übergreifenden Instanz des Sittlichen, ihre Ursprünglichkeit und ihr Selbstgerechtfertigtsein hat die biblische wie die philosophische Tradition, von Platon bis Fichte, *das Licht* genannt, um in diesem Bildwort die Hoheit und Lauterkeit, die Selbst-verständlichkeit und gewaltlose Autorität, ihre Sieghaftigkeit nicht aus Stärke, sondern aus Recht, zu bezeugen. Die neuere Religionsphilosophie nennt sie *das Heilige*[34]. Da es aber nicht bloß um einen erfühlten Höchstwert geht, sondern um das Von-her eines Anrufs und Anspruchs, ist dieser absoluten Wirklichkeit nicht bloß Sein-für, Objektivität, sondern Selbstsein zuzusprechen. Nicht bloß und erst wir „identifizieren" sie als sie selbst; sie muß von und aus sich sein, was sie ist – und damit auch für sich: „Das unendliche Geheimnis ist selbst es selbst." Angesichts solcher Selbsthaftigkeit „kommen wir in die Nähe des Bereiches, in dem wir das Wort ‚Du' als das gemäße gebrauchen"[35]. Das Heilige ist selbst personal. War schon das Absolute als nicht unterpersonal zu denken, so nun erst recht nicht das Heilige.

Es gibt die Rede vom Überpersönlichen oder Transpersonalen[36]. Deren Sinn und Recht bestimmen sich nach der Definition des Personalen. Hier sei dafür, in Vermeidung von Anthropomorphismen und deshalb unvermeidlich abstrakt, „Selbstsein in Selbsthabe" vorgeschlagen. Diese Defintion schließt Wissen um

---

[34] Siehe *C. Colpe* (Hg), Die Diskussion um das „Heilige". Darmstadt 1977.

[35] *B. Welte,* Heilsverständnis. Freiburg 1966, 105f; s. auch *Welte* 1978, 115–132.

[36] Z. B. *H. Küng,* Existiert Gott? München 1978, 692f; vorher *C. S. Lewis,* Christentum schlechthin. Köln 1956, 201–203; *P. Tillich,* Systematische Theologie I. Stuttgart [3]1956, 283f; *H. Ott,* Der persönliche Gott. Göttingen 1969, Kap. VI (165–184): Die Über-Personalität des persönlichen Gottes.

sich und um anderes als solches sowie Selbstbestimmung (Freiheit) ein. Sie spart vor allem abstrahierend aus, daß dieses Selbst-sein-Haben sich gerade nicht in sich, sondern im Dasein-für und in Selbst-Hingabe erfüllt. Aber die Aussparung dient eben dieser Fülle, um sie nämlich von apersonaler Preisgabe zu unterscheiden. Bei einer solchen Definition nun läßt sich von einem Mehr-*als*-Person nicht reden, wohl aber von einem unausdenkbaren Mehr *an* Personsein. Dies erlaubt, das im Gewissensanspruch sich offenbarende heilige Licht als *den* Heiligen anzusprechen. (Nicht zu erörtern ist hier, inwiefern aufgrund eines gefüllten Personbegriffs, der Gott zugleich als absolut und als liebend zu denken verlangt, sich etwa bereits philosophisch der Ansatz zu einem Denken gott-immanenter Vielfalt zeigt[37].)

Damit haben wir nicht pauschal das Gewissen zur „Stimme Gottes" erklärt. Wie könnte es dann ein irriges Gewissen geben! Aber wir haben es als einen bevorzugten Ort der Erfahrung des Da-seins Gottes bedacht. (Schelling nennt es einmal den „einzigen offnen Punkt" für den Himmel[38].)

§ 5. Erfahrenes Gut-Sein als Verweis auf den guten Gott

Der Mensch aber erfährt nicht bloß, daß er menschlich sein *soll;* ihm begegnet auch, daß Menschen tatsächlich Menschlichkeit üben. Und eben „das Licht" verlangt, daß er dies anerkennt, statt es in prinzipiellem Mißtrauen nicht wahr haben zu wollen. „Die Menschen lügen alle" (Ps 116, 11)? Doch nicht stets; und sie entsprechen der Wahrheit nicht bloß aus Selbst-Interesse. Wir haben schon gesehen, daß, wer dies verträte, zu einem Sachgespräch unfähig wäre (denn er müßte ständig entweder strategisch, manipulativ diskutieren oder entlarvend analysieren); humaner Disput lebt von der Vorgabe, es gehe den Beteiligten trotz allem auch um Wahrheit.

Wem aber nun Humanität begegnet (und wer erfahren darf, daß zuzeiten sie auch ihm selber glückt), der antwortet darauf mit Dank. Doch wie die Würde des Menschen, so weist auch sein Gutsein über ihn hinaus. Anders gesagt: Wie hat man Welt und Mensch zu denken, daß man seine Dankbarkeit intellektuell verantworten kann? Und Dankbarkeit ist mindestens ebenso eine Wurzel von Religion wie die zumeist berufene Angst. Will ich das erfahrene Gute nicht biologisch, psychologisch, soziologisch usw. wegerklären, dann kann ich nur so dankbar sein, daß ich darin zugleich dem freien Herrn des Guten danke, dem der menschliche Mensch es verdankt, daß ich ihm, meinem Mitmenschen, etwas zu danken habe.

Wie es mit dem steht, wofür nicht (zumindest nicht allein) zu danken, gegen

---

[37] *W. Kern,* Einheit-in-Mannigfaltigkeit. Fragmentarische Überlegungen zur Metaphysik des Geistes, in: *J. B. Metz* u. a. (Hg.), Gott in Welt I. Freiburg 1964, 207–239; *J. Splett,* Zum Person-Begriff Romano Guardinis, in: ThPh 54 (1979) 80–93, bes. 89–93; *ders.,* Gott/Trinität. A. Philosophisch, in: *P. Eicher* (Hg.), Neues Handb. theol. Grundbegriffe II. München 1984 f, 122–133.

[38] Über den Zusammenhang der Natur mit der Geisterwelt (Clara): WW I/9 17.

das vielmehr (auch) zu protestieren ist, hat der Schluß-Paragraph zu erwägen. Bleiben wir zunächst noch bei den unbestreitbaren positiven Erfahrungen. Wer könnte hier Einspruch erheben, dem nicht vor und nach seiner Geburt soviel an unselbstverständlicher Zuwendung zuteilgeworden wäre, daß er leiblich-geistig überleben konnte und so jetzt zu protestieren vermag? Auch dies gehört zur oft beschworenen Konkretheit des Wahren und des ihm entsprechenden Denkens. Im Blick auf solche Erfahrungen gilt Heideggers Hinweis auf das nicht bloß etymologische Zusammengehören von Denken und Dank.

Zugleich lenkt solches Gedenken den Blick in die Zukunft; denn Sinn- und Glückserfahrung sind wesentlich ein Versprechen. Nicht die Sinnlosigkeit des Hiesigen läßt den Menschen erstlich in ein „Meta" transzendieren, sondern gerade sein Sinn. (Schon in der Furcht geht es um die Wahrung von etwas Gutem; erst recht lebt hieraus die Suche nach einer Adresse des Danks.) Wäre nun dieses Versprechen leer, das „Angeld" alles, und wäre es mit der Vorfreude schon getan, dann würde die Erfahrung selber sinnlos – was ihrer erfahrenen Sinnhaftigkeit widerspricht.

Um den Aufbau dieser (Zusatz-)Überlegung nochmals zu verdeutlichen: Sie ist kein Wunsch-Argument in dem Sinn: „Wenn mit dem Tod alles aus ist, wird das Leben sinnlos (so – überzeugend, auch gegen manchen modernen Theologen – beispielsweise Ernst Bloch[39]); also *darf* mit dem Tod nicht alles aus sein"; sondern vor dem „also" folgt der Untersatz: „Nun zeigt das Leben aber Sinn, den zu bestreiten Wahrheitspflicht und Dankbarkeit verbieten; also *kann* mit dem Tod nicht alles aus sein; und also gibt es Grund zur Hoffnung für das hier nicht abgeschaffte und vor allem für das gar nicht abschaffbare Leid."

Doch ist das, wie gesagt, nur der dritte, zusätzliche Gedanke. Die eigentliche Beweislast tragen die Überlegungen zur Gewissenserfahrung und zur Erfahrung partiell geglückter Humanität. – Daß sie nur partiell glückt, stellt dem Schlußparagraphen dieses Kapitels sein Thema.

§ 6. Der Allmächtige, Heilige, Gute und die Unmenschlichkeit

1. Schuld und Sinn

Hier ist nicht die Theodizeefrage zu behandeln, also Gott vor der Vernunft bezüglich des Leids und Unglücks in der Welt zu rechtfertigen. (Siehe dazu später Traktat II, Kap. 9.) Doch können wir den Einspruch auch nicht übergehen, daß der Mensch eben nicht bloß Sinn und Menschlichkeit, sondern auch Widersinn und eigene wie fremde Unmenschlichkeit erfährt. Könnte er nicht ein Neuwerden aus schöpferischer Vergebung erhoffen, so wäre der Sinn seines Lebens dahin. Dagegen steht zwar zunächst, was soeben über den faktisch erfahrenen Sinn gesagt worden ist; aber es reicht angesichts dieser Frageverschärfung (vom

[39] Das Prinzip Hoffnung. Frankfurt 1959, 1301.

Tode zur Schuld) nicht mehr aus. Denn hier ließe sich sagen, der Mensch habe den – tatsächlich gegebenen – Sinn ja selber vertan und damit selbst das Leben zerstört. Hier bleibt darum strikt nur das Bekenntnis von Hoffnung.

Wenn der Verteidiger des Theismus auf die Frage „Wieso läßt Gott all das zu?" theoretisch zuletzt nichts anderes sagen kann als „Ich weiß nicht", so zeigt er doch zugleich dem Bestreiter des Daseins Gottes, daß dieser auf die Anfrage nach einer Hoffnung *ohne* Gott keineswegs „Ich weiß nicht" antworten darf, sondern zugeben muß: „Ich weiß, es gibt keine" – weil es Vergebung nicht gäbe. So in materialistischer Sicht. Worauf aber bei dem gnadenlosen Konzept einer Aufarbeitung der Schuld in späteren Existenzen sich die Hoffnung auf Abstatt Zunahme (nicht des Unwissens, sondern) zu vertretender Schuld stützen könnte, ja was „Aufarbeitung von *Schuld*" (statt von Entwicklungsrückständen) ohne Verzeihung überhaupt bedeuten soll, ist mir unerfindlich. – Wie aber wäre dann begründbar gelebtes und begründet zumutbares Menschsein möglich, wie gäbe es Glück mit offenen Augen? Und wenn das nicht möglich wäre, wie stünde es dann mit dem Dank, ja bloß der Gerechtigkeit den Menschen gegenüber, die einem Glück schenken wollen?

Man hält hoffentlich solche Fragen nicht für im schlechten Sinne erbaulich, ist doch die ethische oder Sinn-Problematik nicht weniger realitätshaltig als physikalische oder naturphilosophische Ungeklärtheiten. Eingestandenermaßen indes *beruft* der skizzierte Gedanke nur eine Hoffnung, statt daß er sie rechtfertigen würde. Er ist so zwar als Frage gültig, doch die angezielte Antwort ist für sich allein genommen nicht von Wunschdenken unterscheidbar. Immerhin steht sie in Kohärenz mit dem gelebten Leben, das immer Hoffen bedeutet, während der Vertreter einer zukunftslosen Konzeption seinem Denken ständig durch sein Weiterleben widerspricht. Aber sie ist ja auch nur der zusätzliche dritte oder vierte zu den in den §§ 4 und 5 erwogenen Punkten; und diese stehen zugleich mit dem kosmologischen Argument von § 3 in Verbindung. Von diesen Paragraphen bekommt das zuletzt Bedachte Gewicht über reines Wunschdenken hinaus – so wie umgekehrt unsere jetzige Perspektive dem Bisherigen Ernst und Gewicht gibt: es ging nicht bloß um akademische Fragen, um rein theoretische Spekulation.

2. *Sinn dieser Reflexion*

Worum ist es dabei gegangen? Nicht darum, wie eingangs gesagt, jemanden in den Glauben hinein zu argumentieren. Es ging um die nachträgliche rationale Begründung einer Hoffnung (1 Petr 3,15), die natürlich nicht aus dieser Begründung lebt, sondern aus ihrem einen Grund, dem Gott und Vater Jesu Christi.

Diese Begründung gilt zuerst dem denkend Hoffenden selbst, der seinen Verstand nicht an der Schwelle zum Glauben verabschieden darf (sondern seinem Gott mit allen seinen Kräften zugewandt sein soll). Zur Verständigkeit gehört es freilich, den Verstand als Menschenverstand einzubringen: *Als*

Naturwissenschaftler, Wissenschaftstheoretiker usw. lebt und liebt und glaubt niemand, sosehr seine Berufsarbeit den Menschen prägt. Im Maß, wie deren spezielle Verengung von jemand Besitz ergreift, droht er in Lebens- und Familienprobleme, in gefährliche Sinnkrisen zu geraten.

In zweiter Linie richtet sich eine solche Rechtfertigung an das fragende Gegenüber, und zwar strikt im Sinn der Rechenschaft von meiner Überzeugung. Unabhängig davon, ob sie ihn überzeugt, soll sie bezeugen, daß der Glaubende seinerseits sich Gedanken gemacht hat und geistig redlich zu leben versucht.

An dritter Stelle steht die Hoffnung darauf, den Fragenden, sucht er in Offenheit, für sich selbst nachdenklich zu machen, vielleicht gar ihn überzeugen zu können. Und geht es ihm statt um die Sache nur um Polemik, dann richtet sich diese Hoffnung auf die Dritten, die Zuhörer unserer Disputation. Sie sollen sehen, daß der Christ standzuhalten vermag, daß seine Argumente Gewicht und Tragkraft besitzen.

Zuletzt – nicht, wie man oft vermutet, vorher – kommt die stille Hoffnung, auch im Gegner jene Stelle anzurühren, wo er seinerseits fragt. Dies hat den Stil des Disputierens mitzubestimmen; aber es gibt nicht das Maß, von woher sich die Pflicht zur Rechenschaft und das Urteil über ihre Qualität bemessen.

3. Zielsinn der Hoffnung

Worauf nun zielt zuletzt diese Hoffnung, von der der Glaubende Rechenschaft geben soll? Es hat geheißen: auf Neuwerdung und Vergebung. Diese müssen von Gott her kommen. Aber *müssen* sie? Philosophische Reflexion leistet – in ihrer Funktion für die Fundamentaltheologie – jenen Dienst zur Unterscheidung der Geister, daß sie Gott als den Heiligen und den Guten erweist – bei aller Schwere, ja Unlösbarkeit der Frage von Leid und Unglück. Die Frage stellt sich überhaupt nur dann derart scharf; denn wäre Gott nicht der Gute und Heilige, fiele sie dahin. Und das Rechtsbewußtsein des Protests etwa gegen die „Unklarheit“ (Nietzsche) und die scheinbare Abwesenheit Gottes beruft sich gerade auf die Instanz des souveränen Heiligen als Norm. Mit der heilig-guten Göttlichkeit Gottes jedoch scheint nichts über das Schicksal des faktischen Menschen gesagt, der durch eigene Schuld seine Sinn-Zukunft verwirkt hat. Wird die Heiligkeit des Heiligen sich als ein Blitz erweisen, der ihn endgültig verwirft und seine freie Selbstzerstörung besiegelt – oder ist jene Hoffnung wider alle Hoffnung, die in den Vergebungsbitten der Religionen nach Neuwerdung und Neuschöpfung ruft, nicht vergebens? Ist der Heilige – unableitbar und unerzwingbar – unser Heil?

Darauf kann nicht mehr die allgemeine Grunderfahrung und die prinzipielle Reflexion auf Welt und Mensch als Erscheinung oder Da-sein Gottes antworten. Hier müßte die Erfahrung einer „absoluten Erscheinung“, die Zusage eines eindeutigen, endgültigen Wortes neuschaffender Vergebung erhofft werden können[40]. Eine unverkürzte Anthropologie wird darum den Menschen als ei-

---

[40] *J. Splett,* Der Mittler. Philosophische Vorüberlegungen zur christlichen Antwort auf die Heraus-

nen solchen bestimmen, der im (mehr oder weniger geleisteten) Lebens-Gehorsam gegenüber jenem Schöpfungswort, das er ist, also im Vollzug seines „Namens“[41], bewußt oder unbewußt hinhorcht (in „apokaradokia“ = ausgestreckten Halses: Röm 8, 19) auf solch ein möglicherweise ergehendes Wort der Erlösung.

LITERATUR

Auf der Suche nach dem unfaßbaren Gott: CGG 37 (Quellenband 7). Freiburg 1984.
Brugger, W., Summe einer philosophischen Gotteslehre. München 1979 (Lit.).
–, Kleine Schriften zur Philosophie und Theologie. München 1984.
Brunner, A., Glaube und Erkenntnis, München 1951.
Buch, A. – Fries, H. (Hg.), Die Frage nach Gott als Frage nach dem Menschen. Düsseldorf 1981.
Burkhardt, H. (Hg.), Wer ist das – Gott? Gießen 1982.
Casper, B. (Hg.), Gott nennen. Phänomenologische Zugänge. Freiburg 1981.
Kasper, W., Der Gott Jesu Christi. Mainz 1982.
Kern, W., Atheismus – Marxismus – Christentum. Innsbruck (1976) ²1979.
– (Hg.), Aufklärung und Gottesglaube. Düsseldorf 1981.
Möller, J., Die Chance des Menschen – Gott genannt. Einsiedeln 1975.
Muck, O., Philosophische Gotteslehre. Düsseldorf 1983.
Ogiermann, H., „Es ist ein Gott“. München 1981.
Paus, A. (Hg.), Suche nach Sinn – Suche nach Gott. Graz 1978.
Peperzak, A. Th., Der heutige Mensch und die Heilsfrage. Freiburg 1972.
Rahner, K., Hörer des Wortes. München (1941) ²1963.
–, Grundkurs des Glaubens. Freiburg (1976) ¹²1982, bes. 35–96. 122–142.
Riesenhuber, K., Existenzerfahrung und Religion. Mainz 1968.
Schaeffler, R., Fähigkeit zur Erfahrung. Freiburg 1982.
Schrödter, H., Analytische Religionsphilosophie. Freiburg 1979 (Lit.).
Splett, J., Die Rede vom Heiligen. Freiburg (1971) ²1985.
–, Gotteserfahrung im Denken. Zur philosophischen Rechtfertigung des Sprechens von Gott. Freiburg (1973) ³1985 (Lit.).
–, Reden aus Glauben. Zum christlichen Sprechen von Gott. Frankfurt 1973.
–, Der Mensch ist Person. Frankfurt 1978.
–, Die Absolutheit Gottes und die Kontingenz der Schöpfung, in: ZKTh 101 (1979) 147–162.
Weger, K.-H., Der Mensch vor dem Anspruch Gottes. Graz 1981.
Weischedel, W., Der Gott der Philosophen. 2 Bde. Darmstadt 1971 (Tb.-Ausg.: dtv 4322).
Weissmahr, B., Philosophische Gotteslehre. Stuttgart 1983.
Welte, B., Religionsphilosophie. Freiburg 1978.

---

forderung Friedrich Nietzsches, in: ThPh 50 (1975) 161–182; *ders.*, Die theologische Dimension der Geschichte, in: ZKTh 100 (1978) 302–317.

[41] *W. Kern*, Gott schafft durch das Wort, in: MySal II 467–477, bes. 473–476.

8. KAPITEL

RELIGION ALS GRUNDAKT DES MENSCHLICHEN DASEINS

Alois Halder

§ 1. Religionsphilosophische Vorüberlegungen

Wenn Philosophie die Religion bedenkt, muß sie sich zugleich selbst bedenken. Denn vom griechischen Beginn her ist Philosophie in ihrer metaphysischen Grundprägung Logik des Seins alles Seienden und des seine All-Einheit begründenden Grundes. Sie ist deshalb die gesteigerte Vollzugsform des menschlichen Lebens in der Natur, sofern dieses Leben menschlich nur in dem Maße ist, als es logos-begabt, d.h. in begründendem Denken/Sprechen geschieht, und zwar auf das übermenschliche Maß eines vollkommenen Lebens hin und von demselben maßgebenden Grund her, der, indem er in sich aus sich denkt, in einem zugleich alles ausspricht[1]. In solcher Weise begründend vorgehendes Denken bedeutet Streben nach Wissen, und der Wissensgang konnte demgemäß verstanden werden als Durchstieg durch alles Natürlich-Einzelne und Überstieg zum all-gemeinen Grund, als Vollzug der später treffend so genannten „Transzendenz". Philosophisches Wissensstreben ist in diesem anfänglichen Selbstverständnis nicht abstrakt-theoretisch, von der Lebensfülle abgetrennt und auf einen Teilbereich beschränkt, sondern es ist die das vielteilige Leben versammelnde und ausrichtende höchstmögliche Lebenspraxis[2].

Damit sieht sich die Philosophie von Anfang an in einem eigentümlichen Verhältnis zu einer anderen Lebenspraxis mit höchstmöglichem Anspruch, nämlich zur Religion und ihrem ausdrücklichen Bezug auf ein übermenschlich vollkommenes, göttliches Leben. Indem die Philosophie von der religiösen Sprache die Namen des „Göttlichen" und „Gottes" übernimmt und sich anverwandelt zur Benennung des von ihr zu denkenden Grundes, ist sie damit, als Logik des Seins alles Seienden von seinem Grund her (Ontologie), zugleich *Theologie* und Religionsphilosophie[3]. Sie versteht von sich aus dann auch die Religion als Vollzug eben derselben Transzendenz des menschlichen Lebens, freilich nicht als schlechthin dieselbe Vollzugsweise in der Sprache des Wissens,

---

[1] Vgl. *G. W. F. Hegel,* Wissenschaft der Logik: Vorrede ²1831; Kap. „Die absolute Idee".
[2] Vgl. *Aristoteles,* Metaphysik VI, 1026a20; XI, 1061b5–15; XII, 1072b15–30; Peri Psychēs 429a27–30; auch *H. Rombach,* Die Gegenwart der Philosophie. Freiburg ²1964, VI.
[3] Vgl. *M. Heidegger,* Was ist Metaphysik? Frankfurt ¹¹1975, 19f.

sondern als zu unterscheidende Vollzugsweise in der Sprache des Glaubens. Das Wissensstreben vergegenwärtigt sich sein Gewußtes in Begriffen, auch dann noch, wenn es von Unbegreiflichem und Unvordenklichem spricht[4], und es entfaltet sich in den der Begriffssprache angemessenen Formen (Untersuchung, Auseinandersetzung, Schulbildung usw.)[5]. Das Glaubensleben entfaltet sich in anderen Formen (Bezeugung, Ritus, Gemeindebildung usw.), da der Glaube seinen Gegenstand nicht zuvörderst in Begriffen, sondern in Symbolen vergegenwärtigt, auch und gerade dann, wenn der Glaube von Unglaublichem und Unerhörtem redet[6]. Wissen ist gesuchte Gegenwart als Wahrheit des Ganzen; Glaube ist bezeugte Gegenwart als Heil des Ganzen.

Dann stellt sich allerdings die Frage nach dem Verhältnis von Wahrheit und Heil, Begriff und Symbol, Wissen und Glauben, Philosophie und Religion. Aber diese Frage ist nicht außer- und oberhalb beider Seiten zu stellen. Denn das Verhältnis entstammt dem konkreten Sich-selber-Verhalten des Wissens zum Glauben und umgekehrt. Und so ist die Verhältnisfrage auch schon jeweils geschichtlich bestimmt, sofern das Leben, seine Verhaltensweisen und Verhältnisse sich geschichtlich ändern, d.h. je neu bilden[7].

So entstand im griechischen Beginn die Philosophie mit dem Schwinden der Kraft der mythischen Religion und dem Verfall der Polis, deren Halt diese Religion gewesen war. Die Philosophie stellte sich dabei dar als Versuch, den Gedanken des Göttlichen auf eigene, nämlich begriffliche Weise kritisch-verwandelt zu bewahren und für den Einzelnen wie die Gemeinschaft das Heil als das Glück des Lebens im Wissen der Wahrheit zu wirken. Der oft zitierte Schritt „vom Mythos zum Logos“ bedeutet nicht schlechthin Ausrottung, sondern wurzelhafte Umformung des Mythischen.

In der Zeit der Einstiftung der *christlichen* Religion ins römische Weltreich und nach dessen Translation in die germanische Welt stellte sich die Verhältnisfrage anders. Zum christlichen Glauben gehörte von seinem Anfang an eine ihm eigene ausdrückliche, nämlich theologische Reflexivität. In diesem Raum bildete sich die Philosophie um: Sie wurde zum natürlich-eigenständigen Welt- und Gotteswissen, dessen Wahrheit aber zugleich in Dienst genommen wurde zur Selbsterhellung des übernatürlichen Glaubens an den Gott des geschichtlich in Wort und Tat geschenkten Heils der Welt. Fides quaerens intellectum – das bedeutete nicht die Rettung des Glaubens ins Wissen, auch nicht ins theologische Wissen, sonden das Bemühen, den Glauben durch Einsicht in seine einzigartige Bestimmung ‚glaubender‘ zu machen[8]. Und dies in Entsprechung zur Unterscheidung und Bezogenheit von natürlicher und natürlich-gesellschaftlicher Welt einerseits und übernatürlicher Welt und Heilsgemeinschaft anderseits.

Wieder anders wurden Philosophie und Religion voneinander unterschieden und aufeinander bezogen in der *neuzeitlichen* Epoche der sogenannten Emanzipation des menschlichen Lebens aus den bis dahin fundamentalen Bindungen des religiösen Glaubens und des ihm zugehörigen philosophisch-traditionellen Wirklichkeitswissens. Der

---

[4] Vgl. als Selbstanzeige des „denkenden Sinnes“ *Hegels* Vorrede zur Enzyklopädie ²1827.

[5] Vgl. *Rombach* (s. Anm. 2) VII.VIII.XX; *H. Rombach,* Wissenschaftstheorie 2. Freiburg 1974, 2.1.1; 2.1.7; 3.1.1.

[6] Vgl. *A. Halder,* Bild und Wort, in: *Casper,* Phänomenologie ... 65–105; *Rombach* 1971, 321f.

[7] Vgl. *Halder* u.a., bes. Vorwort.

[8] Vgl. *K. Kienzler,* Glauben und Denken bei Anselm von Canterbury. Freiburg 1981, 314f. Zum theologischen Motiv der nominalistischen Erkenntnisdestruktion vgl. *H. Rombach,* Substanz, System, Struktur I. Freiburg 1965, 81.

Mensch wurde zurückgeworfen auf sich selbst als Subjekt, dessen autonome Position durchgesetzt und d. h. erarbeitet werden mußte. Welt war nicht mehr selbstverständlich gegeben, sondern mußte neu erstellt werden, mitten in einer entstehenden Vielfalt von Wissenschaftsformen und gesellschaftlichen Ordnungen politischer, wirtschaftlicher und rechtlicher Art. Eine gemeinsame Grundlage dieser Vielfalt dennoch bewußt zu machen und das Bewußtsein über seine Aufgabe der Selbstbildung und Weltgestaltung aufzuklären, war jetzt die Aufgabe der Philosophie. Sie suchte diese Grundlage in der natürlichen Vernunft, vor der sich jeder Anspruch von Wissens- und Glaubensweisen und jedes damit verbundene Handeln kritisch zu rechtfertigen hatte[9], zu Bewußtsein zu bringen.

Erst hiermit trat Religion als ein subjektives Sich-Verhalten – neben anderen Lebensbereichen – mit all seinen institutionellen, rituellen und dogmatischen Momenten in den Blick, und es wurde philosophische Reflexion des Glaubens nicht nur als philosophische Theologie, sondern als *Philosophie der Religion* möglich und nötig[10]. Von der aufklärerischen kritischen Wissensinstanz her ließen sich Religion und Glaube freilich nur als reduziert auf einen natürlich-vernünftigen Religionsglauben halten, und die historischen Religionen, auch die christliche Religion, nur im Maße ihrer darin enthaltenen natürlichen Vernünftigkeit legitimieren; oder der religiöse Glaube wurde im ganzen als geschichtlich überholt, gar von Grund auf als Verirrung bzw. Entfremdung des vernünftigen Vermögens des Menschen zu Selbstverwirklichung und gesellschaftlicher Weltleistung erklärt[11].

Religion, die sich dieser Begründungs- oder gar Überwindungsforderung nicht fügte, vielmehr an ihrem eigenen überlieferten Gründungsglauben festhielt, geriet in die Entfremdung zur allgemein sich ausbreitenden und fortentwickelnden Bewußtseinsverfassung und deren philosophischer Repräsentation. Religion wurde zu einem gesellschaftlichen Teilbereich unter und zunehmend gegenüber den anderen Bereichen, die sich dem rationalen Normierungsanspruch eher einzufügen schienen. Dabei zehrte das autonome Welt- und Selbstbewußtsein in seinen realen Lebensvollzügen immer noch von substanziellen Elementen religiöser, christlicher Tradition, wie umgekehrt in das religiöse Glaubensleben Impulse neuzeitlich-subjektiver Bewußtseinshaltung aufgenommen wurden, die sich auswirkten als Theologisierung, Konfessionalisierung, Moralisierung des religiösen Glaubens[12]. Aus der Einsicht in diese untergründige gegenseitige Verschränkung erwuchsen die großen Vermittlungsversuche vor allem des Deutschen Idealismus, Philosophie und Religion, Wissen und Glauben, subjektive Selbstbegründung und göttliche Gründung in der All-Ein-

---

[9] Vgl. *I. Kant,* Kritik der reinen Vernunft, Vorrede ^{2}1787; *ders.,* Religion innerhalb der Grenzen der bloßen Vernunft.

[10] Vgl. *G. W. F. Hegel,* Vorlesungen über die Philosophie der Religion: Die Stellung der Religionsphilosophie zur Philosophie und Religion (ed. Glockner XV 36–52); Die offenbare Religion (ebd. XVI 189–553).

[21] Vgl. etwa *K. Marx,* Zur Kritik der Hegelschen Rechtsphilosophie, Einleitung.

[12] Vgl. *H. Blumenberg,* Säkularisierung und Selbstbehauptung. Frankfurt 1974.

heit *eines* Gründungsgeschehens zu denken[13]. Der religiöse Glaube konnte sich jedoch in solchen Vermittlungsversuchen nicht gewahrt finden. Aufs ganze gesehen ist die neuzeitliche Geschichte in ein deshalb „nachchristlich" zu nennendes Zeitalter eingetreten, wenn man die Vorstellung einer ehemals (christlich-) religiös gewährleisteten Kultur- und Gesellschaftseinheit zugrunde legt. Zugleich hat die Philosophie selbst ihre zentrale Bedeutsamkeit für das wissenschafts- und handlungsbewußte Leben eingebüßt. Dennoch ist religiöses, auch und gerade christliches Glauben ebensowenig wie philosophisches Denken unmöglich oder überflüssig geworden. Wohl aber haben sich im Verlauf der neuzeitlichen Geschichte die Bedingungen des Selbstverständnisses von Religion wie von Philosophie wieder einschneidend zu ändern begonnen: Religion und Philosophie müssen ihre eigene Bedingungskraft mit ins Spiel bringen, ihr Verhältnis zueinander wie zur Pluralität der Lebensbereiche und zur problematisch gewordenen Einheit des Weltganzen neu bestimmen.

Der Rückblick zeigt, daß, was Philosophie und Religion und philosophische Bestimmung der Religion sind, sich nicht ein für allemal oder in Annäherung an ein geschichtsloses, abstraktes Wesen bestimmen läßt: Was unter Wissen und Glauben, Begriff und Symbol, Wahrheit und Heil usw. genauer zu verstehen ist, kann jeweils nur im Bezug auf eine konkret-geschichtliche, zeit-weilige Verfassung des Lebens des denkenden und sprechenden Menschen in seiner Welt ausgemacht werden. Dieses geschichtliche Daseinsverständnis, das von der Aufklärung und dem historischen Bewußtsein des 19. Jahrhunderts eingeschärft wurde, weist weit zurück in die Überlieferungsfrühe gerade des christlich-religiösen Glaubens[14]. Es bedeutet keine historisch-äußerliche Relativierung, keine Auflösung des religiösen Glaubens in veränderliche Zeitbedingungen. Denn schon die individuelle Übernahme mit der dadurch geschehenden, sei es auch nur geringen, Änderung der geschichtlich-situativen Bedingungen geht selbst mit ein in das Ganze des Zusammenlebens der Menschen zu ihrer Zeit und an ihrem Ort. Vor allem sind die generellen und individuellen Bedingungen zusammen nicht ein sich selbst tragendes geschlossenes Geflecht. Sie bilden vielmehr *ein* Geflecht nur, weil sie jeweils zurückverweisen auf die Erfahrung des Einzelnen, in der das Leben, auch als gemeinsames, getätigt und erlitten, gewonnen oder verloren wird. Diese Lebenserfahrung verweist in eine durch die kategorialen Formen, in denen sie sich ausspricht, nicht erschöpfend bestimmbare und insofern unbedingte Tiefe. Diese Tiefe zu erinnern ist entscheidender als die Frage ihrer Benennung: Denn alle diese „Begriffe" (Subjektivität, Freiheit, Existentialität, Logos, Vernunft, Ratio) entstammen einer Geschichte, die in eine Umbruchphase gelangt ist, in der auch das, was überhaupt Begreifen heißt, fragwürdig wurde.

---

13 Vgl. *J. Möller,* J. G. Fichte: Religion und Reflexion; *ders.,* F. W. J. Schelling: Denkende Anerkennung des freien Gottes, in: *Halder* u. a. 39–60 bzw. 61–83.

14 Vgl. *A. Halder,* Wirklichkeit als Geschichte. Philosophische Vorfragen zur Bedeutung und Vermittlung des Christusereignisses, in: *L. Scheffczyk* (Hg.), Grundfragen der Christologie heute. Freiburg 1975, 15–35.

§ 2. Die religiöse Grunderfahrung und ihre Bedingungen

In der ursprünglichen Erfahrung des Einzelnen, die allem Formenwandel zugrunde liegt, geschieht der übernehmende Mitvollzug der gemeinsamen Lebensweise. Damit wird nicht der Flucht in einen individualistischen Irrationalismus das Wort geredet. Dieser Vorwurf würde an einer Vernunft Maß nehmen, die sich dagegen sperrt, daß sie, obwohl einem gemeinsamen geschichtlichen Leben entsprungen, doch zugleich in einem Leben der Einzelnen wurzelt. Der Durchbruch der ursprünglichen Erfahrung des Lebens über den Formen- und Bedingungszusammenhang hinaus, in dem es sich je und je ausbildet, deckt sich mit dem, was die philosophische Tradition dessen Trans-szendenz genannt hat. Auf diese reale Transzendenz durch und über alle kategoriale Besonderung und Ausbildung des Lebens kann auf verschiedene Weise (ontologisch, transzendental, existential, phänomenologisch) reflektiert werden. Aber dadurch wird die Unableitbarkeit der Einzelnen oder einer besonderen Epoche nicht aufgelöst, weder in Allgemeinheit noch in eine All-Einheit von Sein oder Bewußtsein[15]; jedenfalls solange nicht, als die Einsicht bewahrt wird, daß auch alle transzendentalen Grundbestimmungen geschichtlich auftretende Bildungen des denkend-sprechenden Lebens Einzelner unter bestimmten gemeinsamen Mitbedingungen und insofern, geschichtlich gesehen, selber „Kategorien" sind.

Die philosophische Reflexion auf die ursprüngliche Transzendenz des menschlichen Daseins hat heute zusammen mit dem religiösen Glauben eine aporetische Aufgabe: in einer Welt, die, obwohl oder gerade weil sie „den Menschen in den Mittelpunkt stellt", dessen Menschlichkeit aus dem Blick verliert und Philosophie und Religion an den Rand realer Bedeutsamkeit für die gemeinsame, aber vielfältig aufgesplitterte Lebenswelt drängt – in dieser Welt zu erinnern an die Menschlichkeit des Menschen; diese beruht darauf, daß er *nicht* der sich und alles aus sich selber und auf sich hin leistende Mittelpunkt ist, sondern sein Leben versteht aus dem Bezug auf das Ganze seiner selbst *und* all dessen, was nicht er selbst ist[16] und was traditionell als Sinn-Ziel-Grund von allem, letztlich als Gott angesprochen wurde.

In dieser gemeinsamen Situation von philosophischem Wissen und religiösem Glauben scheint nun aber auch deren von der Neuzeit zugespitzter Gegensatz von tieferen beidseitigen Gründen her überholt oder zurückgenommen[17]: Der religiöse Glaube ist selber als ein durchaus eigentümliches begründetes Wissen anzuerkennen, das allerdings nicht in einen argumentati-

---

[15] Vgl. *Rombach* 1971, 263–265. – Der Umstand allerdings, daß auch die transzendentale Methode eine geschichtlich bedingte, durchaus endliche Denkleistung einiger Philosophen ist, widerspricht nicht der Universalität und Unbedingtheit ihres (‚Hinter'-)Fragens. Die äußere Genese determiniert nicht den inneren Logos.

[16] Vgl. *Rombach* 1973, 481.

[17] Zur Zurücknahme der Unterscheidung vgl. *E. Levinas,* Gott und die Philosophie, in: *Casper,* Gott nennen 81–123; *Halder* (s. Anm. 6), bes. 91–93.

ven Wissensgang eingeschlossen werden kann. Insbesondere für die phänomenologisch orientierte Religionsphilosophie ist Glaube die allein adäquate Erfahrung und Wissensgegenwart dessen, was die Tradition Gott nennt[18]. Anderseits ist das Selbstbegründungsdenken der Neuzeit an seine Grenzen geraten: Alles Wissen beruht auf Grundannahmen, die weder einfachhin je für sich selbst selbstverständlich noch „rein rational" letztbegründbar sind, die vielmehr auf gelebt-vollzogene Erfahrung verweisen. Glauben und Wissen erscheinen so als Weisen des verstehend-sprechenden Lebens, in dem sie wurzeln und das sich als Vorgang der Transzendenz in ihnen ausdrücklich erschließt; ihm geht es in allen seinen Formen und Gehalten um die Einheit seines je einzelnen *und* gesellschaftlich verbundenen, ja weltgemeinsamen Sein-Könnens nach dem Maße seines Sinnes, d. h. seiner Vollkommenheit.

Das Philosophieren hat in seinen geschichtlich je anders geprägten Formen und selbst im äußersten Autonomieanspruch die Lebensgehalte und den Sinn des Lebens im Ganzen nicht schlechthin aus sich erzeugt, sondern, eingestanden oder nicht, einer Erfahrung, in die auch die Religion hinabreicht, entnommen[19]. Es entspringt der Religion, insofern als die ursprüngliche Erfahrung der Transzendenz eher religiös zu nennen ist, wie denn auch historisch die Religion der Philosophie vorausgeht.

Mißverständlicher, weil willkürlicher, könnte jene Sinnerfahrung auch als philosophische bezeichnet werden – mit Goethe: „Wer Wissenschaft [= Philosophie, wie ähnlich auch im Deutschen Idealismus] und Kunst besitzt, hat auch Religion ..." Auch die Kunst ist als umfassende Lebensformung betrachtet worden[20]. Für Nietzsche z. B. ist sie der am tiefsten wurzelnde und zuhöchst steigende Lebensvollzug, von „mehr Wert", als was Wissen und Glauben, Wahrheit und Heil heißt[21].

Daß Philosophie der Religion entspringt, besagt nicht, daß sie bloße Funktion der Religion mit all deren institutionellen, rituellen, theologisch-dogmatischen Ausprägungen sei. Sie hat diese vielmehr zu durchleuchten in ihrem Zusammenhang mit nicht-religiösen Lebensvorgängen und zumal im Rückbezug auf die der ausgebildeten Religion selber zugrunde liegende Glaubenserfahrung, soweit diese den Sinn des Lebens, nämlich das vollkommene = göttliche Leben (Heil, Glück, Frieden, Gerechtigkeit ...) als Verheißung und je und je anbrechende Erfüllung gegenwärtig zu halten beansprucht für den Einzelnen und damit für alle und alles[22]. Dann aber steht Philosophie, insbesondere Religionsphilosophie, bereits selbst in einer solchen Transzendenzerfahrung und damit auch im Bezug zu der ausgebreiteten Sinnbezeugung, die die Religion lebt.

Die enge Zusammengehörigkeit von Religion und Philosophie bestätigt die nachhegelsche Religionskritik, indem sie zugleich ebenso totale Kritik übt an jeglicher metaphy-

[18] *Rombach* 1973, 479.

[19] Vgl. *M. Müller,* Sinn-Deutungen der Geschichte. Zürich 1976, bes. 53f.

[20] Vgl. *A. Halder,* Kunst und Religion, in: *R. Kilian* u. a. (Hg.), Eschatologie. St. Ottilien 1981, 305–331.

[21] Vgl. *F. Nietzsche,* WW (ed. Schlechta). München ^{8}1977, I 547; II 995f; III 271.692f. 753f.

[22] Vgl. *H. R. Schlette,* Art. Religion, in: HPhG 1233–1250, bes. 1235–1240.

sischen, transzendierenden Philosophie. Diese war für Marx nur der verfehlte Versuch, die Religion zu rationalisieren[23]; und nach Nietzsche war der christlich-religiöse Glaube „Platonismus fürs Volk", weil er ewige Wahrheit für die vielen, die nicht einmal zu diesem Wissensirrtum fähig seien, glaubhaft machen wolle[24].

Nur aus dem wurzelhaften Zusammen von Religion und Philosophie ist zu verstehen, daß – auch – die Philosophie der gegenwärtigen Welt sagen muß, daß sie zum sinnentleerten Betrieb wird, wenn der Gedanke an Gott aus ihr schwindet, und daß dieser Gedanke nicht allein im philosophischen Denken, sondern zuvörderst im institutionalisierten Gedenken der Religion, im Kult, in den religiösen Weisungen ... bewahrt werden kann und muß[25]. Wenn wissenschaftlich-philosophische Reflexion sich als Gesamttheorie des Lebens und der Welt (miß)versteht und, verschlossen für die ursprüngliche Erfahrung von Sinn, sich des Besitzes desselben dennoch versichern will, wird sie zur Ideologie[26]. Diese Gefahr droht allerdings auch der Religion, wenn sie vergißt, daß die bezeugte Sinngegenwart immer noch ursprünglicher und umfassender ist als ihre institutionalisiert-religiösen Zeichen[27]. Daran liegt es, daß Besinnung auf den Sinn, die sich in der gegenwärtigen Welt der Wissenschaft, Technik und Industrie regt, sich einerseits der Scheinvorgabe der Ideologien entziehen will, anderseits sich aber auch nicht befriedigt finden kann in den gegebenen konkreten Formen der religiösen Präsentation von Lebenssinn[28]. In Wirklichkeit ist die angestrengte „Suche nach dem Sinn" – die eine Erfahrung von Sinn schon voraussetzt! – ein Suchen nach Formen, die diese Erfahrung angemessen ausdrücken. Auch der mögliche Umschlag in Verzweiflung hat seinen Grund darin, daß das Leben unter den gegenwärtigen oder überhaupt denkbaren Bedingungen den unbedingten Sinn nicht glaubhaft zu bezeugen vermöge.

Zum einen hat die Religion ihre einstmals zentrale Bedeutung für die Gesellschaft verloren, zum andern kann sie die Sinnerfahrung der Menschen heute nicht durchweg zufriedenstellend artikulieren. Beides bedeutet auch Chance und Aufgabe: die der Religion eigentümliche innere Differenz zwischen der ursprünglichen Sinnerfahrung des Lebens und deren konkreten Ausprägungen nicht nur philosophisch nachdrücklicher zu bedenken, sondern vor allem ausdrücklicher religiös-zeichenhaft zu leben. Denn das Leben existiert nur in solchen Ausprägungen, aber es *lebt* auch nur, indem es sie transzendiert, ohne sich auf sie erstarrend-absterbend zu fixieren[29]. Bereitschaft und Fähigkeit zum

---

[23] Vgl. *K. Marx:* Kritik der Hegelschen Dialektik und Philosophie überhaupt; Die deutsche Ideologie.
[24] Vgl. *Nietzsche* (s. Anm. 21) II 565f; III 880.
[25] Vgl. *Horkheimer,* bes. 46.68f.89.
[26] Vgl. *A. Lorenzer,* Das Konzil der Buchhalter. Frankfurt 1981; *H. R. Schlette,* Philosophie – Theologie – Ideologie. Köln 1968, bes. 81–87; *A. Grabner-Haider,* Ideologie und Religion. Wien 1981, bes. 55–61.
[27] Vgl. *K. Rahner,* Ideologie und Christentum, in: Schriften VI (1965), bes. 60–63; *ders.,* Opposition in der Kirche, in: Schriften XII (1975), bes. 472f; *Welte.*
[28] Vgl. zu „Kontingenzbewältigung" *K. Wuchterl,* Philosophie und Religion. Stuttgart 1982, bes. 29–48; *N. Luhmann,* Funktion der Religion. Frankfurt 1977, Kap. I, bes. 26f.
[29] Vgl. *Müller* (s. Anm. 19), bes. 9–12.

Wandel ihrer Darstellungsweisen ist Existenzbedingung für Religion. Das bedeutet nicht Preisgabe, wohl aber Fortzeugung ihrer Überlieferung. Der Blick auf die Vielfalt der Religionen in der Menschheitsgeschichte schärft das Bewußtsein für die Differenz von Ursprung und Ausprägung[30]. Und unsere Überlegungen insgesamt bestätigen, daß die ursprüngliche Erfahrung des Lebens das religiöse Grundgeschehen ist.

Religiosität ist Grundprägung des Lebens in seinem Ursprung. Aber sie ist nicht schon *Religion.* Sie entfaltet sich zur Religion – und kommt so ins Leben – erst dadurch, daß sie sich zu der Grunderfahrung, die sie ist, ausdrücklich entscheidet und sie bezeugt. Das geschieht in der Regel durch Übernahme bestimmter Formen einer bereits bestehenden Religion, die sie so weiterbewahrt. Auch hier gilt die Bezeugung zunächst der Sinnerfahrung des Einzelnen in der Zeugengemeinschaft[31], und wenn sie Zeugnis nach „außen" für alle anderen ist, dann geschieht dies wiederum kraft der Sinnerfahrung. Kraftvoller als in der übernehmenden und weitergebenden Bewahrung kommt Religiosität ins Leben, wenn die Selbstbezeugung der Grunderfahrung neue Formen stiftet, weil in dieser selbst ein neuer und so zuvor noch nicht geglaubter und bezeugter Sinn erfahren wurde. Mit solcher Stiftung von Religion wird eine neue Überlieferungsgeschichte eröffnet. Aber auch eine neu gestiftete Religion entsteht nicht aus nichts, sondern ist eine mehr oder weniger einschneidende Umprägung und Umdeutung überlieferter Religions- sowie auch alltäglicher Lebenspraxis. Insoweit ist jede Religionsstiftung zugleich erneuernde Bewahrung. Und da jede übernommene Religion eine sei es noch so geringfügige Wandlung durch die Bezeugung der Sinnerfahrung des Einzelnen und der Gemeinschaft erfährt – wenn die Übernahme nicht äußerlich bleibt, sondern wahrhaft Bezeugung ist –, so ist auch die Überlieferung einer bestimmten Religion immer zugleich eine Geschichte der Erneuerungen, der Neustiftung in jedem Leben[32]. Die einheitgewährende Kraft einer Religion ergibt sich nicht schon aus einem begrifflich oder zeichenhaft erschöpfend zu fassenden, fixen Bestand ihrer formalen und inhaltlichen Momente, sondern aus der Treue eines Lebensgeschikkes und einer Lebensgemeinschaft zu der Geschichte dieser Religion und dem in ihr bezeugten Sinn.

---

[30] Vgl. *Rahner,* Das Christentum ..., bes. 146f.

[31] Vgl. ebd. 142.151; *Rahner,* Glaubensbegründung heute, bes. 36.

[32] Vgl. *H. Fries,* Religionsloses Christentum?, in: *F. Rauh* u. a. (Hg.), Wesen und Weisen der Religion. München 1969, 267–281, 279.

§ 3. Die Bezeugungsweisen des religiösen Grundgeschehens

Die Philosophie sucht die Religion als ausdrückliche Bezeugung derselben ursprünglichen Sinnerfahrung des transzendierenden Lebens zu begreifen, in das auch sie zurückreicht trotz ihrer geschichtlich variierenden Distanz zur Religion und deren Ausprägungen. Die für das Leben entscheidende *Bezeugung* seines Sinnes kann der eigentliche *religiöse* und dann auch transzendentale Grundakt genannt werden, sofern er nicht als getrennter Akt für sich und neben anderen Akten auftritt, sondern sich selbst nur voll in den besonderen, kategorialen Religionshandlungen aus- und einübt und durch sie seine Bedeutung für alle, auch die alltäglichen Lebensvollzüge geltend macht[33]. Deshalb muß, wenn die kategorialen Religionsakte sich im Gesamtzusammenhang der Lebensverhältnisse verändern, auch der transzendentale Grundakt sich wandeln – ja jene Wandlungen sind sogar Zeichen gerade dieses Wandels[34]. *Wie* die Bezeugung des erfahrenen Sinnes als Heil des Lebens in Heiligungsvollzügen geschieht, in welchem Grade der Intensität (der existenziellen Betroffenheit) und der Extension (der Auswirkung auf alle, auch die alltäglichen Lebenshandlungen) – das liegt nicht ein für allemal fest, sondern wandelt sich, nicht nur individuell, sondern auch epochal innerhalb der Geschichte einer Religion und von Religion zu Religion. Schon z. B. das normale Aufwachsen in einer Religion, die schrittweise Eingliederung durch ihre Übungen in ihre Zeugnisgemeinschaft bis zur Mündigkeit der vollen Teilnahme, ist nicht überall gleich; erst recht geschehen plötzliche Bekehrungen nicht unabhängig von den religiös-sozialen Vorgegebenheiten. Ebenso verdeutlicht sich auf unterschiedliche Weise, was die religiöse Bezeugung der ursprünglichen Sinn- als Heilserfahrung doch immer fundamental zum Ausdruck bringt: daß der erfahrene und anerkannte Heilssinn des Lebens nicht von diesem selbst willkürlich hervorgebracht (projektiert und produziert) wird, sondern, der Trans-szendenz (Sehnsucht, Verwiesenheit) des Lebens entgegenkommend, sich *schenkt.* Deshalb ist Religion in einem weitesten Sinn als *Glaube,* ja als *Offenbarungs*glaube zu verstehen[35]. Demgemäß ist das Leben diesem frei sich gebenden Heil gegenüber schuldig – in der Bedeutung nicht des Verstoßes gegen diese oder jene bestimmte Vorschrift, sondern einer Schuldigkeit, die aller religiös-sozialen Moral voraufgeht – und bedarf insgesamt der ‚Ent-schuldigung', die es sich nicht selber verschaffen kann. Deshalb versteht sich Religion wesentlich und zumeist auch tatsächlich als Hoffnung auf *Erlösung*[36]. Der *Dank* nicht für dieses oder jenes im

---

[33] Vgl. *K. Rahner,* Grundkurs 45 f; *Rahner,* Weltgeschichte ... 116 f.

[34] Vgl. *K. Rahner,* Erfahrung des Geistes und existentielle Entscheidung, in: Schriften XII (1975), bes. 42.

[35] Ebd. 43. Vgl. auch Vaticanum II: Kirchenkonstitution Nr. 16; Missionsdekret Nr. 7; Patoralkonstitution Nr. 22. Vgl. zu „Religion und Offenbarung" auch *K. Rahner,* Zur „Offenbarungsgeschichte" nach dem II. Vaticanum, in: Schriften XII (1975) 241–250, bes. 247.249; *ders.,* Weltgeschichte ... 124; *ders.,* Das Christentum ... 155. – *Albert d. Gr.,* In Sent. IV 9, A, 1: „Deus gratiam suam non alligavit sacramentis."

[36] Vgl. *Schlette,* bes. 66–97.

Leben empfangene Förderliche, sondern für die Heilsoffenbarung zum Leben im ganzen, wie auch die *Bitte*, nicht um dieses oder jenes im Leben Fehlende, sondern um die Erlösung von der Schuld des Lebens im ganzen, sind deshalb wesentliche Momente des transzendentalen religiösen Grundaktes selber.

Vor allem aber gehört zum Grundgeschehen von Religion (und ist deshalb wie dieses in der geschichtlichen Ausprägung verschieden) die bezeugende Vergegenwärtigung dessen, von dem Sinn und Heil gewährt sind und dem deshalb die Verehrung des Lebens gilt: den über-menschlichen und über-natürlichen Mächten, den heilbringenden Göttern oder *der* heiligen Macht Gottes[37]. Und weil das heiligend zu heilende Leben zwar das des Einzelnen ist, aber nur in Gemeinsamkeit mit anderen Menschen und eingebettet in Natur vor sich geht, so gehört zum religiösen Grundakt unabdingbar auch die Achtung und Ehrung aller Menschen sowie der Natur – auch dies freilich in wandelbarer (und d.h. auch in transzendental, geschichtlich-apriorisch bestimmter) Art und Weise: Weder ist Verehrung zu allen Zeiten dieselbe, noch kommt sie immer demselben ‚All' zu[38].

Die in sich *eine* Bezeugung des Sinngrundes des menschlichen Lebens prägt sich aus in der *Vielfalt der konkreten religiösen Handlungen:* in Gebet und Kult, in der Feier der Hauptereignisse menschlichen Miteinanders (Geburt, Heirat, Tod), im Segnen der Menschen und der Natur, somit im täglichen Lebensgang. Ausprägung meint jedoch nicht Ableitbarkeit. Denn die Einheit der religiösen Grundentscheidung besagt vielmehr, daß den vielfältigen Möglichkeiten des menschlichen Lebens in seinen Gemeinschaften und mit der Natur der einigende Sinn gegeben wird, der dann freilich auch zum richtenden Maß wird für alles, was als sinnhaft oder widersinnig, heiligungswürdig oder unheilig zu gelten hat. Nach dieser Maßgabe wird das natural und sozial Relevante in eine religiöse Sinnbedeutung gehoben, die in der Umwandlung der zunächst alltäglichen Sinnenfälligkeit sichtbar wird. Das geschieht in der Bereitung von Nahrungsmitteln zu Opfergaben, durch Schmuck und Weihe von Geräten, durch Ritualisierung von Grußformen, von Freude- und Schmerzbekundung, in der Stilisierung der Gestik, der körperlichen Bewegung überhaupt. Alle alltäglichen Äußerungen, Beziehungen und Hilfsmittel des Lebens können je zu ihrer Zeit und an ihrem Ort zu sinnenfälligen und sinnträchtigen Zeichen von religiös-institutioneller Bedeutung, zu Bezeugungsweisen des Heilssinnes werden[39]. Religion ist insofern die Hochstilisierung von alltäglichem Leben und Sterben.

Auch was als Moment des transzendental-religiösen Grundaktes in seiner Einheit genannt wurde (Bezeugung überhaupt, Heilsoffenbarung und Erlösung, Dank und Bitte), setzt an bei alltäglichen Vorgängen in Natur und gesellschaftlichem Leben, die als erhellend und heilend empfunden werden, beim

[37] Vgl. *Eliade; G. van der Leeuw,* Phänomenologie der Religion. Tübingen ²1956; *G. Mensching,* Die Religion. Stuttgart 1959; *É. Durkheim,* Die elementaren Formen des religiösen Lebens. Frankfurt 1981.
[38] Vgl. *Rahner* 1965, 13–33.
[39] Vgl. *Schaeffler* 202–207.

Danken und Bitten im Umgang der Menschen miteinander. Aber auch umgekehrt wirkt sich über die institutionalisierten religiösen Handlungen die religiöse Grundbezeugung aus, indem sie anzeigt, was der Sinn von Bezeugung, von Erlösung und Heilung, von Danken und Bitten im täglichen Leben und für es ist. Religion ist insofern die Kunst der Bildung des heilen Sinns von Leben in das tägliche Leben und sein Sterben hinein. Selbst das, was in der ursprünglichen Sinnerfahrung als das Von-woher der Heilsoffenbarung erfahren wird und in der religiösen Bezeugung und deren Ausprägungen eine anschauliche Bildgegenwart (sei es auch nur im Wortbild) annimmt – heilige Mächte, Götter, Gott genannt –, wird gebildet aus Elementen der Natur- und der zwischenmenschlichen Erfahrung. Aber allein mit und an diesen Bildungen gewinnt das Leben seine Bedeutungsgestalt, das je geschichtliche Bild von Natur und Mensch[40]. Wo die Sinnerfahrung und damit die Kunst der heiligen Benennungen und Bildungen, wo der Gedanke an Gott mit dem religiösen Gedenken und seinen institutionalisierten Formen aus dem Leben schwindet, da verflüchtigt sich deshalb zugleich auch die Lebensorientierung ermöglichende Bedeutung von „Mensch“ und „Natur“, von „Leben“ und „Sterben“ insgesamt.

Der zumal seit Feuerbach in Varianten wiederholte Vorwurf, Religion als handelnde Vergegenwärtigung des Göttlichen sei *nichts anderes als* die illusionäre Projektion von alltäglichen endlichen Realitäten der natürlichen und gesellschaftlichen Welt und der seelischen Binnenstruktur des Menschen in eine real nicht mögliche Unendlichkeit und Vollkommenheit, das „Gott“ Genannte sei also nur die undurchschaute Erzeugung des Menschen nach dem Bild der erfahrbaren Natur, der sozialen Ordnung, der Triebe und Wünsche des Menschen selber (Kosmo-, Sozio-, Psychomorphismus ...) – dieser Vorwurf greift schon vom Ansatz her zu kurz. Er durchschaut nicht seine eigene Voraussetzung einer endlichen Realität, die verstehbar nur ist im Anhalt an einem Verständnis von Unendlichkeit und Vollkommenheit[41]; Natur und Mensch fallen in eine Unterschiedslosigkeit, die weder von „Mensch“ noch von „Natur“ mehr zu reden berechtigt; die Reduzierung von Transzendenz auf die Triebe und Wünsche – durch die hindurch Transzendenz freilich immer auch geht – läßt nicht einmal zureichend diese Triebe und Wünsche in ihren menschlichen Maßen in den Blick kommen. Es wird verdeckt, daß triebhaftes und wunschbestimmtes Leben zwar Bilder und Bildungen hervortreibt, daß so etwas wie Sinn von Lebensbildern und für Lebensbildungen aber selbst nicht entworfen und hergestellt werden kann. Vor allem aber wird verkannt, daß religiöse Bezeugung weiß, daß der erfahrene Sinn selber sich darin zeigt und eben deshalb dadurch bezeugt wird, und zwar als das, was sich zugleich stets in Abwesenheit entzieht[42]. „Heil“ und „Gott“, „vollkommenes Leben“ und Gott der „Lebenspender“ und „Heilbringer“ ..., das sind wohl Namenbildungen aus dem nichtvollkommenen, nicht-göttlichen, nicht-heilen menschlichen Leben, das gleichwohl in diesen Namen und in den unter Berufung auf sie vollzogenen Handlungen sich vom namenlosen Sinn im Innersten ursprünglich betroffen erfährt und zu dieser Betroffenheit ausdrücklich steht. Deshalb sind religiöses Sprechen und Handeln immer geheimnisvoll[43]. Wer die Erfahrung des Geheimnisses, welches

---

[40] Vgl. *H. Rombach,* Leben des Geistes. Ein Buch der Bilder zur Fundamentalgeschichte der Menschheit. Freiburg 1977.

[41] Vgl. *Schaeffler* 184–191.278–282.301–314; *B. Casper,* Wesen und Grenzen der Religionskritik. Würzburg 1974, 18–49.

[42] Vgl. *Schaeffler* 137–149.215–219.

[43] Vgl. *B. Welte,* Religiöse Sprache, in: *ders.,* Zeit und Geheimnis. Freiburg 1975, 159–177.

das reale Leben dieser Welt für sich selber ist, nicht hätte oder diese Erfahrung nicht eingesteht und zu ihr steht, kann strenggenommen auch nicht bei einer angeblich geheimnislos wißbaren alltäglichen Realität der Natur und des Menschen beginnen, um von ihr aus religiöse Haltung zu „erklären". Er gerät von einer Verstellung dann nur in eine andere Illusion.

Der Vorwurf des Anthropomorphismus macht aufmerksam darauf, daß umgekehrt Gott auch nicht geradezu so, wie dies in den Gottesvorstellungen der Religionen bezeugt wird, den Menschen und die Natur nach seinem Bilde geschaffen hat[44]. Die (Bild-)Gedanken von Gott dem Schöpfer, von Heil und Erlösung, Dank und Bitte sind, wie die kategorialen Ausbildungen der religiösen Grundbezeugung, die umfassendsten Zeichen des göttlichen Sinnes des Weltlebens, aber nicht der unfaßbar-göttliche Sinn des Lebens selbst. Dieser zeigt sich in diesen bildhaften Zeichen und den bezeugenden religiösen Handlungen, aber nur insofern die Heilszeichen und heiligenden Handlungen Vollzüge des ursprünglichen Glaubens und Vertrauens sind[45]. All das hat nicht (auch nicht vorläufig-hypothetische oder bloß faktisch nicht ans Ende gekommene) verfügende und festlegende Macht über den Sinn des heilen Lebens. Heilszeichen und heilige Handlungen sind nicht theoretische Informationsdaten und Datenverarbeitungsprozesse zum Zweck der praktischen Kontrolle, Steuerung, Bewältigung der Lebensproblematik im ganzen. Die Sinn- und Heilsvermittlung durch die Grundbezeugung und ihre besonderen religiösen Handlungsweisen für das sogenannte alltägliche Leben geschieht deshalb auch nicht an einem zunächst an sich durchgängig sinn- und heillosen Lebensmaterial[46]. Wie die religiösen Handlungen dem täglichen Leben den Sinn geben, indem sie ihn aus diesem selber zeichenhaft hervorheben, so erwachsen die Sinnbilder der Grundbezeugung und der ihrerseits sie bezeugenden Handlungen auch eben diesem täglichen Leben. Religion und tägliches Leben entsprechen einander, insofern sie sich gegenseitig die Gegenwartsform, das je jetzt lebendige Bild des Lebens geben. Sie sind gegenseitige Repräsentation und allein so die Präsentation der Weise, wie Sinn in der Lebenswelt ist, indem er stets neu in sie eingeht[47].

Entsprechung und Gegenseitigkeit besagen nicht gleiche Gültigkeit. Die religiöse Grundbezeugung und ihre Handlungen haben normative Bedeutung und damit Weisungskraft für das tägliche „normale" Leben, auch wenn die religiösen Weisungen nicht schlechthin mit Handlungsrezepten gleichzusetzen sind, die das durchschnittlich-tägliche Leben kennzeichnen und auch dem religiösen Leben seine Normalität geben. Die Normalität des täglichen Lebens steht also der Religion und ihrem normativen Anspruch nicht äußerlich gegenüber: sie

---

[44] Vgl. *A. Halder,* Bemerkungen zum Anthropomorphismus als anthropologischem Problem, in: *H. Gauly* u. a. (Hg.), Im Gespräch: der Mensch. Düsseldorf 1981, 172–184.

[45] Vgl. *Heiler* 561–565.

[46] Vgl. *Rahner,* Weltgeschichte... 116f. 123f.

[47] „Sinn ist ein Existential des Daseins; nicht eine Eigenschaft ..." (*M. Heidegger,* Sein und Zeit. Halle [4]1935, 151).

durchzieht die Normativität der Religion selber. Der dennoch bleibende Widerspruch von Normativität und Normalität ruft auf zu Umkehr und Einkehr. Widerspruch und Aufruf der Religion im Leben gegen dessen alltäglich-durchschnittliche Lebensweisen müssen gehört und verstanden werden können; sie müssen deshalb im religiösen Grundakt der Sinn-Bezeugung und dessen kategorialen Vollzugsweisen selbst schon gehört und verstanden sein. Diese sind, wenn und solange sie zeichenhaft Zeugnis sind und nicht das Bezeugte selbst, Aufruf und Widerspruch. So steht auch die Normativität der Religion, ihr Widerspruch und Aufruf, noch einmal unter dem uneinholbaren Anspruch des ursprünglich erfahrenen Sinnes. Dessen Gegenwart als Heilsoffenbarung und Erlösungsverheißung bildet der religiöse Grundakt mitsamt seinen Bezeugungsweisen, er bleibt jedoch hinter der ursprünglichen Sinnerfahrung immer zurück und hat dies in Dank und Bitte je neu selbst mit zu bezeugen.

Daraus ergibt sich, daß diese Antwort, in der die betreffende Religion besteht, nicht einmalig, sondern wiederholt verantwortlich zu vollziehen ist und daß die Wiederholung nicht bloße kopierende Vervielfältigung ist, sondern jeweils erneuernde Bewahrung derselben Entscheidung und Handlung, die anfänglich dem Leben einen neu erfahrenen Sinn einstifteten und so die Geschichte dieser Religion eröffneten. Der Identität der fortzeugenden Wiederholungen (durch Grundentscheidungen und ihre Bezeugungsweisen) mit der religiösen Überlieferungsgeschichte kann man sich nicht gewiß sein in der Selbstsicherheit eines unveränderlichen Besitzes, sondern allein in der eigentümlichen Gewißheit der Treue[48]. Sie ist Vertrauen in die Kraft der Überlieferung und zumal ihres Anfangs. Diese beruht nicht auf schlechthinniger Regelung einer reibungslosen Folgegeschichte, sondern auf dem Zutrauen zu den Nachfolgern und zu dem Versprechen des Ursprungs, in allem Fortgang dieser seiner Geschichte der erneuernden Wiederholungen mitzugehen. Die ursprüngliche Transzendenz des Lebens zum Sinn von allem und die religiöse Bezeugung dieses Sinnes als des göttlichen Heils für alles bedeuten so zugleich die Transzendenz in die Geschichte des Heils und die Bezeugung der Treue zu dieser Geschichte. In welcher Weise und in welchem Maße dabei „Treue“, „Anfang“ oder „Ursprung“, „Fortgang“, „Stiftung“, „Bewahrung“ usw. ausgelegt werden, hängt zusammen mit der Wachheit des Geschichtsbewußtseins, das selber in dieser Geschichte sich bildet. Das neuzeitliche Bewußtsein richtet seine Aufmerksamkeit auf die Geschichte von Geschichten, von Kulturen, von Welten, von Religionen[49]. Zumal eine von ihrem Anfang her sich geschichtlich verstehende Religion wie die christliche wird in ihre Glaubensgrundentscheidung und deren Ausdrucksformen in besonderer Weise die zeichenhafte Bezeugung aufnehmen, daß ihre eigene Geschichte zurückreicht in die Geschichte der Religionen, die zur Geschichte dieser einen Religion gehört[50].

[48] Vgl. *S. Müller,* Rationalität und Vertrauen, in: Eschatologie (s. Anm. 20) 261–301.
[49] *W. Schapp,* In Geschichten verstrickt. Hamburg 1953.
[50] Vgl. *Rahner,* Das Christentum..., bes. 140.154f.

Religion (in Grundentscheidung, institutionalisierten Vollzugsformen und Auswirkung ins tägliche Leben) ist Handlung, wie das Leben Handlung ist und in Handlungen sich bildet. Zur Bildung des Lebens, auch zu seiner religiösen Bildung gehört die *Sprache*[51].

Weil der Mensch von seinem Wesen her das logos-begabte, denkend-sprechende Lebewesen ist, ist Sprechen nicht nur eine besondere Art von Handeln neben und mit anderen Bildungsweisen. Vielmehr ist das Lebenshandeln selber Sprechen, und seine Handlungsweisen sind selbst Formen des Sprechens, Wort- wie Gebärdensprache; jegliches Sich-Verhalten in allen Lebenstätigkeiten ist eine Weise, wie Leben aus seinem Innersten sich gebärdet, äußert, spricht. So ist auch das religiöse Handeln (von seiner Grundbezeugung über die Heilshandlungen ins tägliche Leben) Sprache des Heils – und zwar in dieser außerordentlichen Weise: daß in ihr nicht über das Heil geredet wird, sondern daß allein durch sie und in ihr Heil im Leben, in der Welt da ist und das Unheile geheilt wird[52].

Wie Leben nur im Miteinanderleben geschieht, so auch Sprechen nie nur im Sprechen mit sich allein. Der innere Dialog lebt schon aus dem ‚äußeren' Dialog des einen mit dem anderen. Sprechen ist *Miteinander*sprechen, mit dem Mitmenschen und mit allen Dingen der Welt, die auf ihre Weise mitsprechen: Dialog in den vielfältigen Formen des Widerspruchs und des Aufrufs, der Zustimmung und des Zusammenklangs.

Auch das religiöse Geschehen läßt sich in seiner Überlieferungsgeschichte von seinem Anfang an als Dialog verstehen: der Anfang als Heilsversprechen, als anfängliches Wort der Zusage und seine Fortsetzung als die Wiederholungsgeschichte im je neuen Fragen und Hören, in den Antworten, die selber erneuerte Worte sind, da auch das anfängliche Wort bereits eine neue, bis dahin nicht vernommene Antwort war auf die Frage des Lebens, das zwar, indem es lebt, nicht nach seinem Sinn fragt, aber nach dem Wort, das diesen Sinn hörbar werden läßt.

Daß der ursprüngliche Sinn im Wort, im anfänglich-stiftenden wie im bewahrend-erneuernden Wort, und nur so hörbar wird, heißt zugleich, daß er sich in ihm auch verschweigt[53]. Wer nur Worte hört und nachsagt und nicht zugleich das Unhörbare und Verschwiegene in ihnen vernimmt, versteht kein Wort, jedenfalls nicht die Worte des Heils, sowenig wie die des Unheils. Er versteht damit das Leben im ganzen nicht, das immer nur Leben im Miteinanderleben und deshalb Gespräch dieser Art ist.

Das religiöse Handeln bringt diesen Verweis auf sein nicht einhandelbares

[51] Vgl. *Heidegger* (s. Anm. 47) 160–166; *ders.*, „...dichterisch wohnet der Mensch...", in: Vorträge und Aufsätze. Pfullingen [4]1978, 181–189; dazu *R. Schaeffler,* Frömmigkeit des Denkens? Martin Heidegger und die katholische Theologie. Darmstadt 1978, bes. 128–134; auch *Halder* (s. Anm. 6).

[52] Vgl. *Casper* 1975, 186–192.

[53] Vgl. *Heidegger.*

Innerstes, das Unaussprechlich-Verschwiegene, selber zur Sprache: nicht nur durch das Schweigen zwischen den einzelnen Sprachäußerungen, das nicht bloßer Ausfall, sondern selbst eine Art von Sprechen – beredtes Schweigen – ist, sondern auch durch das normalerweise sogenannte Sprechen, das dann selber eine Art des Schweigens ist, wenngleich nicht das vollendete[54]. Wo das Gespräch wahrhaft und wirklich heil wäre, im völligen Zusammenklang ohne Eintönigkeit von Worten und Antworten – da wäre das Leben heil; aber da wären auch schon keine Worte, auch kein Heilswort, mehr nötig. Deshalb ist das religiöse Geschehen wohl Heilsgespräch, aber nicht das vollendete Heil selber, sondern Heil nur, wie es möglich ist im Leben und in einer Welt, worin das Unheile herrscht. Religiöses Leben ist im Grunde Glauben aufs Wort, und anders nicht möglich, allerdings auf ein Wort, das sich in seinem Anfang und in seiner Wiederholungsgeschichte lebendig bezeugte; und es ist dieses Glauben nur, sofern es selber bezeugendes Wort ist, also Handeln und Leben. Der Glaubende, sein Glauben und das Geglaubte stehen also im Wort und sind nur im Wort und nicht sozusagen an sich selber antreffbar, so daß das Glaubenswort an ihrem Ansichsein zu messen und zu beurteilen wäre. Deshalb sind Worte, zumal des Heils, auch selber nicht ein festliegender Bestand noch Deutung eines solchen. Sie sind nur, indem sie gesprochen, getan, gelebt werden, in einem Gespräch, das kein Ende kennt, obschon in ihm, soweit es gelingt, seine verheißene Vollendung mitschwingt, das schweigende Einverständnis im Sinn.

Die Auslegung des religiösen Geschehens als dialogische Geschichte macht zugleich seine innere *Gefährdung* verständlich: die Versuchung, statt im gläubigen Vertrauen auf die vermittelnde Überlieferung und ihr anfängliches Wort zu leben und sich auf dessen Zusage zu verlassen, vielmehr in der Sicherheit des Besitzes leben zu wollen. Diese Versuchung entspringt dem Umgang mit der Angst, welche alles Leben durchzieht: der Angst vor dem Verlust nicht nur dieser und jener erwerb- und besitzbaren Mittel zum Leben, sondern des Lebens selbst, der Angst vor dem, was aus der Vergangenheit die Zukunft belastet. Das Leben aber erwirbt und besitzt sich nicht selbst; es ist gezeugt von Leben und es zeugt Leben fort, indem es sich als sterbliches entgegennimmt und hingibt. Wird es als Gesprächsgeschehen verstanden, dann bedeutet der Wille zum schlechthin gesicherten Selbstbesitz die Verweigerung des Dialogs, dessen Zerfall in den Streit der monologischen Selbstbehauptungen, deren jede zwar fortwährend redet und tätig ist, aber nicht mehr zu schweigen vermag. Dieser Zerfall ist das Unheil des Lebens. Die religiöse Grundbezeugung verkehrt sich dann jedoch in monologische Selbstversicherung gegen andere Selbstversicherungen, das Wort des Heilssinnes in das Mittel zum Zweck gegen andere Zwecke und das Bild des Gottes zum Götzenbild gegen andere Götzenbilder, zum Scheinbild des Glaubens, der keiner mehr ist. Er hat sich aus dem (geschichtlichen) Gespräch gezogen[55], weil er es nicht ertrug, nur *Glaube* des Heils

[54] Vgl. *Levinas* (s. Anm. 17), bes. 116–118.
[55] Vgl. *A. Halder,* „Geschichte" – im Schatten des toten Gottes?, in: Saec. 30 (1979) 114–123.

zu sein kraft der *Hoffnung* in einer Welt, die unheil ist, weil er eine höhere Gewißheit als die der Treue zu erreichen meinte, wenn er sich die Sicherheit dessen zulege, was Wissen, Sich-Wissen, Selbstbewußtsein genannt wird.

Zum Leben in Hoffnung und Treue gehört der Mut, der die innere Gefährdung des Lebens besteht. Der Mut des religiösen Lebens ist die Frömmigkeit. Sie verdeckt und verdrängt nicht die Ängste; sie erliegt keinen Illusionen, weder über das Unheil in der Welt noch über das religiöse Leben in Gegenwart, Vergangenheit und Zukunft, weder über das normale Wissen und Handeln in der Welt noch über ihren eigenen Glauben und dessen Normalität – und läßt dennoch oder gerade deshalb Religion in ihr Wesen kommen, Bezeugung zu sein der Erfahrung des Sinns und der Entscheidung zu einer Geschichte der Sinnbildungen und Lebensformen, durch welche sich das Leben unter ein geschichtliches Grundwort und Grundzeichen seines Heils begibt. Bei aller Forderung, die die Religion als ursprüngliche Erfahrung und stets neu anfangende Bezeugung erhebt – in Widerspruch und Aufruf gegen die Lebensverhältnisse ihrer Welt, wie sie zwar sind, aber nicht bleiben sollen –, bedeutet die Frömmigkeit dennoch ein tiefstes Einverständnis mit der Wirklichkeit im ganzen, sogar damit, daß sie stets *auch* das bleibt, was nicht so sein soll: als dieses Ganze ist sie in die religiöse Grundentscheidung hinein angenommen. In solchem Einverständnis bewahrt sich die Religion vor dem Übermut, durch ihre Heilsbilder und Heilsbildungen so, wie sie diese zu ihrer Zeit gegenwärtig hat, selbstmächtig das Heil für sich und die Welt festlegen und herstellen zu wollen. Die Erfahrungsgeschichte des neuzeitlichen Autonomiebewußtseins mit sich selbst und seinem Entwicklungsgang, mit der Reichweite und zuletzt den Grenzen seiner Weltbearbeitung, vermag den religiösen Glauben, der von dieser Geschichte nicht unbetroffen blieb, in seiner Selbstbescheidung zu bestärken. Diese führt ihn weder in resignative Preisgabe seiner selbst und seiner Überlieferung, noch läßt sie die fraglose, undifferenzierte Gleichsetzung der formalen und inhaltlichen Artikulation des Glaubensgeschehens mit dem, was in ihnen und nur in ihnen sich zeigt und bezeugt wird, zu. Sie fordert vielmehr zuerst und vor allem das Fragen, das freilich die Überlieferung und die Gegenwart der Glaubensbildungen nicht ins Unverbindliche auflöst, aber jene Differenz offenhält, ohne welche die ursprünglich transzendierende Sinnerfahrung und deren religiös gläubige und gelebte Bezeugung ihre Bedeutung als Grundgeschehen des menschlichen Daseins verlieren würden.

LITERATUR

Casper, B., Sprache und Theologie. Eine philosophische Hinführung. Freiburg 1975.
– (Hg.), Gott nennen. Phänomenologische Zugänge. Freiburg 1981.
– (Hg.), Phänomenologie des Idols. Freiburg 1981.
Eliade, M., Die Religionen und das Heilige. Elemente der Religionsgeschichte. Salzburg 1954.
Halder, A. – Kienzler, K. – Möller, J. (Hg.), Sein und Schein der Religion. Düsseldorf 1984.
Heidegger, M., Brief über den Humanismus (1946), in: *ders.*, Wegmarken. Frankfurt ²1978, 311–360.
Heiler, F., Erscheinungsformen und Wesen der Religion. Stuttgart 1961.
Horkheimer, M., Die Sehnsucht nach dem ganz Anderen. Hamburg 1970.
Oelmüller, W. u. a. (Hg.), Philosophische Arbeitsbücher 3. Diskurs Religion. München 1979.
Rahner, K., Über die Möglichkeit des Glaubens heute, in: Schriften V (1962) 11–32.
–, Weltgeschichte und Heilsgeschichte, in: ebd. 115–135.
–, Das Christentum und die nichtchristlichen Religionen, in: ebd. 136–158.
–, Der Mensch von heute und die Religion, in: Schriften VI (1965) 13–33.
–, Glaubensbegründung heute, in: Schriften XII (1975) 17–40.
–, Zur Situation des Glaubens, in: Schriften XIV (1980) 23–47.
Rombach, H., Strukturontologie. Eine Phänomenologie der Freiheit. Freiburg 1971.
–, Die Religionsphänomenologie. Ansatz und Wirkung von M. Scheler bis H. Kessler, in: ThPh 48 (1973) 477–493.
Schaeffler, R., Religion und kritisches Bewußtsein. Freiburg 1973.
Schlette, H. R., Die Religionen als Thema der Theologie. Freiburg 1963.
Schupp, F. (Hg.), Mythos und Religion. Düsseldorf 1976.
Welte, B., Vom Wesen und Unwesen der Religion. Frankfurt 1952.

9. KAPITEL

DER THEOLOGISCHE BEGRIFF DER RELIGION

Max Seckler

Was ist Religion, *theologisch* gesehen? Ist es sinnvoll, neben den zahlreichen Religionsbegriffen[1], um die sich Religionsphilosophie und Religionswissenschaften bemühen, auch noch ausdrücklich *theologisch* die Frage nach dem Wesen der Religion zu stellen? Wäre es für die Theologie nicht sachgerechter, sich dem Religionsverständnis der unmittelbar zuständigen Experten anzuschließen, auch wenn dort die Diskussionen noch keineswegs zu einem allgemein rezipierten Religionsbegriff geführt haben?[2] Verfügt die Theologie überhaupt über die Kompetenz, zu diesem Thema eigenständig etwas beizubringen? Und zieht ein spezifisch *theologischer* Religionsbegriff nicht mit Recht den Vorwurf auf sich, hier werde die Religion bereits sachfremden Beurteilungsinteressen unterworfen? Zudem könnte es scheinen, daß ein spezifisch *theologischer* Begriff der Religion eigentlich in den Aufgabenbereich einer *Theologie der Religionen* fällt, die wegen ihres systematisch-dogmatischen Charakters im fundamentaltheologischen Traktat Religion nur ein Randthema darstellen kann.

§ 1. Zur Abgrenzung

Jeder Versuch, das Wesen der Religion auf eigenständige Weise in einem theologischen Normbegriff zu erfassen, droht in ein Dilemma zu führen. Denn entweder scheint ein solcher Normbegriff auf theologisch-dogmatischen Prämissen zu beruhen. In diesem Fall pflegt gegen ihn eingewendet zu werden, er werde der Vielfalt der religiösen Erscheinungen nicht gerecht, treffe nur eine interessengesteuerte Auswahl und unterwerfe sie den Kriterien der Theologie. Anstatt sich in phänomenologischer Offenheit und Unvoreingenommenheit

---

[1] In einer Studie aus dem Jahre 1912 stellte der amerikanische Religionswissenschaftler J. H. Leuba nicht weniger als 48 verschiedene Definitionen von Religion zusammen (*J. H. Leuba,* A psychological Study of Religion. New York 1969, 339–361). Inzwischen hat sich die Zahl beträchtlich erhöht.

[2] Die Religionswissenschaften liegen trotz jahrzehntelanger Diskussion des Religionsbegriffs immer noch „hinsichtlich der begrifflichen Fassung ihres Gegenstandes mit sich im Streit" *(H.-W. Schütte,* Religionskritik und Religionsbegründung. Zur Theorie von Religion, in: *Schiffers – Schütte* 95–135, 121). Zur neueren Diskussion des Religionsbegriffs vgl. *G. Lanczkowski* (Hg.), Selbstverständnis und Wesen der Religionswissenschaft. Darmstadt 1974; *B. Gladigow – H. G. Kippenberg,* Neue Ansätze in der Religionswissenschaft. München 1983.

das Wesen der Religion von den Religionen selbst sagen zu lassen und es empirisch-induktiv im Inneren des religiösen Phänomens zu erheben, werde nur von außen her dekretiert, was Religion sei oder zu sein habe. Methodisch gesehen handle es sich somit um ein Stück *Theologie der Religionen.* Oder aber, falls auf die der Theologie der Religionen eigentümlichen Prämissen verzichtet werde, sei nicht mehr einzusehen, wie ein theologischer Religionsbegriff sich noch von dem unterscheiden könnte, was durch die Religionswissenschaften und insbesondere durch die *Religionsphilosophie* in Richtung auf einen phänomengerechten und zugleich normativen Religionsbegriff leistbar ist. Damit aber hätte die Fundamentaltheologie über das oben in Kapitel 3 dargelegte Religionsverständnis hinaus nichts zu sagen.

Dieses Dilemma ist jedoch nicht zwingend. Ein kurzer Blick auf die beiden Alternativen kann das Mißverständnis ausräumen.

1. *Theologie der Religionen?*

Der Umstand, daß das Christentum als eine Religion neben anderen Religionen existiert, wirft eine Reihe von theologischen Fragen auf. Sie betreffen das Selbstverständnis des Christentums gegenüber den übrigen Religionen, sein heilsgeschichtliches Verhältnis zu ihnen, den Heilsstatus der Religionen, ihren möglichen Heilsdienst, das Problem der Erkennbarkeit und Anerkennbarkeit dessen, was die Religionen auch aus christlicher Sicht an Wahrem und Heiligem enthalten, sowie die Frage nach der Art der christlichen Sendung gegenüber den verschiedenen *Religionen* (und somit nicht nur gegenüber den ihnen angehörenden *Menschen*)[3].

Fragen dieser Art waren schon in frühchristlicher Zeit Gegenstand theologischer Erörterung, als es erstmals galt, das Verhältnis des Christentums zu Judentum und „Heidentum“ zu bestimmen. Je intensiver in der Folgezeit die Existenz der außerchristlichen Religionen zur Kenntnis genommen wurde, desto drängender stellte sich auch die Aufgabe, mit den Herausforderungen des Religionenpluralismus nicht nur missionspraktisch, sondern auch theologisch zurechtzukommen. Als mit dem Aufkommen der Religionswissenschaften sich die Erforschung und Kenntnis der Religionen rapide ausweitete, trat auch die theoretische Auseinandersetzung mit den Problemen des Religionenpluralismus in eine neue Phase, einmal, weil nun die verschiedenen Religionen objektiver erfaßt wurden und als reale Alternativen ins Blickfeld traten, dann aber auch wegen der relativierenden Wirkungen, die von den religionswissenschaftlichen Theoriebildungen ausgingen. Die Aufgabe der Theologie, aus ihrer Sicht zu einer Beurteilung und Würdigung der außerchristlichen Religionen zu gelangen und das Verhältnis des Christentums zu ihnen zu klären, erfuhr dadurch eine intensive und extensive Ausweitung. Für diesen Aufgabenkomplex

---

[3] Vgl. zu dieser Frage *M. Seckler,* Sind Religionen Heilswege?, in: StZ 186 (1970) 187–194.

hat sich nach einigem Zögern die Bezeichnung „Theologie der Religionen" durchgesetzt[4].

Wie der Name „Theologie der Religionen" ausdrückt, handelt es sich dabei um eine spezifisch *theologische* Angelegenheit. Worin der theologische Charakter näherhin besteht und wie er sich auswirkt, ist teilweise umstritten. Es ist aber grundsätzlich davon auszugehen, daß die Theologie der Religionen als *theologische* Disziplin an der wissenschaftstheoretischen Charakteristik der *Theologie als christlicher Glaubenswissenschaft* teilhat und sich den hier geltenden Normen unterstellt. Dazu gehört in erster Linie, daß sie ihre Interpretationen und Beurteilungen „von den Grundsätzen und Wertungen des Glaubens aus und nicht abgesehen von ihnen"[5] vornimmt. Dies ist dort ohne weiteres sinnvoll und möglich, wo es um theologisch-dogmatische Perspektiven und Wertungen geht, etwa um die prinzipielle Bestimmung der Besonderheit und Letztgültigkeit des Christentums gegenüber den anderen Religionen oder um die Klärung des Heilsstatus, des möglichen Heilsdienstes und der sonstigen heilsgeschichtlichen Rolle der außerchristlichen Religionen. Hier wäre z. B. das diesbezügliche Werk Karl Rahners einzuordnen[6]. Wenn es jedoch darum geht, „religionswissenschaftliche Tatsachen" oder konkrete Sachverhalte und Einzelpositionen aus der Lebenswelt der Religionen in die Erörterung, d. h. in die Interpretation, den Vergleich und die Bewertung mit einzubeziehen, dann muß sich die Theologie davor hüten, mit dogmatischen Statements zu arbeiten. Ihre „Theologie der Religionen" könnte sonst als bloße Demonstration der Überlegenheit eines Glaubensstandpunktes erscheinen und methodologisch gesehen nur noch die intellektuelle Unverbindlichkeit eines subjektiven Glaubensstandpunktes erreichen[7]. Das gilt auch für alle konkreten Einzelfälle, in denen der christliche Wahrheitsanspruch im Kontext religionswissenschaftlicher Tatsa-

---

[4] Mit Rücksicht darauf, daß es nicht um eine abstrakte Behandlung des Religionenproblems geht, sondern um die Religionen in ihrer geschichtlichen Realität und konkreten Gegebenheit, wurde zunächst die Bezeichnung „Theologie der Religionsgeschichte" bevorzugt (nach *C. H. Ratschow,* Die Religionen. Gütersloh 1979, 102 erstmals von Paul Althaus; vgl. dann *E. Benz,* Ideen zu einer Theologie der Religionsgeschichte. Wiesbaden 1960, und *W. Pannenberg,* Erwägungen zu einer Theologie der Religionsgeschichte, in: *ders.,* Grundfragen systematischer Theologie. Göttingen 1967, 252–295). Es scheint, daß die Bezeichnung „Theologie der Religionen" sich seit *H. R. Schlette,* Die Religionen als Thema der Theologie. Überlegungen zu einer „Theologie der Religionen". Freiburg 1963, eingebürgert hat. – Zum Ganzen vgl. *E. Fahlbusch,* Theologie der Religionen. Überblick zu einem Thema röm.-kath. Theologie; *P. Beyerhaus,* Zur Theologie der Religionen im Protestantismus, beide in: KuD 15 (1969) 87–104; *J. P. Knitter,* Towards a Protestant Theology of Religions. Marburg 1974; *H. Bürkle,* Einführung in die Theologie der Religionen. Darmstadt 1977 (Lit.); *U. Schoen,* Das Ereignis und die Antworten. Auf der Suche nach einer Theologie der Religionen heute. Göttingen 1984; *H. R. Schlette,* Bemerkungen zur „Theologie der Religionen", in: Kairos 18 (1976) 292–304.

[5] *Ratschow* (s. Anm. 4) 121.

[6] *K. Rahner:* Das Christentum und die nichtchristlichen Religionen, in: Schriften V (1962) 136–158; Kirche, Kirchen und Religionen, in: Schriften VIII (1967) 355–373; Anonymes Christentum und Missionsauftrag der Kirche, in: Schriften IX (1970) 498–555; Der eine Christus und die Universalität des Heils, in: Schriften XII (1975) 251–282; Über die Heilsbedeutung der nichtchristlichen Religionen, in: Schriften XIII (1978) 341–350.

[7] Vgl. dazu *J. Wach,* Und die Religionsgeschichte? Eine Auseinandersetzung mit Paul Althaus, in: ZSTh 6 (1929) 484–497.

chen zu eruieren und zu begründen gesucht wird. Darauf hat zu Recht vor allem Wolfhart Pannenberg insistiert[8].

Eine beträchtliche Stärkung und Ermutigung erfuhr die Theologie der Religionen durch die „Erklärung über das Verhältnis der Kirche zu den nichtchristlichen Religionen" (Nostra aetate) des Zweiten Vatikanischen Konzils vom 28. Oktober 1965. Dieses Dokument stellt selbst die verdichtete Form einer Theologie der Religionen dar. Es fordert zu einer von Klugheit und Liebe getragenen Auseinandersetzung mit den nichtchristlichen Religionen auf[9].

2. Eigenart und Grenze eines religionsphänomenologischen Religionsbegriffs

Zum Unterschied von deskriptiven Befunderhebungen religiöser Phänomene sowie von funktionalen Definitionen der Religion, wie sie vor allem in der Religionssoziologie üblich sind, und von Definitionen der Religion durch Bestimmung ihres Ortes in übergreifenden philosophischen Systemen, wie sie etwa bei Kant oder Hegel anzutreffen sind, ist eine strenge *philosophische Phänomenologie der Religion,* wie sie von R. Schaeffler in Kapitel 3 entworfen wird, zweifellos am besten in der Lage, dem religiösen Phänomen, so, wie es in den geschichtlichen Religionen gegeben ist, gerecht zu werden. Anstatt das religiöse Bewußtsein ohne Rücksicht darauf, wie es sich selbst versteht, einfach zum Objekt einer übergeordneten philosophischen Deutung und Wertung zu machen, wird dort die Religion aus ihrem eigenen Selbstverständnis heraus zu interpretieren gesucht, und zwar auf phänomenologische Weise, d. h. durch eine Strukturanalyse der spezifischen Sprachhandlung religiöser Texte und Riten. Dieses Verfahren verspricht in der Tat, mit philosophischen Mitteln, die ihrem Gegenstand angemessen sind, und in reiner Zuwendung zu diesem Gegenstand die Sinnlogik religiöser Sprachhandlungen und der sie tragenden Systeme zu erheben, und zwar vom inneren Bedingungsgefüge der Religionen her.

Zur Charakteristik dieses Religionsbegriffes gehört es, daß er vollständig dem Phänomen der Religionen zugetan ist und dieses in seinem Wesen von innen heraus zu begreifen sucht. Er ist empirisch und philosophisch zugleich. Er kann deshalb auch den Anspruch auf *religionswissenschaftliche* Einschlägigkeit erheben, bringt er doch den Gegenstand möglicher Religionenforschung auf den Begriff, und zwar aus dem Inneren dieses Gegenstandes selbst heraus. Es ist zugleich ein *normativer* Religionsbegriff, der eine kritische Sichtung und eine bewertende Interpretation der Phänomene zuläßt, und zwar wiederum aus der Sinnlogik der religiösen Sprachhandlungen und der sie tragenden Systeme selbst heraus. Diese in ihrer *eigentlichen,* in ihnen selbst auffindbaren Sinnlogik erkennen bedeutet ja zugleich, ein phänomenologisches Sinn- und Wahrheits-

---

[8] Vgl. bes. *Pannenberg* (s. Anm. 4) sowie: *ders.,* Wissenschaftstheorie und Theologie. Frankfurt 1973, 361–370.

[9] Vgl. Nostra aetate Nr. 2. Text und ausführlicher Kommentar von *J. Oesterreicher* in: LThK.E II 403–495.

kriterium zu gewinnen, das für hermeneutische und für kritische Zwecke, zur Auslegung und zur Beurteilung religiöser Phänomene, verwendbar ist.

Der phänomenologische Grundsatz, das Sinnkriterium in den Phänomenen selbst zu suchen, trägt zweifellos entscheidend zur Stärke dieser Methode bei. Er kennzeichnet zugleich aber auch ihre positionsbedingte Grenze, denn er grenzt den in Frage kommenden Gegenstandsbereich auf das Feld der kategorial als solche in Erscheinung tretenden religiösen Phänomene ein und bildet daran und nur daran seinen Religionsbegriff. Dieser ist damit nur ein Begriff dessen, was *phänomenologisch* als Religion erscheint.

Die schwierige, in den Religionswissenschaften zu Recht endlos diskutierte Frage, kraft welchen Vorverständnisses nun eigentlich Religionen oder religiöse Phänomene, die kein eindeutiges Namensetikett an sich tragen, als einschlägig zu erkennen seien, braucht uns hier nicht aufzuhalten. Sie kennzeichnet die bekannte Problematik der religionswissenschaftlichen Gegenstandskonstituierung. Aber während es dabei um die Abgrenzung eines spezifisch religiösen oder religionshaften Phänomenbereiches von anderen, andersgearteten Kulturbereichen geht – gerade der Kultursektor *Religionen* soll ja empirisch erforscht und philosophisch gedeutet werden –, bleibt die mögliche religiöse Relevanz der *übrigen* kulturellen Systeme und Aktgruppen sozusagen konstruktionsbedingt zwangsläufig außer Betracht. Dies ist einer der Punkte, wo die Notwendigkeit eines *theologischen* Religionsbegriffes, der sich als solcher dem Gesetz der Aussonderung eines eigenen religiösen Kulturbereiches und der Festlegung des Religionsbegriffes auf diesen nicht a priori unterwirft, sichtbar wird. So wichtig es nämlich einerseits ist, den Kulturbereich „Religionen“ zu erforschen und zu deuten, so wenig ist es anderseits gesagt, daß das, was dort anzutreffen ist, mit dem identisch ist, was theologisch eigentlich das Wesen von Religion ausmacht. Das *theologisch* erkennbare *Wesen von Religion* kann sich vom geschichtlichen Wesen und Unwesen der *Religionen* durchaus tiefgehend unterscheiden: Es ist nicht nur auf den Phänomenbereich Religionen nicht eingrenzbar, sondern kann sogar völlig aus ihm herausfallen. Die nicht-religionshafte Interpretation des Christentums bei Karl Barth[10] und das Programm einer „nicht-religiösen Interpretation biblischer Begriffe“ bei Dietrich Bonhoeffer[11] sind dafür die bekanntesten Beispiele. Ganz unabhängig davon, wie man sich zu den Ansichten Barths und Bonhoeffers im einzelnen auch

---

[10] *K. Barth,* Der Römerbrief. Zürich (1922) ^{12}1978, 7 Kap.: 211–253; KD I/2 (^{4}1948) § 17: 304–397. Dazu: *Benktson; O. Herlyn,* Religion oder Gebet. K. Barths Bedeutung für ein religionsloses Christentum. Neukirchen 1979; *W. Krötke,* Der Mensch und die Religion nach Karl Barth. Zürich 1981. – Für die Entwicklung, die K. Barths Denken selbst noch genommen hat, ist vor allem KD IV/3 (1959) § 69.2: 40–188 zu berücksichtigen.

[11] Vgl. *D. Bonhoeffer,* Widerstand und Ergebung. Hg. v. *E. Bethge.* München 1951. Dazu: *H. H. Brunner,* Am Ende des religiösen Zeitalters, in: Ref. 4 (1955) 419–435; *H. Vogel,* Jesus Christus und der religionslose Mensch. Berlin 1955; *H. Fries,* Die Botschaft von Christus in einer Welt ohne Gott, in: *ders.,* Wir und die Anderen. Stuttgart 1966, 273–314; *G. Ebeling,* Die „nicht-religiöse Interpretation biblischer Begriffe“, in: *ders.,* Wort und Glaube. Tübingen 1960, 90–160.
tion biblischer Begriffe“, in: *ders.,* Wort und Glaube. Tübingen 1960, 90–160; *E. Feil,* Die Theologie Dietrich Bonhoeffers. München ^{2}1971.

stellen mag, weist die von ihnen aufgeworfene Problematik doch eindringlich auf die Notwendigkeit einer theologischen Klärung des Religionsbegriffes hin, und zwar einer Klärung, die nicht in den Bereich einer „Theologie der Religionen" fällt, sondern fundamentaltheologischer Art ist. Aufgabe und Chance eines solchen theologischen Religionsbegriffs ist es zugleich, die innere Zusammengehörigkeit der zwei Sachbereiche, die im fundamentaltheologischen *Traktat Religion* behandelt werden, nämlich der *Religions*frage einerseits und der *Gottes*frage anderseits, zu untersuchen und beide argumentativ zueinander zu vermitteln. Dieses Ziel ist nachfolgend im Auge zu behalten.

§ 2. Was ist Religion, theologisch gesehen?

Die Frage nach dem theologischen Wesen von Religion, die im theologischen Religionsbegriff beantwortet wird, ist von der Frage nach der theologischen Bedeutung der (nichtchristlichen) Religionen ebenso zu unterscheiden wie von derjenigen nach dem theologischen Sinn eines kategorial ausgebildeten Religionssystems, wie es z. B. das Christentum selbst darstellt. Die Tatsache, daß diese verschiedenen Fragestellungen in der Theologie behandelt werden, bringt es nun aber mit sich, daß im theologischen *Sprachgebrauch* keine einheitliche Verwendung des Ausdrucks „Religion" zu beobachten ist. Außerdem spiegelt sich natürlich auch in der Sprache der Theologie die Vielzahl von Religionsbegriffen, mit denen in Religionswissenschaften und Religionsphilosophie gearbeitet wird. Das alles darf jedoch nicht zum Anlaß dafür genommen werden, das Feld der Religionstheorie den Nichttheologen zu überlassen oder auf eine begriffliche Klärung des theologischen Sprachgebrauchs selbst zu verzichten. Das ist nicht nur für den interdisziplinären Dialog von Bedeutung, sondern ebenso und vielleicht noch mehr für die Theologie selbst, von der ein verantwortlicher Umgang mit dem Begriff der Religion zu erwarten ist. Sowohl die theologische Deutung der geschichtlichen Wirklichkeit der Religionen, die eher systematisch-dogmatischer Art ist, als auch die innertheologische Verständigung in den übrigen die Religions- und Religionenthematik betreffenden Fragen setzt eine fundamentaltheologische Klärung des Religionsbegriffes voraus.

Da die Fundamentaltheologie unbestritten eine theologische Disziplin ist, kann und muß der von ihr zu entwickelnde Religionsbegriff als ein *theologischer* bezeichnet werden. Zwar spiegelt die Fundamentaltheologie *methodisch* (und unter Umständen auch psychologisch) die Prozesse der Glaubensgenese wider, *wissenschaftstheoretisch* aber setzt sie bei ihrer Fundierungsarbeit für Glauben und Theologie den Glauben voraus und bewegt sich nicht außerhalb, sondern durchaus im Innenraum von Glaubenswissenschaft. Gleichwohl unterliegt sie dabei nicht der dogmatischen Methode, sondern realisiert eine Art von Vernunftvollzug, für den wesentlich ist, sich gleichzeitig einem zweifachen Anspruch verpflichtet zu wissen: einerseits authentisches Glaubensdenken, als solches aber zugleich „philosophisch" einlösbar, d. h. echter und insoweit eigenständiger Vernunftvollzug zu sein. Obwohl der fundamentaltheologische Religionsbegriff per definitionem die Aufgabe hat, rationale Vermittlung zu leisten, ist er doch eindeutig und vollständig theologischer Natur und kein Zwitterding. Aus diesem Grunde ist es sachgemäß, zur Vermeidung von Mißverständnissen den fundamentaltheologischen Religionsbegriff ohne Einschränkung als theologischen zu bezeichnen.

Als günstiger Ausgangspunkt für die Entwicklung eines theologischen Begriffs der Religion bieten sich einige Unterscheidungen an, die sich im Werk des Thomas von Aquin finden. Sie sind deshalb besonders hilfreich, weil sie die kategoriale Engführung des Religionsbegriffs vermeiden helfen, ohne indessen die kategoriale Seite von Religion zu vernachlässigen. Es geht hier also nicht darum, einen spezifisch thomanischen Religionsbegriff zu entwickeln oder gar eine bestimmte Metaphysik zu übernehmen. Vielmehr soll anhand der thomanischen Unterscheidungen die Fragestellung vertieft werden, um anschließend zu einem theologischen Begriff von Religion vorzudringen, der heutigen Erfordernissen gerecht wird.

1. Religion als erlösende Beziehung zu Gott

In der *Summa theologiae* des Thomas von Aquin heißt es lapidar: *Religion im eigentlichen Sinn bedeutet die Beziehung zu Gott* (religio proprie importat ordinem ad Deum), und zwar ordnet die Religion, wie präzisierend hinzugefügt wird, den Menschen auf Gott allein hin (religio ordinat hominem solum ad Deum)[12]. Im Hintergrund dieser Definition steht eine Theo-logie (im Sinne von Gotteslehre) und eine Anthropologie, gemäß denen die letzte Bestimmung und die essentielle Erfüllung des Menschen als eines endlichen Geistwesens allein in der Wirklichkeit Gottes liegen kann[13]. Von daher kommt dem theologischen Religionsbegriff tatsächlich eine ebenso umfassende wie grundlegende *anthropologische* wie *religionstheoretische* Bedeutung zu.

Die *anthropologische* Bedeutung leuchtet unmittelbar ein: Wenn wahres Menschsein und eschatologische Erfüllung nur in Gott liegen können, dann kommt dem Verhältnis zu Gott, also der Religion im theologischen Sinn, eine schlechthin fundamentale Bedeutung für das geschichtliche Dasein des Menschen zu.

Schwieriger ist die *religionstheoretische* Bedeutung dieses Religionsbegriffes zu fassen. Zwar ist auch hier von vornherein klar, daß die *Beziehung zu Gott* das innere und wahre Wesen jeder Praxis sein muß, die *theologisch* streng genommen soll „Religion" heißen dürfen. Damit ist zunächst einmal ein Sachkrite-

---

[12] S.th. II–II 81, 1.

[13] In solo igitur Deo beatitudo hominis consistit (S. th. I–II 2, 8); tota hominis salus ... in Deo est (I 1, 1); ipsa Dei visio est essentialiter ultimus finis humanae animae, et eius beatitudo (In 4 Sent. d. 49 a. 2); vgl. dazu ferner S.c.g. 3, 57; Quodlib. 10 a. 17; De verit. 18, 1; 10, 11 ad 7; S.th. II-II 5, 2; *Seckler* 290–295; *H. de Lubac*, Die Freiheit der Gnade. Bd. 2: Das Paradox des Menschen. Einsiedeln 1971.

rium zur theologischen Beurteilung der Religionen gewonnen. Dieses Sachkriterium erlaubt es, diejenigen kulturellen Gebilde, die landläufig „Religionen" heißen (oder durch die Religionswissenschaften als solche eingestuft werden, denn die Bezeichnung „Religion" ist ein abendländisches Wort, das die meisten sogenannten Religionen nicht von sich aus als Namensetikett an sich tragen), daraufhin zu untersuchen, ob und inwieweit sie dem theologischen Begriff der Religion entsprechen. Dabei versteht es sich von selbst, daß der aus theologischer Sicht entscheidend wichtige *ordo ad Deum* nicht unbedingt im Sinne eines expliziten metaphysischen Theismus in Erscheinung treten muß, sondern auch in verhüllter Form gegeben sein kann. Darauf ist in dem Abschnitt über die anthropo-theologische Vermittlung des theologischen Religionsbegriffs zurückzukommen.

Mit dem theologischen Begriff der Religion ist zugleich aber auch ein Kriterium gegeben, das es ermöglicht, *alle* kulturellen Systeme und die *ganze* menschliche Praxis daraufhin zu befragen, ob und wie darin das theologische Konstitutiv für Religion, nämlich das Verhältnis des Menschen zu jener Wirklichkeit, welche in der Sprache der Theologie „Gott" heißt, gegeben ist. Die streng *theozentrische Konzentration* des theologischen Religionsbegriffs geht also Hand in Hand mit seiner kategorialen und kulturtheoretischen *Entgrenzung:* Jener *ordo ad Deum,* welcher das theologische Wesen von *religio* ausmacht, ist ja grundsätzlich in *aller* menschlichen Praxis möglich. Er ist keineswegs eingrenzbar auf die Phänomengruppe der Religionen[14]. Es ist grundsätzlich nicht einmal gesagt, daß dieser *ordo* gerade in denjenigen sozialen Systemen, die die Kulturtheoretiker als „Religionen" bezeichnen, besonders gut zur Realisation gelangen muß[15]. Es ist auch theologisch denkbar, daß dieses oder jenes religiöse Phänomen oder System schlechterdings als ein Produkt aus Hybris und Empörung (K. Barth) oder als eine Mischung aus Aberglaube, Weihrauch und Macht (E. Bloch) einzuschätzen ist. Zusammenfassend ist des-

[14] Es liegt auf der Hand, daß Religionswissenschaften und Religionsphänomenologie mit diesem theologischen Religionsbegriff nicht sehr glücklich sein können, scheint er ihnen doch ihren Gegenstand, den sie mit großer Mühe religionstheoretisch ausgrenzen, zu nehmen. Von daher ist auch die Kritik, die R. Schaeffler an K. Rahner übt (s. Kap. 3, § 2, 4, S. 65 f), zu verstehen. Sie stellt indirekt eine Bestätigung der Entgrenzungswirkung des theologischen Religionsbegriffs dar. – Auf die Frage der religionswissenschaftlichen Brauchbarkeit des theologischen Religionsbegriffs ist in § 3 zurückzukommen.

[15] Neuerdings ist auch in der *Religionswissenschaft* zu beobachten, daß der Religionsbegriff nicht mehr vom üblichen *phänomenologischen Ansatz* her gebildet wird, sondern unter Zugrundelegung eines *normativen Sachkriteriums.* So bestimmt U. Berner als Gegenstand der Religionswissenschaft nicht etwa die „Religionen", sondern *sämtliche* Kulturäußerungen, in denen es um die *universale Deutung der menschlichen Existenz in Verbindung mit einer daruaf bezogenen normativen Praxis* geht, und zwar unabhängig von der Gottesfrage bzw. von expliziten Gottesbildern und Gottesverhältnissen. Als Beispiel nennt Berner „das Werk des atheistischen Schriftstellers A. Camus" (*U. Berner,* Gegenstand und Aufgabe der Religionswissenschaft, in: ZRGG 35 [1983] 97–116, 106). Die damit verbundene „Erweiterung des Gegenstandsbereichs [der Religionswissenschaft] auf alle Daseinshaltungen im oben angegebenen Sinn" (106) wird durchaus gesehen und ausdrücklich anerkannt. Die „Religion" als Gegenstand der Religionswissenschaft ist damit konsequenterweise nicht mehr eingrenzbar auf einen Kultursektor „Religionen". Wir begegnen hier somit einem analogen methodischen Ansatz mit ganz ähnlichen Entgrenzungskonsequenzen wie oben beim theologischen Religionsbegriff.

halb festzuhalten, daß der theologische Religionsbegriff den „Ort" für *religio* zunächst nicht sektoral kulturtheoretisch oder phänomenologisch bestimmt, sondern anthropo-theologisch, eben als den *ordo hominis ad Deum.* Dieser bedarf zwar der existentiellen und sozialen Verwirklichung, seine Verwirklichung ist aber nicht a priori das exklusive Monopol jener Kultursysteme, die religionswissenschaftlich aus zuweilen wohl anfechtbaren Gründen „Religionen" heißen. Wenn in der Religionsphilosophie Paul Tillichs der Grundakt der Religion nicht als eine Funktion neben anderen, sondern als die alle Funktionen tragende Wendung des Geistes zum Unbedingten gesehen wird[16], so kann diese Definition durchaus als eine Variante unseres theologischen Religionsbegriffs gelesen werden. Ähnliches wäre in dieser Hinsicht zu Hegel zu sagen, wenn für ihn das Wesen der Religion darin liegt, daß der menschliche Geist seinen absoluten Grund und damit seine eigene höchste Wirklichkeit, Gott, erreicht[17].

Der theologische Religionsbegriff bedarf nun allerdings noch einiger Präzisierungen. Zunächst ist zu fragen, wie jener *ordo hominis ad Deum,* in dem das theologische Wesen der Religion besteht, näherhin zu verstehen ist. Sowohl im mittelalterlichen Ordo-Denken wie überhaupt in der christlichen Philosophie und Theologie besteht für die ganze Schöpfung *seinsmäßig* ein *ordo ad Deum.* Diese ontologische Beziehung oder Hinordnung aller geschaffenen Wirklichkeit auf Gott als *principium et finis omnium* ist natürlich noch nicht *religio* im Sinne des theologischen Religionsbegriffs. Steine haben keine Religion. Es genügt auch nicht zu sagen, die Bedingung des theologischen Religionsbegriffs sei dort erfüllt, wo die endliche Geistnatur ihren *ordo ad Deum* in Form einer ausdrücklichen Gottbeziehung realisiere, denn sonst hätte auch der Teufel, der definitionsgemäß in einem aktuierten, wenngleich unglücklichen Verhältnis zu Gott steht, Religion. Ähnliches mag für manche Atheisten und Gottesfrevler gelten. Es kommt also nicht auf die Beziehung als solche an, sei sie auch noch so real und existentiell, sondern auf deren Realisierung im Horizont der *Heilsfrage.* Es muß eine *erlösende Beziehung zu Gott* sein, was freilich nicht heißt, daß der Mensch diese von sich aus erfolgreich realisieren können müsse. Für den Menschen *in puris naturalibus* wäre diese Beziehung bestenfalls nur als verzweifelter *Wunsch* zur definitiven Überwindung der Heilsdifferenz (desiderium naturale videndi Deum) möglich. Nicht nur theologisch, sondern auch anthropologisch ist die erlösende Beziehung zu Gott nur im Sinne der Theosoterik, nicht aber auf autosoterische Weise denkbar[18], wenn es wahr ist, daß der Mensch zwar wesenhaft *capax infiniti* ist, die unendliche Erfüllung aber nicht in seiner eigenen Verfügung liegen kann[19]. Trotzdem gilt, daß für den theologischen Religionsbegriff nicht die bloße, neutrale oder negative Beziehung zu Gott konsti-

---

[16] *Tillich* 295–366.

[17] Vgl. *B. Welte,* Hegels Begriff der Religion (1952), in: *ders.,* Auf der Spur des Ewigen. Freiburg 1965, 211–227.

[18] Vgl. dazu oben Anm. 13.

[19] Vgl. dazu *Rahner* 1976, Erster und Zweiter Gang; *P. Tillich,* Systematische Theologie 2. Stuttgart 1958, 88; *G. Ebeling,* Wort und Glaube III. Tübingen 1975, 359; *Pannenberg* (s. Anm. 4) 282.

tutiv ist, sondern ihr Charakter als *erlösende* (erlösungsuchende und erlösungfindende) Beziehung.

Damit scheidet nun auch eine ganze Gruppe von Religionsbegriffen, die theologisch zunächst durchaus als brauchbar und attraktiv erscheinen mögen, als unangemessen aus, z. B. Religion als Gefühl schlechthinniger Abhängigkeit oder als Bedingtheitserlebnis des Bedingten oder als indefinite Transzendenzerfahrung oder als Kontingenzbewußtsein. Für den theologischen Religionsbegriff liegt das Wesen der Religion nicht einfach in einer *Befindlichkeit* der Existenz oder in einer *Zuständlichkeit* des Bewußtseins, sondern im *realen Transzendieren auf Gott hin im Horizont der Heilsfrage*, also in einem *bejahten Heilsinteresse* und im Mut zum Beschreiten eines *Weges* in der diesbezüglichen Praxis. Deshalb sind es auch nicht einfach nur die Funktionen des Unbedingten in unserem Dasein, aus denen Religion definiert werden könnte, sondern es ist die erlösungsuchende und nach Möglichkeit erlösungfindende, heilsrelevante Praxis vor, zu und in der Wirklichkeit, die theologisch „Gott" heißt, die aber in praxi auch andere Namen haben kann. Die Deutung der Religion als „Kontingenzbewältigungspraxis", der wir bei N. Luhmann, A. Gehlen, Th. Luckmann, G. Dux, P. L. Berger und H. Lübbe begegnen[20], in welcher gleichfalls eine ein Übel überwinden wollende *Praxis* als wesentlich angesehen wird, ist ein hilfreiches Beispiel dafür, auch wenn natürlich zu beachten ist, daß der soziologische Kontingenzbegriff theologisch einiges zu wünschen übrigläßt.

2. Religion als Kulturgebilde

Eine weitere Präzisierung betrifft die Frage, wie sich jene erlösende Beziehung zu Gott *(ordo hominis ad Deum)*, die der theologische Religionsbegriff in seinem elementarsten Verständnis meint (als *religio*), zu den geschichtlichen Religionen und überhaupt zur Religion als spezifischem Kulturgebilde verhält. Da er in seiner theozentrischen Konzentration *entgrenzend* ist, wie oben dargelegt wurde, könnte gefolgert werden, daß er einebnend wirkt, also Religion und Kultur in eins setzt. Das trifft zwar in gewisser Weise zu, denn er bricht das exklusive Monopol der Religionen für den *ordo hominis ad Deum* und für die damit gemeinte heilsrelevante Praxis. Diese ist ja auch außerhalb der Formen- und Normenwelt der Religionen möglich, ohne deswegen aus der Sicht des theologischen Religionsbegriffs aufzuhören, Praxis der *religio* zu sein. Das bedeutet nicht die *Übertragung* der Religion auf Ethik, Kunst oder Wissenschaft, wohl aber die grundsätzliche *Entgrenzung* der *religio* auch auf diese hin.

Wird der religiöse Akt damit kulturspezifisch heimatlos? In gewisser Weise zweifellos schon, wie übrigens auch die dogmatischen Theorien vom Heil der Nicht-Evangelisierten, der Nicht-Christen oder der Nicht-Religiösen zeigen. Daß trotzdem die Religion als spezifisches Kulturgebilde theologisch keineswegs sinn- und funktionslos wird, läßt sich gerade im thomanischen Denken,

[20] Vgl. dazu *H. Lübbe,* Religion nach der Aufklärung, in: *Rendtorff* 165–184, bes. 174–184.

dem wir oben die Definition des fundamentalen theologischen Religionsbegriffs entnommen haben, überzeugend dartun.

Thomas von Aquin, in dessen Werk sich die verschiedensten Traditionen bezüglich der Verwendung des Religionsbegriffs spiegeln, verwendet den Ausdruck *religio* nicht nur im Sinne der obigen Definition. Diese ist zwar die elementarste, nicht aber die einzige und auch nicht die häufigste. Im Anschluß an den Sprachgebrauch seiner Zeit gliedert Thomas das gottbezogene Verhalten *(ordo hominis ad Deum = religio)* auf der Ebene der kategorialen Realisation in verschiedene Aktgruppen, und zwar nach theologischen, anthropologischen und ethischen Gesichtspunkten:

a) Jene religiösen Akte, in denen die erlösende Beziehung zu Gott *begründet* wird, sei es explizit, sei es implizit. Sie heißen theologale Tugenden *(virtutes theologicae).* Es sind Glaube, Hoffnung, Liebe. Diese setzen zwar das Heilshandeln Gottes voraus und kommen in der *„religio christiana"* zu ihrer authentischen kategorialen Sinnform, wodurch ein sinnlogisches Gefälle von der *religio* im theologisch elementaren Sinn zur *religio christiana* gegeben ist; sie sind aber kraft des allgemeinen Heilswillens Gottes jedem Menschen auch außerhalb des Christentums und der übrigen geschichtlichen Religionen grundsätzlich ermöglicht[21], wie das übrigens auch bei den „anonymen Christen" Karl Rahners der Fall ist.

b) Jene religiösen Akte, welche die erlösende Beziehung zu Gott *bekunden.* Für dieses Feld der den Gottbezug bekundenden Akte (zu denen oratio, cultus, pietas gehören) verwendet Thomas, dem überwiegenden Sprachgebrauch seiner Zeit folgend, nun wieder den Ausdruck *religio.* „Religion" in diesem Sinn ist somit dem Feld der *Bekundung* und *Ausdrucksgestaltung* der Gottesbeziehung zugewiesen. Sie hat einen ethisch-juridischen und einen anthropologischen Aspekt. Ethisch-juridisch sind diese Akte der Religion, die in der Formen- und Normenwelt der Religionen greifbar werden, Akte der *Gerechtigkeit,* die jedem das Seine gibt, Gott also den geschuldeten Kult. Anthropologisch dagegen werden für die Religion aus der *Leibhaftigkeit* des Menschen Folgerungen gezogen. Es geht in der Religion um das „Eingedenksein" der göttlichen Dinge im *Sinnenhaften* (commemoratio divinorum in rebus sensibilibus[22]), ihre bezeugende Bekundung (protestatio) und leibhaftige Vergegenwärtigung (repraesentatio). Aus dieser Sicht liegen die theologalen Tugenden, in denen der *ordo hominis ad Deum* seine entscheidende Verwirklichung erfährt, mithin *religio* im elementar theologischen Sinn, strukturell der geschichtlichen Wirklichkeit der Religion *voraus.* So kann Thomas sagen, die Religion sei nicht der Glaube, sondern die bezeugende Bekundung des Glaubens in einem externalisierten Zeichensystem[23].

---

[21] Vgl. dazu *M. Seckler,* Das Heil der Nichtevangelisierten in thomistischer Sicht, in: ThQ 140 (1960) 38–69.

[22] S.c.g. III 119.

[23] Religio non est fides, sed fidei protestatio per aliqua exteriora signa (S.th. II–II 94, 1 ad 1; vgl. 101, 3 ad 1).

Thomas trifft diese Unterscheidung, deren Tragweite für die Theorie der Religion als eines anthropomorphen Kulturgebildes auf den ersten Blick nicht leicht zu erkennen sein mag, in einer Beiläufigkeit, die in krassem Gegensatz zu ihrer außergewöhnlich weitreichenden Bedeutung steht. Das erklärt sich daraus, daß diese Unterscheidung, die im Gefolge der neuzeitlichen Tendenzen zur Verabsolutierung der Religion verlorenging, für ihn zu den großen und tragenden, wenngleich diskret behandelten Selbstverständlichkeiten seines Werkes gehört. Sie tritt noch am deutlichsten in Erscheinung in seinen Ausführungen zu der Frage, wie das Evangelium *als Text* sich verhält zum *Heilsgeschehen selbst,* mit dem die *Scriptura Evangelii* und das ganze externalisierte Zeichensystem der christlichen Religion ja doch einiges zu tun hat, ohne aber mit ihm identifiziert werden zu dürfen[24].

Gemäß dieser Unterscheidung kann die Religion (als Kulturgebilde) überhaupt „nur" *manifestierende, explizierende, disponierende* und *ordnende* Funktionen bezüglich der inneren Realität der *religio* (im Sinne des elementaren theologischen Begriffes der Religion als erlösender Beziehung zu Gott) wahrnehmen.

Dieses „nur" will freilich richtig verstanden sein. Zwar bringt die Unterscheidung des Thomas eine radikale und eindeutige Relativierung der Religion. Sie enthält ein gegen ihre Verabsolutierung wie auch gegen die Verdinglichung ihres Heilsdienstes gerichtetes kritisches Potential. Aber was ihr bleibt, ist dennoch nicht wenig, sondern, wie sich bei genauerem Zusehen zeigt, sehr viel. Zwischen der Religion als externalisiertem Zeichensystem und *religio* als elementarem Akt der Letztorientierung der Existenz im *ordo hominis ad Deum* bestehen enge Wechselbeziehungen, nicht nur, weil jene aus dieser ursprünglich hervorgeht, bleibend immer nur ihre Ausdrucksgestaltung sein kann und infolgedessen ihr zu dienen hat, sondern auch umgekehrt, weil diese in jener ihre symbolische Konkretion und ihre leibhafte Darstellung erfährt. Im kategorialen Zeichensystem der Religion, ihren Sinnformen und Sinngehalten, wird zugleich der elementare personale Akt der Gottbeziehung der Subjektivität entrissen und einem Prozeß der Objektivierung ausgesetzt, wodurch auch die Wahrheitsfrage eine objektive Fassung erfährt.

Die Wahrheit einer Religion bemißt sich infolgedessen theologisch gesehen daran, daß und wie sich in ihr die erlösungsuchende und erlösungfindende Beziehung zu Gott sachgerecht ausdrückt, und von daher unterliegt die Wahrheit der Religion der Wahrheit der Existenz vor Gott. Aber die *religio* im elementar theologischen Verständnis will ihrerseits in den Sinnformen und Sinngehalten der Religion ihre kategoriale Auslegung und objektive Ausdrucksgestaltung finden. Ihre Wahrheit wird dadurch in der Kommunikationsgemeinschaft der Religion erst verhandlungsfähig. Der Diskurs über den Glauben und der Diskurs aus dem Glauben hat hier seinen Ort. Die erlösende Beziehung zu Gott,

---

[24] Vgl. S.th. I–II 106, 1–2. Diese beiden Artikel sind für die theologische Theorie der Religion außerordentlich wichtig. Sie verdienen ein eingehendes Studium.

die aus christlicher Sicht im Akt des Glaubens *(credere)* ihr Fundament gewinnt, findet also zum einen im Glaubensdiskurs der Religion *(fides)* ihre äußere sprachliche Fassung, wobei die Bewegungsrichtung von der Lebendigkeit des *credere* zur Objektivität der *fides* geht. Aus dieser Sicht erscheinen die Religionen als Deutesysteme des *ordo hominis ad Deum* und die *fides* als Hermeneutik des *credere.* Zum anderen erfährt der religiöse Grundakt des Glaubens, der sich in der namenlosen Tiefe der Existenz ins Indefinite verlieren würde, im Sinngehalt der *fides* seinen Inhalt und seine Wahrheit zugesprochen. Aus dieser Sicht geht der objektive Glaube *(fides)* und seine Verkündigung dem religiösen Grundakt *(credere)* voraus und bringt ihn zu sich.

Diese theologische Theorie der Religion trägt mit ihren Unterscheidungen dem Umstand Rechnung, daß der *ordo hominis ad Deum* nicht nur eine personale und individuelle, sondern ebenso grundlegend auch eine soziale, institutionelle und geschichtliche Dimension aufweist, ohne das eine auf das andere zu reduzieren oder beide auseinanderfallen zu lassen. Damit ist auch das Mißverständnis ausgeschlossen, im *ordo hominis ad Deum* gehe es allein um „Gott und meine Seele" im privatistischen oder um die „gute Stube Innerlichkeit" im existentialistischen Sinn. Die anthropologische Verankerung des *ordo hominis ad Deum,* wie sie hier dargelegt wurde, wendet sich gleichermaßen gegen die Individualisierung des theologischen Religionsbegriffs wie gegen seine Spiritualisierung. Die Bedeutung der Religion als Kulturgebilde, aber auch ihre Grenze, wird sichtbar. Die Religion erscheint gleichsam als die anthropologische, soziohistorische und institutionelle Heimat des religiösen Grundaktes, ohne daß dieser ihr aber einfach ausgeliefert würde. Die Religionen haben kein Monopol für den *ordo hominis ad Deum,* aber sie wären nichts, wenn sie etwas anderes sein wollten als dessen symbolische Konkretion und leibhafte Darstellung.

Von daher enthält der hier entwickelte Religionsbegriff ein zweifaches religionenkritisches Potential: zunächst darin, daß im *ordo hominis ad Deum* das entscheidende Kriterium zur Bestimmung von Ort, Funktion und Wahrheit der Religionen gegeben ist. Daraus folgt, daß die Religionen nicht einfach a priori dadurch, daß sie Religionen sind, auch schon als wahr oder gar insgesamt alle als gleich wahr gelten können. Es kommt ganz darauf an, inwieweit sie in ihren Sinnformen und Sinngehalten dem Kriterium des elementaren theologischen Religionsbegriffs entsprechen. Zweitens dadurch, daß, wie erwähnt, den speziellen Kulturgebilden, die kulturtheoretisch aus irgendwelchen Gründen als „Religionen" bezeichnet zu werden pflegen, kein exklusiver Monopolanspruch für die Verwirklichung des *ordo hominis ad Deum* zukommt. Der Umstand, daß ein Kulturphänomen als „religiös" erscheint oder religiös qualifizierte Ansprüche erhebt, ist allein für sich genommen somit weder eine Wahrheitsgewähr noch ein Grund zu blinder Bevorzugung oder zu bevorzugter Schutzwürdigkeit. Daraus folgt, daß religiöse Systeme grundsätzlich in gleichem Maße der Kritik unterliegen wie andere soziale Systeme.

§ 3. Anthropologische Vermittlung des theologischen Religionsbegriffs

1. Kompromißlose Theozentrik

Im theologischen Religionsbegriff wird die Religion vollständig dem *ordo hominis ad Deum* als zentralem Kriterium unterstellt. Daß damit zugleich eine innere Zuordnung der beiden Sachbereiche des fundamentaltheologischen Religionstraktates – der *Religions*frage und der *Gottes*frage – vorgenommen ist, braucht kaum mehr eigens erwähnt zu werden. Diese kompromißlose Theozentrik scheint nun aber gravierende Nachteile mit sich zu bringen, die als geeignet angesehen werden könnten, den theologischen Religionsbegriff zu desavouieren.

Dazu gehört zunächst einmal der unphänomenologische Ansatz, nämlich die *normative Definition* von Religion. Es ließe sich jedoch leicht zeigen, daß auch die phänomenologischen und selbst die scheinbar rein empirisch-deskriptiven religionswissenschaftlichen Religionsbegriffe ohne eine ihren Gegenstand konstituierende normative Definition nicht arbeiten können[25], auch wenn sie sich dessen vielleicht nicht immer bewußt sind. Der Vorwurf, die Theologie dekretiere mit ihrer normativen Definition dogmatistisch, was Religion sei, anstatt auf die Phänomene zu schauen, ist somit nicht begründet.

Die Schwierigkeit liegt deshalb nicht in der Tatsache der normativen Definition als solcher, sondern in der *kompromißlosen Theozentrik.* Wird damit der intentionale Gegenstand der Religion nicht in einer Weise normativ eingeschränkt, daß manche Religionen vielleicht sogar ganz aus dem theologischen Religionsbegriff herausfallen? Es ist auch zu fragen, ob es im Zeitalter des Atheismus und eines um sich greifenden humanistischen Religionsverständnisses angesichts der unübersehbaren Problematik der Gottesfrage sinnvoll sein kann, die Religion aus theologischer Sicht auf eine erlösende Beziehung *zu Gott* einzugrenzen. Bleibt damit der religiöse Akt nicht einer allzu geringen Anzahl von Menschen vorbehalten?

Damit hängt auch das methodische Bedenken zusammen, hier werde die Religion, anstatt eine eigenständige, sich selber bestimmende Form von Subjektivität sein zu dürfen, von außen her einem Gottesbegriff der Theologie unterstellt und so auch theologischen Interessenzusammenhängen unterworfen. Wird damit die Religion nicht ähnlich wie auch in den von R. Schaeffler kritisierten Fällen zum bloßen Objekt theologischer Deutung herabgewürdigt? Keineswegs, denn hier geht es ja nicht darum, die spezifische Subjektivität der sogenannten „Religionen" phänomenologisch zu erheben, sondern es wird normativ festgestellt, worin das theologische Wesen von Religion besteht, das sich, wie wir gesehen haben, nicht nur in den „Religionen" findet. Es ist übrigens eine *gelebte Religion selbst,* die sich im Medium der Theologie diese Feststellung erlaubt, weshalb sie auch nicht „von außen", sondern durchaus „von innen" erfolgt, ganz abgesehen davon, daß es aus der Sicht der *religio christiana,* für die die Theologie spricht, letztlich auch sachlich undenkbar ist, aus dem Religions-

[25] Vgl. dazu auch oben Anm. 15.

begriff Gott auszuklammern. Und wenn es Religionssysteme oder Formen religiöser Praxis gibt, deren innerstes Lebensprinzip und letzte Intentionalität nicht *Gott* ist, so daß für sie das Kriterium der Theozentrik tatsächlich „von außen" herangetragen würde, so wäre für solche Gebilde der Gottlosigkeit ein *für sie* „von außen" kommender Ruf zur Sache dringend nötig, zumal dann, wenn sie sich widersinnigerweise „Religion" nennen wollten oder wenn eine Religionswissenschaft, der die Gottesfrage gleichgültig geworden ist, sie aus irgendwelchen Gründen als solche bezeichnet. Wenn sich, wie in Kapitel 3 von R. Schaeffler gezeigt wurde, endlich auch für die Religionsphänomenologie (als einer philosophisch vertieften Religionswissenschaft) der Schluß abzeichnet, daß in der von den Religionen intendierten Wirklichkeit schließlich *Gott* zu erkennen sei, wobei der Gottesbegriff jenes „Noema" bezeichne, das in der religiösen „Noesis" originär gegeben sei, so daß auch aus empirisch-phänomenologischer Sicht der in der Sinnlogik der religiösen Praxis erscheinende *Gott* als das *konstitutive Moment der Religion(en)* zu begreifen sei, dann hat die Theologie auch von daher keinen Grund und kein Recht, die Theozentrik aus ihrem Religionsbegriff auszuklammern.

Ist die theologische Bestimmung der Religion als *ordo hominis ad Deum* nur eine dogmatische Behauptung oder eine apodiktische Forderung? Ist sie nur als Aussage im Bekenntnis des Glaubens möglich? Ist sie das mythologische Relikt einer Theologie, die noch nicht genügend realisiert hat, was Aufklärung und anthropologische Wende für die Theorie der Religion bedeuten? Die Theozentrik des theologischen Religionsbegriffes scheint vor allem die beiden Hauptpunkte der neuzeitlichen Religionskritik, den Projektionsverdacht und den Entfremdungsvorwurf, gegen sich zu haben. Sie wäre dann der unaufgeklärte Ausdruck eines falschen (Gott als undurchschaute Projektion) und schädlichen (der Glaube an Gott als Entfremdungsmechanismus) Bewußtseins. Es ist auch nicht zu übersehen, daß jene atheistische Interpretation der Religion, die das Ja zur Religion mit dem Nein zur Gottesidee zu verbinden weiß, auf dem Gebiet der modernen Religionstheorien große Plausibilität erlangt hat. Damit stellt sich die Frage nach der fundamentaltheologischen Begründbarkeit des theozentrischen Religionsbegriffs. Da diese Frage in diesem Kapitel nicht erschöpfend zu behandeln ist, sollen wenigstens die Umrisse einer Antwort, die den Erfordernissen der anthropologischen Wende entspricht, angedeutet werden.

Die Aufgabe der *anthropologischen Vermittlung* des Religionsbegriffes ist in der *Religionsphilosophie* wohl am weitesten gediehen. Als ein Beispiel könnte man die Philosophie Ernst Blochs nennen, wo die Religion nicht mehr wie bei Marx als anthropologisch wesenlos erscheint, sondern als Herzstück einer vertieften, den trivialen Atheismus meidenden Anthropologie, weshalb Bloch eine „neue Anthropologie der Religion" fordert[26]. Es geht um einen anthropologi-

---

[26] *E. Bloch,* Das Prinzip Hoffnung. Frankfurt 1959, 1416. Diese Anthropologie präsentiert sich als atheistisch, aber es ist trotz der lärmenden antitheistischen Fassade kein reduktiver Atheismus nach

schen Begriff, der sozusagen „weit genug ist, die Größe Gottes in sich aufzunehmen“[27]. Eine anthropologische Vermittlung wird aber auch in den *Religionswissenschaften* zunehmend als notwendig erkannt, nicht nur, um von dem anthropologischen Ansatz her die Wahrheitsfrage der Religionen auch in den Religionswissenschaften wieder stellen zu können[28], sondern wegen der neu erkannten Interdependenzen zwischen Religion und Anthropologie[29]. Die Religionswissenschaft erscheint so als eine *anthropologische* Disziplin im strengen Sinne des Wortes[30]. Die Diskussion der anthropologischen Wende in der *Theologie* hat auch hier das Bewußtsein für die Interdependenz von Religion und Anthropologie geschärft und die Arbeit an der anthropologischen Vermittlung des theologischen Religionsbegriffs gefördert. Für ihre inhaltliche Durchführung wird vor allem auf das Werk Karl Rahners verwiesen, in dem die Zusammenhänge zwischen Gottesfrage, Religion und Anthropologie besonders eingehend bedacht sind. Nachfolgend einige zusätzliche Beobachtungen und Überlegungen.

Art Feuerbachs. Bloch betont vielmehr: „Nur am Deus absconditus ist das Problem gehalten, was es mit dem legitimen Mysterium *Homo absconditus* auf sich habe“ (ebd. 1406). Dazu führt *A. Jäger* (Reich ohne Gott. Zur Eschatologie Ernst Blochs. Zürich 1969, 53) aus: „Eben dies hält Bloch an Hegels Religionsphilosophie also beachtenswert für jedes Denken, das auf religiöses Erbe aus ist, daß er einmal Mensch und Gott in mystischer Weise ineinander aufgehen lasse, und zum zweiten, daß er trotzdem die Objektseite in ihrer ganzen göttlichen Abgründigkeit festhalte ... Diese Abgründigkeit Gottes ... wird somit bei Bloch zur Abgründigkeit und Göttlichkeit des Menschen, das Problem Gottes zum Problem des ‚Humanum absconditum‘. Daher also die Front gegen Feuerbach in solchem Punkt, weil die Reintegration des Himmels in die menschliche Subjektivität keinen ‚statisch ausgemachten‘, sondern einen ‚utopischen Begriff vom Menschen‘ voraussetze ... Kurz: Bloch hält an Hegel gegenüber Feuerbach und damit letztlich auch Marx fest, um größer vom menschlichen Wesen denken zu können, und er denkt groß vom göttlichen Geheimnis, um größer vom menschlichen Wesen denken zu können.“ „Die durch den ehemaligen Gott bezeichnete Stelle ist so nicht selber ein Nichts; das wäre sie erst, wenn Atheismus Nihilismus wäre ...“ (Prinzip Hoffnung 1412); „Atheismus selber tut dem Unerschöpften nichts an“ (Atheismus im Christentum. Frankfurt 1968, 22).

[27] *Jäger* (s. Anm. 26) 54.

[28] Vgl. dazu den Bericht von *Berner* (s. Anm. 15).

[29] Vgl. dazu *A. Vergote,* Religion – Gottesbild, in: *Rendtorff* 221–243, 243: „Eine Religionstheorie muß sich auf eine umfassende Anthropologie stützen. Anders gesagt, die Religion als beobachtbares Phänomen zwingt uns, zu enge oder gar eindimensionale Anthropologien zu ergänzen. Man erklärt die Sprache oder die Liebe nicht auf der Basis einer vorgefaßten Anthropologie. Nur durchs Studium aller Komponenten kann man zu einer ernsthaften Anthropologie kommen. Die Religion, so wie sie existiert, stellt nicht nur die Religionstheorien, sondern auch die hinter ihnen stehenden Anthropologien in Frage.“ – Zum anthropologischen Problem vgl. auch *W. Goodenough,* Toward an Anthropologically Useful Definition of Religion, in: *A. W. Eister* (Hg.), Changing Perspectives in the Scientific Study of Religion. New York 1974, 165–184.

[30] Vgl. dazu *A. Schimmel,* Summary of the Discussion, in: Numen 7 (1960) 236f: „Religionswissenschaft understands itself as a branch of the Humanities. It is an anthropological discipline ...“ (= zweite These), zit. bei *Berner* (s. Anm. 15) 98. Vgl. auch *Schlette* 1976 (s. Anm. 4) 300: „... die Erörterung nahm eine anthropologische Wendung ...“

2. Zum Zusammenhang von Gottesfrage, Religion und Anthropologie

Zunächst eine Vorbemerkung zum Problem der Definierbarkeit von Religion. Es ist eine unbestreitbare Tatsache, daß dem religiösen Akt eine besondere Intensität des Engagements eignet. Man spricht deshalb z. B. von *religiöser* Inbrunst, um die innere Glut eines Engagements oder die Leidenschaftlichkeit einer Hingabe auszudrücken, auch wenn diese vielleicht ganz profaner Natur ist. Dieser Sprachgebrauch spiegelt zweifellos die Beobachtung, daß derartige Gemütslagen eine gewisse Ähnlichkeit mit religiösem Verhalten aufweisen, sei es, daß sie dort besonders beheimatet sind, sei es, daß sie etwas für die Religion Charakteristisches auszudrücken scheinen. Man versucht deshalb auch nicht selten, Religion von daher zu definieren. Das Wesen des religiösen Aktes besteht aus dieser Sicht in *totalem Betroffensein.* Hier wird also eine bestimmte Art von Subjektivität, die Befindlichkeit totalen und unbedingten Betroffenseins, zum Kriterium des religiösen Aktes. Das klingt zwar gut und enthält auch ein Stück Wahrheit, ist aber gefährlich, weil das Vonwoher des Betroffenseins und das Woraufhin des Engagements offenbleiben. Wenn das Wesen des religiösen Aktes in der *Unbedingtheit* eines Betroffenseins läge, mit austauschbaren Objekten und Inhalten, dann wäre nicht einzusehen, warum man die Religionen nicht als Heim- und Pflegestätten eines funktionalen Fanatismus definieren sollte, heißt doch auch umgangssprachlich Fanatismus soviel wie „religiöser" Eifer. Das Wesen der Religion gründete dann in der Fähigkeit des Menschen, Weltanschauungen, Überzeugungen oder Interessen mit spezifischen Unbedingtheitsfunktionen zu versehen und sich mit ganzer Hingabe an sie zu heften. Dem religiösen Gewissen mit seinem prätendierten Vorrecht der Begründungsverweigerung käme dann die Funktion zu, die Bastionen des Fanatismus unangreifbar zu machen.

Mit diesen wenigen Hinweisen dürfte hinreichend deutlich geworden sein, daß ein Religionsverständnis, das die Funktionen des Unbedingten zur Grundlage und zum Kriterium hat, ohne den Funktor selbst angemessen zu berücksichtigen, zu einem abwegigen Religionsbegriff führen muß. Zwar ist es richtig, daß das *unbedingte Betroffensein* (und damit die Funktionen des Unbedingten) in den Begriff der Religion aufzunehmen sind. Religion ist kein Spiel mit bedingten Einsätzen. Eben dies ist ja auch der Quellgrund des religiösen Fanatismus und der Wahrheitskern jener Religionstheorien, die allein von der Subjektivität des Betroffenseins und seiner Intensität ausgehen, anstatt gleichzeitig und vorrangig den *Inhalt* und den *intentionalen Gegenstand* dieses Betroffenseins entscheidend mit einzubeziehen. Maßgeblich für das Wesen und die Wahrheit des religiösen Aktes sind aber nicht die Formen des unbedingten Engagements als solche, sondern das Engagement am Unbedingten, das inhaltlich zu explizieren und kritisch zu verantworten ist. Deshalb kann der christliche Glaube sich auch aufgefordert sehen, über den *Sinngrund und Sinngehalt* (λόγος) der Hoffnung, die in ihm ist, Rechenschaft zu geben (vgl. 1 Petr 3, 15).

Daraus ergibt sich, daß der religiöse Akt nicht allein von dem totalen Betroffensein und der Unbedingtheit des Engagements her zu definieren ist, sondern *von dem her, worauf er sich richtet.* Wenn dieses nicht von der Art wäre, daß es in Wahrheit einen unbedingten Einsatz fordert und zuläßt, würde es sich nur um eine Verabsolutierung von Bedingtem handeln. In der religiösen Sprache werden derartige Verabsolutierungen, die offensichtlich zum Erscheinungsbild der Religion gehören (vgl. Phil 3, 19; Mt 6, 21), „Vergötzung" genannt. Es läge nun theologisch nahe, an dieser Stelle gegen den Begriff der Vergötzung den Begriff *Gottes* einzuführen. Da hier jedoch gerade nach der Möglichkeit einer anthropologischen Vermittlung des theozentrischen Religionsbegriffs gesucht wird, ist zu fragen, wie sich das Problem im Horizont der Anthropologie selbst darstellt. Die Antwort ist ebenso einfach wie zwingend: Es geht in der Religion um die menschliche Existenz selbst, in letzter Hinsicht und im ganzen, insofern diese sich selbst als Aufgabe erkennt und erfährt. Es geht bei diesem Ansatz noch gar nicht unmittelbar um die philosophische Sicht des Menschen als Wesen der Transzendenz, zu dessen Struktur es gehört, ein seine Endlichkeit übersteigendes Geheimnis der Wirklichkeit vorauszusetzen bzw. im Vorgriff und Ausgriff auf es zu leben und sich auf dieses als Erfüllung seines eigenen Seins zu beziehen, wie z. B. Karl Rahner dies beschrieben hat[31]. Es geht vielmehr grundlegend darum, daß der Mensch auf Grund seiner Exzentrizität[32] ein Verhältnis zu sich und zur Ganzheit seines Daseins entwickeln kann und muß, das unter der Devise *mea res agitur* steht. Es liegt in der Logik eines solchen Daseins, daß hier der anthropologische Ort für bedingungsloses Interesse und totales Engagement ist. Wenn irgendwo, dann sind an diesem Ort auch die Inhalte des intentionalen Gegenstandes der Religion einzuschreiben.

Hat die Religion es nun also letztlich mit Gott oder mit dem Menschen zu tun? Das ist die Frage. Im Grunde freilich kann es keine Frage sein, in der das eine das andere ausschließt. Das bedingungslos letzte Interesse des Menschen kann zwar gemäß der Logik der Existenz nur dem Menschen selbst gelten[33]. Von daher ist auch der Überstieg in jeden Altruismus gehalten. Aber die Frage ist, ob nicht gerade in die Definition des Menschen und des *Letzten* des Menschen jene Wirklichkeit hineingehört, die in religiöser Sprache „Gott" heißt. Die Befürchtung, daß dadurch Gott zu einem Moment im Selbstvollzug des Menschen werden könnte, wäre nur dann berechtigt, wenn der Begriff Gottes etwas Derartiges überhaupt zuließe. Das ist aber nicht möglich. So sicher es also ist, daß Gott nicht angemessen zur Sprache käme, wenn er im Menschen und in der Fluchtlinie seiner Selbstverwirklichung aufginge, so sicher ist es anderseits nicht nur aus theologischer, sondern gerade auch aus anthropologischer Sicht, daß in die letzte Bestimmung und damit in die Definition des

---

[31] *Rahner* 1941; Schriften IV (1960) 67–82; *ders.* 1976, 35–142.

[32] Vgl. zu diesem Begriff *H. Plessner,* Die Stufen des Organischen und der Mensch. Berlin (1928) [2]1965.

[33] So gelangt Thomas von Aquin zu der Aussage: Dato enim, per impossibile, quod Deus non esset hominis bonum, non esset ei ratio diligendi (S.th. II–II 26, 13 ad 3). Vgl. dazu auch *R. Bultmann,* Welchen Sinn hat es, von Gott zu reden?, in: *ders.,* Glauben und Verstehen I. Tübingen 1933, 26–37.

Menschen Gott hineingehört. Dies nicht nur deswegen, weil das Wort „Gott" die eschatologische Bestimmung des *Menschen* anzeigt und diese anders als „in Gott" gar nicht denkbar ist, weshalb ja auch die Frage nach dem „Letzten" des *Menschen* von unendlicher Abgründigkeit ist; zuvor und darüber hinaus auch deshalb, weil allein schon die Fähigkeit, das *Wort* „Gott" zu denken, den Menschen „vor das eine Ganze der Wirklichkeit als solcher" und „vor das eine Ganze seines Daseins als solchen" bringt und damit erst den Menschen zum Menschen macht[34].

Vor diesem Hintergrund zeichnet sich dann auch die Möglichkeit ab, den intentionalen Gegenstand des religiösen Aktes *anthropologisch* auf den Menschen und dessen letztes und unbedingtes Interesse an sich selbst als einem für Transzendenz eröffneten Wesen, *theologisch* aber auf Gott zu beziehen. Der theologische Religionsbegriff in seiner Theozentrik hört dabei auf, für die Anthropologie wie ein erratischer Block aus einer anderen Welt zu erscheinen.

Voraussetzung dafür ist allerdings, daß es gelingt, die Wirklichkeit Gottes *anthropo-logisch* zur Sprache zu bringen. In dem Maße, in dem das gelingt, wird auch ersichtlich, daß das theologische Verständnis der Religion als *ordo hominis ad Deum* nicht die äußere Beziehung zu einem fremden, übermächtigen Seienden meint, sondern die innerste Ausrichtung des Menschen auf dessen eigene letzte Bestimmung, die eben deshalb auch anthropologisch aussagbar sein muß, ohne reduktionistisch zu werden. Das theologische Verständnis der Religion verlangt deshalb geradezu nach ihrer anthropologischen Rückgründung und ist *im Grunde* mit dieser identisch.

Zugleich wird deutlich, daß es sich nicht um ein explizit ausgeprägtes Gottesverhältnis im Sinne des förmlichen metaphysischen Theismus handeln muß. Die Wirklichkeit des Gottes der Religion kann in der eschatologischen Anthropologie in vielerlei Sprachgestaltungen und Sinnfiguren gleichsam anonym oder pseudonym anwesen und zur kategorialen Fassung kommen. Aus diesem Grund bedeutet der theologische Religionsbegriff in seiner kompromißlosen Theozentrik weder eine Einengung auf die monotheistischen Religionen noch auf bestimmte Gottesbilder noch überhaupt auf kategorial sich als solche wissende, ausdrückliche Gottesverhältnisse. Erst eine eingehende Sprach- und Existenzanalyse vermöchte ja zu zeigen, ob jene erlösungsuchende und erlösungfindende Beziehung zu Gott, die der theologische Religionsbegriff für wesentlich ansieht, die aber auch in anthropologischer Chiffrierung auftreten kann, tatsächlich vorhanden ist oder nicht. Damit aber bietet sich der theologische Religionsbegriff zwar vielleicht nicht in seiner theologischen Fassung (als „erlösende Beziehung zu Gott"), wohl aber *der Sache nach* und in *anthropologischer Fassung* auch für die *Religionswissenschaften*, sofern sie sich auf Anthropologie einlassen wollen, als praktikabel an. Für seine profansprachliche Fassung wäre z.B. der Terminus *„Kontingenzbewältigungspraxis"* geeignet, vorausge-

---

[34] Vgl. dazu *K. Rahner*, Meditation über das Wort „Gott", in: *ders.* 1976, 54–61.

setzt, er würde nicht nur, wie bisher, *systemtheoretisch* verstanden, sondern *anthropologisch*[35].

Wenn man aus dieser Sicht die geradezu chaotische Vielzahl und Verschiedenheit der Religionsbegriffe betrachtet, die in der Fachliteratur entwickelt wurden, ergeben sich interessante Zusammenhänge für das Problem der anthropologischen Vermittlung des theologischen Religionsverständnisses. Dabei läßt sich zugleich etwas Transparenz in die Gesetzmäßigkeit der Begriffsbildungen bringen.

Es scheint, daß sich alle Religionsbegriffe in der Frage des intentionalen Gegenstandes der Religion („worauf bezieht sich und was will Religion?") auf drei Interpretationsmodelle zurückführen lassen, gemäß denen die Religion entweder (A) als *gottbezogenes Verhalten* (im theistischen, polytheistischen oder phänomenologischen Sinn) oder (B) als *offenes Transzendenzverhalten* oder (C) als *menschbezogenes* Verhalten erscheint.

In den Bereich von *Modell A* fallen Definitionen wie: Religion ist vernünftige Gottesverehrung (H. v. Cherbury; Aufklärung); Verehrung einer höheren Macht (H. v. Glasenapp); Umgang mit dem Heiligen (Mensching, Heiler, Otto); Beziehung zu heilspendender, lebensteigernder Macht (van der Leeuw); Erlebnisbeziehung zu einem transzendenten Zentrum heilbringenden Willens (A. Vergote); das durchgängige Bestimmtsein des Menschen durch das ursprüngliche Bewußtsein von Gott (J. S. v. Drey); die Verehrung einer Manifestation des Geheimnisses der Wirklichkeit (G. Ebeling) usw. Hierher gehört auch die klassische theologische Definition: religio proprie importat ordinem hominis ad Deum.

Dabei ergeben sich folgende Beobachtungen:

1) Alle derartigen Definitionen verstehen Religion als existentielles Verhalten zu Gott, dem Göttlichen, Heiligen usw., teilweise verbunden mit einer eigenen Erlebnisqualität.

2) Wo der intentionale Gegenstand mit dem Wort „Gott" bezeichnet wird, machen die Definitionen einen präzisen und eindeutigen Eindruck. Die Religion gerät hier aber leicht unter den Entfremdungsverdacht („Fremderlösung").

3) In Definitionen, die versuchen, das Wort „Gott" zu vermeiden bzw. durch Umschreibungen zu ersetzen, wird die Aussage auffallend vage. Der Bezugspunkt verschwimmt. Der für das Religionsverständnis gemäß Modell A als wesentlich erachtete Akt des Transzendierens bleibt, aber das Woraufhin wird diffus.

In *Modell B,* dem Modell des offenen Transzendenzverhaltens, wird am Akt des Transzendierens festgehalten, aber es ist entweder ein Transzendieren ins

---

[35] Zur Interdependenz von Theologie und Anthropologie siehe *W. Pannenberg,* Anthropologie in theologischer Perspektive. Göttingen 1983, 11–23: Theologie und Anthropologie; *A. Raffelt – K. Rahner,* Anthropologie und Theologie, in: CGG 24, 5–55; *H. Bouillard,* Transzendenz und Gott des Glaubens, in: CGG 1, 87–131; *Schmitz* 8.142–166. Vgl. dazu auch die bedenkenswerten Erwägungen von *Schlette* 1976 (s. Anm. 4), bes. 300–304.

Offene der Immanenz, permanenter Überstieg über das Begrenzende, Negative, Niederdrückende, individuell oder systemtheoretisch nicht Bewältigbare, oder ein Transzendieren in die Indefinitheit eines „Umgreifenden" hinein, das, nicht Fisch noch Fleisch, zwischen den theistischen und den anthropologischen Bestimmungen irrlichtert.

In *Modell C* schließlich, dem ausdrücklich menschbezogenen Interpretationsmodell der humanistisch-atheistischen Religionstheorien, die auf der Basis der anthropologischen Reduktion arbeiten, rückt der Mensch selbst in den intentionalen Gegenstand ein. In den solcherart „berichtigten" Religionsbegriffen werden die Religionen zu „Flügelbildungen der Menschheit" (Bloch), in denen die nach vorne und oben offene Existenz die Intentionsgehalte glückenden Menschseins entwickelt und verfolgt. Auch die funktionalen gesellschaftstheoretischen Religionsbegriffe, in denen der Religion die Aufgabe der Kontingenzbewältigung im soziologischen Sinn zukommt, gehören hierher.

Alle drei Interpretationsmodelle sehen etwas Richtiges und unverzichtbar Wichtiges im Religionsproblem. *Modell C* insistiert darauf, daß die Religion nicht nur ein spezifisch menschliches Phänomen ist – nur Menschen eignet Religion, weshalb die Frage nach dem Ursprung und Wesen der Religion eine anthropologische Strukturfrage ist –, sondern auch einen menschlichen Sinn und Zweck verfolgt. *Modell B* baut auf der Beobachtung auf, daß Religion ohne Transzendieren und vielleicht auch Transzendieren ohne Religion nicht möglich ist. *Modell A* dagegen macht geltend, daß es durchaus und gerade das letzte Interesse des Menschen sei, menschliches Rechtsein und glückendes Menschsein in dem zu suchen, der *principium et finis omnium* ist. Das *menschbezogene Modell* kann verdeutlichen: *mea res, nostra res agitur.* „Um uns und unseres Heiles willen" (propter nos et nostram salutem) wird Religion praktiziert. Der Gott des christlichen Glaubens, den zu erkennen seine Wohltaten und seine Menschenfreundlichkeit erkennen heißt, bekräftigt sozusagen von sich aus dieses Religionsverständnis. Das *gottbezogene Interpretationsmodell* hingegen weiß darum, in welcher göttlichen Tiefe und himmlischen Andersheit allein die letzte Bestimmung des Menschen liegen kann.

Der anthropo-theologische Begriff der Religion, wie er in diesem Kapitel entwickelt wurde, scheint in der Lage zu sein, die Anliegen der drei Interpretationsmodelle zu wahren und in sich aufzunehmen. Nach christlicher Auffassung schließen kompromißlose Anthropologie und Theozentrik sich nicht gegenseitig aus, sondern verbinden und erhellen sich im göttlich-menschlichen Geschehen der Religion. Es geht in der Religion ganz und radikal und in letzter Hinsicht um den Menschen, aber die Wörter „ganz" und „radikal" und „in letzter Hinsicht" verweisen zugleich auf den Überstieg in die Theonomie. Vielleicht gibt es in der ganzen Heiligen Schrift keinen Text, der die Paradoxie dieses Überstieges augenfälliger macht, als es dem folgenden allein schon mit Hilfe der Syntax gelingt: „Noch ist nicht erschienen, was *wir* [!] sein werden. Wir wissen aber, wenn *es* [!] erscheinen wird, daß wir *ihm* gleich sein werden; denn wir werden *ihn* [!] sehen, wie *er* [!] ist" (1 Joh 3,2).

LITERATUR

Benktson, B. E., Christus und die Religion. Der Religionsbegriff bei Barth, Bonhoeffer und Tillich. Stuttgart 1967.
Kraus, H.-J., Theologische Religionskritik. Neukirchen 1982.
Luhmann, N., Funktion der Religion. Frankfurt 1977.
Rahner, K., Grundkurs des Glaubens. Freiburg (1976) [12]1982.
–, Hörer des Wortes. München (1941) [2]1963.
Rendtorff, T. (Hg.), Religion als Aufklärung. Eine Bilanz aus der religionsgeschichtlichen Forschung. Göttingen 1980.
Schaeffler, R., Religionsphilosophie. Fragestellungen, Lösungsansätze und Methoden. Freiburg 1984.
Schiffers, N. – Schütte, H. W., Zur Theorie der Religion. Freiburg 1973.
Schmitz, J., Religionsphilosophie. Düsseldorf 1984.
Seckler, M., Theosoterik und Autosoterik, in: ThQ 162 (1982) 289–298.
Tillich, P., Religionsphilosophie, in: *ders.,* GW. Hg. v. R. Albrecht. Bd. 1: Frühe Hauptwerke. Stuttgart 1959.
Trillhaas, W., Religionsphilosophie. Berlin 1972.
Welte, B., Religionsphilosophie. Freiburg 1978.

10. KAPITEL

ANTHROPOLOGISCHE STRUKTUREN IM BLICK AUF OFFENBARUNG

Walter Kern

Geschichtliche Offenbarung Gottes zum Heil von uns Menschen: so lautet die Zielvorgabe unserer Erörterungen. Der zweite Traktat dieses Handbuches wird darlegen, wie die Offenbarung zu verstehen ist und daß sie in Jesus Christus erging. Die Offenbarung besteht nicht in erster Linie in der Übermittlung von Wahrheiten über Gott, sie ist Mitteilung Gottes selber zu neuer Lebensgemeinschaft mit dem Menschen. So sehr dieses Angebot Gottes alle Menschen angeht: in die Geschichte eingetreten ist es zu einem bestimmten Zeitpunkt an einer begrenzten Raumstelle – in Palästina, als Augustus Kaiser war – und liegt uns also nach Raum und Zeit fern. Auch trifft uns die zur Frage stehende Offenbarung als eine unerhörte Botschaft, wonach dieses sehr partikuläre Jesusereignis dort-und-damals von universal entscheidender Bedeutung sein soll für – wie die Theologen sagen – als „Heil" des Menschen, der – nach Auskunft der Theologie – ein „Sünder" ist und deshalb zusätzlich schwerhörig.

Eine Hilfe für Verständnis und Annahme der christlichen Offenbarung möchte dieses Kapitel durch den Aufweis bieten: 1) wie sehr wir von unserer Wesensstruktur her hineinverwiesen sind in die zurückliegende Geschichte, an die sie begründenden und verwandelnd-gestaltenden Ereignisse; 2) daß gerade die konkrete existentielle Situation des Menschen, die bedingt und geprägt ist durch strukturelle Verhängnisse und persönliches Versagen, ihn veranlassen kann, seine Grenzerfahrungen zu überschreiten; 3) daß die ‚transzendierende' Grundbewegung seines Daseins ihn vor das Geheimnis Gott stellt, das offenbar werden kann nur durch seine Selbsterschließung. Dabei mündet die argumentierende Überlegung in hoffendes Ahnen und Wünschen.

§ 1. Menschsein in Gemeinschaft und Geschichte

1. Grunddimensionen: Ich und Welt

Die Gewißheit „Ich denke – ich bin", auf die Descartes das Wissen gründete, ist eine halbierte Wahrheit. Die angesprochene Erfahrung zeigt mehr: Das Ich ist zu ergänzen – durch die Welt um mich. Auch müßte der Versuch, mich ausschließlich auf mich allein zu konzentrieren, scheitern: in Schlaf oder Tod. *Es gibt kein weltloses Ich.* Selbstbewußtsein ist stets durch Fremd-, durch Gegenstandsbewußtsein vermittelt. Das Subjekt Mensch ist für sich selbst nicht zu haben ohne das Objekt Welt. Zum Wachwerden morgens braucht es den Anstoß von außen, durch das Läuten des Weckers oder durch eigene Körpergefühle, die ebenfalls verursacht sind von außerhalb des bewußten Ich. Auch tagsüber bleibt das Wachsein gebunden an erlebte Welt.

Daß „die Seele nie denkt ohne ‚phantasma' (Vorstellungsbild)", wußte schon Aristoteles[1]; und nach Thomas von Aquin[2] „gelangt unser Geist dadurch, daß er anderes erfaßt, zur Selbsterkenntnis". Daß „selbst unsere innere, dem Cartesius unbezweifelte Erfahrung nur unter Voraussetzung äußerer Erfahrung möglich sei", betont der kritische Kant[3]; und für Descartes' späteren Landsmann Maine de Biran bringt erst körperlicher Widerstand unser Bewußtsein zu sich selbst.

Daß „die Seele nie denkt ohne ‚phantasma' (Vorstellungsbild)", wußte schon Ari-
materielle Umwelt: Die Identität des Ich, das Beisichsein des menschlichen Geistes wird ermöglicht (und zugleich gebrochen und begrenzt) durch ein Prinzip der Nicht-Identität, ein „Außersichsein"[4], das – von der Bewußtseinserfahrung her, von der wir ausgingen – als philosophischer Begriff der Materie gelten kann. (Dementsprechend ließe sich vom Menschen in etwa sagen, er sei Geist in/über Materie.) Wir finden uns vor in einer zweifachen Grundgestalt dieses Außereinander der Materie: im Nebeneinander des *Raums* und im Nacheinander der *Zeit.* Raum und Zeit *konkretisieren* sich im Bereich des Biologischen: für den einzelnen Menschen zum leiblichen Organismus bzw. zum individuellen Lebenslauf; für das Menschen-Kollektiv zum gegenwärtigen Menschengeschlecht bzw. zu dessen stammesgeschichtlicher Evolution. Insoweit der Mensch nicht nur Natur-, sondern Kulturwesen ist, lebt er in der Raum-Konkretion, die *Gemeinschaft* (oder Gesellschaft) heißt, und in der Zeit-Konkretion *Geschichte.* Ausdruck der Kultur, als dieser spezifisch menschlichen zweieinen Lebenswelt, sind die sozialen Institutionen und die historischen Traditionen. – Mit dieser gewiß sehr schematischen Auslegung der Raum-Zeit-Welt des Menschen sind Dimensionen und Etappen der weiteren Überlegungen abgesteckt.

2. Konkretion I: Mensch durch Gemeinschaft

Was den Menschen wach-bewußt zu sich selbst kommen läßt, das ist im Grunde nicht *das* Andere der materiellen Umwelt; das sind vielmehr die anderen Menschen seiner *personalen Mitwelt.* Zu ihnen steht jeder einzelne in einem nicht nachträglich-zusätzlichen, sondern für sein Menschwerden konstitutiven, ursprünglichen Bezug. Menschsein ereignet sich nicht nur und nicht so sehr in erkennendem Verhalten zur Welt, das seine Gegenstände in die Helle der Vernunft des erkennenden Subjektes hereinnimmt; dafür ist kein Ding zu

---

[1] Peri psychēs III 7: 431a17 (vgl. 431b2.432a5–9).
[2] De verit. X 8. Die „conversio ad phantasmata" bei Thomas wird durch *K. Rahners* philosophisches Hauptwerk „Geist in Welt" (1939) interpretiert.
[3] Kritik der reinen Vernunft B 275.
[4] Vgl. *Hegel,* Enzyklopädie (^{3}1830) § 254, der jedoch eine kompliziertere Analyse anstellt.

gering. Menschsein begibt *(gibt)* sich entscheidend[5], in eins mit Erkenntnis, im Verhältnis liebenden Wollens, in dem das Ich aus sich herausgeht zu dem geliebten Menschen als seinem Gegenüber, dessen Würde und Wert sich der Liebe und dem Liebenden mitteilt. Nun kann ich nicht mehr nur sagen: „Ich denke – ich bin", sondern: „Ich liebe – du bist", oder: *„Wir lieben – wir sind"!*[6]

Ein bloßes Ding kann man nicht lieben, nur begehren. Sinnliche, triebhafte Begierde ist auch den Tieren eigen. Sich darauf zu fixieren würde den Menschen erniedrigen auf die Stufe des Animalischen; ja, versuchte er ein Ding zu lieben, würde er dadurch selbst verdinglicht. Jemand wird und ist also Mensch nicht dadurch, daß er *etwas* begehrt, sondern daß er *jemanden* seinesgleichen willentlich-frei bejaht, d.h. liebt. So ist zu verstehen, daß nach Hegel[7] jeder Mensch ‚begehrt', ‚begehrt' zu werden. Er wird in wechselseitigem Verhältnis durch die Anerkennung des anderen[8] er selbst: dadurch, „daß ich mich in einer anderen Person gewinne, daß ich in ihr gelte, was sie wiederum in mir erreicht". Deshalb liegt die Wesensbestimmung des Menschen darin, daß „der freie Wille den freien Willen will" oder daß er, durch ein Zusammenspiel und Zusammenfallen von Singular und Plural im Menschsein, ist „ein Ich, das Wir, und ein Wir, das Ich ist". Wenn Hegel das „die immanente Gattung ... des Selbstbewußtseins" nennt, daß durch das „Bewußtsein des Einzelnen in Form der Allgemeinheit ... *Ich als allgemeine Person* aufgefaßt werde, *worin alle identisch sind*", so hat das zur Folge eine Überzeugung „von unendlicher Wichtigkeit": „Der Mensch gilt so, weil er Mensch ist, nicht weil er Jude, Katholik, Protestant, Deutscher, Italiener usf. ist." Die schwierigen spekulativen Formulierungen meinen der Sache nach dasselbe, was Kant in nüchterner Gedankenstrenge in Anspruch nimmt für alle Menschen, indem er es unbedingt fordert von jedem einzelnen: nämlich so zu handeln, wie es seinem eigenen vernünftigen freien Willen, dem „intelligiblen Ich" in ihm, gemäß ist. Denn darin, im gemeinsam-allgemeinen Vernunftwillen, kommt ein jeder überein mit allen[9]. Es kommt allerdings darauf an, die Verankerung des ethischen „Du sollst!", des kategorischen Imperativs, im Sein des Menschen als ontologischen Grundbefund des eigentlichen Menschseins aufzuzeigen und festzuhalten.

Heraklit[10] wußte (um 500 v. Cr.), daß der Mensch sich stark machen muß „mit dem allen Gemeinsamen", wenn er „mit Vernunft" reden – und handeln – will. Nur dann tritt er ein in die „einzige und gemeinsame Welt" der Wachenden, während von den Schlafenden jeder in seiner Sonder- und Scheinwelt befangen bleibt.

Karl Marx[11] nahm, soweit er den Menschen nicht *nur* als „Gattungswesen" oder „En-

[5] Dafür steht theologisch 1 Kor 13.
[6] Schematisch: Geist besagt Subjekt-Objekt-Identität, die als Erkenntnis *im Subjekt*, als Wille bzw. Liebe *im Objekt* ihren Schwerpunkt hat.
[7] Vgl. Phänomenologie des Geistes (Phän): WW II 145–150. Die Zitate: Grundlinien der Philosophie des Rechts (PhR) §§ 158.27; Phän II 147; PhR §§ 24.209.
[8] Als genitivus objectivus: A erkennt B an; und als gen. subjectivus: B erkennt A an.
[9] Siehe dazu oben S. 85 und S. 148f.
[10] FVS 114 (mit Wortspiel ξυνῷ – ξὺν νῷ) und 89; vgl. *W. Kern* in: CGG 22, 63f.
[11] MEW.E 517 u. ö.; III 7; IV 482.

semble der gesellschaftlichen Verhältnisse" bestimmt, sondern eine „Assoziation" der Menschen anvisiert, „worin die Freiheit eines jeden die Bedingung der Freiheit aller ist" – zumal wenn auch die Umkehrung dieses Verhältnisses gilt –, ursprünglich christliche Denkimpulse von Kant, Fichte und Hegel auf. „Der Mensch ... wird nur unter Menschen ein Mensch ... – sollen überhaupt Menschen sein, so müssen mehrere sein. ... Der Begriff eines Menschen ist sonach gar nicht Begriff eines Einzelnen, denn ein solcher ist undenkbar, sondern der einer Gattung" (J. G. Fichte[12]). – Vor Ludwig Feuerbach[13] wurde die konstitutive Funktion des Du für das Selbstwerden des Ich herausgestellt durch Franz von Baader[14]; und lange nach Feuerbach durch die dialogische Philosophie von Martin Buber[15], der unseren Aufweisversuch, daß freies Menschsein in und durch Gemeinschaft mit andern Menschen entstehe und bestehe, so variiert (ebenfalls anhand Hegels!): „Wer Du spricht, hat kein Etwas zum Gegenstand. Denn wo Etwas ist, ist anderes Etwas; jedes Es grenzt an anderes Es; Es ist nur dadurch, daß es an andere grenzt. Wo aber Du gesprochen wird, ist kein Etwas. *Du grenzt nicht.*"

3. Konkretion II: Mensch durch Geschichte

Die im menschlichen Erkennen sich ereignende „conversio ad phantasmata" hat K. Rahner gelegentlich[16] konkretisiert zur „conversio ad historiam". Der Mensch ist demnach zu bestimmen als *das* geschichtliche Wesen: weil er *in* zeitlichem Werden mitgeht, ohne von ihm verschlungen zu werden, und weil er *über* ihm steht, ohne ihm enthoben zu sein. Dieses In-Über charakterisiert den Menschen. Er ist zugleich Objekt und Subjekt der Geschichte in deren Klein- und Großdimension; er verhält sich zu ihr passiv und aktiv. Als bloßes Objekt ginge er unter im Zwangsgeschehen verhängten Geschickes; als reines Subjekt bliebe er unberührt von aller Werdenotwendigkeit. – Unter dem Stichwort „Geschichte" soll bedacht werden, daß die menschliche/menschheitliche Vergangenheit, auch ältesten Datums, Relevanz besitzt für heute. Denn: „Was wir sind, sind wir zugleich geschichtlich."[17]

1) Jedes menschliche *Individuum* hat seine eigene Geschichte. Die physische Geburt des Kindes ist der Auftakt einer zweiten, langjährigen und eigentlich lebenslangen psychischen Geburt. Ihre früheste Phase besitzt besondere Prägekraft. Mutter und Vater und wer immer den heranwachsenden Menschen in sich weitenden Kreisen erziehend umgibt, sie alle bilden ihm ihre Weise des Aufnehmens und Empfindens, Vorstellens und Verhaltens ein. Sie führen ihn hinein in die heimische Lebenswelt, die ihn, unvermerkt und unverlierbar, durchdringt; sie entbinden in diesem Prozeß der Bildung sein Menschsein. Thomas von Aquin[18] hat vom „spiritualis uterus" der Familie gesprochen. Der

---

[12] Grundlage des Naturrechts § 3: WW (ed. I. H. Fichte) III 39.

[13] „Das Wesen des Menschen ist nur in der Gemeinschaft, in der Einheit des Menschen mit dem Menschen enthalten" (II 318). Denn: „Cogitans ... ipse ego sum omnes homines" (XI 17); und: „Die Liebe [ist] der wahre ontologische Beweis vom Dasein eines Gegenstandes außer unserem Kopfe" (II 298).

[14] Vgl. *W. Lambert,* Franz von Baaders Philosophie des Gebets. Innsbruck 1978, 148–153.

[15] Ich und Du (1923): WW I (1962) 80; zum personalistischen Denken überhaupt: *Casper* 1967.

[16] HerKorr 28 (1974) 87. [17] *G. W. F. Hegel:* WW XVII 28.

[18] S.th. II – II 10,12 (= Quodlibeta 2,4,2). Weitere auf die Kirche bezogene „uterus"-Stellen bei Thomas: *Kern* 1980, 128, Anm. 18.

Vorgang solcher Symbiose wiederholt sich, wenn auch abgeschwächt: „Das Herauswachsen des Ichs aus dem physischen und psychischen Mutterschoß in seine Selbständigkeit ist zugleich sein Hineinwachsen in neue Formen und Qualitäten sozialer Bezüge."[19]

2) Was sich bei dem einen Menschen ereignet, trifft zu für alle, auch die, die früher lebten, für die Eltern und deren Vorfahren durch alle Generationen hindurch. Sie alle hatten in immer neuen Schüben das kulturelle Erbe, das sie weitergaben, ihrerseits übernommen, von ferner Vergangenheit her ... Ob es mit dem „biogenetischen Grundgesetz" (E. Haeckel, 1866), wonach die Embryonalentwicklung jedes menschlichen Individuums die Stammesgeschichte der animalischen Organismen abgekürzt nachholt, seine Richtigkeit hat oder nicht: Wenn nicht im biologischen, so ist jedenfalls im kulturellen Bereich die Bildungsgeschichte des einzelnen Menschen ein einziges Experiment, sich nach Kräften anzueignen, was die *Gesamtmenschheit* bisher vorangebracht hat (so daß man von einem „*psycho*genetischen Grundgesetz" sprechen kann). „Nur alle Menschen machen die Menschheit aus": Dieses Wort Goethes[20] schließt nicht nur ‚synchron' die jetzt lebenden, sondern vor allem ‚diachron' die uns voraufgegangenen (und auch die nachfolgenden) Menschen ein. Die ‚Mikrogeschichte' des Individuums – eine Abbreviatur der ‚Makrogeschichte' des Menschengeschlechts. Die in ihrer geschichtlichen Kontinuität *mehr* als biologische Gattung Mensch will sich dem einzelnen einbilden; jeder soll sie, für sein Teil, in sich ausbilden.

Zumindest bis ins 12. Jahrhundert[21] zurück reicht die Vorstellung, die Zeitgenossen seien gleichsam Zwerge, die, unverdientermaßen auf den Schultern von Riesen stehend, mehr als diese selber zu sehen vermögen vom Kulturerbe der Vorzeit. Bei *Pascal*[22] liest sich das so: Der Mensch „bildet sich unablässig in seinem Voranschreiten; denn er zieht Vorteil nicht allein aus seiner eigenen Erfahrung, sondern auch aus der seiner Vorgänger, weil er in seinem Gedächtnis stets die Kenntnisse, die er sich einmal erworben hat, bewahrt und weil die der Alten ihm immer gegenwärtig sind in den Büchern, die sie hinterließen. ... So schreitet kraft besonderen Privilegs nicht nur jeder einzelne Mensch von Tag zu Tag in den Wissenschaften voran, sondern alle Menschen insgesamt machen darin einen beständigen Fortschritt in dem Maße, als das Universum älter wird, weil dasselbe sich in der Aufeinanderfolge der Menschen wie in den verschiedenen Lebensstadien eines Einzelnen ereignet – so daß die ganze Menschenreihe während des Laufs sovieler Jahrhunderte betrachtet werden muß als ein und derselbe Mensch, der immer lebt und ständig lernt."

„Der Einzelne wird nur in und durch das gemeinsame Leben, ... und jeder einzelne Mensch ist in seiner Entwicklung schon zugleich ein Resultat von dem gemeinsamen Leben" (F. Schleiermacher[23]). – „Der Besitz an selbstbewußter Vernünftigkeit, welcher uns, der jetzigen Welt angehört, ist nicht unmittelbar entstanden und nur aus dem Boden der Gegenwart gewachsen", sondern ist wesentlich „eine Erbschaft und näher das Resultat

---

[19] *G. Haeffner,* Philosophische Anthropologie. Stuttgart 1983, 66.

[20] Wilhelm Meisters Lehrjahre: WW (ed. Cotta) XVI 333.

[21] Bernhard v. Chartres; nach *Johannes v. Salisbury* (PL 199, 900). Vgl. *P. Kapitza,* Der Zwerg auf den Schultern der Riesen, in: Rhetorik 2 (1981) 49–58.

[22] Fragment eines Traktats über das Vakuum (ed. Brunschvicg) 79f (mit Hinweis [80f, Anm. 1] auf Analoges bei Roger und Francis Bacon, Descartes und Fontenelles).

[23] Das Leben Jesu (1832): WW (ed. Rütenik, 1864) 8.

der Arbeit ... aller vorhergegangenen Generationen" (G. W. F. Hegel[24]). – Schließlich J. A. Möhler[25]: „Die Unterhaltung des Verkehrs und der Gemeinschaft mit Fremden ... ist ... mit der allgemeinen menschlichen Bildung schlechthin gegeben; so zwar, daß, je mehr diese Gemeinschaft und gegenseitige Abhängigkeit sich erweitert, d. h. je mehr der Begriff eines uns Fremden verschwindet, desto mehr die Humanität hervortritt. ... Diese Erscheinungen, was deuten sie anderes an als eine wundervolle, geheimnisreiche, nie genug zu enträtselnde Verschlungenheit des einzelnen Menschen in die Menschheit, so daß derselbe desto mehr sich selbst erfaßt, je mehr er im Ganzen sich zu verlieren scheint, und der Mensch nur in der Menschheit sich wieder findet?"

§ 2. Offenbarung durch Sprache in Geschichte?

Für die Einbindung in Gemeinschaft und Geschichte, die den Menschen zum Menschen macht, ist die Sprache das ... sprechendste Zeichen, ein überaus wirkkräftiges Zeichen. Was bisher grundsätzlich erörtert wurde, spiegelt sich im Verhältnis der Sprache zum Menschen auf konkretere, empirische Weise.

1. Menschwerdung durch Sprechenlernen

„Der Mensch ist ein gesprächiges, geselliges Wesen."[26] Wird ihm das Sprechenkönnen verweigert, verkehrt sich das menschliche Wesen ins Unwesen.

Fra Salimbene berichtet um 1250 in einer Chronik, daß der Staufenkaiser Friedrich II., der ‚wissenschaftliche' Experimente liebte, die Ursprache der Menschheit erforschen wollte. Babys sollten von einer taubstummen Amme, also ohne jede menschliche Ansprache, aufgezogen werden; man wollte herausfinden, welcher von Natur aus angeborenen Sprache sie sich bedienen würden. Der Versuch mißglückte. Die Kinder starben. Ähnliches, mit demselben Ausgang, wird überliefert von Pharao Psammetich (7. Jahrhundert v. Chr.), König Jakob von Schottland, Mogulfürst Akbar/Indien (15. bzw. 16. Jahrhundert n. Chr.)[27]. Sprachlosigkeit ist tödlich. Das liegt jedenfalls in der existentiellen Logik einer solchen mythisch anmutenden Konstellation.

Sogenannte *Wolfskinder* überlebten zwar langjähriges Vegetieren außerhalb menschlicher Gemeinschaft, blieben jedoch bis zu ihrem in der Regel frühzeitigen Tod vielfach und schwer geschädigt. Eine neuere Studie[28] verzeichnet 53 Fälle. In drei genauer untersuchten Fällen (darunter das – verfilmte – Schicksal des Kaspar Hauser) seien nicht etwa von Geburt an schwachsinnige Kinder ausgesetzt worden; es handle sich vielmehr um eine „dementia *ex* separatione". Der Mensch besitze keine in gleichem Maße „präsoziale" Natur wie die Tiere, die auch in extremer Isolation ihre Instinkte bewahren. „Ohne die Gesellschaft der Menschen kann der Mensch nur ein Monstrum sein, da es keinen präkultu-

---

[24] WW (ed. Glockner) VII 28. Vgl. *W. Dilthey* (1888): WW VI 57: „Was der Mensch sei ..., erfährt er erst in der Entwicklung seines Wesens durch die Jahrtausende ..."
[25] Symbolik. Mainz–Wien ²1833, 321.
[26] J. W. Goethe: WW (ed. Cotta) XVIII 89.
[27] Belege: *W. Wickler*, Antworten der Verhaltensforschung. München 1970, 189f.
[28] *L. Malson*, Die wilden Kinder. Frankfurt 1972. Zitate: 68.35.39.83.

rellen Zustand gibt, der durch Regression wieder in Erscheinung treten könnte." Die Erfahrungen mit aufgefundenen „wilden Kindern" zeigten auch, daß es ein bestimmtes – bei ihnen versäumtes – Alter für das Erlernen wie des Gehens so des Sprechens gibt.

Lucien Malson stimmt dem Psychiater Paul Sivadon zu: „Das Erlernen der Sprache im richtigen Zeitpunkt bestimmt [beim Menschen] sein ganzes intellektuelles Leben. Das heißt, daß ein bei der Geburt normales Kind praktisch idiotisch werden kann, wenn die Bedingungen seiner Erziehung ungünstig sind. ... Die Persönlichkeit entwickelt sich in dem Maße, in dem die Umwelt ... dem Kind im richtigen Augenblick die ihm angemessenen kulturellen Güter bietet."

2. Die Sprache als Kondensat der Geschichte

Die wesentliche Bedeutung der Sprache für die Menschwerdung des Menschen gewinnt ihre ganze Tragweite erst im universalen Horizont der Menschheitsgeschichte.

Wenn ich an der nächsten Straßenecke vor einer auf rot geschalteten Verkehrsampel haltmache und einen Bankbeamten grüße, der gerade aus der „Hypobank" kommt – dann bin ich mir nicht dessen bewußt, welche Unsumme von Verstehensbedingungen dabei im Spiele sind, daß ich etwas oder jemand *als* Verkehrsampel und *als* Bankbeamten wahrnehmen kann. Beides steht in einem jeweiligen Bedeutungsnetz und gehört der gemeinsamen Lebenswelt einer bestimmten Zivilisationsstufe an, die weit über beides übergreift und ihre Wurzeln weit zurück in die Kulturgeschichte senkt.

Straßenverkehr wie Bankwesen würden mich einem wirren und gefährlichen Rätsel konfrontieren, wenn ich nicht ein wenigstens pauschales Wissen hätte um die darin funktionierenden Ursache-Wirkung- und Zweck-Mittel-Beziehungen. Ein Verkehrszeichen oder einen Bankwechsel als bloße Phantasiegebilde – wie den luftigen Dichter-Pegasus oder die immerhin bedrohlich dreinschauende Sphinx –, nicht als harte Realität zu nehmen, das könnte eine Frage auf Leben und Tod für den Fußgänger sein oder den Konkurs einer Firma verursachen. Denkbar ist in diesen Zusammenhängen auch kriminelles Verhalten: eines Amokfahrers oder Wechselfälschers.

Da die menschliche Lebenswelt in der Sprache gegründet ist und durch sie vermittelt wird, ist die Sprache der *ermöglichende* und *umfassende* Raum eines jeden einzelnen verständigen Sprechens und somit ein in diesem zweifachen Wortsinn *transzendentales* Ganzes. Und unsere kleine Geschichte von der Straßenecke möchte verstehen helfen, warum die Sprache als „transzendentale Konkretion geschichtlichen Menschseins" bezeichnet wurde[29].

In der Sprache lassen sich fundamentale Bedeutungsstrukturen, Grundmuster gemeinsamen Verstehens finden (auch das zeigt die Situation Straßenecke): „gegenstandskonstitutive Vorgaben", die von einfachhin universaler

[29] Siehe *Casper* 1970. 23–26.

oder doch relativ allgemeiner, regionaler Reichweite sind. Dazu gehören einmal: das Sein, Möglichkeit–Wirklichkeit, die Idee des Guten; zum andern: Etwas-mit-Eigenschaften (Substanz–Akzidens), Mittel-zum-Zweck, Bedingung–Folge. Diese „Vorgaben" allen Denkens und Sprechens sind nach G. Haeffner[30] nicht erst durch Erfahrung gewonnen, sie entspringen vielmehr der geistigen Naturanlage des Menschen, die sich durch das gewiß unverzichtbare Lernen nur entwickelt. Dennoch kommt dem geschichtlichen Vorgang, in dem die notwendigen transzendentalen und kategorialen Begriffe auf bestimmte Weise ergründet und geprägt wurden, eine markante Bedeutung zu. Er reflektiert sich am deutlichsten in der Geschichte der Philosophie. Parmenides und andere Vorsokratiker haben sich mit dem Gegensatz von Sein und Schein, Geist und Materie auseinandergesetzt; Platon mit der Idee des Guten und der Dialektik von Selbst und Anderem, Sein und Nichts; Aristoteles mit den Seinsmodalitäten Notwendigkeit–Wirklichkeit–Möglichkeit und den Arten der Kausalität, besonders der Teleologie (Zweckursächlichkeit) ... Gegenüber diesem griechischen Denk-Erbe wäre zu fragen, ob sich in anderen Kulturräumen, dem schwarzafrikanischen, indischen, chinesischen ..., nicht auch andere „gegenstandskonstitutive" Anschauungs- und Begriffsstrukturen ausgebildet haben.

Wenn das Verstehen von Sprache die „virtuelle Wiederholung eines Sozialisationsprozesses"[31] ist, dann bleibt die Größenordnung dieses Prozesses noch offen: wie er sich nänlich im Schoß der Familie, in einem bestimmten Kulturraum und als Tendenz zum Weltzustand abspielt. Allgemein gilt Hegels[32] Bilanz:

„So gut als die Künste des äußerlichen Lebens, die Masse von Mitteln und Geschicklichkeiten, die Einrichtungen und Gewohnheiten des geselligen Zusammenseins und des politischen Lebens ein Resultat von dem Nachdenken, der Erfindung, den Bedürfnissen, der Not und dem Unglück, dem Witze, dem Wollen und Vollbringen der unserer Gegenwart vorangegangenen Geschichte sind: so ist das, was wir in der Wissenschaft und näher in der Philosophie sind, gleichfalls der Tradition zu verdanken, die durch alles hindurch, was vergänglich ist, und was daher vergangen ist, sich als ... eine heilige Kette schlingt, und was die Vorwelt vor sich gebracht hat, uns erhalten und überliefert hat. ... Und der Verlauf der Geschichte ist, welcher uns nicht das Werden *fremder* Dinge, sondern dieses *unser* Werden ... darstellt."

„Sprache ist die Ablagerung jahrhundertealter Erfahrung"[33]: Wenn wir „einen Strauß ausfechten" und dabei für jemanden „eine Lanze brechen" oder umgekehrt „den Spieß umdrehen" und den Gegner „aus dem Sattel heben", dann verwenden wir Sprachgut der mittelalterlichen Feudalgesellschaft und ihrer Ritterturniere, über Jahrhunderte hinweg. Allerdings kann man ebensogut sagen, in unserer Sprache habe sich jahrhunderttausendalte Erfahrung niedergeschlagen und erhalten ... Sie ist das „große Erinnerungsorgan der Menschheit" (F. Schlegel[34]). Was die Sprache als „die konservative Kraft in unserem

[30] S. Anm. 19: 117–119, 117.
[31] *J. Habermas*, Zur Logik der Sozialwissenschaften. Frankfurt 1970, 242.
[32] WW XVII 28f.
[33] *J. A. Martin*, Philosophische Sprachprüfung der Theologie. München 1974, 121f.
[34] Philosophie der Sprache und des Wortes (1828/29) (ed. Feuchtersleben 1846) 73. Wie Schlegel

Leben"[35] bedeutet, schaut F. Nietzsche[36] im Zerrspiegel: „Die Vernunft der Sprache: ich fürchte, wir werden Gott nicht los, weil wir noch an die Grammatik glauben."

3. Sprache als Möglichkeitsbedingung von Offenbarung

Wie ist Offenbarung, wenn so etwas im eingangs umschriebenen Sinne möglich ist, zu erwarten? Unter welchen Bedingungen, an welchen Adressaten, in welchem Medium?

1) Daß *Gott* sich offenbaren könne, ist nur unter einer besonderen Voraussetzung angemessen denkbar: Sich äußernd in Welt darf Gott nicht dem Gesetz ihrer Äußerlichkeit verfallen. Würde er schlechthin zum Gegenstand raumzeitlicher Vorstellung, dann wäre er zum bloßen endlichen Weltfaktor herabgesetzt: ein Götze unter Götzen. Die *Sprache* vermag diese für alle religiöse Äußerung tödliche Klippe zu vermeiden durch die ihr eigentümliche Kraft der denkenden Verneinung. Vom Endlich-Weltlichen ausgehend, bleibt sie darin doch nicht gefangen und befangen. Sie kann von Gott sagen – die Welt und sich selbst, nämlich ihre eigene Vorstellungsherkunft, transzendierend –: Er ist nicht-endlich, nicht-räumlich/zeitlich; Gott ist Nicht-Welt (und folglich ist auch kein Stück Welt göttlich). Deshalb ist die Sprache *das* Medium der Offenbarung Gottes[37]. Das Verbot des Alten Testamentes, Gott bildlich darzustellen (Ex 20,4; Dtn 5,8), hat Gott allein die Möglichkeit reserviert: im Wort zu sagen, wer er ist. „Der Glaube kommt vom Hören" (Röm 10,17) – nicht vom Sehen, wie weiland die Griechen Naturkräfte und Kulturmächte in göttlichen Gestalten schauten.

Anderseits kann Offenbarung – das ist: Gottes Wort – nur verständlich werden für *Menschen*, sie kann nur Bedeutungsgehalt und Aussagekraft für unsereins erlangen, wenn sie eingeht in jenes weitgreifende und eng vernetzte Kulturphänomen, das Sprache heißt. Die Sprache ist die Basis der Kommunikation von Mensch zu Mensch; zugleich reflektiert, nein, konstituiert sie, in den Koordinaten von Raum und Zeit, die Welt des Empfindens, Verstehens, Gestaltens einer bestimmten Region und einer bestimmten Epoche. In der Sprache pulsiert diese Spannung: daß einerseits das Allgemein-Menschliche sich in ihr konretisiert und daß anderseits sich im mehr oder weniger Partikulären das Universal-Gültige darstellt und auslegt. In die offene Weite des konkret-universalen Verständigungsmediums Sprache müßte sich selbst der Grenzfall einer „Privatoffenbarung" an einen einzelnen Menschen einlassen.

2) Von ihrer Wesensbestimmung her jedoch kann Offenbarung, wenn sie in ihrem Vollsinne verstanden wird, nur die *eine*, einmalige und endgültige Selbst-

auch sagt, *Geschichte* sei der „Inbegriff der vergangenen Menschheit, nicht zu trennen von der Ahndung der künftigen" (WW [ed. Behler 1958ff] XVIII 389).

[35] *C. K. Ogden – J. A. Richards,* The meaning of the meaning. London ^{10}1949, 25.

[36] Götzendämmerung (1888): Taschenausgabe Bd. 10. Leipzig 1906, 98.

[37] Offenbarung *Gottes* – hier als genitivus objectivus: *über Gott.* – Vgl. *K. Rahner,* Hörer [!] des Wortes (^{2}1963) 185–193. Über die Bedeutung des Wortes für Offenbarung auch: *E. Jüngel,* Gott als Geheimnis der Welt. Tübingen ^{4}1982, 227–248.

mitteilung Gottes an *alle* Menschen sein. Wenn der unbedingt-unendliche Gott sich ganz einläßt auf Welt und Menschenschicksal, dann sprengt sein „adventus", *indem* er sich in sie hineingibt und einbindet, doch zugleich die Grenzen von Zeit und Raum. Deshalb hat die Heilige Schrift des Judentums und überhaupt das Alte Testament, wie es dieser ihm von den Christen gegebene Name andeutet, einen vorläufigen, ‚übergänglichen' Charakter. „Vielfach und in vieler Weise[38] hat Gott einst durch die Propheten zu den Vätern geredet: Am Ende [!] dieser Zeiten redete er zu uns durch den Sohn" (Hebr 1, 1). – Gewiß, dieses Bibelwort kann hier, an dieser Systemstelle der Fundamentaltheologie, nur als Vorblick auf das Argumentationsziel, in problematischer Weise, stehen.

4. Geschichte als Offenbarungsraum

Die Frage lautet: Wenn Gottes Offenbarung als solche sich an den Menschen als solchen, also an alle Menschen wendet, warum ist sie dann nicht nur unmittelbar und gleichursprünglich an alle und jeden von uns ergangen?

Eine Zwischenbemerkung über die grundsätzliche Schwierigkeit, diese Frage zu beantworten! Wir können apodiktisch, mit zweifelsfreier Gewißheit, Wesensstrukturen des Menschen erörtern. Ebenso von der Notwendigkeit oder auch nur der realen, inneren Möglichkeit der Selbstoffenbarung Gottes zu sprechen ist uns nicht vergönnt. Es würde dadurch die göttlich-freie Souveränität des Offenbarungsgeschehens beeinträchtigt und sogar aufgehoben; ja es könnte sich nicht mehr darum handeln, daß sich Gott *selbst offenbare. Wir* würden ihn schlechthin und vollständig beweisend erschließen. In dieser Sache kann es sich im Blick auf die tatsächlich ergangene Offenbarung nur um Konvenienz-, Angemessenheitsgründe handeln, die für uns (quoad nos) nicht widersprüchlich erscheinen, aber es an sich (quoad se) vielleicht doch sind. Mehr erkennen zu wollen wäre ein rationalistisches Unterfangen. Die Selbstoffenbarung Gottes ist, nach Wirklichkeit und Möglichkeit, letztlich Mysterium.

Von dieser methodischen Einschränkung her läßt sich nun aber auch unsere Überlegung positiv weiterführen. Offenbarung über das hinaus, wozu die endliche Vernunft des Menschen von Natur aus hinreicht, kann nicht jedem einzelnen Menschen immer schon so mitgegeben sein, daß sie sich mit dem Durchbruch von Selbstbewußtsein und freier Lebensentscheidung von selbst erschließt. Das brächte die Gefahr mit sich, die Selbstoffenbarung Gottes mit menschlicher Selbstverwirklichung zu verwechseln. Daß Gott aus ungeschuldet *freier* Liebe – und das heißt: aus Gnade – uns in die *neue* Gemeinschaft seines ewigen Lebens rufen will (vgl. 2 Petr 1, 4), das kann nur er selbst uns *sagen*[39].

Die Weise, wie das etwa geschieht, ist konkreter zu bestimmen von unseren früheren Erörterungen her: Als in menschlicher Gemeinschaft und menschheit-

---

[38] Das griechische Original: πολυμερῶς (μέρος = Teil) καὶ πολυτρόπως (τρόπος = Weise)!

[39] Diese Überlegung ist vereinbar mit der theologischen Theorie eines (transzendentalen) gnadenhaften Selbstangebotes Gottes an jeden Menschen, von Karl Rahner „übernatürliches Existential" genannt; denn dieses ist ursprünglich hingeordnet auf die (kategoriale) geschichtliche Offenbarung Gottes in Jesus von Nazaret. Vgl. z. B. *W. Kern*, „Außerhalb der Kirche kein Heil", in: *Kern* 1980, bes. 106–108.

licher Geschichte verwurzelte und eingebettete Wesen leben wir aus dem, was von den anderen Menschen, aus der gemeinsamen Kultur, in alten Traditionen uns zukam und uns je und je umfängt. Mag jeder Mensch von Gott auf individuell besondere Weise gerufen sein: Was – universal – *alle* Menschen angeht (und das trifft im eminentesten Maße für die Selbstoffenbarung Gottes zu), das muß in radikaler[40] Tiefe eingestiftet sein in die Welt unserer Erfahrung. Was unerhört und überschwenglich *neu* uns treffen soll, um uns doch eindeutig-verbindlich auf eine verwandelte gemeinsame Bewußtseinsebene zu stellen, das muß, quer zu den stets gleichen Kreisläufen der Natur, in die bestehende Lebenswelt einbrechen: als *geschichtliches* Ereignis. Es muß „punktförmig auf die menschliche Geschichte in ihrer raumzeitlichen Erstreckung auftreffen"[41]. Aber von diesem Ereignis der Offenbarung Gottes muß auch eine unbegrenzte Strahlkraft ausgehen, die nicht abnimmt mit dem Grad ihrer Entfernung vom Ursprungspunkt. Selbstoffenbarung Gottes geschieht *ein* für *alle*mal[42]; und nicht trotz, sondern wegen ihrer einmaligen Konkretheit ist sie universal gültig und gegenwärtig-wirksam. Auf höherer Ebene, ‚von oben', von Gott her und kraft seiner Allgegenwart wiederholt sich das Grundgesetz der Einheit (*des* Menschen) in der Vielheit (*der* Menschen)[43]. Der *Logos* – oder nun im christlichen Offenbarungsgeschehen der LOGOS – ist der den vielen gemeinsam-eine.

Weil sie „unter Umständen an einem von ihm aus gesehen sehr entlegenen Punkt der menschlichen Gesamtgeschichte auftritt" – etwa vor 2000 Jahren –, deshalb ist der Mensch „kraft seines Wesens von vornherein zu einer faktischen Befragung der Geschichte nach einer möglicherweise ergangenen Offenbarung genötigt"[44]. Fragen wir in die Geschichte zurück nach Begebenheiten und Entwicklungen, die die weitere Zeit bedeutsam und gar unverlierbar prägten, so könnte man etwa an den von Alexander dem Großen heraufgeführten Hellenismus denken oder an die Einheitsmacht „Imperium Romanum". Die 24 Buchstaben unseres Alphabets (wie das Christentum keine westlich-europäische Erfindung) kamen von den Phöniziern, Griechen und Lateinern über rund vier Jahrtausende hinweg zu uns als große Erleichterung unseres alltäglichen Lebens, z. B. gegenüber den 600 Schriftzeichen einer japanischen Schreibmaschine. Eine sachlich nähere Parallele zu unserer Fragestellung: moderne empirische Wissenschaft als – im Guten wie auch in technokratischer Gefährdung – eine Spätfolge des Schöpfungsglaubens der Bibel[45].

J. G. Fichte[46]: „So bleibt es doch ewig wahr, daß wir mit unsrer ganzen Zeit und mit allen unsren philosophischen Untersuchungen auf den Boden des Christentums niedergestellt sind und von ihm ausgegangen; daß dieses Christentum auf die mannigfaltigste Weise in unsre ganze Bildung eingegriffen habe; und daß wir insgesamt schlechthin nichts von alledem sein würden,was wir sind, wenn nicht dieses mächtige Prinzip in der Zeit vorhergegangen wäre. Wir können keinen Teil unseres durch die frühern Begeben-

---

[40] Von radix = Wurzel.
[41] Vgl. *Rahner* 193–202, 194.
[42] Vgl. Hebr 7, 27; 9,12; 10,10: ἐφάπαξ.
[43] Siehe oben S. 196–198.
[44] *Rahner* 197.
[45] Vgl. z. B. *W. Kern,* Atheismus – Christentum – emanzipierte Gesellschaft. Zu ihrem Bezug in der Sicht Hegels, in: ZKTh 91 (1969) 289–321.
[46] Anweisung zum seligen Leben (1806). Hamburg 1983, 96.

heiten uns angeerbten Seins aufheben; und mit Untersuchungen, was da sein würde, wenn nicht wäre, was da ist, gibt kein Verständiger sich ab."

§ 3. Unheilserfahrung als Heilsanstoß

1. Theodizeeproblem und Frage nach Offenbarung

Sind wir heilsbedürftig? Die Frage verrät einen ‚theologie-immanenten' Zungenschlag. Die Sache, um die es ihr geht, wird verdeckt durch den Alltagsgebrauch des Wortes „heillos" („Der Karren ist heillos verfahren"). Sind wir ... heillos heilsbedürftig?

Die Welt ist nicht friedvoll-glücklich; und die meisten Menschen, wenn nicht geradezu alle, fühlen sich entsprechend.

Das vielerlei Übel in Weltlauf und Menschenleben war 1710 Anlaß für G. W. Leibniz, die „*Theodizee*"– wörtlich: Rechtfertigung Gottes, nämlich angesichts dieses Befundes – zu veröffentlichen. Leibniz meinte damals, im Zeitalter des optimistischen Rationalismus, die Welt sei trotzdem die bestmögliche. Das Erdbeben von Lissabon verursachte 1755 den Umschlag in pessimistische Daseinsstimmung, z. B. bei Voltaire. Sie fand durch A. Schopenhauer extremen Ausdruck; nach G. Büchner (in „Dantons Tod") sind die Schmerzen, der gar nicht romantische Welt-Schmerz, der „Fels" des Atheismus. Dostojewski („Die Brüder Karamasoff") und Camus („Die Pest") protestierten mit letzter Schärfe gegen eine Schöpfung, in der Kinder gemartert werden. Das Protest-Fanal „Auschwitz" bündelt für unsere Gegenwart die ungeheuerlichen Gründe und Abgründe eines „bekümmerten Atheismus", gegen den kein philosophisch-theoretisches Kraut gewachsen ist.

Das Spektrum menschlicher Negativerfahrung mit Welt und Leben wird nicht dadurch gelöscht, daß Gott verneint wird. Aber es erhält zweifellos sein verwirrendes Irrlicht erst durch das Bekenntnis zu dem Gott, der in eins unendlich mächtig und weise und gütig sei. Wie kann dieser Gott es zulassen, daß „guten Menschen Böses widerfährt"?[47] Luther[48] visierte diese arge Alternative an: „aut nullum esse Deum, aut Deum esse iniquum". Boethius[49] hatte darüber hinaus gewiesen: „Si deus est, unde mala? Bona vero unde, si non est?" Daß es das Übel gibt, das scheint gegen Gottes Existenz zu sprechen – aber das Gute spricht für sie. Thomas von Aquin[50] überrascht uns mit der paradoxen Kurzformel: „*Quia malum est, deus est*" (und das ist eine erste Anzeige der Argumentationsfigur dieses Paragraphen). Nicht trotz, sondern *wegen* des Übels in der Welt muß Gott existieren; das Schlechte und Böse verweist, weil es ‚vermittelt' ist durch das Gute als seine – im Grunde primäre – Gegenposition, auf den Ursprung alles Guten ...

Die folgenden Erwägungen halten sich im Bereich anthropologischer Theo-

---

[47] So Rabbi H. S. Kushner im US-amerikanischen Bestseller (deutsch: Wenn guten Menschen Böses widerfährt. München 1983).

[48] De servo arbitrio: WA 18, 784, 38.

[49] De consolatione philosophiae (ed. Gothein 1949) 56.

[50] S.c.g. III 71.

rie, obwohl sie hoffentlich nicht ganz entblößt sind von existentiellem Belang. Sie führen nur an die Schwelle jener Freiheitsmacht, die sich etwa dadurch offenbaren kann und will, daß sie Tote lebendig macht und Schuld in Versöhnung wandelt. Deshalb gilt die für § 1 gemachte methodische Einschränkung[51] auch hier. Aber über die bloße *Möglichkeit* einer geschichtlichen Offenbarung Gottes gehen wir jetzt dadurch einen Schritt weiter, daß wir deren *not-wendige Heils*funktion in den Blick nehmen. Die eigentliche, „authentische" Antwort auf die Theodizeefrage jedoch gibt erst und allein das von Gott bewerkstelligte *wirkliche* Heilsgeschehen[52].

Kant[53] hat die Unterscheidung zwischen einer „doktrinalen" und einer „authentischen" Theodizee eingeführt, in einem uns nicht ganz fremden Sinne: Was unlösbar sei als spekulatives Problem menschlicher Weltinterpretation, das lege Gott selber aus, indem er die praktische Vernunft des Menschen, seine Aufrichtigkeit und Gewissenhaftigkeit einfordert, wie einst gegenüber Ijob.

2. *Versuch, das Negative zu ‚hinterfragen'*[54]

Im *Nihilismus* sah F. Nietzsche das Schicksal des Abendlandes beschlossen. Er bestand für ihn im Verlust der letzten Werte und Ziele des menschlichen Daseins. Deshalb seine Forderung radikaler Neu-Wertung. Nach M. Heidegger hat jedoch gerade Nietzsche, durch die verkehrte Wertsetzung des „Willens zur Macht" als Pathos der Machbarkeit von allem, den Nihilismus endgültig vollstreckt. Für Albert Camus, den Philosophen der Absurdität[55], „gibt es keinen totalen Nihilismus. Sobald man sagt: Alles ist Unsinn, drückt man etwas aus, das einen Sinn hat."Diese Einsicht ‚packt den Stier bei den Hörnern'!

In jeder Erfahrung von (partieller) Sinnlosigkeit steckt ein wirklicher Anspruch auf wenigstens grundsätzlich mögliche Sinnerfüllung. Wir sprechen Negatives durch Rückbezug auf den positiven Gegenwert an: Unordnung, Disharmonie, Zweckwidrigkeit ...; auch das Nichts besagt „nicht *etwas*". Ist das nur Sprachgewohnheit? Oder Denknotwendigkeit, die im Sachverhalt selber gründet? Krankheit kann nur erfahren, erlitten werden, weil sie eigentlich nicht sein soll; weil sie Defekt oder Exzeß, Mangel oder Wucherung, ein Zuviel oder ein Zuwenig, gemessen am Normal- und Normzustand des Gesundseins, ist. Was nicht zum Sehen geboren ist, kann auch unter keinen Umständen blind genannt werden *und nicht sein.* Es handelt sich stets um privative Begriffe (von privatio = Beraubung), zu denen auch und zumal „das Böse" gehört. Es ist

---

51 Siehe S. 204.
52 Vgl. Bd. II, Kap. 9, § 6: „Jesu Kreuz – das christliche Argument".
53 Über das Mißlingen aller philosophischen Versuche in der Theodizee (1791): WW (ed. Weischedel) XI 105–124, 115ff.
54 Etwas ausführlicher in: *Kern* ²1979, 156–160, vgl. auch CGG 22, 21–23. Hier Quellenbelege. – Die philosophische Analyse des „Nichts" auf den je fundamentaleren Seinsgrund vollzog *M. Blondel* in „L'action" (1893, 23–42); vgl. auch *Welte* 1978; 1980.
55 Vgl. von Camus auch: „Es ist nicht möglich, die Werturteile absolut aufzuheben. Dadurch wird das Absurde geleugnet."

auch aufschlußreich, daß uns erst, wenn wir krank sind, recht bewußt wird, welch großes Gut es ist, gesund zu sein; wie auch jemand, der abwesend ist, viel stärker anwesend sein kann als die uns physisch-räumlich umdrängenden Menschen, denn vielleicht ermessen wir jetzt erst, wieviel er uns bedeutet.

Auf dem Boden des Negativen, das wir erleiden, liegt ein letzter Rest – oder eher erster Keim – seiner positiven Entsprechung, seiner guten Gegen-Möglichkeit, desjenigen Wertes, den das Negative verneint. Und: Das Positive ist das Primäre; das Negative ist ein sekundärer Unwert. Jedem Nein liegt ein Ja zugrunde. In jeder Sinnlosigkeit, die noch so wirklich ist – und gerade deshalb –, meldet sich ihr je tieferer Sinnanspruch. Er ist Folie, Maß und Potential (auch das ganze Protest-Potential) der Negativerfahrung. „Krankheit" und „Einsamkeit" oder „Sehnsucht" würden unverständliche Wörter bleiben, wenn wir nicht durch unsere Wesensstruktur angelegt wären auf Gesundheit und Freundschaft; deren Fehlen wäre dann kein Mangel – es täte nicht weh, *könnte* nicht wehtun.

Wegen dieses *Sach*verhalts muß das Gedankenexperiment, *alles* als sinnlos zu behaupten, scheitern: träfe das zu, so wäre *nichts* sinnlos; weil es keinerlei Norm und Maß von ‚Sinn' gäbe. – Nur verhalten nennbarer Grenzfall: Wenn ein Mensch sich das Leben nimmt, flieht er vor dessen Sinnlosigkeit, die den von ihm gestellten Anspruch nicht einlöste[56].

Thomas von Aquin sagte, daß „das *Verständnis* einer Verneinung stets in einer Behauptung begründet ist"; *und:* „Die Behauptung ist *von Natur aus* früher als die Verneinung." Aristoteles: „Durch die Bejahung wird die Verneinung erkannt; und die Bejahung ist früher, wie auch das Sein früher ist als das Nichtsein."

3. Die Endlichkeit des Menschen und deren Überschreitung

Daß es im Dasein des Menschen unerfüllten Anspruch auf (wenigstens: möglichen) Sinn gibt, zeigen ganz alltägliche Phänomene in genügendem Maße. Die Diagnose des Psychotherapeuten[57] lautet: Einsamkeit und innere Leere. Kollektiver Konsum soll personale Gemeinschaft ersetzen: gleichzeitiges Fernsehen das gemeinsame Gespräch. Als Ursachen werden genannt: Verlust an Ich-Stärke (Kommunikation verlangt Selbstbewußtsein); und Unfähigkeit zu Vertrauen und Liebe (mangels Bereitschaft, sich selbst zu transzendieren). Das Wir kann das Ich nicht vertreten; das Ich kann sich ihm nur frei erschließen: indem es über sich hinausgeht.

Hinter dem konkreten, negativ besetzten Befund stehen allgemeine, an sich wertneutrale ontologische Strukturen der menschlichen Existenz: Zeitlichkeit und Veränderlichkeit, deshalb allerdings auch Unbeständigkeit. Seinshafte Kontingenz: Wann ist ein Mensch eigentlich er selbst – als Kind, mit 20, 40 oder 60 Jahren? *Und:* „In der Beschränkung zeigt sich der Meister", aber auch: „Wer die Wahl hat, hat die Qual" – vor der Entscheidung für *einen* Beruf oder

---

[56] Vgl. *Blondel* (s. Anm. 54) 36; *E. Biser,* Dasein auf Abruf. Düsseldorf 1981, 64–75.

[57] Vgl. *R. Affemann,* Sünde und Erlösung in tiefenpsychologischer Sicht, in: *Scheffczyk* 15–29.

einen Partner. (Man kann das die notwendige ‚Zufälligkeit' [= Kontingenz] sukzessiver und selektiver Aktuierung des Menschen nennen.) Wir stoßen an Grenzen, ganz konkret und sehr prinzipiell. Deshalb kann als Grundindex unseres Daseins dessen *Endlichkeit* gelten. Sie ist eineWesensbestimmung, unvermeidbar selbstverständlich. Müssen/können wir uns deshalb einfach damit abfinden, daß wir endliche Wesen sind?

Die Erfahrung von Endlichkeit und Grenze ist janusköpfig, doppelsinnig. Sie besagt: „*bis hierher*", das ist ihre positive, gleichsam materiale Bedeutung. Aber damit ist noch nicht formal gesetzt, daß etwas tatsächlich zu Ende ist, daß es nicht weitergeht. Das negative Moment der Wortbedeutung kommt hinzu: „*– und nicht weiter*". Und gerade dadurch erweist sich die Erfahrung der Grenze als grenzüberschreitend; das Ende von etwas kann man nur feststellen, indem man irgendwie schon darüber hinausschaut. Diese *Dialektik der Grenze* beschreibt Hegel[58] mehrfach, z. B.: „Als Schranke, Mangel wird etwas nur gewußt, ja empfunden, indem man zugleich *darüber hinaus* ist." Die Konsequenz, lapidar: „Schon daß wir von einer Schranke wissen, ist Beweis ... unserer Unbeschränktheit."

Das Grundgesetz Grenzerfahrung – als – Grenzüberschreitung ist vielfach anwendbar: „Nichts ist so kontingent-zufällig, daß es nicht etwas an Notwendigkeit in sich hätte" (Thomas[59]). Und „für die objektive Dialektik ist an sich *im* Relativen Absolutes enthalten" (der Hegel studierende Lenin[60]). Ebenso ist nichts so vorläufig, daß es nicht einen Schuß Endgültigkeit in sich birgt. Nichts so buchstäblich-dumm, ein Funke Geist steckt doch drin. Nichts ist nur fraglich: es gibt ein Stück Antwort her (Aristoteles[61]: „Denn die Auffindung der Aporie *ist* die Lösung"). Nichts ist so manipulier- und mißbrauchbar, daß kein Schimmer von Unverfügbarkeit bliebe. In summa: Nichts ist ganz und gar rein-weltlich, bloß-menschlich, nur begrenzt und endlich.

Zu fragen ist nun[62], ob oder wie sich an den schärfsten Erfahrungen der Endlichkeit und Heillosigkeit, an Tod und Schuld des Menschen, ein „Darüberhinaus" zeigt.

§ 4. Grenzsituationen und deren Entgrenzung

1. Tod – und Lebensverheißung

Ohne Zweifel: Der Tod trifft alle Menschen. Das können wir, mit Pascal, auch für die Zukunft sagen: „On mourra toujours", es wird immer gestorben werden. Nicht nur *alle* Menschen müssen sterben – vom Tod ist auch das *ganze* Leben des Menschen beschattet und geprägt (man kann von extensiver und intensiver *Universalität* des Todes sprechen). Die zweite Behauptung ist nicht

---

[58] WW VIII 159; X 44; ferner XV 184.
[59] S.th. I 86,3.
[60] Zur Frage der Dialektik, in: *Marx-Engels,* Marxismus. Moskau ²1947, 248 f.
[61] Nikomachische Ethik VII 4: 1146b7 f.
[62] Weithin anhand von: *Welte* 1966, 125–166 (= §§ 9–11).

ebenso zweifellos offensichtlich wie die erste. Dennoch kann niemand sich einreden: sein Lebensende sei etwas, das ihn eben erst am Ende angeht. Epikur wollte uns die Todesangst ausreden: entweder lebe man eben noch oder sei schon tot, und damit basta. In der Tat jedoch greift der Tod vor auf alles.

„Er umfaßt das Ganze des Daseins. Alles, was zu diesem gehörte und gehört, alle Wirklichkeit und alle Möglichkeit, alle Vergangenheit und alle Zukunft, Gehalt und Ertrag des ganzen Lebens muß in ihn eingehen. Alles, was in der Erinnerung zum Menschen gehört, alle Jahre, die einst waren, alles Glück, aller Streit, alle Enttäuschung, die sie erfüllten: das Ganze wird verschlungen ohne Rest. ... Von manchen großen Augenblicken im Lauf des Daseins kann man wohl auch sagen, es liege in ihnen das ganze Gewicht, die ganze Bedeutung des Daseins. Aber nie ist diese gesammelte Ganzheit der Immanenz so vollständig wie im unvergleichlichen Falle des Todes. Wir müssen ganz sterben, und der Tod umfängt alles schlechthin, darum ist er auch unwiederholbar und einmalig.“ [63]

Im Tod ist alles eingesammelt; er läßt keinen Spielraum mehr. Deshalb wohl der erzählende Rückblick auf das Leben eines Verstorbenen; deshalb etwa der Lebensfilm, der in Zeitbruchteilen vorm inneren Auge eines Verunglückten vorüberzieht; deshalb jener Vorgeschmack, vielleicht angesichts einer fremden Landschaft: Das seh' ich zum ersten *und letzten* Mal ...

„So hat [*kann* haben] jede Stunde die verborgene Würde des Einmaligen und den heimlichen Schmerz des Abschieds für immer.“ Und: „So ist der Tod wie das Ende der Musik: ganz ist sie erst in ihrem Ende da, wenn ihr letzter Ton verklungen ist, wenn sie ganz hinweg und vorüber ist.“ [64]

Unser Leben bricht einmal ab. Es scheint abzustürzen in den allverschlingenden Abgrund des Nichtmehrseins. Der Tod, der uns alles nimmt, nimmt uns *uns selbst* (was er für eine Zeitlang übrigläßt, verwest oder verweht). Wohin nimmt er uns, bildhaft gefragt, mit sich? Ins ‚Nichts'? Davor ängstigen wir Menschen uns so sehr. Die Todesangst ist die elementarste Angst. Das Tier scheint *so* sein Ende nicht zu erfahren; es weiß nicht um seine Endlichkeit und deren endgültiges Ende. Dieses Wissen, nicht erstlich die physischen Schmerzen, macht für uns Tod und Todesangst, die wir recht und schlecht zu verdrängen suchen – und zwar desto mehr, je älter wir werden –, bitter schmerzend. Der Tod „verzehrt die Immanenz des Daseins“ [65].

Damit kommt zur Universalität des Todes seine *Negativität* hinzu. Weil der Tod *alles ‚nichtet'*, ist er der radikalste Fall von Grenze. Gerade der allumfassende Charakter des Todes treibt über sein Nein hinaus, läßt es aufbrechen: es bleibt sozusagen nur noch einzig und allein das Jenseits des Todes, das Vergehen des Vergänglichen ... Denn daß der Tod „dem Dasein diese Negativität zu verstehen gibt“, das setzt voraus, „daß dieses sich auf die Positivität seines Seins hin versteht, ... daß es diesem Dasein um Sein und nicht um Nichtsein geht, ... um das Ganz-sein, um das Heil-Sein ... Sein *Nicht* trägt sich ein auf dem Heilsentwurf, den alles Dasein sich immer schon entwirft.“ [66]

[63] Ebd. 129. [64] Ebd. 130.129. [65] Ebd. 132. [66] Ebd. 131.

2. *Schuld – und verheißene Versöhnung*

Ist auch die Schuld „eine totale Bestimmung des Daseins“[67], des ganzen Lebens aller Menschen? Im Gegensatz zum Tod schlägt sie ja nicht mit Naturnotwendigkeit zu; sie ist vermeidbare Tat menschlicher Freiheit. Dennoch begleitet die Möglichkeit, schuldig zu werden, unsern Lebenslauf; und auch dagegen, daß in Wirklichkeit „*jeder* Mensch ein Lügner“ ist (nach Ps 116, 11; vgl. Röm 3, 4) und vielfach verstrickt in Schuldzusammenhänge (nach Röm 1–3; 7), wehrt sich vergeblich unser „heimlicher Unschuldswahn“ mit seinem „unheimlichen Entschuldigungsmechanismus“[68]. – Der Ort, an dem das „Ich bin schuldig“ im Menschen aufbricht, ist die Mitte des „Ich bin“. Die *ganze* Existenz des Menschen mit allen Weltbezügen ist „betroffen, versehrt und verstellt von seinem Schuldigsein“[69]. Dessen Infektion durchdringt, durchtränkt alle Winkel und Fasern von Sein/Denken/Tun. So erging es Kain; und es braucht dazu nicht den vollzogenen Brudermord. Auch die Schuld ist in beiden Dimensionen – nach außen und nach innen, extensiv und intensiv – ein universaler Befund, wie der Tod.

Schuld ist, radikaler als das Sterbenmüssen, *das negative Phänomen* des menschlichen Daseins. Die moralische Verkehrung, die sie ausmacht, ist schlimmer als die physische ‚Nichtung‘ des Todes. Das Böse ist, mit ihm verglichen, das einzige Non-plus-ultra und im Grunde auch das einzig Schlimme. Sokrates wollte lieber Unrecht leiden, einschließlich Tod, als Unrecht tun. Es ist, gegen den widersprechenden Anschein, „leichter, in Unschuld und damit in bedrohter, aber doch möglicher Hoffnung zu sterben, als, schuldig seiend, zu leben“. Bösestun und Schuldigwerden kann kein Wert der Welt aufwiegen, „dagegen kann die ganze Welt samt allen ihren Möglichkeiten nicht aufkommen“; die Schuld stößt den Menschen derart in den Selbstwiderspruch, daß er in keiner Weise mehr mit sich übereinstimmen kann; deshalb ist sie schließlich *das* Widergöttliche. Schuld ist nicht ein relatives Übel, sie ist „das unbedingte Negativum“. Der Tod verwehrt dem Menschen „nicht die Möglichkeit eines transzendenten Hoffens. Aber die Schuld rührt auch an dieses.“[70]

In diesem doppelsinnigen Rühren-an scheint sich ein schwer zu fassender, für das Menschsein des Menschen entscheidender Grenzgang anzuzeigen. Den Ausblick auf Heil, den die Schuld verschließt, eröffnet sie zugleich: Die Erkenntnis der Schuld ist der erste Schritt zu Reue und Vergebung. Vielleicht kann das der Extremfall besser verdeutlichen als eine allgemeine Erörterung. H. Gollwitzer[71] stellt sich der Frage, warum Massenmörder der KZs der jüngsten Vergangenheit „so wenig Reue zeigen“:

---

[67] Ebd. 147; vgl. 158–161.145–147.
[68] Schlußdokument der Synode der deutschen Bistümer (1971–1975) „Unsere Hoffnung“ I 5.
[69] *Welte* 1966, 146.
[70] Ebd. 150.147.149.150.
[71] Von der Stellvertretung Gottes. München ²1968, 40–42.

Wenn sie „einmal wirklich alle Lebens- und Seelenzerstörung, alle Ängste und Schmerzen erkännten, die sie verschuldet haben, wenn sie die Liebe und Lebenshoffnungen vor Augen bekämen, die sie zertreten haben, wenn die Mauer des Hochmuts, der Verachtung, der Entschuldigungen und der Stumpfheit, die ihnen diese Erkenntnis noch verdeckt, zusammenbräche – in welche wahrhafte Hölle würden diese Menschen damit geraten! ... Angeblickt von tausend Augen der Gemordeten, verurteilen sie sich selbst zu tausendfachem Tod, und keine Strafe eines menschlichen Gerichts kann dem gleichkommen. Vor dieser Hölle absoluter Verzweiflung über ein tausendfach verwirktes Leben schützt sie jetzt noch die Verweigerung der Reue. Diese Verweigerung ist ihr einziges Lebens-Mittel. ... Nur wer ihnen das verwirkte Leben zugleich wiederschenken könnte, hätte das Recht, sie der Verwirkung innerlich zu überführen, also nur der, der ihnen zugleich Vergebung bringen kann. ... Gerade nur die faktische Wirklichkeit einer bis in diese Tiefe reichenden Identifizierung eines nicht in gleicher Schuld Stehenden ... mit dem Schuldigen, gerade nur das Wunder der Schuldübernahme ... könnte hier einen Ausweg, eine neue Zukunft schaffen und den Verzweifelten überzeugen, daß er wieder atmen, lachen, leben darf, daß er sich selbst wieder annehmen und ertragen darf, daß er für Gott und die Welt wieder erträglich ist."

3. Heil des Anfangs und des Endes

Der Blick, der aus der Tiefe der Schuld auf die Mitte der christlichen Erlösungswirklichkeit „in der Fülle der Zeit" (Gal 4,4) geworfen wurde, wendet sich nun noch den ‚Rändern' der Heilsgeschichte, ihrem Anfang und Ende, zu.

Von Thomas von Aquin[72] stammt die Erwägung, daß Welt und Menschenleben, so wie sie sich unserer Erfahrung präsentieren (siehe Leibniz' Theodizeeproblem), nicht dem ursprünglichen Schöpfungswillen Gottes gemäß sind. Deshalb sei rückzuschließen auf das Dazwischentreten eines geschöpflichen Gegenwillens, der Sünde des Menschen („Adam" = Mensch) von Anfang an, als Ursache des derzeitigen miserablen Weltzustandes. Das sei „satis probabiliter", mit genügender Wahrscheinlichkeit, so anzunehmen.

J. H. Newman[73] gibt dasselbe durch ein Gleichnis zu bedenken: „Wenn ich einen Knaben sähe von edler Gestalt und guten Geistesanlagen, mit allen Anzeichen einer vornehmen Natur, ohne Mittel in die Welt hinausgestoßen, außerstande, zu sagen, woher er kommt, welches sein Geburtsort oder seine Familie ist, so würde ich den Schluß ziehen, daß irgendein Geheimnis sich an seine Geschichte knüpft und daß er ein Wesen ist, dessen sich seine Eltern aus diesem oder jenem Grunde schämen. Nur so wäre es mir möglich, den Gegensatz zwischen dem, was er sein könnte, und dem, was er ist, zu erklären. So schließe ich auch in bezug auf die Welt: *Wenn* es einen Gott gibt und *da* es einen Gott gibt, muß das Menschengeschlecht von der Wurzel her in irgendein furchtbares Unheil verstrickt sein. Es hat die Verbindung mit den Absichten seines Schöpfers verloren. Das ist eine Tatsache, so sicher wie die Tatsache seiner Existenz; und darum ist die Lehre von dem, was die Theologen Erbsünde nennen, in meinen Augen ebenso gewiß wie die Existenz der Welt und die Existenz Gottes."

Erscheint demnach am Horizont des Menschheitsursprungs eine durch die Schuld des Menschen verwirkte vergangene Heilsmöglichkeit, so darf etwa, als

[72] S.c.g. III 52. „Gott ist nicht schuld", wußte schon *Platon* (Politeia 617e).
[73] Apologia pro vita sua (1864). Mainz 1957, 280.

Gegenbild, *künftige* Heilsverwirklichung erhofft werden: ein Ende als Vollendung. Das würde bedeuten, daß Gott – wann immer das geschehen (sein) mag – das Schweigen, hinter dem das Urteil vergeltend-strafender Gerechtigkeit drohen würde, aufgibt, um das Wort seiner vergebenden Barmherzigkeit zu sagen ... Auf diese göttlichste Möglichkeit Gottes kann der Mensch aus Eigenem (und das einzige ihm ganz allein ‚Eigene' ist seine Schuld) nur horchend warten, auf daß er höre[74]. Das mag auch die Ahnung nahelegen, daß das gnädige Nein Gottes zum sündigen Nein des Menschen das neue, große Ja des Angebotes der Gnade, die Gott selber ist, der Lebensgemeinschaft mit Gott, einschließen könne und sich in der Tat für immer gewähren werde.

§ 5. Transzendenz des menschlichen Daseins

Die Vielfalt religiöser Phänomene, von denen wir aus der Vergangenheit Kenntnis erhalten und die uns in der Gegenwart begegnen, droht auf den ersten Blick zu verdecken, was den vielen verschiedenen Religionen dennoch gemeinsam eigen ist. Was macht in *den* Religionen *die* Religion aus? Bei näherem Zusehen zeichnet sich dieser religionsgeschichtliche Befund ab: Es geht im religiösen Geschehen um letzte Begründung und umfassende Erhaltung, Erneuerung und Vollendung der Lebenswelt des Menschen, und dieser mehr oder weniger klar bewußte und fest gewollte Zweck verlangt die verbindliche, maßgebliche Orientierung an Heil verheißenden Mächten, die über den Wirkraum der Menschen hinausliegen und ihren Schicksalsweg vorausgehen. In den Religionen pulsiert eine sich durchhaltende Bewegung von menschlichem Bedürfen und Verlangen nach erahnter und gesuchter Erfüllung. Ihr Richtungssinn geht von ‚unten' nach ‚oben' (oder auch von ‚außen' nach ‚innen'). Damit erweist sich Transzendenz als Konstante des menschlichen Daseins.

Auch die tendenzielle oder tatsächliche Perversion von Religion bezeugt noch den Trend der Transzendenz des Menschen auf ein Mehr-als-das, was er selber, aus eigenem Vermögen, ist und hat, weiß und kann. Das einst weit gebräuchliche Menschenopfer, die Darbringung gefangener Feinde, ja eigener Kinder an die Götter: ein Sich-Aufbäumen der Selbstdrangabe des Menschen um göttlicher Gunst und Hilfe willen? Der hohen Religiosität des Hinduismus hat sich im Verlauf der Zeit ein bizarres „volksreligiöses" Götter- und Dämonenwesen beigesellt oder unterschoben: hilflos-verzweifelter Ausbruchsversuch aus vielerlei Nöten, um mittels Kompetenzverteilung an eingeschaltete Zwischenwesen zu verfügen über das Unverfügbare? Es braucht wohl ein großes Maß an Aufmerksamkeit und Bereitschaft, um die transzendierende Bewegung zu entdecken und mitgehend (‚methodisch') zu verstehen, die sich – wie auch immer verstellt und verkürzt, umgebogen oder kurzgeschlossen – in der oft-

[74] So verstand die spätere Tradition (über den Wortgebrauch bei Thomas hinaus) die „potentia oboedientialis" des Menschen.

mals phantastischen Wirrnis und grotesken Turbulenz religiöser Anschauungen, Gestalten und Gebräuche ausdrückt oder anzeigt.

Der an den Phänomenen ablesbare Befund wiederholt sich und wird bestätigt, so scheint es, auf der Ebene der Reflexion. Zunächst konfrontiert uns auch die Religionswissenschaft in ihren diversen historisch-empirischen Disziplinen mit einem Spektrum von divergierenden Theorien. Wenn sie jedoch damit zugleich sich sperrt gegen vorschnelle und einseitige Resultate, gegen jegliche ‚monokausale' Rückführung der Religion auf diese oder jene bestimmte menschliche Verhaltensweise – Angst z. B. –, gegen die linearen Schemata von Aufstieg oder Verfall, gegen allzu griffige Theoreme wie die Säkularisierungsthese ... – wenn sie sich dagegen sperrt, Religion psychologisch oder soziologisch zu rubrizieren und zu domestizieren: werden wir dann, wenn das alles zur Erklärung des komplexen Phänomenbereiches Religion nicht zureicht, nicht verwiesen auf einen tieferen, umfassenderen Ursprungsgrund? Verständlich deshalb, daß der Religionswissenschaftler Zurückhaltung übt gegenüber der Frage nach dem Wesen der Religion. Was hier zu „definieren" ist – was wörtlich „abgrenzen" besagt –, hat ja die Urfunktion der *Ent*grenzung des Nurmenschlich-Innerweltlichen. Dadurch wird die Orientierung an der Transzendenz-Struktur menschlicher Existenz nahegelegt. Wenn die Religionsphänomenologie erbringt, daß dem religiösen Bewußtsein ein fundamentaler „Mangel an Gegenwart"[75] zugrunde liegt, ist dann nicht in der negativen Diagnose des Mankos, des wesensmäßigen Defizits des Menschen das Motiv (von movere = bewegen) seiner Transzendenz angesprochen?

Das Fragen nach Gott im europäischen Kulturraum ist, beginnend mit den großen alten Griechen, eine einzige Geschichte dieser Transzendenz-Bewegung – sosehr auch sie, wenn auch nicht im selben Ausmaß wie die Religionsgeschichte der Menschheit, eine vielfarbige Angebotspalette von Ansätzen und Entwürfen vorstellt. Ein Abenteuer des Geistes, mit Aufschwüngen und Abstürzen (und gewiß auch langweiligeren Sequenzen der Wiederholung und Verflachung). Dabei kommt den Gegenspielern im modernen Welttheater, dem Atheismus und der Religionskritik, vor allem in ihren von der Intention der Humanität getragenen und geprägten Spielformen, eine nicht gering zu schätzende Funktion der Katharsis zu. Sie zwingen unerbittlich zu vernünftig-kritischer Begründung und Rechtfertigung der Überzeugung von Dasein und Wirkmacht Gottes angesichts des tatsächlichen Weltzustandes, und sie behaften den Disput darüber auf das Austragsfeld der Existenz des Menschen in Solidarität mit seinesgleichen.

Das Unternehmen, Gott heute zu denken, lotet auf die Grunderfahrung zurück, in der es verankert ist: auf das alle Einzelerfahrungen von Endlich-Bedingtem begleitende und übersteigende Mitwissen um das Unbedingt-Unendliche. Die Argumentation aus der Kontingenz der Dinge und die Hermeneutik personaler Widerfahrnisse des Menschen wie des Gewissensanrufs und der Be-

[75] Siehe Kap. 2, S. 53.

gegnung mit geglückter Humanität ergänzen sich zum Aufweis des unbedingten und vollkommen-guten personalen Ursprungsgrundes von Welt und Mensch. In der Grunderfahrung, die der philosophischen Reflexion ihr ‚Objekt‘ Gott gibt, ist anderseits die Religiosität des Subjekts Mensch, die Anlage und Wesensbestimmung des „homo religiosus“, verwurzelt. Indem der Mensch sich dem transzendenten Sinnbezug und der sich darin anzeigenden Heilsmacht anheimgibt und diese Entscheidung weiter bezeugt durch Wort und Tat, vollzieht er Religion, die als Grundakt seines Daseins nicht nur auf die spezifisch religiösen Ausdrucksformen ausstrahlt, sondern auf sein ganzes, auch alltägliches Leben. In diesem (transzendentalen und kategorialen) Bezeugungsgeschehen ist eine Vorerfahrung von Offenbarung gegeben: weil „der Heilssinn des Lebens nicht von diesem selbst willkürlich hervorgebracht ... wird, sondern, der Trans-szendenz ... des Lebens entgegenkommend, sich schenkt“[76]. Als Erlösung suchende Beziehung des Menschen auf Gott wird von der (Fundamental-)Theologie das normativ gefaßt, was „Religion“ meint.

§ 6. Transzendenz auf Offenbarung?

Eine abschließende, vielmehr weiterführende Reflexion bietet sich an. Wenn der fundamentale Wesenszug des menschlichen Daseins eine Bewegung der Transzendenz ist, die sich in der Hinordnung des Menschen auf den Gott seines Heiles erfüllt, und wenn der erste Ursprung und das letzte Ziel dieser Hinordnung zu erkennen ist als der unendlich gute und heilige Gott, der für den Menschen, wie das religiöse Bewußtsein bezeugt, das überwältigende und unausschöpfbare Geheimnis ist und bleibt – inwieweit weist dann diese Transzendenz des Menschen auf das Ereignis der christlichen Offenbarung hin? Sie läßt den Menschen ahnen und hoffen, daß Gott ihm aus der ewigen Geheimnistiefe seines Schweigens heraus begegnen könne und wolle. Daß Gott dies jedoch wirklich tut oder getan hat, kann sie keineswegs mit Gewißheit behaupten. Gegenüber der Selbstoffenbarung, die Anteil gibt am Leben Gottes selber, wie dies der christliche Glaube bekennt, kann die menschliche Vernunft, bliebe sie sich selbst überlassen, kein einsichtiges Begreifen erringen (nicht einmal von deren realer Möglichkeit). Die Annahme des Selbst-Angebotes Gottes durch den Menschen trägt den neuen Namen „Glaube“. Der Anstöße und Aufbrüche zur Selbstüberschreitung des Menschen sind nach Ausweis der Religions- wie auch der allgemeinen Kultur- und Geistesgeschichte der Menschheit überaus viele. Dennoch besitzen sie eine strukturelle Gemeinsamkeit, die die etwaige Möglichkeit von Offenbarung für uns aufscheinen läßt: Alle jene Erfahrungen zielen, auf welche Weise auch immer, über die Grenzen des je und je Endlichen hinaus. In dieselbe Richtung weist, daß (wie dieses Kapitel zeigen wollte) der Mensch kein weltloses Ich ist und daß er sich auch über seine gegenwärtige

---

[76] Siehe Kap. 8, S. 164.

menschliche Mitwelt hinaus verwiesen sieht auf die Geschichte seiner Kultur und der gesamten Menschheit, ja daß er noch durch die ihn am stärksten erschütternden Erfahrungen seines Daseins, durch Tod und Schuld, herausgefordert wird, auch und gerade über diese Grenzen seiner ureigensten Endlichkeit auszuschauen nach Leben, Erlösung und endgültig-vollkommenem Heil.

Die Endlichkeitserfahrung des Menschen mitsamt der ihr immanenten Grenzüberschreitung kann zu einem Gottesbeweis formalisiert werden, der zur Erkenntnis Gottes unter der Chiffre seiner *Unendlichkeit* führt und so an Gott als das *Geheimnis* rührt[77]. Aufgrund der „affirmatio" von Wirklichkeit, denn auch alles Endliche ist wirklich, wird auf der „via negationis", d.h. durch die Verneinung von Grenze und Ende, die ein Nicht-Sein besagen, also auf dem Wege der Verneinung des Neins, jener „eminente" Begriff der Unendlichkeit erreicht, von dem wir wissen, daß er unter (über!) der doppelten Negation, unter der er Gott anspricht, dessen reine Wirklichkeitsfülle verbirgt, die er nicht auszusagen vermag: Positivität ohne jegliche Negativität, das Ja ohne ein Nein. Gott ist und bleibt so für die zu ihm aufsteigende menschliche Erkenntnis ein Geheimnis, *das* Geheimnis. Dessen Dialektik ist durch diese einander bedingenden Momente zu umschreiben: Dem Bewußtsein davon, *daß* es vorliegt, ist das Wissen darüber durchaus verwehrt, *was* es ausmacht, worin es eigentlich besteht. Ist hinter diesen Fast-Leerformeln, zu denen unsere Erkenntnis eben hinreicht (aber sie haben die Existenz Gottes zum Gegenstand!), jene Herz-Zone, jener Innenbereich der Göttlichkeit Gottes (nach dem christlichen Glauben: Gottes als des Drei-Einen) verschlossen, den Gott selbst nach freiem Ratschluß seines Liebeswillens erschließen kann? Das können wir, von uns aus, nur fragen. Es *scheint* uns möglich, und es *ist* sozusagen möglicherweise möglich. Der Christ weiß im Glauben, daß in Jesus Christus die Selbstgewährung Gottes Wirklichkeit geworden ist. Unsere Überlegungen können hier nur an die Schwelle von so etwas wie Offenbarung führen.

---

[77] *K. Rahner,* Über den Begriff des Geheimnisses in der katholischen Theologie, in: Schriften IV (1964) 51–99; *ders.,* Fragen zur Unbegreiflichkeit Gottes nach Thomas von Aquin, in: Schriften XII (1975) 306–319.

LITERATUR

Brunner, A., Geschichtlichkeit. Bern 1961.
Casper, B., Das dialogische Denken. Freiburg 1967.
–, Die Bedeutung der Lehre vom Verstehen für die Theologie, in: *B. Casper – K. Hemmerle – P. Hünermann*, Theologie als Wissenschaft. Freiburg 1970, 9–53.
–, Sprache und Theologie. Eine philosophische Hinführung. Freiburg 1975.
Falaturi, A. – Strolz, W. – Talmon, S. (Hg.), Zukunftshoffnung und Heilserwartung in den monotheistischen Religionen. Freiburg 1983.
Greshake, G., Gottes Heil – Glück des Menschen. Freiburg 1983.
Hemmerle, K., Der Begriff des Heils, in IKaZ 1 (1972) 210-230.
Henrici, P., Der erlösungsbedürftige Mensch. Tod – Sünde – Leiden, in: *A. Bsteh* (Hg.), Erlösung in Christentum und Buddhismus. Mödling 1982, 52–72.
Im Angesicht des Todes leben: CGG 36 (Quellenband 6). Freiburg 1983.
Im Haus der Sprache: CGG 31 (Quellenband 1). Freiburg 1983.
Kaufmann, G. (Hg.), Schulderfahrung und Schuldbewältigung. Paderborn 1982.
Kern, W., Theodizee: Kosmodizee durch Christus, in: MySal III/1 (1969) 549–580.
–, Atheismus – Marxismus – Christentum. Innsbruck ²1979.
–, Disput um Jesus und um Kirche. Innsbruck 1980 (bes. 113–128: „Mein Glaube – und die anderen").
–, Über die anthropologische Matrix des kirchlichen Traditionsprozesses, in: *K. H. Neufeld* (Hg.), Probleme und Perspektiven dogmatischer Theologie. Leipzig 1985.
Lotz, J. B., Was gibt das Christentum dem Menschen? Grunderwartungen und Erfüllung. Frankfurt 1979.
Pannenberg, W., Anthropologie. Göttingen 1983, bes. 151–184.328–384.488–501.
Paus, A. (Hg.), Grenzerfahrung Tod. Graz 1976.
Rahner, K., Hörer des Wortes. München (1941) ²1963.
Ratzinger, J., Vorfragen zu einer Theologie der Erlösung, in: *Scheffczyk* 141–155.
Riedel, M., Art. Nihilismus, in: Geschichtliche Grundbegriffe IV (1978) 371–411.
Scheffczyk, L. (Hg.), Erlösung und Emanzipation. Freiburg 1973.
Scherer, G., Das Problem des Todes in der Philosophie. Darmstadt 1979.
Seckler, M., Tradition als Überlieferung des Lebens, in: *ders.*, Im Spannungsfeld von Wissenschaft und Kirche. Freiburg 1980, 113–126.
–, Tradition und Fortschritt, in: CGG 23, 5–53 (Lit).
Sievernich, M., Schuld und Sünde in der Theologie der Gegenwart. Frankfurt ²1984.
Sievernich, M. – Seif, K. Ph. (Hg.), Schuld und Umkehr in den Weltreligionen. Mainz 1983.
Stirnimann, H., Sprache, Erfahrung und Offenbarungswiderfahrnis, in: Conc(D) 14 (1978) 201–208.
Stoeckle, B., Erlösungsbedürftigkeit des Menschen und Vorauswirken der Erlösung, in: MySal II (1967) 1024–1048.
Theunissen, M., Der Andere. Zur Sozialontologie der Gegenwart. Berlin (1965) ²1981.
Vorgrimler, H., Der Tod im Denken und Leben des Christen. Düsseldorf 1979.
Weier, W., Nihilismus. Geschichte, System, Kritik. Paderborn 1980.
Welte, B., Die Leiblichkeit des Menschen als Hinweis auf das christliche Heil, in: *ders.*, Auf der Spur des Ewigen. Freiburg 1965, 83–112.
–, Heilsverständnis. Philosophische Untersuchung einiger Voraussetzungen zum Verständnis des Christentums. Freiburg 1966.
–, Religionsphilosophie. Freiburg 1978, bes. 45–75.
–, Das Licht des Nichts. Von der Möglichkeit neuer religiöser Erfahrung. Düsseldorf 1980.
Welte, P. H., Die Heilsbedürftigkeit des Menschen. Freiburg 1976.
Winner, L., Sühne im interpersonalen Vollzug. Paderborn 1978.

ABKÜRZUNGEN

Soweit nicht anders aufgeführt, richten sich die Abkürzungen nach: Theologische Realenzyklopädie. Abkürzungsverzeichnis. Zusammengestellt von S. Schwertner. Berlin 1976.

CGG	Christlicher Glaube in moderner Gesellschaft. Enzyklopädische Bibliothek in 30 Teilbänden und 7 Quellenbänden. Hg. v. F. Böckle u.a. Freiburg 1981–1982 (Quellenbände 1983 ff.).
Conc(D)	Concilium. Internationale Zeitschrift für Theologie. Einsiedeln 1 (1965).
DS	Enchiridion symbolorum, definitionum et declarationum de rebus fidei et morum. Hg. v. H. Denzinger – A. Schönmetzer. Barcelona [33]1965.
ErgBd.	Ergänzungsband.
FVS	Die Fragmente der Vorsokratiker (ed. H. Diels). Berlin (1903) [11]1964.
GW	Gesammelte Werke.
HerKorr	Herder-Korrespondenz. Monatshefte für Gesellschaft und Religion. Freiburg 1 (1946).
HFTh	Handbuch der Fundamentaltheologie. Hg. v. W. Kern – H. J. Pottmeyer – M. Seckler. 4 Bde. Freiburg 1985–1986.
HPhG	Handbuch philosophischer Grundbegriffe. Hg. v. H. Krings – H. M. Baumgartner – C. Wild. 3 Bde. München 1973–1974.
HWP	Historisches Wörterbuch der Philosophie. Basel 1971 ff.
IKaZ	Internationale katholische Zeitschrift Communio. Frankfurt 1 (1972).
KD	*K. Barth,* Die kirchliche Dogmatik. 4 Bde. Zürich 1932–1967.
Kairos	Kairos. Zeitschrift für Religionswissenschaft und Theologie. Salzburg 1 (1959).
KuD	Kerygma und Dogma. Göttingen 1 (1959).
LThK	Lexikon für Theologie und Kirche. 2. Auflage. Hg. v. J. Höfer – K. Rahner. 10 Bde. Freiburg 1957–1965.
LThK.E	Lexikon für Theologie und Kirche. 2. Auflage. Ergänzungsbände: Das Zweite Vatikanische Konzil. Dokumente und Kommentare. 3 Bde. Freiburg 1966–1968.
Mansi	Sacrorum conciliorum nova et amplissima collectio. Hg. v. J. D. Mansi u.a. 53 Bde. Florenz 1759–1827.
MEW	*K. Marx – F. Engels,* Werke. 39 Bde. Berlin 1961–1971.
MySal	Mysterium salutis. Grundriß heilsgeschichtlicher Dogmatik. Hg. v. J. Feiner – M. Löhrer. 5 Bde. Einsiedeln 1965–1976.
Numen	Numen. International review for the history of religions. Leiden 1 (1954).
NZSTh	Neue Zeitschrift für systematische Theologie und Religionsphilosophie. Berlin 5 (1963).
Ref.	Reformatio. Zeitschrift für evangelische Kultur und Politik. Zürich 1 (1952).
RGG	Die Religion in Geschichte und Gegenwart. 3. Auflage. 6 Bde. Tübingen 1956–1962.
Saec.	Saeculum. Jahrbuch für Universalgeschichte. München 1 (1950).
S.c.g.	*Thomas v. Aquin,* Summa contra gentiles.
Schol.	Scholastik. Vierteljahresschrift für Theologie und Philosophie. Freiburg 1–40 (1926–1965).
Schriften	*K. Rahner,* Schriften zur Theologie. 16 Bde. Einsiedeln 1954–1984.
SJP	Salzburger Jahrbuch für Philosophie und Psychologie. Salzburg 5 (1961).

SR	SR. Sciences religieuses / Studies in religion. Toronto 1 (1971).
S.th.	*Thomas v. Aquin,* Summa theologica.
StZ	Stimmen der Zeit. Freiburg 139 (1946/47).
Tem.	Temenos. Studies in comparative religion. Helsinki 1 (1965).
ThPh	Theologie und Philosophie (früher: Scholastik). Freiburg 41 (1966).
ThPQ	Theologisch-praktische Quartalschrift. Linz/Donau 95 (1947).
ThQ	Theologische Quartalschrift. Tübingen 126 (1946).
ThWNT	Theologisches Wörterbuch zum Neuen Testament. Hg. v. G. Kittel u. a. 11 Bde. Stuttgart 1933–1979.
TRE	Theologische Realenzyklopädie. Berlin 1976 ff.
TThZ	Trierer Theologische Zeitschrift. Trier 56 (1947).
WA	*M. Luther,* Werke. Kritische Gesamtausgabe. Weimar 1883 ff.
WW	Werke.
ZKG	Zeitschrift für Kirchengeschichte. Stuttgart 63 (1950/51).
ZKTh	Zeitschrift für katholische Theologie. Wien 69 (1947).
ZM	Zeitschrift für Missionswissenschaft und Religionswissenschaft. Münster 34 (1950).
ZRGG	Zeitschrift für Religions- und Geistesgeschichte. Köln 1 (1948).
Zs.	Zeitschrift.
ZSTh	Zeitschrift für systematische Theologie. Berlin 1 (1923/24) – 24 (1955/57).
Zygon	Zygon. Journal of religion and science. Chicago 1 (1966).

DIE HERAUSGEBER UND MITARBEITER DES BANDES

Kern, Walter, Dr. phil., Dr. theol., o. Univ.-Prof. für Fundamentaltheologie an der Katholisch-Theologischen Fakultät der Universität Innsbruck.
Pottmeyer, Hermann Josef, Dr. theol., Prof. für Fundamentaltheologie an der Katholisch-Theologischen Fakultät der Universität Bochum.
Seckler, Max, Dr. theol., o. Prof. für Fundamentaltheologie an der Katholisch-Theologischen Fakultät der Universität Tübingen.

Antes, Peter, Dr. phil., Dr. theol., Prof. für Religionswissenschaft am Fachbereich Geschichte, Philosophie und Sozialwissenschaften der Universität Hannover.
Figl, Johann, Dr. theol., Dr. phil., Univ.-Doz. für Christliche Philosophie an der Katholisch-Theologischen Fakultät der Universität Wien.
Halder, Alois, Dr. phil., o. Prof. für Geschichte der Philosophie an der Katholisch-Theologischen Fakultät der Universität Augsburg.
Lanczkowski, Günter, Dr. phil., Prof. em. für Religionsgeschichte an der Philosophisch-Historischen Fakultät der Universität Heidelberg.
Möller, Joseph, Dr. theol., Prof. em. für Systematische Philosophie an der Katholisch-Theologischen Fakultät der Universität Augsburg.
Schaeffler, Richard, Dr. phil., Prof. für Philosophisch-Theologische Grenzfragen an der Katholisch-Theologischen Fakultät der Universität Bochum.
Splett, Jörg, Dr. phil., o. Prof. für Philosophie an der Philosophisch-Theologischen Hochschule Sankt Georgen in Frankfurt am Main.
Wucherer-Huldenfeld, Augustinus Karl, Dr. phil., o. Univ.-Prof. für Christliche Philosophie an der Katholisch-Theologischen Fakultät der Universität Wien.

PERSONENREGISTER